BRASIL EM IMAGENS

FUNDAÇÃO EDITORA DA UNESP

Presidente do Conselho Curador
Herman Voorwald

Diretor-Presidente
José Castilho Marques Neto

Editor Executivo
Jézio Hernani Bomfim Gutierre

Conselho Editorial Acadêmico
Alberto Tsuyoshi Ikeda
Célia Aparecida Ferreira Tolentino
Eda Maria Góes
Elisabeth Criscuolo Urbinati
Ildeberto Muniz de Almeida
Luiz Gonzaga Marchezan
Nilson Ghirardello
Paulo César Corrêa Borges
Sérgio Vicente Motta
Vicente Pleitez

Editores Assistentes
Anderson Nobara
Arlete Zebber
Ligia Cosmo Cantarelli

SÍLVIA MARIA AZEVEDO

BRASIL EM IMAGENS
UM ESTUDO DA REVISTA ILUSTRAÇÃO BRASILEIRA (1876-1878)

© 2010 Editora UNESP

Direitos de publicação reservados à:
Fundação Editora da UNESP (FEU)
Praça da Sé, 108
01001-900 – São Paulo – SP
Tel.: (0xx11) 3242-7171
Fax: (0xx11) 3242-7172
www.editoraunesp.com.br
feu@editora.unesp.br

CIP – Brasil. Catalogação na fonte
Sindicato Nacional dos Editores de Livros, RJ

A988b

Azevedo, Silvia Maria
 Brasil em imagens: um estudo da revista *Ilustração Brasileira* (1876-1878) / Silvia Maria Azevedo. - São Paulo : Ed. UNESP, 2010.
 il.

Inclui bibliografia
ISBN 978-85-393-0041-9

1. Fleiuss, Henrique, 1923-1882. 2. Ilustração Brasileira (revista) - História. 3. Periódicos brasileiros - História - Século XIX. 4. Jornalismo ilustrado - Brasil - História - Século XIX. 4. Xilogravuras - Brasil. I. Título.

10-2561

CDD: 079.81
CDU: 070(81)

Este livro é publicado pelo projeto Edição de Textos de Docentes e Pós-Graduados da UNESP – Pró-Reitoria de Pós-Graduação da UNESP (PROPG) / Fundação Editora da UNESP (FEU)

Editora afiliada:

Asociación de Editoriales Universitarias
de América Latina y el Caribe

Associação Brasileira de
Editoras Universitárias

Para Vi e Reynaldo
Para Mariinha, minha mãe (in memoriam)

SUMÁRIO

Introdução   9

1   De *Semana Ilustrada* a *Ilustração Brasileira*   25
2   O Viajante Monsieur d'Alcântara   65
3   O Brasil na Exposição Universal de Filadélfia   91
4   O Brasil não é longe daqui   117
5   O Brasil dos viajantes   147
6   O Brasil de Marc Ferrez   189
7   Os dois Brasis   227

Considerações finais: a ciranda dos jornais   331
Referências bibliográficas   347

INTRODUÇÃO

Em 1876, quando a *Ilustração Brasileira*[1] começava a circular sob a direção de Carlos e Henrique Fleiuss, dois outros periódicos anunciando-se igualmente como "órgãos da civilização e do progresso" são lançados no Rio de Janeiro: a *Ilustração do Brasil* (1876-1880), de Charles Francis de Vivaldi,[2] e a *Ilustração Popular* (1876-1877), de Corina de Vivaldi.[3] Não por coincidência, a palavra "ilustração" figura no título dessas revistas cariocas, repercussão do aparecimento da fotografia no século XIX, a dar origem à vulgarização e difusão da imagem em larga escala.

Quando se lembra que na segunda metade do século XIX parcela considerável da população é analfabeta, enquanto a necessidade de informação visual

---

1 Registram-se com o nome de *Ilustração Brasileira* jornais que circularam em outras épocas e lugares: 1854 a 1855, 1861, no Rio de Janeiro; 1901 a 1902, em Paris; 1909 a 1958, de novo no Rio de Janeiro, acompanhado de suplemento teatral, com textos completos de peças estrangeiras, de 1910 a 1914.

2 Carlo Francesco Alberto Guilio Lorenzo de Vivaldi (1824-1902), cônego de Ventimiglia, exilou-se na França em 1849 e como missionário foi para os Estados Unidos em 1851, depois desfroqué, casado em 1858 e naturalizado norte americano. Feito cônsul em Santos, aonde chegou no fim de 1861, abandonou esse cargo e veio para o Rio, como comerciante. Em 1873 fundou o jornal *The American Mail* (depois *South American Mail*). Em 1882 deixou o Brasil para voltar à vida religiosa, na Argentina, e, sem nunca mais ter visto a família, foi morrer em Paris em 1902 (cf. Ferreira, 1994, p.212).

3 Corina de Vivaldi nasceu em Wyandotte City, hoje Kansas City, sendo filha da norte-americana Mary Frances Lawe e de Charles de Vivaldi. Escreveu nos periódicos dirigidos pelo pai, a *Ilustração do Brasil* e o *South American Mail*, e dirigiu a *Ilustração Popular*; colaborou na *Folha Nova*, de Manuel Carneiro, e na *Gazetinha*; foi redatora, em 1888, do jornal de José do Patrocínio, a *Cidade do Rio de Janeiro*, e, depois, fez crônicas para o *Correio do Povo*, de Alcindo Guanabara, e no *País*. Foi correspondente especial do *New York Herald* (1888-1889), onde publicou uma série de crônicas a que deu o título de "A Esmo". Normalmente assinava C. Cy. e outros pseudônimos: Condessa Augusta, Froufrou, Léo Leone, ou então C. (cf. Sodré, 1966, p.255).

– ampliada para a propaganda política e a publicidade comercial – torna-se cada vez maior, compreende-se que, naquele momento, "a imagem impressa alcança a maioridade, não apenas numericamente, mas por sua destinação difusa e indiferenciada" (Ivins apud Fabris, 1991a, p.12).

A ideologia da vulgarização, na difusão da imagem em larga escala, na análise de Annateresa Fabris, "é um dos esteios do pensamento liberal então dominante, mas responde também a exigências econômicas, representando a passagem de um mercado restrito a um mercado de massas" (ibidem, p.16), conceito que antes se aplicaria ao mundo europeu, em particular à França, do que ao Brasil. Esse contexto político-econômico-cultural explica que a produção de imagens fotográficas passe a se pautar por requisitos como: exatidão, rapidez de execução, baixo custo, reprodutibilidade (ibidem, p.12).

Graças ao poder informativo da fotografia, esta começa a ser empregada não apenas no terreno da propaganda, no campo das ciências e das artes, na cobertura militar, na área judiciária, na captação de novas paisagens "exóticas", enfim, na documentação em geral, mas também no universo da imprensa, como fonte de ilustração de jornais e revistas. Nesse sentido, vale a observação de Joaquim Marçal Ferreira de Andrade (2004, p.7-8):

> Pouco depois do advento da fotografia, já surgiam as primeiras obras impressas (livros e periódicos), ilustradas com fotografias ou com cópias declaradamente "fiéis" de fotografia, com o objetivo de nos proporcionar informação por intermédio deste novo meio de representação iconográfica, portador de uma evidência e de um poder de comunicação visual sem precedentes na história da humanidade. Com o passar dos anos, o número de obras publicadas cresceu e, a partir do desenvolvimento e aperfeiçoamento dos processos de reprodução fotomecânica, assumiu impressionantes proporções.

Não poucos críticos apontaram a "missão civilizadora" da fotografia, por conta de sua capacidade de popularização de conhecimento e informação, até então apanágio de poucos, assim como as implicações ideológicas dessa "missão", uma vez que a fotografia tornou-se aliada da expansão imperialista, no século XIX.

Observou-se igualmente que a fotografia, que vai responder em grande parte pela vulgarização da ciência e da educação, foi responsável, particularmente, por "uma nova pedagogia do olhar" (Turazzi, 2002, p.14), aspecto em relação ao qual a imprensa ilustrada desempenhará importante papel.

BRASIL EM IMAGENS 11

Por fim, foi lembrado que a fotografia, de início, pautava-se sobretudo por um repertório derivado da tradição pictórica – retratos, paisagens, naturezas-mortas –, decorrência, por um lado, da derivação artística dos primeiros fotógrafos e, por outro, de razões de ordem técnica: "Os longos tempos de exposição e a consequente necessidade de imobilidade do modelo faziam com que a fotografia tivesse que restringir o alcance de suas possibilidades de registro, conformando-se, a princípio, a composições já consolidadas no imaginário artístico da sociedade oitocentista" (Fabris, 1991b, p.174)

Muito embora poucos anos após a sua descoberta e disseminação a fotografia já se fizesse presente nas páginas de vários jornais ilustrados estrangeiros e, alguns anos depois, na imprensa brasileira, "esta presença foi obrigatoriamente marcada pela mediação da mão do artista artesão" (Andrade, 2004, p.XI). A jovem litografia e a novíssima fotografia – imagens representativas da "obra de arte na era de sua reprodutibilidade técnica" (Benjamin, 1987) – contribuíram de forma decisiva no processo de reprodução manual de imagens para as páginas dos jornais, ocasionando o surgimento de um novo gênero de imprensa, a denominada imprensa ilustrada.

Com a introdução da imagem na imprensa, esta passou a depender não apenas de colaboradores de texto, mas também de profissionais altamente especializados na realização do trabalho visual, o qual demandava a participação conjunta de vários artesãos no processo de conversão do original em cópia impressa, na informação de Orlando Dasilva (apud Andrade, 2004, p.61):

> Na gravura de reprodução, para se chegar à estampa impressa, por vezes, temos o pintor do quadro a reproduzir, o desenhista que traduz os valores pictóricos em valores tonais do desenho monocromático, o gravador, que cava esse desenho no taco, para o trabalho em xilo ou no metal, para a calcografia. Acrescentemos ainda o impressor, que é artesão de especialidade independente.

No Brasil, o desenvolvimento da imprensa ilustrada, que vai despontar nos anos 1860,[4] foi mais lento, até mesmo no sentido de um *design* mais evoluído

---

4 Antes de 1860, circularam no Rio de Janeiro alguns periódicos ilustrados com gravuras de madeira, como *Museu Universal (Jornal das Famílias Brasileiras)*, de 1º de 1837 a 29 de junho de 1844; *Gazeta dos Domingos, Revista Encyclopedica Semanal do Rio de Janeiro*, de 6 de janeiro a 3 de fevereiro de 1839; e *O Brasil Ilustrado, Publicação Literária*, de 14 de março de 1855 a 31 de dezembro de 1856.

dos jornais, nos quais texto e imagem pudessem dividir a mesma página, pela impressão simultânea. A inexistência de mão de obra qualificada na transposição de imagens para as matrizes litográficas e xilográficas foi em grande parte responsável por aquele atraso. A paginação sempre foi o maior desafio enfrentado pelos *designers* brasileiros, como informa Joaquim Marçal Ferreira de Andrade (1994, p.52):

> diferentemente do que ocorreu na Europa e nos Estados Unidos, onde os periódicos ilustrados litográficos ficaram confinados a um gênero específico de imprensa, a caricatural, enquanto os periódicos ilustrados noticiosos adotaram a xilogravura – compatível com a impressão tipográfica e onde acontece uma ampla utilização da fotografia – aqui, arriscaríamos afirmar, os periódicos ilustrados litográficos, quase todos dando espaço às caricaturas, se tornaram um sinônimo de imprensa ilustrada em geral, a partir das décadas de 1850 a 1860.

As tentativas de implantação e disseminação das técnicas xilográficas nunca tiveram sucesso entre nós, em que pesem iniciativas como a de Henrique Fleiuss de criar uma escola de xilogravura que, acoplada às dependências da tipografia de propriedade da firma Fleiuss Irmãos & Linde, daria origem à Typographia e Xylographia do Imperial Instituto Artístico. Algumas gravuras em madeira produzidas por alunos da escola chegaram a ornar as páginas de uns poucos números da *Semana Ilustrada*, em 1864. Mas já no final desse mesmo ano, as xilogravuras desapareceram da revista, ficando reservadas à ilustração de livros (Ferreira, 1994, p.187-8). Assim, "todos os periódicos aqui fundados de 1860 a 1870 e que se propuseram a utilizar a xilogravura como ilustração [...] fracassaram a curto ou médio prazo" (Andrade, 2004, p.80).

O malogro na implantação de profissionais especializados na técnica de gravura em madeira no Brasil obriga Henrique Fleiuss (assim como Charles de Vivaldi) a importar xilogravuras estereotipadas, que começam a chegar ao Rio de Janeiro na segunda metade do século XIX, sendo encaminhadas diretamente às revistas ilustradas. O motivo dessa destinação é que essas xilogravuras, como vai explicar Orlando Ferreira (1994, p.208), "vinham acompanhadas de textos próprios ou solicitavam textos predeterminados, caso dos temas mais gerais que eram os retratos de personagens ilustres e as vistas de cidades ou monumentos. Nessa forma industrializada, dificilmente se prestariam à ilustração de livros".

BRASIL EM IMAGENS 13

Com a importação de xilogravuras estereotipadas, Fleiuss e Vivaldi acabam por encontrar a "fórmula ideal" que faria recomeçar[5] nos anos 1870 o fluxo da imprensa ilustrada com gravuras em madeira: "as edições locais de revistas estrangeiras" (Andrade, 2004, p.211). Os modelos estrangeiros vêm das imprensas europeia e norte-americana, nas quais a fotografia, já na década de 1840, começava a ser empregada, depois de convertida em xilogravura, tais como: *The Illustrated London News* (Londres, 1843), *L'Illustration* (Paris, 1843), *Illustrirte Zeitung* (Leipizig, 1843), *La Illustración* (Madri, 1849), *Frank Leslie's Illustrated Newspaper* (Nova Iorque, 1857), *Le Monde Illustré* (Paris, 1857), *Harpers's Weekly* (Nova Iorque, 1857) e *Vsemirnaya Illyustratziya* (São Petersburgo, 1869) (Andrade, 2004, p.35-7).

Esses modelos de imprensa ilustrada, contemporâneos da "era dos impérios" (Hobsbawm, 1988), tornam-se canais de difusão junto ao público da expansão colonialista de países avançados, como Inglaterra, França, Alemanha, Estados Unidos, como das descobertas e dos avanços científico-tecnológicos, expostos nas exposições universais e protagonizados por inventores, muitos deles provenientes dessas mesmas potências. Não por acaso, a concepção editorial dos periódicos ilustrados estrangeiros servirá de inspiração para a criação da imprensa ilustrada nos trópicos, nos moldes da *Ilustração Brasileira*, periódico difusor das ideias que, importadas da Europa, tiveram larga circulação no Brasil na segunda metade do século XIX. Essas ideias, por sua vez, remetem a outro sentido da palavra "ilustração", que está implícito no título da revista de Fleiuss.

Além da relação com a imagem, o termo "ilustração" – em referência ao ideário iluminista do século XVIII, amplamente cultivado pela sociedade letrada do oitocentos –, estava também associado à ideia de "um saber impregnado pelo culto da razão, pela convicção no caráter civilizador da ciência e da arte" (Turazzi, 2002, p.14). Transferido e atualizado o sentido de "ilustração" para

---

5 Orlando Ferreira (1994, p.210-11) observa que, entre os anos de 1850 e 1870, houve um hiato na circulação de periódicos ilustrados brasileiros com gravuras em madeira, decorrente dos seguintes aspectos: revistas portuguesas de tipo semelhante passaram a circular no Rio: *O Panorama* (1837-1868), *O Archivo Popular* (1837-1843); revistas ilustradas com litografias: *Minerva Brasiliense* (1843-1845), *Lanterna Mágica* (1844-1845), *Nova Minerva* (1845-1846), *Ostensor Brasileiro* (1845-1846); revistas masculinas e femininas com estampas litográficas, vindas de Paris: *Correio das Modas* (1839-1840), *Novo Correio das Modas* (1852-1854); magazines satíricos e humorísticos que desencadearam a litografia de ilustração, até a década de 1870: *L'Aride Italiana* (1854-1856), *Semana Ilustrada* (1860-1876), *Revista Ilustrada* (1876-1878), entre outras.

o Brasil da época, o cultivo de um saber racional irá caracterizar a chamada geração de 1870, expressão cunhada para designar grupo bastante heterogêneo de intelectuais brasileiros, marcado tanto pela convergência quanto pela divergência de opiniões e profundamente influenciado pela entrada no país do "bando de ideias novas", no dizer de um "homem de ciência" como Sílvio Romero, que no prefácio ao livro de Tobias Barreto, *Vários escritos*, irá oferecer uma síntese dessas ideias (diga-se de passagem, bastante citada), sem deixar de enfatizar o que "sofremos os combatentes do grande decênio":

O decênio que vai de 1868 a 1878 é o mais notável de quantos no século XIX constituíram a nossa vida intelectual. Quem não viveu nesse tempo não conhece por não ter sentido diretamente em si as mais fundas comoções da alma nacional. Até 1868 o catolicismo reinante não tinha sofrido nestas plagas o mais leve abalo: a filosofia espiritualista, católica e eclética, a mais insignificante oposição; a autoridade das instituições monárquicas o menor ataque sério por qualquer classe do povo; a instituição servil e os direitos tradicionais do feudalismo prático dos grandes proprietários a mais indireta opugnação; o romantismo, com seus doces, enganosos e encantadores cismares, a mais apagada desavença reatora. Tudo tinha adormecido à sombra do manto do príncipe feliz que havia acabado com o caudilhismo nas províncias da América do Sul e preparado a engrenagem da peça política de centralização mais coesa que já uma vez houve na história de um grande país. De repente, por um movimento subterrâneo que vinha de longe, a instabilidade de todas as coisas se mostrou e o sofisma do império apareceu em toda a sua nudez. A guerra do Paraguai estava ainda a mostrar a todas as vistas os imensos defeitos de nossa organização militar e o acanhado de nossos progressos sociais, desvendando repugnantemente a chaga da escravidão; e então a questão dos cativos se agita e logo após é seguida a questão religiosa; tudo se põe em discussão: o aparelho sofístico das eleições, o sistema de arrocho das instituições políticas e da magistratura e inúmeros problemas econômicos: o partido liberal, expelido grosseiramente do poder, comove-se desusadamente e lança aos quatro ventos um programa de extrema democracia, quase um verdadeiro socialismo; o partido republicano se organiza e inicia uma propaganda tenaz que nada faria parar. Na política é um mundo inteiro que vacila. Nas regiões do pensamento teórico, o travamento da peleja foi ainda mais formidável, porque o atraso era horroroso. Um bando de ideias novas esvoaçou sobre nós de todos os pontos do horizonte. [...]: Positivismo, evolucionismo, darwinismo, crítica religiosa, naturalismo, cientificismo na poesia e no romance, folclore, novos processos de crítica e de história literária, transformação da intuição do Direito e da política, tudo então se agitou e o brado de alarma partiu da Escola de Recife. (apud Bosi, 1975, p.184)

Em que pese o atraso com que essas "ideias novas" foram adotadas no país – "levaram mais de vinte anos a atravessar o Atlântico" (Pereira, 1988, p.119), quando então o Império entrava no "plano inclinado" (Nabuco, 1936, p.68), em direção à República –, Romero (1879, p.36) irá reivindicar para Pernambuco, por intermédio da mencionada Escola de Recife, "a prioridade no movimento espiritual brasileiro", embora a Academia Francesa do Ceará, como foi chamado o grupo de artistas e escritores realistas de Fortaleza, vá desempenhar papel de igual destaque. No entanto, é o Rio de Janeiro, por deter "o maior mercado de trabalho para os homens de letras, que encontravam oportunidades no ensino, na política e no jornalismo" (Ventura, 1991, p.10), que irá atrair os representantes dos movimentos críticos do Norte e Nordeste, como Franklin Távora, entre outros, colaborador assíduo da *Ilustração Brasileira*.

Arena de disputas dos "homens de ciências" e "homens de letras" integrantes da geração de 1870, os jornais cariocas da época irão acolher as acirradas polêmicas travadas entre eles, polêmicas que, por incorporar, segundo Roberto Ventura (1991, p.10), "a forma dialógica dos desafios da poesia popular e um código de honra tradicional, [entravam] em conflito com as propostas da modernização". Se esse pode ser o perfil editorial de um jornal como *O Globo*, por exemplo, em cujas páginas Joaquim Nabuco e José de Alencar trocaram farpas em 1875, a propósito da peça *O jesuíta*, de autoria do segundo, é importante ressaltar que nem todos os periódicos em circulação na capital carioca, durante a década de 70 do século XIX, abriram espaço às polêmicas, como foi o caso da revista ilustrada de Henrique Fleiuss.

Assim como os jornais, diversos estabelecimentos científicos de ensino e pesquisa, entre outros o Museu Real, o Instituto Histórico e Geográfico Brasileiro, a Faculdade de Direito de Recife e a Faculdade de Medicina da Bahia, "que na época", segundo Lilia Moritz Schwarcz (1993, p.14), "se constituíam enquanto centros de congregação da reduzida elite pensante nacional", vão da mesma forma atuar como órgãos receptores e disseminadores daquele "bando de ideias novas" que entrou no país da segunda metade do século XIX, dentre elas, as teorias raciais, cujos modelos de análise, adaptados às condições locais, funcionarão no sentido de os intelectuais brasileiros inventarem uma nova imagem para a nação, pela via da mestiçagem e da ideologia do branqueamento, em relação às quais Sílvio Romero desponta como um dos principais mentores.

Nesse sentido, há que lembrar o programa de mestiçagem romântico (do índio com o português), na proposta de José de Alencar, que defendia a formação de uma civilização original, mediante o amálgama de elementos europeus com americanos. Compreende-se a proposta de "formação de uma civilização original", nos termos de Alencar, uma vez que, segundo Bernardo Ricupero (2004, p.XXV):

> No vocabulário romântico latino-americano, a palavra "civilização" tem peso especial, o que provavelmente se explica pelo momento histórico que vive então o continente. Depois da independência política, procura-se tornar a América "civilizada", entendendo-se "civilização" como uma nova forma de relacionar-se com o mundo, principalmente o centro capitalista. Ou seja, na nova situação, a relação com o exterior, que se intensifica, passa a ter que ser internalizada.

"Nesse contexto", prossegue Ricupero,

> também a ideia de "civilização" passa a funcionar como um quase produto de exportação, utilizado para justificar a expansão das potências capitalistas [...] os europeus e seus descendentes teriam quase a obrigação de levar a civilização[6] para outros homens, que viveriam nas trevas da ignorância e da superstição. (ibidem)

Se, por um lado, "encontrar a civilização europeia" constitui-se em objetivo manifesto do romantismo latino-americano, a mestiçagem, por outro, é pensada como fundamento de a América Latina se diferenciar em relação à Europa, na criação de uma quase "civilização nos trópicos."

No programa de mestiçagem, pensado pelos românticos, em particular, o brasileiro, o negro, escravo, fica em geral de fora, enquanto o índio, juntamente com a natureza, ambos são tomados como símbolos nacionais. Quando aconteceu de o negro ser recebido no terreno da criação ficcional, como no caso no teatro de Alencar, a representação do "elemento servil" em peças como *Mãe*

---

6 "O termo 'civilização' é relativamente recente, seu uso, em algumas das principais línguas europeias, datando apenas da segunda metade do século XVIII. A origem da palavra encontra-se no latim *civilitas* e se refere a cidade. O verbo 'civilizar', seu particípio, 'civilizado', o adjetivo 'civil' e o substantivo 'civilidade' datam de antes, do século XVI. Desde o século XIII, entretanto, termos como 'civil' e 'civilidade' são associados a ideias como urbanidade e sociabilidade" (cf. Ricupero, 2004, p.XXVI).

e *O demônio familiar*[7] (embora em momento algum o escritor cearense tenha deixado de incorporar o ponto de vista do senhor de escravo) recebeu críticas, como aquela de Nabuco, publicada em *O Globo*, em 24 de outubro de 1875:

> O homem do século XIX não pode deixar de sentir um profundo pesar, vendo que o teatro de um grande país, cuja civilização é proclamada pelo próprio dramaturgo escravagista (o seu teatro só abala a escravidão em nosso espírito, não no dele) acha-se limitado por uma linha negra, e nacionalizado pela escravidão. Se isso ofende o estrangeiro, como não humilha o brasileiro! Aí está o teatro que o Sr. J. de Alencar teve a nenhuma compaixão de fundar! Aí está a nossa sociedade, não a *símia* felizmente, a *verdadeira*, como ele julgou fotografá-la, separada do mundo inteiro pelo desgosto, pelo desdém que o seu teatro havia de provocar diante de uma plateia europeia. Nós porém não podemos ter por nacional uma arte que para o resto do mundo seria uma aberração da consciência humana. (apud Coutinho, 1965, p.106)

Alencar, por seu lado, vai responder que, sendo a escravidão realidade dominante no Brasil, e uma vez que literatura estava comprometida em representar a sociedade, conforme previa a crítica romântica, era impossível deixar de trazer aos palcos dos teatros cariocas a denominada "linha negra", configurando-se o argumento do dramaturgo, segundo Ricupero, em "justificativa 'realista' do trabalho servil" (2004, p.200).

A posição de Joaquim Nabuco em relação à exclusão do negro escravo e do indígena é representativa da identificação das elites letradas com os valores metropolitanos europeus, responsável pela relação etnocêntrica com as culturas indígenas, africanas e mestiças, percebidas pela mediação do discurso europeu. "A valorização da mestiçagem e a ideologia do branqueamento", segundo Roberto Ventura (1991, p.60), "foram contribuições originais que atenuaram, ainda que parcialmente, o racismo científico então dominante".

A polêmica entre Alencar e Nabuco se inscreve no momento de entrada no Brasil do realismo e do naturalismo – período chamado por José Veríssimo (1998, p.335) de "Modernismo" – que vão obrigar "os escritores a sair do círculo sentimento-natureza em que haviam se confinado", "apontando a observação – o contato direto com a vida – como o único meio de progresso"

---

7 A incorporação do negro e do escravo, em termos literários, ocorreu a partir de 1860, juntamente com o desaparecimento do índio como personagem ficcional e assunto poético, e a promulgação das leis antiescravidão (cf. Ventura, 1991, p.46).

(Pereira, 1988, p.34). A perspectiva de "contato direto com a vida" se estende à área da imprensa ilustrada, no exemplo da *Ilustração Brasileira*, na qual a imagem, por intermédio da fotografia, entre outros suportes, torna-se componente indispensável na composição de uma imprensa moderna. Ao mesmo tempo, há certos aspectos da realidade brasileira, como a escravidão – incompatível com os padrões de uma nação "civilizada", nem por isso deixada de ser vista como "mal necessário" pela elite imperial – sobre a qual pesava o interdito da representação, o que compreenderia, pode-se supor, a reprodução em imagem.

Uma vez que o impasse configura o projeto de formação de um Brasil ilustrado, segundo a proposta da geração de 1870, a pesquisa a respeito da *Ilustração Brasileira* incorpora o impasse e as ausências como perspectiva de análise, a orientar o desenvolvimento do trabalho organizado em torno das "Imagens de Exportação" – seleção de textos e imagens do Brasil veiculada pelo periódico, que, levada para fora do país, corresponderiam às concepções de "civilização e progresso", nos moldes do pensamento europeu da segunda metade do século XIX. Se durante o romantismo a ideia de "civilização" passara a ser produto de exportação das potências capitalistas, agora era a vez de os trópicos devolverem ao Velho Continente o espelho da própria imagem, evidenciando a internalização das referências culturais europeias, ainda que por vezes modificadas em razão das condições peculiares do contexto brasileiro. A iniciativa pioneira de Henrique Fleiuss de fundar uma revista ilustrada similar às melhores do gênero da Europa corresponde à perspectiva cosmopolita por meio da qual o Brasil se quer ver, dentro e fora do país, segundo o programa de reformas da nação sob a hegemonia dos grupos letrados.

Por imagem compreende-se as de expressão tanto visual quanto verbal, ambas interpretadas, segundo as formulações de Barthes (1964), como linguagem portadora de uma dupla mensagem – a conotativa, referencial, e a denotativa, simbólica –, imagem que é capaz de provocar uma "cadeia flutuante de significados" entre ambas as linguagens e cujo conteúdo relativo desses dois elementos, a conotação e a denotação, varia conforme o tipo de iconografia (a partir do qual é realizada a reprodução em gravura na revista): no desenho, o predomínio do valor simbólico, na fotografia, o valor de referencialidade (Barthes, 1990). Acrescente-se ainda que não sendo possível compreender a imagem separando-a do pensamento, "ver as ideias nas imagens", no dizer de Adauto Novaes (2005, p.13), constitui a proposta de leitura das imagens de exportação da *Ilustração Brasileira*. Informe-se, por fim, que a face visual do trabalho é constituída de gravuras procedentes a maior parte da revista ilustrada de Fleiuss, mas também de outras publicações, como *Ilustração do Brasil* e *Ilustração Popular*, de modo a suprir certos vazios visuais na *Ilustração Brasileira*, bem como oferecer possível chave interpretativa em relação àquelas ausências. Todas as demais imagens incorporadas ao estudo em pauta tiveram por objetivo conferir visualidade que representasse a ideia de construção de Brasil ilustrado, conforme o projeto de implantação de uma civilização nos trópicos, durante o período imperial.

O trabalho se inicia com a exposição da trajetória de Henrique Fleiuss no cenário da imprensa carioca, proprietário e editor que ao longo de 18 anos publicou duas revistas ilustradas totalmente diferentes tanto do ponto de vista editorial quanto visual: a *Semana Ilustrada* e a *Ilustração Brasileira*. Os capítulos subsequentes foram construídos em torno das seguintes "Imagens de Exportação" do Brasil, veiculadas pela publicação ilustrada de Fleiuss de 1876: o Capítulo 2 focaliza a figura de D. Pedro II, em sua segunda viagem ao exterior, como encarnação da imagem de Brasil ilustrado; o Capítulo 3, centrado na presença do Brasil na Exposição Universal de Filadélfia de 1876, examina a representação construída do país como nação moderna e civilizada; o Capítulo 4 estuda a participação do imigrante europeu na consolidação da nova imagem de Brasil; o Capítulo 5 concentra-se na atuação de cientistas estrangeiros, como o engenheiro Franz Keller-Leuzinger e o geólogo Charles Frederic Hartt, para a descoberta de novos contornos geográficos do Brasil; o Capítulo 6 investiga os novos olhares sobre o Brasil a partir da contribuição do fotógrafo Marc Ferrez; o Capítulo 7, subdividido em duas partes, estabelece o confronto entre dois Brasis, o do Norte e o do Sul, na perspectiva da criação artístico-literária. Algumas considerações finais imprimem o fecho do trabalho, enquanto a ciranda das revistas – incessante movimento de sucessos e fracassos das publicações periódicas brasileiras – ultrapassa os anos 1870 e se prolonga durante o século XIX.

20 SÍLVIA MARIA AZEVEDO

Figuras 1 e 2 – A imprensa ilustrada européia e norte-americana, que desde 1840 já empregava a fotografia enquanto matriz para a reprodução de imagens, serve de modelo na concepção editorial da *Ilustração Brasileira*.

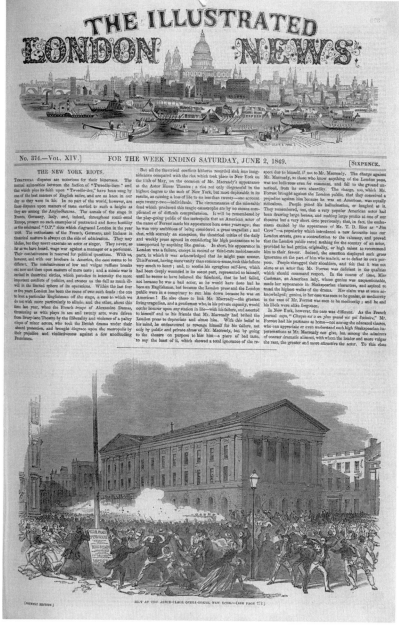

Figura 1 – *The Illustrated London News*, n.1324, 1865

Figura 2 – *Harper's Weekly, Journal of Civilization*, n.197, 1860

Figuras 3 e 4 – A *Ilustração do Brasil* e a *Ilustração Popular* são lançadas no mesmo ano em que a *Ilustração Brasileira* começa a circular na Corte, em 1876.

Figura 3 – *Ilustração do Brasil*, n.16, 1876.

Figura 4 – *Ilustração Popular*, n.4, 1876.

1
DE SEMANA ILUSTRADA A ILUSTRAÇÃO BRASILEIRA

Ridendo castigat mores

Quando em março de 1876, a *Semana Ilustrada* encerrava suas atividades, já em 1º de julho desse mesmo ano, Carlos e Henrique Fleiuss publicavam a *Ilustração Brasileira*, seguindo prática difundida na época entre os donos de jornal de fundar um novo tão logo o anterior saísse de circulação. Dois aspectos, pelo menos, apontam para significativas mudanças e diferenças entre as duas revistas[1] idealizadas pelos Fleiuss. Em primeiro lugar, o período de vigência da *Semana Ilustrada* e o da *Ilustração Brasileira*: aquela, de 16 anos, começando a circular em 16 de dezembro de 1860; esta, não completando dois anos (na verdade, 22 meses), de 1º de julho de 1876 a abril de 1878. Em segundo lugar, a diretriz editorial de ambas as revistas: a *Semana Ilustrada*, na linha da caricatura, a *Ilustração Brasileira*, na da "gravura séria". Na observação do jornal *Consciência*, de São Paulo: "O Sr. H. Fleiuss, que, há pouco, deixou a direção de um semanário, também ilustrado, da maior popularidade, *preferiu à caricatura a gravura séria*, e, só o fez, depois que a prática, unida a uma grande dose de boa vontade, lhe permitiu apresentar ao público uma folha desta ordem".[2]

---

1 "Uma revista é uma publicação que, como o nome sugere, passa em *revista* diversos assuntos o que [...] permite um tipo de leitura fragmentada, não contínua, e por vezes seletiva" (cf. Clara Rocha, *Revistas Literárias do Século XX em Portugal*, apud Martins, 2001, p.46). Para Martins, o que distingue com frequência a revista do jornal "é a existência da capa da revista, acabamento que não ocorre no jornal; mais do que isso, é a formulação de seu programa de revista, divulgado no artigo de fundo, que esclarece o propósito e as características da publicação" (ibidem).

2 "Opinião da Imprensa de Portugal e do Brasil". *Ilustração Brasileira*, n.13, p.2, 1º de janeiro de 1877.

Os editores do jornal paulista não chegam a especificar os motivos que teriam levado o proprietário da *Semana Ilustrada* a mudar da caricatura para a "gravura séria", sendo possível imaginar que o programa a que se propôs a nova revista – contribuir para o progresso e a civilização do Brasil – demandaria postura editorial compatível, na qual a seriedade das estampas imitasse as poses graves e solenes com que os homens do Império eram retratados em quadros e fotografias.

Quando resolve lançar a *Semana Ilustrada*, em 1860, o editor alemão em busca da identidade visual da revista vai se inspirar na "velha escola satírica europeia, que vem de Hogarth e Rowlanson na Inglaterra do século XVIII, até Goya, Gustave Doré e Daumier no XIX, e da qual os chargistas da Monarquia eram não só oriundos como legítimos e fiéis seguidores" (Teixeira, 2001, p.19).[3] Nasce, assim, o Dr. Semana, personagem cujo busto aparecerá como ilustração do logotipo do periódico. Trazendo na indumentária as marcas de sua origem, o Dr. Semana é um homem vestido à europeia: punhos rendados, cruz de malta sob o pescoço e chapéu tirolês na cabeça, com longas penas pendendo da aba. Mantendo o olho direito fechado e o esquerdo bem aberto, fixo no leitor, identifica-se nesse comportamento da personagem, aliado ao sorriso enigmático que lhe escapa dos lábios cerrados, intenção de estabelecer relação de cumplicidade com quem vai ler a revista. Enquanto a mão direita segura um exemplar da *Semana Ilustrada*, a esquerda ajuda dois "bobos da corte" a passar uma tira com imagens numa lanterna mágica, posicionada à frente da personagem, em cuja objetiva lê-se o lema escolhido por Fleiuss para a publicação: o provérbio latino *Ridendo castigat mores*.[4]

Logo abaixo, na metade inferior da página, uma segunda ilustração mostra o Dr. Semana em viagem pelo globo terrestre, instalado em uma espécie de carruagem aberta, puxada por figuras aladas. Logo atrás do veículo, uma ninfa de

---

3 Luiz Guilherme Sodré Teixeira (2001, p.19) estabelece a seguinte distinção entre a charge e a caricatura: a charge "constrói uma identidade para o sujeito real aprofundando uma *diferença* [grifo do autor] entre ele e a construção de seu duplo imaginário", enquanto na caricatura, essa relação é construída em termos de semelhança. Durante a Monarquia, no entanto, "essa identidade era produto da construção de um duplo *semelhante* [grifo do autor] ao sujeito".

4 A forma correta da sentença latina é *Castigat ridendo mores* [Rindo, castiga os costumes]. Esse provérbio, segundo Renzo Tosi (2000, p.142), tem um precedente em *Ridentem dicere verum*, de Horácio, mas só no século XVII foi cunhado por Jean de Santeuil, a propósito da máscara de Arlequim, cujo busto decorava o proscênio da Comédie Italienne de Paris, transformando-se depois em emblema utilizado por vários teatros, como a Opéra Comique de Paris e pelo Teatro San Carlino de Nápoles.

vestes esvoaçantes segura longa faixa onde está gravada outra expressão latina, *Sol lucet omnibus*, extraída da obra *Satiricon*, de Petrônio, e que se traduz como "o sol brilha para todos". Binóculo na mão, o Dr. Semana observa atentamente o continente americano do qual se aproxima, mais precisamente, o Brasil. Completa ou, antes, traduz o quadro alegórico a seguinte legenda: "A *Semana Ilustrada* começa sua viagem humorística pela América Meridional".[5]

Era, portanto, sob o olhar do Dr. Semana que a *Semana Ilustrada*, "viajante estrangeira", "iniciava sua aventura humorística pelas terras brasileiras" (Souza, 2007, p.12). Nessa carta de apresentação visual da revista faz-se representar a procedência europeia do traço caricatural, assim também a imagem do Dr. Semana como cronista-viajante, conforme atuação do narrador entre os cronistas brasileiros da segunda metade do século XIX, com destaque para os três "relatos de viagem" de Joaquim Manuel de Macedo, *A carteira de meu tio* (1855), *Um passeio pela cidade do Rio de Janeiro* (1863) e *Memórias da Rua do Ouvidor* (1878) (Süssekind, 1990, p.227).

Por fim, o editorial do número de lançamento da *Semana Ilustrada* explicita a diretriz satírico-humorística do periódico, pela qual o Dr. Semana, auxiliado pelas caricaturas, serão responsáveis:

> *"Ridendo Castigat Mores"*
>
> Sob esta divisa singela e expressiva aparece hoje a *Semana Ilustrada* pedindo a aceitação do público ao encetar a sua variegada tarefa.
>
> Não vem ela contar aos seus leitores por que novas fases passou ontem a política, quais foram as operações mais recentes da praça, quantos ratoneiros caíram nas mãos da polícia, enfim por que motivo tateamos na sombra a tantos respeitos, apesar de vivermos no século das luzes, e à luz magnífica do gás do Aterrado.
>
> Não; a missão do modesto atleta, que entra hoje no vasto areal da imprensa, é mais laboriosa, também mais transcendente.
>
> Falamos por ele.
>
> Estranho às mesquinhas lutas da política pessoal, ao exame e discussão de niilidades, e ajudados por ventura do favor público propomo-nos principalmente a realizar a epígrafe que precede estas linhas
> *Ridendo Castigat Mores.*
>
> Adeptos da escola desses críticos que em suas observações e pareceres deixavam em descanso os venerandos autores de obras meritórias, inimigos da fofa preten-

---

5 *Semana Ilustrada*, n.1, 16 de dezembro de 1860, p.1.

são dos Colombos da imprensa que em sua fantasia descobrem novos mundos a cada passo, novos princípios, novos preceitos, novas conveniências sociais a cada momento, não nos arrogamos o papel presumido de censores da sociedade – de ferula alçada, e olhar carregado.

Longe de nós tal preceito!

[...]

Riamos! Em toda essa multidão que se move curvada sobre o futuro; em todos esses energúmenos que enxergam horizontes claros através da fumaça do charuto, e namoram a própria sombra, há um lado ridículo que merece particular atenção, e é dele que nos ocuparemos.

Buscaremos a humanidade fora dos templos, longe dos cemitérios; além desses lugares neutros será ela conosco; iremo-nos com ela.

Na política, no jornalismo, nos costumes, nas instituições, nas estações públicas, no comércio, na indústria, nas ciências, nas artes, nos teatros, nos bailes, nas modas, acharemos para a Semana Ilustrada assunto inexaurível, matéria inesgotável para empregar o lápis e a pena.

Espectadores ativos, mas imparciais, de todas as lides empenhadas por essas grandes turmas, aplaudiremos o bem que praticarem, e sem temor censuraremos o mal que fizerem.

Censuraremos rindo, e conosco rirá o leitor, pois em todo esse mundo movediço que se enfeita no espelho, e apregoa o seu valor extremo, há um lado vulnerável onde penetra o escalpelo da crítica, há uma parte fraca que convida ao riso.

[...]

Passa a humanidade!

E está em cena a Semana Ilustrada![6]

Se, em vez do Dr. Semana, são os editores que informam a missão moralizadora de que vai se encarregar o periódico – "Falamos por ele" –, a personagem, por sua vez, traz inscrita na própria imagem a perspectiva satírico-humorística, a operar por contraste entre o cômico e o sério, de que fala a face textual do periódico, na interpretação da sentença latina. Por um lado, o Dr. Semana traz inscritos no nome que o identifica os índices de seriedade e autoridade exigidos pela tarefa que vai executar semanalmente – aplaudir o bem e censurar o mal praticados pela humanidade –; por outro, a estranha vestimenta que lhe coube envergar, assim como a piscadela que troca com o leitor contrastam com os propósitos da personagem, o que reverte igualmente para o "Dr." com que foi

---

6 *Semana Ilustrada*, n.1, 16 de dezembro de 1860, p.2-3.

agraciada, esvaziado do prestígio que lhe devota um país, como o Brasil, no qual o contingente de analfabetos compreendia na época 70% da população.

"Riamos!", dirão os editores, e com eles, o Dr. Semana, pois que o riso permite desmascarar esse teatro de aparência, "esse mundo movediço que se enfeita no espelho, e apregoa o seu valor extremo", mas que esconde "um lado vulnerável onde penetra o escalpelo da crítica". O ato de desmascarar – os outros, a si próprio, a sociedade, ou a "humanidade", como quer a *Semana Ilustrada* – sendo ideia cara à sátira, o propósito de trazer a público o "lado vulnerável de tudo" e de todos, tanto mais se intensifica quando maior é a presença da imagem em vários setores da esfera social, dentro e fora do Brasil, na segunda metade do século XIX. Assim, o desmascaramento, se lembra a procedência do provérbio-divisa do periódico, ou seja, o teatro, cujo proscênio trazia a partir do século XVII a sentença latina como emblema, atualizada a intenção de castigar os costumes por meio do riso, é a lanterna mágica que se transforma em instrumento adequado à tarefa do Dr. Semana – "Passa a humanidade!" –, com maior garantia de "objetividade" e "neutralidade", tendo em vista a intenção de o semanário se manter "estranho às mesquinhas lutas da política pessoal".

Assim, "o exame da primeira página do primeiro número de *Semana Ilustrada* alardeia", segundo Joaquim Marçal Ferreira de Andrade (2004, p.125), "que a grande notícia daquele dezesseis de dezembro era o advento da *Semana Ilustrada*", estratégia de autopropaganda que Henrique Fleiuss empregou na confecção daquele que é considerado o primeiro cartaz-anúncio ilustrado no Brasil: a ampliação da primeira capa do primeiro número do semanário – ou seja, "a informação da informação" (Ferreira, 1994, p.441) –, cujas cópias foram afixadas nas paredes do ateliê do editor e depois espalhadas pela cidade.

A campanha de marketing que precedeu o lançamento da *Semana Ilustrada*, porém, não parou por aí. No mesmo dia em que o periódico iniciava sua "viagem humorística pela América Meridional", o programa da *Semana Ilustrada* aparecerá, de forma sintética, em anúncio publicado no *Jornal do Comércio*, aqui também enfatizada a missão moralizadora, por intermédio de "desenhos humorísticos", a que se propunha a nova revista: "A crítica bem manejada, quando não ataca personalidades, é sempre bem aceita por todos, porque aponta os vícios, os maus hábitos, os abusos que convém abolir como prejudiciais à sociedade em geral e ao homem em particular" (apud Souza, 2007, p.15).

30 SÍLVIA MARIA AZEVEDO

Um dia antes de o semanário de Henrique Fleiuss começar a circular, Joaquim Manuel de Macedo, por sinal, colaborador da *Semana Ilustrada*,[7] saudava, em crônica de 17 de dezembro de 1860, publicada na seção "Labirinto", do *Jornal do Comércio*, o lançamento do semanário de Fleiuss, com destaque para o fato de que as caricaturas da revista "ferem com ridículo os costumes e os abusos, sem que ofendam melindres: as pessoas são respeitadas, e sobretudo há um compromisso leal que põe a coberto a vida privada. O cronista Macedo (2004, p.288) observa ainda que, desse modo, "temos uma publicação apreciável e útil, que absolutamente em nada se parecerá com algumas indecentes caricaturas que há dous ou três anos indignaram a moral pública".

Dois aspectos do comentário de Macedo, que faz parte da propaganda criada em torno do lançamento da *Semana Ilustrada*, cujo objetivo era despertar a curiosidade do leitor e angariar assinaturas, merecem destaque: em primeiro lugar, que a caricatura não era novidade no Brasil à época em que Fleiuss lança a *Semana Ilustrada*, embora seja aquela, segundo Herman Lima (1963, v.1, p.95)[8] "a primeira revista humorística a ter vida regular no Brasil"; em segundo lugar, que as caricaturas da revista de Fleiuss tinham intenção de criticar, mas sem ofender "melindres", ao contrário de "algumas indecentes", que "há dous ou três anos indignaram a moral pública". Sem chegar a identificá-las, fica difícil saber quais seriam essas "indecentes" caricaturas a que o cronista do *Jornal do Comércio* faz referência. De qualquer forma, a divisa *Ridendo castigat mores* era também proposta satírica de algumas revistas ilustradas que antecederam a *Semana Ilustrada*, como *L'Iride Italiana* (1854), de Auguste Sisson, que defende a caricatura moralizadora, aquela que "tende a alegrar o espírito, excitando o riso sem ofender a ninguém" (Lima, 1963, v.1, p.95). A dar crédito à crítica de Macedo, exposta na crônica da seção "Labirinto", se era intenção da caricatura (avulsa ou integrada ao corpo das revistas ilustradas humorísticas) não entrar no terreno das ofensas pessoais, na prática parece que não foram respeitados os limites da moralidade instituída.

---

7 Dentre as colaborações de Joaquim Manuel de Macedo para a *Semana Ilustrada* cabe destacar o romance *A luneta mágica*, publicado de 22 de março a 27 de setembro de 1868 (cf. Serra, 2004, p.147).

8 Herman Lima (1963, p.71-3) informa que, já em 1837, a caricatura aparece no Brasil na forma de "folhas volantes" dirigidas contra Justiniano José da Rocha, de autoria de Manuel de Araújo Porto-Alegre.

BRASIL EM IMAGENS **31**

De volta à identidade visual da *Semana Ilustrada*, se o Dr. Semana e a máxima latina não escondem o sólido perfil cultural de Fleiuss, cuja formação em Belas Artes se fez na Alemanha dentro da tradição acadêmica,[9] a lanterna mágica, ainda que permita ser interpretada como valor atribuído por Henrique Fleiuss aos aparatos ópticos de seu tempo (Andrade, 2004, p.124), não deixa igualmente de remeter a outra "citação" presente na ilustração de capa: o "periódico plástico-filosófico" – *A Lanterna Mágica* (1844-1845) – fundado por Manuel de Araújo Porto-Alegre, cujos 11 números continham duas personagens que satirizavam os problemas da cidade do Rio de Janeiro e seus habitantes: Laverno e Belchior, cópias de dois tipos criados por Honoré Daumier – Robert Macaire e Bertrand –, do mesmo modo que a moldura que os envolve repete os arabescos com que o mestre francês adornava seus quadros (Salgueiro, 2003). Há que mencionar, ainda, outra dupla de personagens de inspiração europeia – Cabrião e Pipelet –, saídas do romance de folhetim *Mistérios de Paris* (1842-1843), de Eugène Sue, e escolhidas como símbolos do semanário humorístico *Cabrião* (2000), editado em São Paulo, entre 1866 e 1867, por Ângelo Agostini, Américo de Campos e Antônio Manuel dos Reis. Por fim, no terreno da sátira verbal, cabe lembrar que o "sobrinho de meu tio" tem a seu lado, como companheiro de viagem, o compadre "Paciência", personagens da obra de Joaquim Manuel de Macedo, *A carteira de meu tio*, espécie de crônica satírica a respeito da sociedade brasileira da época.

A partir desses modelos, Fleiuss deve ter tido a ideia de criar também uma dupla de personagens-símbolo da *Semana Ilustrada*, em que o Dr. Semana contemplaria a face europeia, enquanto o Moleque – negro bem apessoado e capaz de ironizar a política da Corte – representaria a nota local.[10] Se, de início, o Moleque não passa de apêndice do Dr. Semana, aos poucos sua atuação ganha espaço, a vida pessoal do negro escravo sendo narrada pelo hebdomadário: o

---

9 Henrique Fleiuss nasceu em 28 de agosto de 1823, na cidade de Colônia, filho de Henrique Fleiuss, diretor geral da Instrução Pública na Prússia Renana, e de Catarina von Drach. Recebeu educação esmerada e desde criança demonstrou aptidão para o desenho. Cursou Belas Artes, em Colônia e Dusseldorf, e Música e Ciências Naturais, em Munique (cf. Max Fleiuss, 1941, v.1, p.68).

10 Impossível deixar de lembrar outro "moleque", o escravo Pedro, da peça *O demônio familiar*, de José de Alencar, comédia em quatro atos, cuja estreia ocorreu em 5 de novembro de 1857, no Teatro Ginásio Dramático. A respeito da peça, consultar o trabalho de Silvia Cristina Martins de Souza (1996).

casamento com Dona Negrinha, ao qual o Dr. Semana comparece como pa-drinho, na companhia da "Exmª. *Marmota*" (alusão ao periódico de Francisco de Paula Brito), o nascimento dos filhos, o primeiro dos quais batizado por deputados, "de direita" e "de esquerda". Como aconteceu com o Moleque, também coube ao Dr. Semana uma biografia, da qual constam mulher e filhos, assim como títulos importantes. Compete, no entanto, ao Moleque assumir, nos primeiros números do semanário, as críticas mais severas à política inter-na, sob o aval do Dr. Semana, a quem caberia educar o jovem escravo. Com o início da guerra contra o Paraguai, o Dr. Semana assume posição de destaque nas páginas escritas e ilustradas da *Semana Ilustrada*, ficando encarregado de assinar crônicas e editoriais, a exemplo da série "Novidades da Semana", na linha do patriotismo fervoroso. À medida que os debates em torno da escravidão mobilizam a atenção da imprensa brasileira, crescem as referências ao tema na *Semana Ilustrada*, que irá abordá-lo na série "Badaladas" (1869-1876). Nessa nova fase do semanário, o Dr. Semana, ao lado do Moleque, passa a apoiar a lei de 28 de setembro de 1871, embora defendendo uma transição gradual para a completa liberdade dos escravos.[11]

Além da dupla Dr. Semana-Moleque, outra criação de Henrique Fleiuss foi o índio a que chamou "Sr. Brasil", símbolo romântico da nacionalidade brasileira, que o editor trouxe para as páginas da *Semana Ilustrada*, quando o movimento indianista achava-se consolidado nas artes nacionais.[12] O índio criado pelas litografias de Fleiuss, branco, feições europeias, robusto e bem nutrido, ora se apresenta com penas e cocares, ora vestido, civilizadamente, com roupão e sapatos, ora trajando elegante farda, mas ainda de cocar à cabeça, em lembrança da origem indígena. É de supor que esse índio, o "Sr. Brasil", fizesse

---

11 As informações a respeito da dupla Dr. Semana e Moleque e das fases da *Semana Ilustrada* foram baseadas no mencionado trabalho de Karen Fernanda Rodrigues de Souza (2007, p.66-121), em particular o capítulo 2, "Uma relação narrativa".

12 Na literatura, o índio, como símbolo nacional, será personagem de várias obras do romantismo brasileiro, dentre elas: *Nênia* (1846), poema indianista de Francisco Rodrigues Silva; *Três dias de um noivado* (1846), de Antônio Gonçalves Teixeira e Silva; *Primeiros cantos* (1846) e *Os timbiras* (1857), de Antônio Gonçalves Dias; *A confederação dos tamoios* (1856), de Domingos José Gonçalves de Magalhães; *O guarani* (1857) e *Iracema* (1865), de José de Alencar. Na pintura, o ciclo indianista compreende, entre outras, as telas de Vítor Meireles de Lima, "A primeira missa no Brasil" (1861) e "Moema" (1866); de José Maria de Medeiros, "Iracema" (1884); e, de Rodolfo Amoedo, "O último tamoio" (1883). Na escultura, Francisco Manuel Chaves Pinheiro, com "Índio simbolizando a nação brasileira" (1872); e na música, Carlos Gomes, com "O guarani" (1870).

as delícias dos leitores da *Semana Ilustrada*, pelo menos até a segunda metade da década de 1860, quando os debates em torno do "elemento servil" tornam-se mais acirrados, e o semanário passa a incorporar várias representações dos indivíduos negros – mucamas, moleques, cocheiros, amas, capoeiras, capangas eleitorais, lavadeiras (Souza, 2007, p.131) –, sob a forma de caricaturas, tanto verbais quanto visuais, por meio das quais os humoristas da revista de Fleiuss ridicularizam a vida pública e privada carioca, sob a supervisão do olhar crítico dos parceiros Dr. Semana e Moleque.

Monarquista convicto, amigo de D. Pedro II, Fleiuss jamais permitiu que se publicasse na *Semana Ilustrada* uma caricatura sequer do imperador ou de seus familiares,[13] o que ocorria com frequência em outras publicações do gênero na época,[14] e mais tarde, em particular, na *Revista Ilustrada*. Dada a proximidade do trono, o editor e sua revista ilustrada eram duramente atacados por outros jornais,[15] como *O Mosquito*, que traçou corrosivo epitáfio quando a *Semana Ilustrada* deixou de circular:

> Avançada em anos, sem dentes e vendo pouco, era admirável o apetite da finada – comia tudo e tudo digeria, como no verdor da mocidade. *Era uma das melhores convivas da grande mesa do orçamento!* Mas, afinal, como o seu mal era fome, não pôde deixar de acompanhar a *Nação*,[16] para quem há dias se abriram também as portas do céu. Morreram ambas da mesma enfermidade – mão criminosa as envenenou em banquete oficial [...] *O sopro do Tesouro não lhes pôde dar vida*; mas agora que elas já não existem, ao governo cabe enterrar os mortos e tratar dos vivos. [...] Morra a *Semana*; mas fique o espírito de seus *moleques*! (Lima, 1963, v.1, p.125; os grifos são meus)

O epitáfio fazia-se acompanhar de uma caricatura de Rafael Bordalo Pinheiro, na qual apareciam Henrique Fleiuss como capelão e Machado de Assis como acólito, no enterro da "extinta". Como legenda vinham estes versos, com

---

13 Os acontecimentos relativos ao imperador e à sua família mereciam um tratamento diferenciado da *Semana Ilustrada*, com a publicação de suplementos especiais, oferecidos aos leitores como brindes (cf. Guimarães 2006, p.92).

14 Araken Távora (1975) lista mais de sessenta títulos de jornais em que a figura do imperador é impiedosamente ridicularizada.

15 Durante a circulação da *Semana Ilustrada*, existiu no Rio de Janeiro a *Semana Desilustrada*, ácida crítica ao periódico de Henrique Fleiuss (cf. Andrade, 2004, p.91).

16 Referência ao jornal *A Nação*, de Ferreira Viana e Andrade Figueira, fundado no Rio de Janeiro, em 1865 e que deixou de circular em 1876 (cf. Sodré, 1966, p.243).

a música do "Fadinho Chorado": "Chorai, leitores, chorai, / Que a *Semana* já morreu; / Com a morte da *Semana* / Toda a graça se perdeu" (ibidem).

Embora revista de grande popularidade – supõe-se que também entre o leitor de pouca escolaridade, mas familiarizado com o universo das sátiras desenhadas por Henrique Fleiuss[17] –, por trás da *Semana Ilustrada*, segundo o epitáfio de *O Mosquito*, sempre esteve o imperador, que deve ter deixado de bancá-la, entre outros motivos, em razão dos gastos com a Guerra do Paraguai. O que pode ter decepcionado Fleiuss, que, imbuído de forte "espírito patriótico", havia se comprometido com os interesses do Império brasileiro, na decisão de partir para a guerra contra o Paraguai, vindo a publicar na *Semana Ilustrada* editoriais, notícias e inúmeras gravuras do conflito do Rio do Prata (Andrade, 2004, p.131-52).

Não havia novidade na acusação de *O Mosquito*, de que a *Semana Ilustrada* "era das melhores convivas da grande mesa do orçamento". Muito antes do "falecimento" do semanário de Fleiuss, o *Bazar Volante* (1863-1867) também criticava Fleiuss por receber ajuda do governo, como na charge "Dr. Charlata mamando no Tesouro", do caricaturista Joseph Mill, publicada em 19 de fevereiro de 1865 (Lima, 1963, v.1, p.123). De qualquer forma, a se dar crédito ao ataque de *O Mosquito* de que *Semana Ilustrada* teria contado com benefícios dos cofres públicos, e que na falta desses, a revista, que vinha sofrendo a concorrência de outras publicações humorísticas ilustradas (ibidem, p.117), encerrou suas atividades, encontrar-se-ia a causa do "calote" pregado por Fleiuss em Joaquim Manuel de Macedo, que teve os bens penhorados em razão da letra de um conto e duzentos, assinada em 31 de agosto de 1876, junto com mais dois endossantes (Anastácio Miranda Coelho e Carlos Fleiuss), e que o editor não vai pagar (Serra, 2004, p.202).

O que levaria Henrique Fleiuss, ao que parece endividado, a fundar, quatro meses depois do fechamento da *Semana Ilustrada*, uma nova revista, a *Ilustração Brasileira*, cujos gastos irão ultrapassar, e muito, aqueles despendidos com a anterior? Algumas hipóteses podem ser levantadas: por um lado, a confiança de Fleiuss no seu talento artístico e espírito empreendedor, como a fundação da escola de gravura em madeira para jovens aprendizes, a experiência

---

17 Fleiuss desenhou e litografou inteiramente os primeiros dez números da publicação, sendo depois auxiliado por A. Aranha, Aristides Seelinger e Ernesto Augusto de Souza e Silva, o Flumen Júnior (cf. Lima, 1963, p.90).

acumulada na direção da *Semana*, a criação do Imperial Instituto Artístico, a amizade com o imperador e a convivência com a elite do Império;[18] por outro lado, um certo clima de euforia que pairava na capital do Império na década de 1870, tendo em vista o crescimento do interesse por invenções técnicas, a exemplo das Conferências Populares da Glória[19] e da 4ª Exposição Nacional de 1875, preparatória da participação brasileira em Filadélfia no ano seguinte.[20] Anos antes, é bom lembrar, o editor esteve envolvido na confecção do álbum de litografias, *Recordações da Exposição Nacional de 1861*, obra realizada nas oficinas do ainda chamado Instituto Artístico, que também executou o projeto desenhado por Fleiuss e Carlos Linde de decoração externa da Exposição, no prédio da Escola Nacional. A partir daí, D. Pedro II, que conhecia o talento de Fleiuss como aquarelista, demonstrado no esboço da cerimônia de encerramento dos trabalhos da Assembleia Geral do Império, em 11 de setembro de 1859, convidou o desenhista a frequentar o Paço (Fleiuss, 1930, p.360-1).

Todos esses empreendimentos a indicar que o Brasil vinha se preparando para a Exposição Universal de Filadélfia – ocasião propícia para o País mudar sua imagem externa, impondo uma outra, a de país "civilizado" – devem ter influenciado Henrique Fleiuss a ponto de levá-lo a criar uma revista da envergadura da *Ilustração Brasileira*. Aliás, Henrique Fleiuss não estava sozinho na crença quanto ao glorioso futuro que ao Brasil estava reservado. Charles Vivaldi partilharia da mesma convicção, ao lançar a *Ilustração do Brasil*, em 29 de julho de 1876, com a clara intenção de concorrer com a *Ilustração Brasileira*. Se não

---

18 Quando, em 30 de março de 1867, Henrique Fleiuss casou-se com Maria Carolina dos Santos Ribeiro, filha do comendador Luís Mendes Ribeiro e Vasconcelos, a nata da sociedade prestigiou a cerimônia, estando presentes os conselheiros Afonso Celso, Dantas, Paranaguá e Sá e Albuquerque. Uma vez casados, o salão dos Fleiuss passou a ser um dos mais frequentados por artistas, políticos e letrados (cf. Ramiz Galvão, Prefácio, apud Max Fleiuss, 1930, p.366).

19 As Conferências Populares da Glória, criadas por portaria de 30 de agosto de 1872, eram realizadas no edifício de uma escola localizada na freguesia da Glória. Concebidas como "conferências pedagógicas" sobre os assuntos os mais variados (períodos glaciais, origem da Terra, doenças, taquigrafia, bebidas alcoólicas, ginástica, papel social da mulher, dentre outros), essas conferências, que duraram cerca de vinte anos, contaram também com a presença assídua do Imperador e família (cf. Turazzi, 1995, p.123).

20 Paralelamente à 4ª Exposição Nacional, que teve cunho nitidamente industrialista, com grande ênfase nos aspectos tecnológicos, uma Exposição de Obras Públicas foi organizada no edifício que abrigava o Ministério da Agricultura, Comércio e Obras Públicas, com destaque para projetos e a construção de estradas de ferro, a Carta Geral do Império e os trabalhos da Comissão Geológica do Império (cf. Turazzi, 1995, p.142). A respeito da Exposição Nacional de 1875, consultar o Relatório da Comissão Brasileira... (1878).

36 SÍLVIA MARIA AZEVEDO

se dispõem de elementos concretos que permitam afirmar que a *Ilustração* de Fleiuss foi "obra de encomenda", como no caso do *Ano Biográfico Brasileiro*, que Joaquim Manuel de Macedo vinha preparando a pedido do governo desde 1875[21] para a Exposição Universal de Filadélfia (Serra, 2004, p.196), no espírito e na concepção editorial, é como se fosse.

"Independência e Verdade"

Uma vez que a caricatura funciona, segundo Mônica Velloso (1996, p.98), "como uma espécie de 'strip-tease moral' do indivíduo, sendo capaz de revirá-lo do avesso", é possível supor que não fosse intenção dos irmãos Fleiuss trazer à tona o universo privado, nem as mazelas sociais e políticas da realidade carioca, quando conceberam a criação da *Ilustração Brasileira*, em 1876, inspirando-se nas revistas ilustradas que circulavam na Europa e nos Estados Unidos, naquela época. A "exposição na arena pública" (ibidem), própria da sátira-humorística, na forma da caricatura e da charge, até podia ser admitida, desde que ficasse entre nós. Quando se tratava de exportar imagem de Brasil civilizado, compatível com os ideais cientificistas que vigoravam no século XIX – como se viu, a *Ilustração Brasileira* circulou em Portugal –, o referencial em termos de representação plástica deveria provir de outro universo canônico, a exemplo da alegoria[22] escolhida como folha de rosto do primeiro volume da *Ilustração Brasileira*.

Colocadas sobre uma base ricamente ornamentada, três musas aparecem sentadas, uma ao lado da outra: a de frente lembra Clio, deusa da história, cujo símbolo é um rolo de pergaminho, parcialmente aberto sobre os joelhos; a da direita tem semelhança com Melpômene, deusa da tragédia, simbolizada pela máscara trágica e pelas botas usadas pelos atores de dramas; a da esquerda segura pincel e paleta, fazendo supor tratar-se da deusa da pintura,

---

21 O envolvimento de Joaquim Manuel de Macedo com as exposições nacionais vinha de anos anteriores, quando participou como secretário-geral do júri da 3ª Exposição Brasileira em 1873, assinando o relatório publicado pela Typographia Reforma, no Rio de Janeiro, em 1875 (cf. Turazzi, 1995, p.262).

22 "A rigor, [...], não se pode falar simplesmente de *a alegoria*, porque há duas: uma alegoria construtiva da retórica, uma alegoria interpretativa da hermenêutica. Elas são complementares, podendo-se dizer que simetricamente inversas: como *expressão*, a alegoria dos poetas é uma maneira de falar; como *interpretação*, a alegoria dos teólogos é um modo de entender" (Hansen, 1986; grifos do autor).

embora essa não faça parte do universo das divindades clássicas. Ao contrário do que acontecia na pintura alegórica renascentista, em particular no século XV florentino,[23] em que os corpos das musas eram cobertos por vestes leves e transparentes, que deixavam à mostra suas formas opulentas, as três figuras da *Ilustração Brasileira* aparecem castamente vestidas, tão somente os braços estão de fora, assim como as pontas dos pés, calçados, despontam das fímbrias das túnicas longas e pesadas em estilo clássico. O olhar que dirigem para os lados e para baixo condiz com o papel de "potências ordenadoras do universo" (Hansen, 1986, p.80), que do alto parecem velar e dirigir o mundo dos homens. Por detrás das alegorias, a divisa[24] do periódico – espaço simbólico em que três insígnias desenhadas remetem ao universo da antiga heráldica –, da qual emana uma aura luminosa, que vai repercutir no título, disposto no alto, em forma de meio círculo.

Por intermédio desse trio de musas, montava-se o teatro da seriedade – identificado pelo jornal *Consciência*, pode-se lembrar, na preferência dos editores da *Ilustração Brasileira* pelas "gravuras sérias" –, teatro no qual a alegoria, em seus desdobramentos – abstração e universalidade –, vinha substituir a caricatura, expressão do concreto e do particular, perfil editorial da *Semana Ilustrada*. A "identidade visual" do novo periódico pode ser compreendida, entre outros fatores, como decorrente do prestígio da Ciência que, ao longo do século XIX "apresenta-se como imaginário constitutivo da nacionalidade" (Velloso, 1996, p.92).

Por sua vez, o recurso ao pensamento alegórico, no exemplo da capa da *Ilustração Brasileira*, traz de volta o princípio da transcendência, "que alocava na ordem da natureza o fator de explicação da vida social" (ibidem, p.95), enquanto é a ideia da imanência – as coisas passam a ter significação em si

---

23 "no século XV florentino a tradição greco-romana é re-traduzida e simultaneamente adaptada a novos interesses através de dispositivos muito variados, como os hieróglifos egípcios, a astrologia, a alquimia, a Patrística, a Escolástica, a Cabala, etc. O instrumento principal de interpretação e de construção é a alegoria. As releituras da tradição efetuadas pelos eruditos de Florença são retomadas, por sua vez, do século XV até o XVII, por artistas plásticos e poetas muito diversos, como Botticelli, Miguelângelo, Arcimboldo, Comanini, Tasso, Camões, Bembo, Shakespeare, Spenser, Du Bellay, Calderón de la Barca, Donne, Gracián, El Greco, etc – todos, ou quase todos, classificados hoje com a rubrica muito simpática de 'maneirismo'" (Hansen, 1986, p.66).

24 "O termo 'divisa' provém do verbo 'divisar', que na antiga heráldica designava a operação de 'dispor dividindo' determinado espaço simbólico. Como termo de um brasão, por exemplo, a divisa é uma 'divisão' do campo de um escudo ou de uma bandeira: por extensão é uma de suas partes e, ainda, aquilo que se encontra gravado nela" (Hansen, 1986, p.93-4).

mesmas – que se afirma no século XIX. Juntamente com a transcendência, os ideais acadêmicos renascentistas de beleza, harmonia, estabilidade faziam-se representar na imagem das musas, tanto daquelas que ilustram o suplemento de capa quanto de outras três que adornam a divisa adotada pelo novo periódico ilustrado – "Independência e Verdade" –, dizeres gravados no interior de uma espécie de escudo, estrategicamente colocado ao lado da apresentação da carta-programa – "Prospecto e Introdução" –, assinado pelos editores, C. e H. Fleiuss:

> A vastidão da empresa que vamos iniciar exige uma exposição franca e minuciosa do nosso plano, sentimentos, ideias e esperanças. Fa-la-emos em breves palavras.
>
> Trata-se de uma publicação, que sairá duas vezes por mês, no dia 1 e no dia 15, e podemos afiançar ao público, que ela será tanto quanto puder alcançar o nosso esforço, completa e irrepreensível. As gravuras serão de duas classes: as nacionais e as estrangeiras, de modo que pelas primeiras tenha a Europa conhecimento do Brasil, e pelas segundas conheça o Brasil o que há mais interessante nas regiões de além-mar.[25]

Observa-se que no propósito de angariar leitores para a nova publicação, os Fleiuss já de antemão assumem dois tipos de compromisso: um de âmbito interno, outro, externo. O compromisso interno diz respeito à periodicidade – quinzenal –, de modo que o leitor memorizasse os dias da semana em que o periódico iria circular, tanto no que se refere à compra em avulso quanto ao recebimento em casa, via assinatura, que podia ser anual (20$000), semestral (11$000) e trimestral (6$000), preços cobrados para a Corte e Niterói.[26] O compromisso externo refere-se ao trânsito internacional da *Ilustração Brasileira*, para o qual as gravuras desempenharão papel decisivo, pois será por intermédio delas que o Brasil far-se-á conhecer na Europa, e esta, entre nós.

Tendo em vista a ênfase na exportação de uma imagem de Brasil progressista, compreende-se não haver espaço na nova publicação ilustrada para a representação do índio, que tantas vezes fora objeto de charges e caricaturas

---

25 "Prospecto e Introdução". Os editores, C. e H. Fleiuss. *Ilustração Brasileira*, n. 1, 1º de julho de 1876, p.1. As próximas citações da carta-programa, assim como de outras matérias publicadas no periódico, virão acompanhadas do número do periódico e da página.

26 Para as outras províncias, o preço da assinatura era: 22$000, 12$000 e 5$000, respectivamente.

na *Semana Ilustrada*, como de outras revistas ilustradas da década de 1860. Identificar o Brasil com o índio, tal como fizeram os viajantes estrangeiros durante o século XIX (Süssekind, 1990, p.35-155), assim como escritores e artistas do romantismo brasileiro, significava perpetuar perspectiva exótica do País, à qual estava atrelada condição de atraso.[27] O empenho da *Ilustração Brasileira* far-se-á no sentido de construir outra imagem para o Brasil – moderna, civilizada, "ilustrada" –, e exportá-la para "admiração do homem civilizado", nas palavras dos editores C. e H. Fleiuss:

> Geralmente esta terra é admirada fora pela magnificência assombrosa da natureza; *uma paisagem com um selvagem no primeiro plano é ainda o emblema do império, aos olhos do estrangeiro.* Certamente daremos algumas dessas páginas de eterna beleza, que as margens dos grandes rios e os sertões oferecem *à admiração do homem civilizado*; mas ao lado delas gravaremos outras que atestam o progresso e a civilização do país: os edifícios públicos, cidades notáveis, portos, obras hidráulicas, caminhos de ferro, fábricas, estabelecimentos e vasos de guerra, e tudo o mais que apresente *aos olhos da Europa a colaboração do homem com a natureza.* (n.1, p.1; grifos meus)

Este, o Brasil que o europeu civilizado ainda não conhecia, e que interessava exportar, de modo que o Velho Mundo, sobretudo, soubesse que aqui também chegara a civilização, resultado da "colaboração do homem com a natureza". Daí a importância de dar a conhecer os "retratos dos nossos homens notáveis" – da política, da ciência, do comércio, da literatura e das artes –, que colaboraram na obra grandiosa de civilizar o Brasil.

O movimento de exportação de imagens de um "Brasil industrial" – não por acaso, título de longo artigo, sem assinatura, publicado na *Ilustração Brasileira*[28] – complementa-se com a importação de gravuras estrangeiras, assim como pela exportação das brasileiras, intercâmbio visual a aproximar o Brasil de outros países, aqueles tidos por "adiantados":

---

27 O indianismo mereceu de Sílvio Romero os ataques mais duros, nas palavras de Antônio Cândido (2002, p.84), "por significar o endeusamento de um povo que teve pouca importância em nossa formação (segundo ele), se comparado ao português e ao negro, que procurou ressaltar como fator decisivo em nossa diferenciação racial e social".

28 "Brasil Industrial" [sem assinatura]. *Ilustração Brasileira*, n.16, 15 de fevereiro de 1877, p.249-50; n.17, 1º de março de 1877, p.262; n.18, 15 de março de 1877, p.298-9.

Ao lado de uma paisagem do Amazonas, de uma fazenda de café, de uma cena da campanha rio-grandense, de um edifício do Rio de Janeiro ou de retrato de um homem superior do país, daremos uma paisagem dos Alpes, uma cena de costumes da Boêmia, uma plantação dos Estados Unidos, uma cerimônia da Índia, uma batalha, um quadro de pintor célebre. (n.1, p.1)

A inclusão das imagens, quer no que se refere ao suporte – quadros, desenhos e fotografias –, quer à procedência – o Brasil e países os mais distantes –, quer ao conteúdo – paisagens, cenas de costumes, retratos de celebridades –, dá a entender que o público visado pela *Ilustração Brasileira* não era mais aquele das classes mais populares, como talvez acontecesse no caso da *Semana Ilustrada*, mas o da elite letrada.

Se a especificação dos motivos das gravuras nacionais e estrangeiras – natureza e cultura em ambas contempladas – quer dar a impressão de que todas mais ou menos se equivalem, mas nem por isso deixa de existir uma hierarquia implícita. A imagem de Brasil moderno, que a *Ilustração Brasileira* quer exportar, é ditada pelos modelos de progresso industrial e de desenvolvimento científico e tecnológico que provêm das grandes potências europeias.[29] Em vez de mandar para fora imagem de Brasil desenvolvido, era o Brasil que importava a imagem que a velha Europa queria ver do País, ou antes, de si mesma. Levando a pensar que, no fundo, as coisas continuavam como sempre foram, apenas o "selvagem" tinha sido arrancado da paisagem brasileira, enquanto esta – "página de eterna beleza" – permanecia.

Em seguida, o "Prospecto e Introdução" apresenta os assuntos a serem abordados pela publicação. Em nome da objetividade, a técnica é enumerar várias questões – "financeiras, econômicas e comerciais", "de indústria e agricultura", "de ciências e artes", "de modas" –, desmembrando-as em subitens, de modo a escamotear a carga explosiva de algumas delas. Assim, por exemplo, às questões relativas à indústria e à agricultura, o esclarecimento dos editores se faz nos seguintes termos:

minuciosa revista de seu estado e necessidades, processos novos, melhoramentos essenciais, *transformação do trabalho servil no trabalho livre*, notícias práticas sobre os usos da lavoura europeia, melhoramento do solo, instrumentos agrícolas

---

29 As grandes potências europeias, no contexto político-econômico do século XIX, eram: Grã-Bretanha, Alemanha, França, Holanda, Bélgica e Dinamarca (cf. Hobsbawm, 1988, p.91).

BRASIL EM IMAGENS   41

de que daremos cópia gravada, quando for preciso, apontamentos científicos que interessem especialmente ao lavrador, exposições, estradas de ferro e de rodagem, telégrafo, navegação fluvial. (n.1, p.1; grifo meu)

O barril de pólvora em relação à agricultura, como se sabe, é a "transformação do trabalho servil no trabalho livre", que os editores abordam pelo ângulo das medidas práticas a serem implementadas para a solução do problema: o exemplo da lavoura europeia, as obras especialmente voltadas para auxiliar o lavrador. As soluções apontadas eram uma forma de evitar, pode-se supor, a seara perigosa das discussões em torno da abolição da escravatura, que dividiam conservadores e liberais, muitos deles fazendeiros que, até então base de sustentação do governo, viam-se "traídos" pelas leis aprovadas de libertação dos escravos (Carvalho, 1988, p.25-62).

Se a agricultura, naquele momento, era o espinho encravado na realidade político-econômica brasileira, a área da indústria trazia compensações, até porque motivo de deslumbramento das pessoas, no exemplo da Exposição Universal de Filadélfia, em 1876, onde o Brasil se fará representar não apenas em termos dos produtos ali expostos, mas também porque irá contar com o patrocínio do governo imperial, na pessoa de D. Pedro II, visitante ilustre da feira internacional, guia e cicerone do estande brasileiro.

O lado pragmático na abordagem das matérias elencadas na carta-programa da *Ilustração Brasileira*, como as já mencionadas, completa-se com a perspectiva institucional, por intermédio da qual se pretende a abordagem das "ciências e artes" no Brasil: "estado destas no Brasil, institutos, faculdades, escolas, academias, associações técnicas, exame de questões científicas e artísticas, meios do progresso" (n.1, p.1).

A aproximação entre ciências e artes permite compreender o ângulo científico e doutrinário, nas expressões da crítica e análise, pelo qual as "letras" (com a inclusão do teatro), far-se-ão representar no periódico: "seu desenvolvimento progressivo, crítica de questões doutrinárias, análise das obras que se publicarem, e das de autores mortos, investigações literárias e históricas, notícias de filologia moderna, crítica sobre teatros" (n.1, p.1).

Finalmente, a moda, a mostrar que o público feminino está representado na *Ilustração Brasileira*, sendo anunciada como matéria de estudo e de atualização do Brasil quanto às "Modas mais Recentes" (título da seção de modas) que vêm da Europa, leia-se, Paris: "não só daremos artigos especiais, como

42 SÍLVIA MARIA AZEVEDO

estamparemos, com regularidade necessária, ou sempre que convier, os figurinos recentes da Europa e mais desenhos relativos a esse assunto especialmente feminino" (n.1, p.1).

Enquanto as matérias relativas ao Brasil mereceram descrição pormenorizada, ainda que ampla e generalizante, aliás, ponto de vista implícito a uma carta-programa que se apresentava sob o título "Prospecto e Introdução", já os assuntos sobre o mundo estrangeiro são anunciados de maneira sucinta – "tudo aquilo que se referir à indústria, ciências e artes estrangeiras" –, acompanhados do esclarecimento: "das quais nada daremos que não tenha por fim *instruir e deleitar o leitor brasileiro*" (n.1, p.1; grifo meu), o que não deixa dúvidas quanto à manutenção do lema da *Semana Ilustrada*, segundo o preceito de Horácio.

O empenho de objetividade na apresentação da carta-programa conjuga-se com a perspectiva apolítica reivindicada pela *Ilustração Brasileira*:

> Não é política a nossa folha, isto é, não defenderá ideias nem sentimentos exclusivos de algum partido; tratará porém de política em um sentido doutrinário e geral, terreno em que todos os partidos podem dar-se as mãos. Imparciais no meio das lutas, aliás nobres e indispensáveis, das parcialidades que disputam o governo e o favor público, estaremos com ambos naquilo que houver comum entre elas. Seremos antes testemunhas ou juízes do que pelejadores; respeitaremos todos os sentimentos e interesses sem todavia comparti-los. (n.1, p.1)

Eivado de generalidades e ressonâncias do progresso científico e tecnológico, o texto programático da *Ilustração Brasileira*, tanto no que se refere à escolha dos assuntos quanto à intenção de "Independência e Verdade", não foge das propostas editoriais de revistas culturais, a exemplo da *Niterói* (1836)[30] e da *Revista Popular* (1859-1862),[31] por meio das quais os respectivos editores

---

30 "Há muito reconheciam eles [os concidadãos] a necessidade de uma obra periódica que, desviando a atenção pública, sempre ávida de novidades, das diárias e habituais discussões sobre as coisas de pouca utilidade, o que é mais de questões sobre a vida privada dos cidadãos, os acostumasse a refletir sobre objetivos do bem comum e da glória do país. [...] A economia política, tão necessária ao bem material, progresso, riqueza das nações ocupará importante lugar na *Revista Brasiliense*. As ciências, literatura nacional e as artes que vivificam a inteligência, anima a indústria enchem de glória e de orgulho os povos, que as cultivam, não serão de nenhum modo negligenciadas" (cf. Carta-programa da *Niterói. Revista Brasiliense*. Paris, 1836, p.1).

31 "Desde os tempos de Adão até o momento em que falamos, desde as ruínas de Nínive até a recente Teresina, que nasceu capital de uma província, desde Veneza até a cidade de Lago Salgado, ambos refúgio de foragidos, uma durante séculos, outra durante meses, desde a toca do selvagem até aos paços faustosos do rei, desde a ostra, que se gera nas profundezas do oceano, até ao astro,

pretendiam contribuir no processo de formação e consolidação da nação brasileira. Para tanto, as questões partidárias, assim como aquelas de foro privado, deviam ser postas de lado, para que problemas de âmbito nacional e internacional, tratados com a devida seriedade, viessem garantir a credibilidade requerida pela *Ilustração Brasileira* tendo em vista a missão, tão nobre quanto grandiosa, a que se propunha: mudar a imagem do Brasil – de Brasil natureza para "Brasil industrial" –, programa cuja viabilidade contava com o apoio inestimável das ilustrações.

Programa de tamanha magnitude, confiado, segundo os editores C. e H. Fleiuss, "a pessoas hábeis e especializadas", faria prever fosse, senão todos, a grande maioria dos artigos assinados por seus autores. Com exceção das matérias de cunho científico, algumas traduções, alguns textos críticos (em particular, assuntos científicos e literários), a publicação de textos sem assinatura é muito frequente na *Ilustração Brasileira* (o que faz supor fosse da competência dos editores ou então de algum colaborador mantido no anonimato), o que também inclui as legendas que acompanham quase todas as gravuras.

Essas exceções, por sua vez, apontam a inter-relação de dois aspectos, pelo menos, a justificar a assinatura de certos textos: em primeiro lugar, a especificidade do assunto; em segundo, o prestígio do autor. Em relação aos textos na área das ciências, são especialistas, como o conde de La Hure e Miguel A. da Silva, que assinam os respectivos textos. Mas quando se tratava de noticiar algum evento do mundo científico, ocorrido na corte, quer a inauguração de uma exposição, quer a publicação de um compêndio de botânica, é possível pensar não fossem necessariamente especialistas os autores das resenhas, sendo comum o uso de iniciais e pseudônimos.

Já no caso da Literatura e da Música, se não é a especificidade do assunto a exigir a pena especializada – uma vez que essas são áreas, em particular a primeira, frequentadas, como se sabe, por políticos e homens de ciências do Império –, é o prestígio dos autores a justificar a assinatura da matéria. Assim, por exemplo, o maestro Hugo Bussmayer responde por artigos sobre a música no Brasil, enquanto Machado de Assis e Franklin Távora, pelos de crítica literária.

---

que gira pela imensidão, tudo o que abrange o entendimento humano é o nosso domínio" (cf. Carta-programa da *Revista Popular, Jornal Ilustrado*. "Noticiosa, Científica, Industrial, Histórica, Literária, Artística, Biográfica, Anedótica, Musical, etc, etc", 1859, t.I, p.2).

Embora interdisciplinar, conforme prática editorial das revistas culturais brasileiras, a *Ilustração Brasileira* contava com poucas seções fixas, quais sejam: "Últimas Modas de Paris", "Correio dos Teatros", "Boletim Bibliográfico", "História de Quinze Dias", mais tarde chamada "História de Trinta Dias", quando o periódico passou a ser mensal, em 1º de janeiro de 1878. Essas seções, por sua vez, não apareciam sempre na mesma página, o que faz supor fossem dificuldades de ordem técnica, relacionadas à inserção das ilustrações no corpo textual do periódico, um dos motivos de aquelas seções mudarem de lugar ao longo da circulação da revista de Fleiuss.

A instabilidade de localização das matérias, em termos de página, assim como a manutenção de poucas seções fixas, pode encontrar justificativa no "informe" lançado pela *Ilustração Brasileira* no número de estreia:

> A **ILUSTRAÇÃO BRASILEIRA**[32] tendo em vista dar o maior interesse aos seus artigos, preferindo sempre a qualquer outro, assuntos que despertem a ideia do progresso e da riqueza material e intelectual do país, *convida os escritores e informantes de todas as províncias do Império, a fim de colaborarem nesta revista* e lhe [sic] pede a bondade de dirigir seus trabalhos ou informações aos editores e proprietários da "Ilustração Brasileira", no Imperial Instituto Artístico, Rua da Ajuda, 61, Chácara da Floresta. (SI, n.1, p.16; grifos meus)

A abertura do periódico aos "escritores e informantes de todas as províncias do Império", se, por um lado, indicia o espírito integrador da *Ilustração Brasileira*, como espaço jornalístico disposto a acolher as vozes da diversidade cultural brasileira, por outro, revela que os editores talvez contassem com poucos colaboradores fixos, os donos da revista sendo obrigados a recorrer a colaborações esporádicas para preencher as oito páginas de texto e as oito de gravuras, conforme constava na carta-programa de 1876 e no anúncio de primeira página de todos os números.

É viável pensar que os colaboradores fixos da *Ilustração Brasileira*, responsáveis pelas seções assinadas, respondessem também por artigos ao final dos quais seus nomes não aparecessem. Daí a velha prática do uso de pseudônimo, caso de Manassés, isto é, Machado de Assis, autor das "História de Quinze Dias"/"História de Trinta Dias", Nemo, ou seja, Manuel Ferreira Garcia Re-

---

32 Caixa-alta e negrito no original.

dondo (Reis, 1941-1942, p.37),[33] que respondia pelo "Boletim Bibliográfico", e Pierrot,[34] responsável pela seção "Correio dos Teatros", com a ressalva de que os dois últimos pseudônimos aparecem somente abaixo das seções, no primeiro número, os subsequentes vindo sem assinatura. Embora fixas, as seções a respeito do movimento teatral da corte e dos espetáculos de música erudita (óperas, na maioria das vezes) deixaram algumas vezes de ser publicadas, enquanto as crônicas de Manassés e as modas de Paris constaram dos quarenta números da *Ilustração Brasileira*. Essas seções foram também únicas a manter o mesmo título, o que não aconteceu com as outras duas, o "Correio dos Teatros" mudado para "Revista Teatral", e o "Boletim Bibliográfico", para "Bibliografia" ou "Publicações da Quinzena", essas assinadas algumas vezes pelo "Dr. A. Bandeira" e pelos pseudônimos "Indoctus" e "Saphir", no caso desse, respondendo também pela seção de teatro.

A música, presença marcante nas páginas do periódico dos Fleiuss, chegou a ganhar seção exclusiva, chamada "Crônica Musical", ora assinada por "Alberto Lasalle", ora pela inicial "A.", ora pelo nome Artur Napoleão, que era quem respondia pela coluna, que só começou a ser publicada no número 15 da *Ilustração Brasileira*, em 1º de fevereiro de 1877, e mesmo assim, de forma esporádica durante aquele ano. O que pode explicar o caráter esporádico da "Crônica Musical" é que, nesse mesmo número, Artur Napoleão passou a responder também pela seção "O Jogo de Xadrez", que, ao contrário daquela, constará de quase todos os números do periódico, até o seu encerramento, em abril de 1878.

Esporádicas ou não, as colunas fixas procuravam apresentar uma marca que as distinguisse, tanto em relação à especificidade quanto ao tratamento da matéria: "História de Quinze Dias"/"História de Trinta Dias", leitura crítica e bem-humorada dos principais assuntos publicados na *Ilustração Brasileira*, como em outros jornais cariocas; "Boletim Bibliográfico", "ligeira notícia das obras que foram aparecendo entre nós" (n.1, p.15), o mesmo acontecendo com "Correio dos Teatros" em relação às peças levadas aos palcos cariocas.

---

33 Manuel Ferreira Garcia Redondo (1854-1916) foi contista, teatrólogo, humorista, jornalista, diplomado em Engenharia, professor, fundador da Academia Brasileira de Letras. Além de Nemo, Garcia Redondo usou outros pseudônimos: Um Contemporâneo, Um Plebeu, Cabrion, Pipelet, Gavani, Childe Harold (cf. Blake, 1899, v.16, p.77).

34 Não foi possível identificar os pseudônimos Pierrot, Indoctus e Saphir nos dicionários de pseudônimos consultados.

Quanto às seções "Crônica Musical" e "O Jogo de Xadrez", a primeira era encarregada de trazer notícias do teatro lírico carioca, da vinda de cantores estrangeiros do *bel* canto, enquanto a segunda foi especialmente criada para acolher "este nobre e científico jogo", de modo a ampliar o número de "amantes de xadrez no Brasil".[35]

O perfil textual dessas seções, por sua vez, era igualmente definido pelo espaço reservado nas páginas da *Ilustração Brasileira*, o que contribuía para o tamanho das colunas, em geral, curtas, com exceção de "O Jogo de Xadrez", mais longa que as outras três, em razão das várias partes nela incluídas: história do xadrez, correspondências, informes e gravuras de partidas famosas. A extensão das seções fixas é ainda outro aspecto que as diferencia dos artigos analíticos, "avulsos" e extensos, entre outros, aqueles assinados por Hugo Bussmayer, Franklin Távora, Machado de Assis, assim como dos editoriais.

Além dos artigos de autores da corte e das províncias do Império, em particular as do Norte, havia ainda a prática de recorrer a matérias provenientes de revistas estrangeiras, a maioria das vezes sem identificação de sua autoria, o que se repetia em relação ao tradutor, servindo de exemplo o artigo "O futuro da antropologia",[36] cuja procedência, a *Revue des Deux Mondes*, só vai ser revelada na segunda e última parte, publicada na *Ilustração Brasileira*.

Da mesma forma, era frequente a escolha de textos que, embora não escritos especialmente para a revista dos Fleiuss, iam ao encontro da proposta editorial de dar a conhecer tudo o que de mais avançado tivesse sido escrito no campo das ciências e das artes. Esses textos, em geral longos, obrigavam os editores a "fatiá-los", outra forma de garantir matéria para vários números, sobretudo os relatos de viagem – voga que se disseminou na Europa, a partir de 1860, que marca o início das grandes expedições geográficas por países distantes e desconhecidos – assinados por exploradores, como Franz Keller-Leuzinger, William Dixon e H. Stanley, entre outros.

Segmentar os textos longos, além de técnica a garantir aquelas oito páginas que deviam ser publicadas a cada número, era uma maneira de torná-los curtos (ou razoavelmente curtos), conforme política editorial da *Ilustração Brasileira* de modo a não cansar o leitor com leituras extensas e densas (o que, na verdade,

---

35 "O jogo de xadrez" por Artur Napoleão. *Ilustração Brasileira*, n.15, 1º de dezembro de 1877, p.235.

36 "O futuro da antropologia" [sem assinatura]. *Ilustração Brasileira*, n.11, 1º de dezembro de 1876, p.175; n.12, 15 de dezembro de 1876, p.189-90.

vai acontecer em muitos casos), ao contrário da série "Leitura Humorística" (também chamada "Parte Humorística"), de Luís Guimarães Júnior. Ao lado de Guimarães Júnior, outros autores brasileiros, como Luís Francisco da Veiga e Torquato Duarte Sousa, encarregaram-se de trazer a nota de humor (discreta e quase sempre de fundo moralizante) para as páginas da *Ilustração Brasileira*, em que pese o compromisso da revista com a seriedade.

Além de textos que provinham de revistas estrangeiras e de colaborações ocasionais, havia aqueles especialmente escritos para a *Ilustração Brasileira*, sendo assinados, caso dos "romances originais", "Os segredos da noite", de Augusto Emílio Zaluar, e "O cego", de Constantino Gomes de Sousa, o último ficando incompleto (o que aconteceu com vários outros), em razão de a *Ilustração Brasileira* ter deixado de circular.

O caráter programático do romance de Zaluar – imagem de Brasil progressista que se queria mostrar ao estrangeiro "civilizado" – explica que ao longo de sua publicação tenha aparecido invariavelmente na segunda página do periódico, com exceção do número 8, de 15 de outubro de 1876. Não usufruíram o mesmo privilégio outros textos de literatura ficcional, letras nacionais e estrangeiras aí compreendidas. Dentre as nacionais, cabe destacar as "Lendas e tradições populares do Norte", de Franklin Távora,[37] série de narrativas representativas da "literatura do Norte", e os vários contos morais do escritor pernambucano Flávio de Aguiar. Há que acrescentar que, ao lado desses, expressivo contingente de escritores provenientes do Norte, Pelino Guedes, João Zeferino Rangel de S. Paio, Marcino Orcha, foram igualmente colaboradores da *Ilustração Brasileira*, o que faz supor que Fleiuss concordasse com Sílvio Romero quanto à primazia de Pernambuco no "movimento espiritual brasileiro".

A poesia representada por alguns poemas, longos e assinados, como "Canto do Cabeleira", de Ângelo de S. Paio, dedicado a Franklin Távora, era também praticada pelos "medalhões" do Império (em clave mais amena, diga-se de passagem), que traziam a público, em geral pela mão de um outro "medalhão", o escritor que se escondia nas dobras do político. O conselheiro João Cardoso de Meneses e Sousa, por exemplo, diz que "a muito custo consegui[u] arrancar

---

37 A identificação da série, "Lendas e tradições populares do norte", assim como da produção de outros escritores "do Norte", publicadas na *Ilustração Brasileira*, será encontrada no Capítulo 7, "Os dois Brasis", subseção "Norte: a voz do sertão".

mais essa pérola do escrínio, aonde o conselheiro Bandeira de Melo esconde ao público os primores de seu privilegiado talento poético".[38] A "pérola" em questão responde pelo título "Um episódio", poema no qual o poeta, em sonho, imagina-se percorrendo a cavalo longos campos, em companhia de Elvira, como se sabe, personagem imortalizada no poema de mesmo nome de Alfred de Lamartine. O poema de Bandeira de Melo, assim como fragmento da obra *Lira dos verdes anos*, de Teófilo Dias,[39] sobrinho de Gonçalves Dias, cujo prefácio será assinado por outro "medalhão", dublê de escritor, Francisco Otaviano de Almeida Rosa, permitem identificar na poesia praticada pelos colaboradores da *Ilustração Brasileira* a permanência de "ecos românticos", em meio às "veleidades realistas", para falar com Lúcia Miguel Pereira (1988, p.33).

A literatura estrangeira, da mesma forma que a nacional, se pautava pela publicação de contos morais, lendas e crônicas históricas, respectivamente nos exemplos: "A dança das Willis", conto húngaro de autoria do conde de Mailath,[40] com tradução de Guilhermina Campos; "O túmulo amaldiçoado", de Augusto Lepage;[41] e "A escrava", "História americana contada por J. N. Lichtemberg",[42] os dois últimos sem identificação do tradutor. Outra crônica histórica de destaque é a que Lamartine escreveu a respeito de Benvenuto Cellini,[43] nesse caso, o nome da tradutora mantido em sigilo, associado à tradução de *Flor de Aliza*, outra obra famosa do escritor romântico francês.

Em contraposição à localização variável das matérias e das seções permanentes, as oito páginas de gravuras e as oito de textos tinham posição fixa dentro da *Ilustração Brasileira*, em um esquema que, com pequenas variações, obedecia à seguinte distribuição, tendo em vista as 16 páginas constantes de cada número:[44] p.1, gravura; p.2 e 3, texto; p.4 e 5, texto (com a variação: texto + gravura);

---

38 "Srs. Editores da *Ilustração Brasileira*". Cardoso de Meneses. *Ilustração Brasileira*, n.3, 1º de agosto de 1876, p.43.

39 *Ilustração Brasileira*, n.10, 15 de novembro de 1876, p.147.

40 *Ilustração Brasileira*, n. 4, 15 de agosto de 1876, p.58.

41 *Ilustração Brasileira*, n.26, 15 de julho de 1877, p.29.

42 *Ilustração Brasileira*, n.18, 15 de março de 1877, p.294-5.

43 *Ilustração Brasileira*, n.27, 1º de agosto de 1877, p.39, p.42; n.29, 1º de setembro de 1877, p.70; n.31, 1º de outubro de 1877, p.106-7; n.32, 15 de outubro de 1877, p.114; n.33, 1º de novembro de 1877, p.130-1; n.34, 15 de novembro de 1877, p.150-1; n.35, 1º de dezembro de 1877, p.176-7; n.36, 15 de dezembro de 1877, p.193, p.196; n.37, janeiro de 1878, p.211, p.214; n.38, fevereiro de 1878, p.229-30; n.39, março de 1878, p.251, p.254; n.40, abril de 1878, p.270-1.

44 A partir do n.37, quando a *Ilustração Brasileira* passa a ser mensal, os números do periódico constarão de 20 páginas de textos e gravuras.

p.6 e 7, texto; p. 8 e 9, gravura de página dupla (ou então, duas gravuras, uma sobre a outra, dividindo a página); p.10 e 11, texto; p.12 e 13, texto (com a variação: texto + gravura); p.14 e 15, texto; p.16, gravura. Não eram computadas entre as oito gravuras as ilustrações da seção de modas. Quando ocorria de as gravuras virem entremeadas às páginas de texto, a convivência nem sempre era harmônica, uma vez que muitas xilogravuras nada tinham a ver com a face tipográfica da revista, desacordo decorrente provavelmente das dificuldades de ordem técnica quando se tratava de conjugar imagens e textos.

Em geral, as gravuras eram acompanhadas de legendas, que não apenas identificavam a procedência das imagens (autor, desenho, quadro, fotografia), como também recriavam algumas na forma de pequenas narrativas. Muitas vezes, as legendas ficavam afastadas das gravuras, observando-se no transcorrer da circulação do periódico que aquelas passaram a ser agrupadas nas páginas finais, uma após a outra. Era comum o caso de as legendas anteciparem as gravuras, o que concorria, supõe-se, para criar uma certa expectativa junto ao leitor para "ler" a imagem descrita. Talvez houvesse também aquele que se contentasse com o prazer visual das imagens, sem se importar em conhecer maiores detalhes a respeito delas.

Os temas das gravuras, em sua maioria enviadas da Alemanha, eram bastante variados: retratos de imperantes estrangeiros (reis, rainhas, príncipes do passado e governantes contemporâneos), temas extraídos da mitologia greco-romana e da Bíblia, temas históricos protagonizados por personagens famosas, tipos humanos de diversas etnias, paisagens, vistas de cidades, cenas de guerra (Turquia *versus* Sérvia, Rússia *versus* Turquia), cenas de caçada de animais, situações cômicas e amorosas. Grande parte das gravuras ainda procedia de desenhos e quadros de pintores europeus, muito embora a *Ilustração Brasileira* seja contemporânea da fotografia. Esta se fará representar nas xilogravuras desenhadas, entre outras matrizes, a partir das fotografias de Marc Ferrez, encarregado da documentação fotográfica da Comissão Geológica do Império, sob a chefia de Charles Frederic Hartt, e que serão expostas no estande do Brasil na Exposição Universal de Filadélfia.

* * *

Este o perfil editorial da *Ilustração Brasileira*, cujo lançamento será entusiasticamente saudado por vários periódicos do Brasil e de Portugal – recepção transcrita na primeira página do número 13, a funcionar como propaganda da própria revista –, que não pouparam elogios à qualidade gráfica e à nitidez das gravuras de madeira, méritos que advinham, como principais fatores, da equipe de gravadores que trabalhava para Henrique Fleiuss, ele incluído, como se viu, exímio artista gráfico, com experiência na ilustração da *Semana Ilustrada* e na direção do Imperial Instituto Artístico, como passaria a se chamar o Instituto Artístico, por decreto do imperador D. Pedro II, de 3 de outubro de 1863 (Andrade, 2004, p.121).

Uma das dificuldades enfrentadas pelos proprietários de periódicos ilustrados brasileiros devia-se ao fato de serem obrigados a mandar imprimir os textos em um lugar e as imagens em outro.[45] Em vista disso, há que reconhecer que os Fleiuss estavam em uma situação privilegiada, na medida em que podiam contar com os serviços de um estabelecimento gráfico no qual eram executadas as faces xilográfica, a partir de matrizes alemãs, e tipográfica do periódico que lançaram no mercado, em 1876.

Quando Henrique Fleiuss (1823-1882) – que ainda não teve, assim como Sisson e Agostini, o biógrafo que merece – fixou-se no Rio de Janeiro, em 15 de julho de 1859, depois de viajar por algumas províncias do Norte,[46] resolveu abrir estabelecimento próprio, voltado ao ramo da tipografia, da litografia, da pintura a óleo, da aquarela, da fotografia e da xilografia, esta ainda pouco cultivada no Brasil, na época. Além de o mercado local ser propício à abertura desse tipo de negócio, o próprio Fleiuss, que chegara ao Brasil um ano antes, já era experiente desenhista, gravador e litógrafo, conhecimentos adquiridos na Alemanha. Em vista disso, convocou o irmão, o litógrafo Carl Fleiuss (?-1878), o desenhista, pintor e litógrafo Carl Linde (?-1873), e juntos fundaram o Ins-

---

45 Nesse sentido, o exemplo de *O Mequetrefe* é bastante significativo: quando lançado, em 1875, a parte litográfica, desenhada por Valle, era impressa na Litografia a Vapor de P. Robin, enquanto a parte tipográfica, na Nova Tipografia de J. Paulo Hildebrandt. Somente anos mais tarde a Impressora Litográfica de P. Braga & C. A. vai se encarregar de todo o jornal (cf. Andrade, 2004, p.58).

46 Henrique Fleiuss não fez parte, como afirma Nelson Werneck Sodré (1977, p.236), da missão científica, chefiada por João Batista Spix (1781-1823) e Karl Friederick Phillipe von Martius (1749-1868), que esteve no Brasil, entre 1817 e 1820, a convite da arquiduquesa Leopoldina, primeira imperatriz do Brasil e mãe de D. Pedro II. Martius desfrutava de grande prestígio junto ao imperador, e foi ele que convenceu Fleiuss a vir para o Brasil, em 1858. Antes, porém, de o futuro editor se dirigir para a corte, desembarcou em Salvador, onde passou uma temporada de um ano no Recôncavo Baiano, visitando algumas províncias, cuja paisagem e costumes fixou em aquarelas (cf. Max Fleiuss, 1941, v.1, p.68).

BRASIL EM IMAGENS   51

tituto Artístico, em 1860, de propriedade da firma Fleiuss Irmãos & Linde, originalmente sediado no segundo andar da rua Direita, hoje 1º de Março, n.49 (Andrade, 2004, p.120-1).

"A presença desse grupo de gravadores" – na avaliação de Orlando da Costa Ferreira (1994, p.185) – "foi, como logo se concluiu, uma das mais importantes aquisições artísticas feitas pelo Rio do século passado...".

Conscientes da importância dos trabalhos que passaram a oferecer quando se estabeleceram na corte, os editores da *Ilustração Brasileira*, já no número de estreia, no suplemento de anúncios, vão inserir propaganda sobre os serviços que podiam ser prestados pelo Imperial Instituto Artístico, em referência às técnicas de reprodução de imagens e às publicações com ilustração:

> O Imperial Instituto Artístico, fundado em 1858,[47] encarrega-se de todos os trabalhos tipográficos, litográficos, autográficos, cromolitográficos, xilográficos, etc, que exigem nitidez e perfeição e principalmente de todas as publicações ilustradas do melhor gosto e iguais às que a França, Inglaterra, Alemanha, Estados Unidos, etc produzem de mais bem acabado.(n.1, s.n.p.)

A propaganda fazia-se acompanhar de extensa relação de obras – "louvadas em todos os países em diversas exposições" –, saídas das oficinas da empresa Carl & H. Fleiuss (Linde não aparece, pois tinha morrido em 1873), que incluía, além da *Semana Ilustrada* – "obra humorística que durou 16 anos" –, algumas como: *Planta Hidrográfica da Laguna Levantada e Desenhada pelo Exmº. Sr. Barão de Teffé, Carta Postal do Império do Brasil, Guerra do Paraguai*, por A. Sena Madureira, *O Brasil na Exposição Internacional de Filadélfia* (em francês e inglês), *A Estrada-de-Ferro D. Pedro II, Dicionário Marítimo Brasileiro, Flor de Aliza*, de Lamartine.[48]

A relação desses títulos, tanto no que se refere aos assuntos abordados e aos autores editados quanto ao lugar de circulação de algumas das obras publicadas, por exemplo, a Exposição Universal de Filadélfia, nos Estados Unidos, em 1876, funcionava para os editores ressaltarem o prestígio de que

---

47 1858, segundo Fleiuss, ou 1860, segundo Joaquim Marçal Ferreira de Andrade, é a data de fundação do Instituto Artístico, que só passou a se chamar Imperial Instituto Artístico em 1863.

48 Essa bibliografia, segundo Orlando da Costa Ferreira e Joaquim Marçal Ferreira de Andrade, ainda está para ser levantada e estudada.

desfrutava o Imperial Instituto Artístico. Além disso, a propaganda se prestava a recomendar, como era intenção dos Fleiuss, a *Ilustração Brasileira* junto ao público da corte e demais províncias do Brasil, como também de outros países. Ao empregar tais estratégias, os dois irmãos continuavam se mostrando extremamente hábeis na promoção dos produtos que lançavam no mercado, para falar na linguagem da propaganda, tal como aconteceu, na época da *Semana Ilustrada*, quando criaram o primeiro cartaz ilustrado, afixado no Instituto Artístico – ampliação da própria capa do primeiro número do periódico – para anunciar-lhe o lançamento.

Além de dar destaque às obras publicadas pelo Imperial Instituto Artístico, o suplemento de "anúncios de todas as qualidades", que irá acompanhar os n,1 e 2, procurava convencer o leitor-anunciante a fazer propaganda de seus produtos no periódico dos Fleiuss, "pois aqui são gravados e demoram-se por muito tempo à vista dos leitores, enquanto nas folhas diárias lêem-se apenas um dia" (n.1, s.n.p.).

Indício de que o comércio se alargava na corte, os anúncios (de tamanhos variados, dispostos na horizontal, vertical e deitados, separados por uma linha, ilustrados, quase todos, com litografias) cobriam variada relação de serviços, como alguns destes do suplemento de 1º de julho de 1876: viagens pela Companhia *Nordeutscher Llyod de Bremen* à Europa e países da América Latina, Brasil, Argentina e Uruguai; relógios fabricados por Frederico Krüssmann, à Rua dos Ourives, 34D; máquinas de costura importadas pela Casa de Importação *Krutz & Glum*, nos tipos de mão, pé e para oficinas, podendo ser encomendadas à Rua do General Câmara, 89.

A inclusão de anúncios[49] nos números da *Ilustração Brasileira* (estratégia de que vai se valer igualmente Vivaldi, na *Ilustração do Brasil*, com a diferença de que, aqui, aqueles constaram de todos os números da revista) era uma forma de os editores bancarem os custos da revista, que deviam ser altos, uma vez que, como se disse, quase todas as xilogravuras eram importadas da Alemanha.

A recusa em não "defender ideias nem sentimentos exclusivos de algum partido", posição assumida por C. e H. Fleiuss na carta-programa da *Ilustração Brasileira*, não os impede de incluir em uma espécie de encarte, propaganda

---

49 O preço dos anúncios, informação que constava de todos os números, era de duzentos réis cada centímetro quadrado, os clichês sendo cobrados à parte, embora o periódico oferecesse "um abatimento no preço para aqueles que quiserem publicar o seu anúncio três e mais meses".

assinada por ministros, senadores e políticos que "recomendavam" a *Ilustração Brasileira*. Vale a pena transcrever essa peça de propaganda em proveito próprio, a desmentir a propalada "independência":

> O Imperial Instituto Artístico, estabelecido nesta corte, encetou ultimamente, com o título de **ILUSTRAÇÃO BRASILEIRA**,[50] uma primorosa publicação que, por seu merecimento interessa indubitavelmente a todas as classes da sociedade, e muito pode utilizar a este país, *se não lhe faltarem auxílio e proteção*.
>
> Reconhecendo, pois, quanto uma publicação desta ordem pode e deve influir no desenvolvimento intelectual, e progresso moral e material do Brasil, mediante a vulgarização do que mais importa ao melhoramento nos diversos ramos das artes e indústrias, *recomendamos* a **ILUSTRAÇÃO BRASILEIRA**, como obra que muito honra o nosso país – Luís Antônio Pereira Franco (Ministro da Marinha), Visconde de Rio Branco (Senador do Império), Paulino José Soares de Sousa (Conselheiro de Estado), José Tomás Nabuco de Araújo (Senador do Império), Francisco Otaviano de Almeida Rosa (Senador do Império), Tomás José Coelho de Almeida (Ministro da Agricultura), José Bento da Cunha Figueiredo (Ministro do Império), Barão de Angra (Vice-Almirante), Diogo Velho Cavalcanti de Albuquerque (Ministro da Justiça), Joaquim Pinto de Campos (Monsenhor, Deputado Geral), José Feliciano de Castilho (Conselheiro), Barão de Wildik (Ministro a. i. e Cônsul de Portugal), Zacarias de Góis e Vasconcelos (Senador do Império), Manuel Antônio Duarte de Azevedo (Ex-Ministro da Justiça), Barão de São Félix (Inspetor Geral a. i. da Instrução Pública), José Cardoso de Meneses e Sousa (Conselheiro e Deputado). (n.1, s.n.p.; os grifos são meus)[51]

O engajamento da *Ilustração Brasileira* com o Partido Conservador irá se manifestar, em retribuição ao apoio recebido, na apresentação das biografias de Tomás José Coelho de Almeida, aquinhoado também com gravura de capa do n.5 do periódico, em 1º de agosto de 1876, e de João Cardoso de Meneses e Sousa, esse autor de vários textos a respeito da agricultura no Brasil. Por sua vez, a "recomendação" dos medalhões do Império reforça interpretação de que os Fleiuss tinham por intenção apresentar-se como porta-vozes da política imperial. Para tanto, o logotipo do periódico – o título gravado em uma espécie de faixa ondulada sobre a qual pairava o brasão das armas do Império do Brasil – faz supor que ostentar os símbolos imperiais, a coroa imperial, o

---

50 Caixa-alta e negrito no original.

51 Era o ministério conservador que, naquele momento, estava no poder, onde permanecerá até 1878, ano que marca a volta dos liberais, que governarão o país até 1885.

escudo samnítico, atravessado por uma cruz da Ordem de Cristo, ornamentado de ramos de café e tabaco, conferia à *Ilustração Brasileira* o estatuto de órgão que contava com a proteção do imperador, a exemplo de instituições e publicações oficiais, assim identificadas por trazerem aqueles símbolos imperiais na fachada e frontispício.

Quando em 1º de julho de 1876, C. e H. Fleiuss vinham a público anunciar o lançamento da *Ilustração Brasileira*, valiam-se de dois expedientes na promoção do "novo produto" lançado no mercado do jornalismo carioca: a propaganda (os serviços prestados pelo Imperial Instituto Artístico, os anúncios, a recepção junto aos jornais do Brasil e de Portugal), prática sintonizada com os tempos modernos e que configurava o periódico como empresa privada; as "recomendações", assim também as armas do Império – ambas variantes do mecenato –, fazendo-se passar por órgão quase oficial.

Compreende-se que, por intermédio dessas estratégias, os Fleiuss buscassem impor-se no prestigiado circuito da imprensa ilustrada, com isso vencendo a concorrência de outras publicações lançadas em 1876, como a rival *Ilustração do Brasil*, ela também inspirada nos melhores modelos na época de revistas estrangeiras com gravuras. Nesse sentido, os editores alemães faziam questão de não esconder os seus trunfos, ostentá-los mesmo, na intenção de legitimar a criação da *Ilustração Brasileira*. Em assim procedendo, deixavam exposta a tensão que irá caracterizar a política editorial do periódico que, na proposta de exportar imagem de Brasil civilizado, na qual as ilustrações serão de fundamental importância, queria ser visto como empreendimento moderno e independente. Ao mesmo tempo, a inserção das várias modalidades de propaganda oficial, em aliança com a gravidade, o decoro e a seriedade, *performance* que a *Ilustração Brasileira* irá assumir, em lugar do humor satírico da *Semana Ilustrada*, transformam-na em órgão a serviço do governo imperial, dependente, portanto.

Inicia-se, a seguir, a viagem por esse Brasil de exportação projetado pela *Ilustração Brasileira*, e focalizado entre outras representações na imagem de um viajante ilustre: D. Pedro II.

Figuras 5 a 8 – Na capa de estréia da *Semana Ilustrada* aparecem referências à *Lanterna Mágica*, de Porto-Alegre, e à dupla Laverno e Belchior, inspirada nas personagens Robert Macaire e Bertrand, de Daumier.

Figura 5 – *Semana Ilustrada*, n.1, 1860

Figura 6 – *Lanterna Mágica*, 1844

Figura 7 – Laverno e Belchior, personagens da *Lanterna Mágica*, 1844

Figura 8 – Robert Macaire e Bertrand, personagens de Honoré Daumier

Figuras 9 a 11 – Alvo privilegiado das críticas dos caricaturistas cariocas, das décadas de 1860 e 1870, o índio aparece na *Semana Ilustrada* como símbolo da nacionalidade brasileira.

Figura 9 – *A Vida Fluminense*, Ano IV, n.189, agosto de 1871.

Figura 10 – *A Semana Ilustrada*, Ano V, n.219, fevereiro de 1865

Figura 11 – *Semana Ilustrada*, Ano V, n.215, janeiro de 1865

Figuras 12 e 13 – A identidade visual da *Ilustração Brasileira* remete ao universo da alegoria, construção imagética que vinha ao encontro da proposta editorial da revista na montagem do teatro da seriedade.

Figura 12 – *Ilustração Brasileira*, volume 1 a 12, 1876

Figura 13 – *Ilustração Brasileira*, n.º 1, 1876

2
O Viajante Monsieur d'Alcântara

No Brasil da segunda metade do século XIX, D. Pedro II era a personagem histórica que talvez melhor representasse a proposta da *Ilustração Brasileira* de exportar a imagem de um país dos trópicos que procurava acertar o passo com o das mais adiantadas potências europeias, assim também com o dos Estados Unidos. Para tanto, o imperador vai viajar ao exterior na companhia da imperatriz Teresa Cristina, a exemplo da rainha Vitória da Inglaterra, que levava o marido, o príncipe Albert, e os filhos nas viagens oficiais, sempre que possível.[1]

Nas três viagens internacionais que realizou durante o seu governo, D. Pedro II não vai poder levar as filhas consigo; a princesa Isabel, porque respondia pelo trono na ausência do pai, a princesa Leopoldina, porque vivia em Viena, casada com o duque de Saxe. Assim, a família imperial brasileira resumia-se aos soberanos e à pequena comitiva de amigos. O monarca brasileiro talvez tivesse consciência de que, como acontecia com os governantes ingleses, na época, ele também dispunha de pouco poder real em comparação ao de outros soberanos da Europa. Daí a estratégia de procurar estabelecer, como aqueles, por vias pessoais, influência sobre a política estrangeira do Brasil – "uma rede paralela, duplicando as redes diplomáticas normais" (Muhlestein, 1999, p.56) – de modo a reforçar a autoridade do imperador brasileiro. É possível mesmo que este comungasse com o príncipe Albert a

---

1 Até a segunda metade do século XIX, as famílias reais do Velho Mundo não tinham o hábito de sair de seus respectivos países, reis e imperadores encontrando-se apenas em situação de guerra ou de congresso, sendo comum princesas casadas no estrangeiro só voltarem a visitar o país natal quando deflagrada uma revolução (cf. Muhlestein, 1999, p.56).

convicção de que "a aparição pessoal do soberano, em um país estrangeiro", conforme aquele vai dizer em carta a Stockmar, "garante sua amizade pela Inglaterra" (apud Muhlestein, 1999, p.56). Além da amizade, no caso, do Brasil, tratava-se sobretudo de tornar o país conhecido lá fora em outra figuração que não aquela que o identificava com a natureza tropical e o índio e, particularmente, com o negro escravo.

Enquanto as viagens de Vitória, na companhia do marido e dos filhos, têm início nos anos 1840, interrompidas para sempre, depois da morte do "bem amado" Albert, em 1861, até a década de 1870, D. Pedro II, "tão versado em línguas e em culturas estrangeiras" (Schwarcz, 1998b, p.357), não havia saído do Brasil. As viagens que fizera foram dentro do país: em 1845, visitara as províncias de Santa Catarina, Rio Grande do Sul e São Paulo; em 1847, a Província do Rio de Janeiro; entre 1859 e 1860, as províncias de Paraíba, Espírito Santo, Bahia, Pernambuco e Sergipe (Dom Pedro II, 2003). Essas viagens tinham por objetivo fortalecer a Monarquia e preservar a unidade nacional, no momento em que explodiam rebeliões em vários pontos do País.

Uma vez garantida a paz interna, D. Pedro II ansiava por visitar lugares que conhecia somente por livros e fotografias, bem como estar com amigos com os quais mantinha contato apenas por carta, o encontro pessoal restrito a estadas ocasionais dos conhecidos no Brasil. A imagem que o imperador de há muito vinha cultivando na correspondência com sábios e cientistas do mundo todo – o "rei filósofo" (Calmon, 1938) de um país da América Latina que caminhava para a civilização – era aquela mesma que a *Ilustração Brasileira* desejava exportar nas gravuras sobre o Brasil.

O ambiente político externo, no entanto, não era favorável à saída do imperador, a proclamação da Terceira República na França encorajando, em dezembro de 1870, o Manifesto Republicano, "que falava abertamente de uma República Federativa do Brasil" (Besouchet, 1993, p.187). No plano nacional, havia ainda o problema da mão de obra escrava associada ao sistema monárquico, combatidos ambos pelos jornais abolicionistas *Diário do Rio de Janeiro, Gazeta da Tarde, Gazeta de Notícias, O País, Seis de Março, A República*, que ganhavam espaço e popularidade. Por fim, o término da Guerra do Paraguai, trazendo problemas econômicos e sociais ao Brasil, fora responsável pelo ambiente pouco tranquilizador que imperava no País.

Quando a proposta da viagem de D. Pedro II chega à Câmara dos Deputados, instaura-se acirrada polêmica entre a corrente reformista de Rio

Branco e a corrente conservadora de Alencar, o primeiro favorável à saída do imperador, o segundo considerando-a inoportuna,[2] dado que o País atravessava momento difícil, a princesa Isabel sendo ainda inexperiente para assumir o cargo de governante. A morte da princesa Leopoldina de Saxe-Coburgo, que deixava quatro filhos menores, que precisavam ser cuidados, obriga a Câmara a autorizar a saída do monarca brasileiro. Decretado luto oficial de seis meses, a partida rumo à Europa e ao Oriente Médio ocorreu no dia 25 de maio de 1871. Antes, porém, de deixar o Brasil, D. Pedro II conseguira que o Senado aprovasse a Lei do Ventre Livre, em 28 de setembro de 1871.

Chegando a Portugal, D. Pedro II assume papel com o qual passa a ser identificado nos países que irá percorrer: o monarca moderno, que opta pela viagem de caráter particular, dispensando por isso recepções oficiais e mordomias. Em Lisboa, obrigado a permanecer no lazareto durante dez dias, por causa das epidemias reinantes, dispensa serviço diferenciado, recebendo lá mesmo, no navio *Douro*, a visita do rei e da rainha de Portugal, além de algumas autoridades civis, militares e eclesiásticas. Em lugar dos rituais, o imperador do Brasil preferia, como simples cidadão, a companhia do povo, na lembrança dessa "farpa" do então jovem Eça de Queirós:

> Na praça da Figueira misturou-se com o povo e com as vendedeiras, de uma dessas comprou três enormes maçãs que ele próprio levou para o carro e pagou generosamente com meia libra. Com os colarejos e saloios conversava familiarmente e discutia os preços. Um saloio fez essa exclamação: "Então esse é que é o Imperador? Não se parece nada com reis". (apud Schwarcz, 1998b, p.367)

O escritor português implicará também com o imperador, passando a chamá-lo de "Pedro da mala", em razão da pequena valise de couro escuro que o monarca levava sempre consigo nas viagens. Rafael Bordalo, além da mala, irá ironizar as pernas finas, o jaquetão surrado, o pouco dinheiro no bolso, as visitas científicas, a erudição de superfície de D. Pedro II, na charge *Apontamentos sobre a picaresca viagem do imperador de Rasilb pela Europa*, publicada em Lisboa, em 1872.[3]

---

2 Segundo os historiadores, a oposição de Alencar provinha de motivos pessoais, uma vez que o imperador teria eliminado o nome do autor de *Iracema* da lista para o Senado, em 1869, apesar de ser o primeiro da lista sêxtupla que foi apresentada para decisão do governante brasileiro.

3 A obra foi reeditada em 1996, por iniciativa da Pinacoteca do Estado de Paulo, em comemoração aos 150 anos de nascimento de Rafael Bordalo Pinheiro, e apresentada na Exposição "O português tal e qual – da caricatura à cerâmica".

Enquanto isso, o imperante brasileiro prosseguia com o seu "teatro de cidadão" (Schwarcz, 1998b, p.363), por fora, aparentando indiferença, por dentro, satisfeito talvez pelas reações que a *performance* de rei moderno despertava naquele Portugal velho e atrasado. Se os comentários eram irreverentes, como os de Eça e Bordalo, melhor ainda, pois significava que a passagem do imperador entre os portugueses era notada e comentada. O fracasso da representação de monarca democrático e progressista, que respeita o direito do cidadão de dizer o que pensa, seria a indiferença, o silêncio, aliás, impossível de acontecer em se tratando de um monarca da família dos Habsburgos que viajava pelo mundo.

Depois de dez meses de ausência, em 30 de março de 1872, D. Pedro II estava de volta ao Brasil, trazendo o duque de Saxe, viúvo da princesa Leopoldina, e os netos, Pedro Augusto e Augusto Leopoldo, que serão criados no país. Além dos parentes, o imperador trazia também a experiência da primeira viagem ao exterior, espécie de aprendizado quanto ao comportamento de monarca dos tempos modernos, que irá repetir nas próximas vezes que sair do Brasil, na observação de Lilia Schwarcz (1998b, p.369): "A viagem tinha, assim, seu lado 'instrumental'. Se dentro do país o imperador viajava e 'alastrava' sua memória, fora de seu Império 'igualava-se à civilização' e chamava a atenção por seus 'hábitos democráticos'".

A historiadora observa também que, nessa primeira viagem, "d. Pedro era fotografado até a exaustão", a fotografia sendo "um novo tipo de documento coadunado com a nova imagem do monarca" (ibidem).

Enquanto a fotografia se prestava a registrar a nova *performance* que o imperador assumia quando estava no exterior, dentro do País, quatro anos mais tarde, a *Ilustração Brasileira* encarregar-se-á de configurar, via imprensa, imagem de um Brasil progressista que o monarca irá difundir no exterior. Nesse sentido, a primeira viagem internacional de D. Pedro II antecipa, de certa forma, a iniciativa dos irmãos Fleiuss de fundar um periódico compatível com ambas figurações modernas, a do monarca brasileiro e a do país a ser mostrado lá fora. Para tanto, os editores vão trocar a caricatura, perfil editorial da *Semana Ilustrada*, pela gravura séria, na convicção de que esta seria mais compatível com o programa assumido pela *Ilustração Brasileira*.

Ao contrário do que acontecera em relação à viagem de 1871 – "aventura" da qual restam "sobretudo as imagens do imperador no Egito, portando o característico chapéu expedicionário" (Schwarcz, 1998b, p.127) –, a de 1876 provocou menor resistência entre os políticos brasileiros, em razão da importância de o imperador ir representar o País na Exposição Universal de Filadélfia, que se realizava naquele ano, em comemoração ao centenário da independência dos Estados Unidos. Antes de deixar o Brasil, Pedro II presidiu as homenagens póstumas a Alessandro Manzoni (1785-1873),[4] durante as quais foi executado o *Réquiem* de Verdi pela orquestra dirigida por Artur Napoleão (Besouchet, 1993, p.275).

Em 26 de março de 1876, o imperador partia para os Estados Unidos, a bordo do navio *Helvetius*, na companhia da imperatriz, a dama de honra, dona Josefina da Fonseca Costa, e do visconde de Bom Retiro. Completavam a comitiva o almirante de Lamare, o conselheiro Sousa Fontes, o doutor Carlos Henning, Artur Teixeira de Macedo, as senhoras Leonidia Loreto Esposel e Joana de Alcântara, e James J. O'Kelly, correspondente do *New York Herald* (Lyra, 1939, v.2, p.369).

Dois dias depois da partida, o ministro da Áustria, barão de Schreiner, em carta enviada para Viena, entre outros comentários, informava que o imperador havia se despedido do corpo diplomático em Petrópolis, bem como a razão de assim proceder:

> O Imperador e a Imperatriz despediram-se do corpo diplomático em Petrópolis. A febre amarela faz tais estragos no Rio de Janeiro que o Imperador, assustado com a morte do cônsul italiano, não quis expor os membros do corpo diplomático a um perigo evidente recebendo-os na própria Capital. (apud Lyra, 1939, v.2, p.369)

No noticiário a respeito da partida do imperador do Rio de Janeiro, enviado ao jornal de Nova Iorque, O'Kelly fará referência às "carinhosas despedidas imperiais", sem deixar de aludir também às mortes causadas pela epidemia de febre amarela que grassava na Corte: "Registraram-se 536 mortes de febre amarela nos últimos quinze dias" (Guimarães, 1961, p.44).

A denúncia do correspondente do *New York Herald* e o comentário *en passant* do ministro da Áustria a respeito do surto da febre amarela de 1876 no

---

4 O escritor italiano Alessandro Manzoni, embora aristocrata, abraçou muito jovem a causa republicana. Reflexo das correntes de seu tempo, sua obra tomou emprestado do romantismo a inspiração cristã (*Hinos sacros*, 1812-1822) e o patriotismo ardente (*O 5 de maio*, 1821), igualmente presente em seus dramas (*O conde de Carmagnola*, 1820; *Aldechi*, 1822). Sua obra-prima histórica, *Os noivos* (1825-1827), influenciou os escritores italianos do século XIX.

Rio de Janeiro (antecedido de outro, em 1873) levam a pensar se as vítimas da doença não deveriam também ter sido invocadas na execução do *Réquiem* em homenagem a Manzoni, cuja memória colaborava na construção da imagem civilizada do Brasil que o imperador estará empenhado em difundir na segunda viagem ao estrangeiro. A febre amarela, no entanto, vinha comprometer a representação idealizada do País, pondo a nu esse outro lado a respeito do qual não havia interesse em divulgar, tanto que o Império ocultava as estatísticas das mortes, sempre reais e desastrosas.

Por isso mesmo, as homenagens ao escritor italiano Manzoni, na corte, assim como a despedida do corpo diplomático, em Petrópolis, vêm marcar a saída do imperador por ângulos opostos: de um lado, a saída triunfal, ao som do concerto de Verdi; de outro, a saída em surdina, ao abrigo de possíveis "contágios" da terrível doença, tal como é compreendida a febre amarela pelo barão de São Félix, em carta endereçada aos redatores da *Ilustração Brasileira*, por solicitação desses, publicada em 1876.[5] A intenção do médico da Imperial Câmara não é apenas expor as causas da febre amarela, mas também (ou, sobretudo) acalmar os ânimos da população assustada:

> Do que levo dito se não deva inferir que estou tomado de terror de que este flagelo se perpetue entre nós. Creio, pelo contrário, que providências bem tomadas o debelarão no correr de mais algum tempo, colhendo-se assim os mesmos resultados já alcançados em diversas paragens dos Estados Unidos da América. (n.1, p.10)

O assunto não retornará às páginas do periódico, muito embora a febre amarela continuasse a fazer estragos entre a população, sobretudo a mais pobre. Pode-se pensar, porém, fosse intenção dos editores C. e H. Fleiuss, em trazendo a carta do barão de São Félix logo no número de estreia, quando o imperador não se encontrava mais no Brasil, mostrar aos leitores que a *Ilustração Brasileira*, ao lado de médicos, sanitaristas e instituições científicas, como a Academia Imperial de Medicina (órgão de consulta do Governo Imperial sobre questões de saúde e educação médica), não deixavam de se preocupar, nem de procurar soluções para acabar com a epidemia, tanto na corte quanto em outras cidades brasileiras.

---

5 "Febre Amarela". Barão de São Félix. *Ilustração Brasileira*, n.1, 1º de julho de 1876, p.10.

Se até na questão da febre amarela os Estados Unidos serviam de exemplo para o Brasil, o argumento do barão de São Félix só vinha reforçar a vontade de D. Pedro II em querer visitar o país, de "verificar o progresso dessa grande nação americana" (Schwarcz, 1998b, p.373), exibido na Exposição de Filadélfia de 1876, espaço privilegiado para esse monarca se autorrepresentar como "moderno, cosmopolita, cidadão" (ibidem, p.388), *performance* que o imperador aprendeu quando da primeira viagem ao exterior, mas também cultivada quando se encontrava no País: "Essa imagem civilizada que o monarca tanto queria passar no exterior, era também divulgada e apreciada na corte brasileira, igualmente dada a estrangeirismos" (ibidem, p.385).

Muito embora a segunda viagem do imperador ao estrangeiro fosse, como a primeira, de foro particular, a diferença dessa de 1876 era que contava com a participação de James O'Kelly, redator do *New York Herald*, destacado por Gordon Bennett Jr. para fazer a reportagem da viagem imperial. Uma vez que a imprensa – símbolo dos mais expressivos da sociedade moderna norte-americana – se fazia representar entre os componentes da comitiva imperial, a viagem que (aparentemente) se queria privada, assume caráter público, a travessia de D. Pedro II entre o Rio de Janeiro e Nova Iorque, sendo acompanhada pelos leitores do jornal de Bennett, graças aos informes enviados por O'Kelly, que não economiza elogios ao comportamento afável dos imperadores:

> Antes de o navio perder de vista a magnificente baía do Rio de Janeiro, a bonomia de S. M. e a afabilidade da Imperatriz nos colocaram à vontade, dissipando o temor de certos passageiros, de que a viagem se tornasse insuportável pela série de cerimônias a que ficaríamos sujeitos. (Guimarães, 1961, p.97)

Dentre todos, D. Pedro II – "o menos afetado dos homens" – é quem merece, como não poderia deixar de ser, as melhores referências do correspondente nova-iorquino:

> Não se retraiu nas alturas da sua hierarquia, aproximando-se, em vez disso, dos demais passageiros, para animá-los e tratá-los no mesmo pé que qualquer outro. Conversava com as senhoras, discutia pontos de ciência ou de literatura com os homens, e era, invariavelmente, a mais afável e jovial pessoa a bordo, pronto sempre a rir de uma anedota ou a ouvir uma cantiga. (ibidem, , p.98)

72   SÍLVIA MARIA AZEVEDO

Durante toda a viagem, segundo O'Kelly, D. Pedro II dedicava a maior parte do tempo a conversar em inglês com os passageiros americanos, em busca de informações acerca da vida social e industrial dos Estados Unidos. Ficou contrariado ao saber que a Ópera de Nova Iorque se abria justamente no dia em que a comitiva imperial devia deixar a cidade, e que a *Júlio César* fora tirada de cartaz, mas consolou-se por ver que a haviam substituído por outra peça de Shakespeare, *Henrique V*. Imediatamente, o imperador deu instruções a Artur Macedo para reservar camarotes para a comitiva imperial, ficando combinado que, após o espetáculo, iria fazer uma visita às instalações do *New York Herald*, em pleno funcionamento.

Quando de passagem por Pernambuco, o navio *Helvetius* atracou no Recife, o imperador, que não desceu em terra, incumbiu o correspondente irlandês de buscar um exemplar da peça *Julius Caesar*, o que foi impossível de conseguir. Em contrapartida, O'Kelly acabou encontrando alguns números do *Herald*, para grande alegria de D. Pedro II, que fez longos comentários a respeito da empresa de Gordon Bennett e da cobertura que o jornal nova-iorquino vinha fazendo da viagem de Henry Morton Stanley à África, em busca de David Livingstone, sobre cujos detalhes o monarca brasileiro mostrou-se amplamente familiarizado (ibidem, p.103).

Chegando a Nova Iorque, em 15 de abril de 1876, o imperador declinou o convite do secretário de Estado para ser conduzido à cidade pela corveta *Alert*, reiterando o seu ponto de vista de dispensar as manifestações oficiais, mesmo porque, conforme vai dizer: "–S. M. ficou no Brasil. Aqui sou apenas um simples viajante" (ibidem, , p.122). Ao assumir identidade de "simples viajante", o imperador passará a se chamar *"Monsieur d'Alcântara"*, sob o qual fazia as suas viagens, não gostando de ser conhecido por outro nome (ibidem, p.158).

Em Nova Iorque, o imperador cumpriu intensa agenda de visitas aos espaços públicos da cidade, a começar pela ida ao Teatro Booth, onde a família imperial brasileira foi objeto de calorosa recepção por parte da plateia, tendo o Hino Nacional Brasileiro sido executado ao fim do quarto ato do *Henrique V*. Depois da peça, houve a visita à redação do *Herald*, o imperador maravilhado com o processo de tiragem dos jornais pela poderosa máquina Bullock. No dia seguinte, os passeios incluíram visita a vários lugares: reservatório de águas, Catedral de São Patrício, Central Park, Lar dos Jornaleiros.

Por onde passava, D. Pedro II era uma figura que se fazia notar, quer fosse pela estatura elevada, as longas barbas, o passo apressado, quer fosse pela tranquilidade com que transitava pelas ruas de Nova Iorque, arrancando comentários pitorescos dos populares, como aconteceu na passagem por Lisboa. Depois de olhar o imperador por vários minutos, um trabalhador irlandês observou: "de qualquer jeito é um velho cavalheiro de aspecto fino". Um alemão, cujo rosto vermelho patenteava afinidades com a cerveja, não deixou de exprimir surpresa: "– Santo Deus, este é o Imperador?". Enquanto um fazendeiro ianque, "tipo rude, crestado ao sol, que olhava com ar rabujento como desaprovando toda aquela bulha", na observação de O'Kelly, deixa escapar opinião, que será ouvida outras vezes: "– Bom, chego à conclusão de que se trata de um homem e nada mais, seja como for" (Guimarães, 1961, p.159-60).

Se o comportamento afável e despojado de D. Pedro II decepcionava os populares, em cujo imaginário um rei jamais viveria situações prosaicas como enfrentar fila para comprar um bilhete de trem, e muito menos andaria a pé, em contrapartida, será essa atitude "democrática" do governante brasileiro nos Estados Unidos, objeto do editorial de 21 de abril de 1876 do *New York Herald* – "O Nosso Imperador Ianque" –, título tanto mais significativo quanto elogiosa a síntese de essências políticas tão opostas – ser imperador e ser ianque (isto é, republicano) –, a nota carinhosa atribuída ao possessivo que vinha afagar as vaidades de D. Pedro, ou melhor, *"Monsieur d'Alcântara"*, que, em terras norte-americanas, não se importava de ser chamado de "imperador ianque", nos termos do editorial do *Herald*:

> Dom Pedro é um verdadeiro Imperador Ianque. [...]. Agrada-nos descobrir nele os traços *go-ahead* dos americanos. [...]. Passeia em um vulgar coche de aluguel, ouve missa nas manhãs de domingo, à noite vai ouvir cantar Sankey e segue-o linha por linha, tão atentamente quanto Thurlow Weed. Quando o Gabinete, com uma banda de música, foi ao porto recebê-lo, respondeu ao jeito bem americano – de que não desejava ser "recepcionado". Desembarca como qualquer livre imperador americano e, antes de atravessar o rio, paga a passagem da barca. (Guimarães, 1961, p.175)

Se o comportamento do imperador é digno de elogios, é porque está pautado por atitudes que vão ao encontro daquilo que, do ponto de vista de uma nação democrática, como os Estados Unidos, se espera da *perfomance* de um governante, muito embora, em outros momentos, é o imperador brasileiro a servir de modelo aos "imperadores ianques":

74   SÍLVIA MARIA AZEVEDO

Em vez de ir a Washington para jantas e danças do Boss Shepherp e dos líderes da nossa moderna sociedade, corre para a Califórnia, resolvido a tirar todo o proveito do tempo disponível. É um Imperador de costumes morigerados e regulares, como deviam ser todos os imperadores ianques. Levanta-se de manhã cedo, estuda sânscrito, pratica inglês, e traduz para o português o *Star-Spangled Banner*. (ibidem, p.176)

Como se não bastasse apresentar "os traços *go-ahead* dos americanos", D. Pedro simbolizava a alta cultura, tanto mais valorizada, quanto menos presente em uma sociedade cujo pragmatismo começava a pautar o comportamento dos norte-americanos. Por tudo isso, o imperador brasileiro era uma exceção entre os "seus primos estrangeiros", entre eles o grão-duque Alexis (1845-1894), filho do czar Alexandre II e seu futuro sucessor no trono, que visitara os Estados Unidos, pouco antes de D. Pedro II, e cujo comportamento mundano deixou lembranças pouco lisonjeiras da memória dos norte-americanos. Mas esse não era o caso de D. Pedro II:

Como nosso Imperador ianque sabe conduzir-se melhor do que alguns dos seus primos estrangeiros! Ele não sai para valsar todas as noites nem caçar ursos ou tigres ou matar javalis durante o dia, mas para realizar sempre trabalho útil. Quando voltar à Pátria saberá mais acerca dos Estados Unidos do que dois terços dos membros do Congresso. (ibidem)

Os redatores do *New York Herald* reconhecem que o monarca brasileiro se distingue de seus pares europeus não apenas em termos culturais, por empregar o tempo em "trabalho útil", mas também em termos humanos, por se mostrar avesso à prática da caça, esporte da nobreza.

Se os ecos da entusiástica recepção promovida pelo jornal nova-iorquino a D. Pedro II nos Estados Unidos (talvez aqui tenha entrado a mão da diplomacia brasileira) chegaram aos ouvidos dos editores da *Ilustração Brasileira*, esses devem ter se dado por satisfeitos, pois viam que o objetivo de exportar imagem de um país desenvolvido encontrava ressonância junto à imprensa norte-americana, esta, por sua vez, correspondendo às expectativas daquela, na criação da figura do "imperador ianque".

Nem todos aqueles que assistiram à chegada do "nosso" (agora, dos brasileiros) "imperador ianque" a Nova Iorque viram-na com os olhos do *Herald*. O maranhense José de Sousa Andrade (1833-1902),[6] ou Sousândrade como o

---

6 O poeta maranhense Sousândrade visitou vários países da Europa (1853-1857), estudando letras e engenharia de minas em Paris. Em 1870 percorreu as Américas e no ano seguinte morou nos

poeta preferia ser chamado, secretário do jornal *O Novo Mundo*, editado pelo brasileiro José Carlos Rodrigues, vai registrar o acontecimento com a irreverência que será a marca dos XIII Cantos do poema *Guesa Errante*. A estrofe 44 do Canto X (então Canto VIII), por exemplo, oferece uma "tomada" do desembarque real, bem diferente daquela registrada por O'Kelly:

> – Agora o Brasil é República;
> O Trono no Hevelius caiu...
> But we picked it up!
> – Em farrapo"Bandeira Estrelada" se viu. (Campos & Campos, 2002, p.72)

A alusão chistosa à "queda do Trono" ocorrida no *Hevelius* (na pronúncia à inglesa do nome *Helvetius*) refere-se ao incidente que sofreu o imperador, a bordo do navio, ao cair da cadeira no dia 28 de março,[7] enquanto "Bandeira Estrelada" é o título do Hino Nacional Norte-Americano (*Star Spangled Banner*), na tradução do monarca brasileiro, que chegou a ser transcrita no *Herald*.

Outra perspectiva do desembarque de D. Pedro II, em referência ao editorial "O Nosso Imperador Ianque", é a que foi registrada na estrofe 49, ainda do Canto X:

> – *Off! Off!* para São Francisco *off,*
> Sem primeiro a Grant saudar!
> Só um *spokesman*
> Disse *amen...*
> Que a Deus deve e não a Caésar. (ibidem, p.73)

Estados Unidos. Republicano convicto, participou de campanhas políticas e chegou a ocupar postos na República. Regeu a cadeira de Língua Grega no Liceu Maranhense. Em seus últimos anos de vida, solitário e pobre, isolou-se na sua Quinta da Vitória, da qual foi transportado, gravemente enfermo, para o Hospital Português, em São Luís, onde faleceu. Seu primeiro livro, *Harpas selvagens* (1875), precede em dois anos a publicação das *Primaveras*, de Casimiro de Abreu. Em 1868, surgiam os *Impressos* (v.1), compreendendo "Poesias diversas" e os dois primeiros cantos do longo poema *Guesa Errante*. O segundo volume dos *Impressos* (1867) contém o canto terceiro do *Guesa*. A partir de 1870, começaram a aparecer em Nova Iorque os volumes das *Obras poéticas*, que abrangem os poemas anteriormente publicados e novos cantos do *Guesa*. Sob o título geral de *O Guesa*, esse será finalmente reunido em um único volume, contendo os cantos de I a XIII (alguns inacabados), em uma edição não datada, de Londres, provavelmente de 1884. A última obra publicada por Sousândrade é o poema *O novo Éden* (Maranhão, em 1893).

7 "As senhoras, ao verificarem que não sofrera qualquer fratura, riram-se ruidosamente da 'queda do Trono', como denominaram o caso, e ninguém se riu com mais vontade que o próprio Imperador" (Guimarães, 1961, p.100).

No desejo de viajar como um simples particular, D. Pedro II não quis ser conduzido a Nova Iorque pelo navio *Alert*, cuja passagem era saudada com continências oficiais e saudações do povo, na persuasão de que aquele conduzia o imperador, como também comete outra gafe, ao deixar de ir primeiro cumprimentar o presidente Grant, em Washington, antes de partir para San Francisco.

Sousândrade não vai deixar passar outra idiossincrasia do viajante D. Pedro II, que em terras estrangeiras assume a identidade de *"Monsieur d'Alcântara"*, no registro irônico da estrofe 51 do mesmo Canto X:

> – Oh ! cá está um Pedro d'Alcântara!
> O Imperador está no Brasil.
> – Não está! Cristova
> É a nova,
> De lá vinda em Sete de Abril! (ibidem)

Quando o poeta maranhense escreveu essas estrofes, o cáustico Canto X não fazia parte nem das *Obras Poéticas*, de 1874,[8] nem da edição de *Guesa Errante*, de 1876,[9] publicadas em Nova Iorque. O que permite compreender a acolhida calorosa com que a segunda obra é comentada pela *Ilustração Brasileira*, na seção "Boletim Bibliográfico",[10] em que se destaca, a exemplo dos três primeiros cantos, "a mesma melancolia, o mesmo filosofar em meio das selvas e solidões amazônicas" (n.2, p.31). O comentário dá a entender que a obra de Sousândrade se enquadrava perfeitamente dentro da estética romântica, quando acontecia o contrário, motivo por que permaneceu, até recentemente, à margem da história da literatura brasileira.

De volta à visita do imperador aos Estados Unidos, além de Nova Iorque, cidades como Chicago, San Francisco, Washington, Filadélfia, Baltimore, São Luís, Nova Orleans, entre outras, e também o Canadá, fizeram parte do roteiro cuidadosamente elaborado pelos assessores e pelo repórter do *Herald*. No

---

8 *Obras poéticas*. J. de Souza-Andrade. Primeiro volume, New York, 1874. Contém retrato do autor e três ilustrações gravadas por Langridge e J. Karst. Compreende: "Introdução"; "Memorabilia" datada de New York, 1872, "Guesa errante" (quatro primeiros cantos); "Eólias", "Harpas Selvagens"; Índice (O canto IV não consta do índice) (cf. Campos & Campos, 2002, p.627).

9 *Guesa Errante*. J. de Sousândrade. New York, 1876. Compreende: "Memorabilia"; Correções aos cantos V e VII, com data de New York, 1876; Cantos V e VII. (Na edição de Londres, de 1888, o canto VII passou a IX); canto VI (fragmento) (cf. Campos & Campos, 2002, p.628).

10 "Boletim Bibliográfico" [sem assinatura]. *Ilustração Brasileira*, n.2, 15 de julho de 1876, p.30-1.

entanto, para grande surpresa do leitor (tanto o de hoje quanto possivelmente o daquela época), nenhuma gravura relativa a qualquer dessas viagens aparece na *Ilustração Brasileira*. Em contrapartida, a *Ilustração do Brasil* vai publicar, no número de estreia, em 29 de julho de 1876, cinco ilustrações da chegada de D. Pedro II a Nova Iorque, sob o título "Viagem de S.S. M.M. Imperiais": "Desembarque em Nova Iorque", "Chegada ao Fifth Avenue Hotel", "Passeio ao Central Park", "Partida de S. M. o Imperador para a Califórnia" e "Grande Concerto Dado em Honra de S. M. a Imperatriz em New York com a Comitiva da Oficialidade da Corveta Niterói".[11] Até mesmo a *Revista Ilustrada* de Ângelo Agostini, cujo comportamento sempre se pautou por ser contrário à Monarquia, deu uma trégua aos ataques contra o imperador e publicou a gravura "Desembarque de S.S. M.M. Imperiais" (Schwarcz, 1998b, p.375).

As imagens publicadas na *Ilustração do Brasil* vinham de Nova Iorque, sendo fornecidas por jornais norte-americanos com os quais Vivaldi havia firmado contrato, o que lhe permitia selecionar aquelas que na sua opinião ofereciam interesse para o público brasileiro (Coaracy apud Sodré, 1966, p.254-5), a reforçar interpretação de que a imagem exportada pelo Brasil é aquela que lá fora se fazia do país. Por sua vez, as ilustrações de D. Pedro II em Nova Iorque, em 1876, possuem o denominado "germe do fotojornalismo", pois são imagens que mostram o imperador em ação, e não posando para as câmaras, como normalmente acontecia, "já que a tecnologia da fotografia naquele período ainda não possibilitava a produção de fotografias tão instantâneas quanto aquelas" (Andrade, 2004, p.170-1).

Esse imperador em ação, "monarca cidadão" que viaja pelos Estados Unidos, abrindo mão dos privilégios da realeza, quer no desembarque em Nova Iorque, sem aparato oficial, quer na chegada discreta ao Fifth Avenue Hotel, quer no passeio ao Central Park como simples civil, em muito se afastava das representações veiculadas no Brasil pelos caricaturistas, como também aquela do tirano da Guerra do Paraguai. D. Pedro II, está claro, teria interesse que, em vez dessas, fosse difundida imagem de monarca dos trópicos que adequava seu comportamento de viajante, desde as roupas informais até o nome civil, às novas contingências do mundo moderno. Nesse sentido, pouco importava que fosse a *Ilustração do Brasil*, e não a *Ilustração Brasileira*, a divulgar essa nova *performance* do "Nosso Imperador Ianque" em Nova Iorque, o que comprova

---

11 *Ilustração do Brasil*, n.1, 29 de julho de 1876, p.4-5.

que, nesse aspecto, Vivaldi levava vantagem sobre Fleiuss, deixando entrever que entre os dois editores se travaria acirrada competição na captação da preferência (e assinaturas) junto ao público leitor. Porém, se a *Ilustração Brasileira* queria se passar por um órgão *quasi* oficial, o que implicaria dar ampla cobertura da viagem de D. Pedro nos Estados Unidos, já de imediato não vai conseguir dar conta desse programa.

É remota a hipótese de que Henrique Fleiuss não quisesse publicar imagens da viagem de D. Pedro II nos Estados Unidos na *Ilustração Brasileira* para não ser taxado mais uma vez de partidário fervoroso do imperador, pois que era papel da imprensa informar o público brasileiro a respeito da viagem do monarca no exterior. Mais plausível é que não fosse a Alemanha, mas os Estados Unidos, o melhor reservatório de imagens fotográficas a respeito da estada do monarca do Brasil em território norte-americano, como aquelas captadas pelos fotógrafos do *Harpers Weekly*, que acompanharam com atenção os deslocamentos de D. Pedro II por Nova Iorque. Afinal, era a primeira vez que um monarca pisava nos Estados Unidos. Ainda que a intenção fosse a de viajar incógnito e de maneira informal, o imperador não se furtaria em ser fotografado nas mais variadas situações, visto que a fotografia, assim também as revistas ilustradas do século XIX, configuravam-se em espaços de veiculação e visibilidade dessa nova imagem de D. Pedro II e, por extensão, da monarquia brasileira. Nesse sentido, vale lembrar que logo no segundo dia de estada em Nova Iorque, em 17 de abril, a comitiva imperial dirigiu-se ao ateliê de um fotógrafo da Broadway para que o imperador e a imperatriz fossem submetidos a uma sessão de fotografias (Guimarães, 1961, p.141). No dia seguinte, antes de partir para a Califórnia,[12] a pedido do imperador o navio *Nellie Martin* adia a partida para poder levar para o Brasil a edição do *New York Herald* com o noticiário completo da chegada do monarca à cidade. (ibidem, p.151).

Para não dizer que a *Ilustração Brasileira* não publicou imagem alguma de D. Pedro II, o casal imperial vai aparecer como gravura de capa do n.3.[13] em 1876, homenagem do periódico aos soberanos ausentes, aos quais os editores desejavam viagem propícia e breve regresso, sem fazer nenhuma alusão aos lugares visitados pelo monarca brasileiro que havia partido dos Estados Unidos

---

12 José Carlos Rodrigues, redator do jornal *Novo Mundo*, em Nova Iorque, sairá em defesa do imperador que foi criticado por alguns jornais norte-americanos por viajar para a Califórnia sem, antes, ter ido encontrar-se com o Presidente Grant (cf. Guimarães, 1961, p.151-2).

13 "Os Soberanos Augustos do Brasil". *Ilustração Brasileira*, n.3, 1º de agosto de 1876, p.34.

em 5 de julho de 1876 a bordo do navio *Rússia,* com destino à Europa, depois de passar três meses em terras norte-americanas, tendo visitado até a prisão de Sing-Sing (Besouchet, 1993, p.293).

Embora não seja identificada a fonte da ilustração "Os Soberanos Augustos do Brasil", é possível que a xilogravura resulte de uma montagem de fotografias dos imperantes brasileiros, tiradas em outras ocasiões, com resultado surpreendente, pois que a imagem traduz aquilo que acontecia, segundo os historiadores, na relação particular do imperador e da imperatriz: colocados lado a lado, cada um olha para um ponto, como dois estranhos. Enquanto a montagem fotográfica revela, de forma indiscreta, aspecto da vida privada do casal imperial, a "moldura", quase em forma de coração, expressava o amor do povo brasileiro aos imperadores, assim como a estrela posta no alto, no amplo espectro a ela associado – "sorte, destino, boa estrela; poder, glória, pessoa eminente; brilho, esplendor" (Caldas Aulete, 1970, v.I, p.1467) –, a coroa, o brasão e os ramos de café e tabaco, embaixo, eram representações do Império brasileiro. Essa simbologia, por sua vez, reverte para as figuras dos retratados, com ênfase no modo de olhar de ambos: D. Pedro II, olhar sério e firme, a testa franzida a traduzir o pesado encargo de governar o Brasil; Teresa Cristina, olhar de canto de olho, dirigido ao espectador, expressão de acolhimento e bondade, qualidades com que era identificada.

A publicação da gravura sobre os soberanos brasileiros vinha ao encontro da proposta da *Ilustração Brasileira,* pode-se lembrar, de publicar os "retratos dos nossos homens notáveis", no enfoque sério e austero a partir do qual o periódico concebia inventar imagem de Brasil civilizado com vistas à exportação. Essa seriedade, em particular a do imperador, contrastava com o semblante sorridente e o comportamento descontraído com que o monarca brasileiro era flagrado por populares, no registro de repórteres e fotógrafos norte-americanos.

Se o ato de deixar o retrato da pessoa querida com alguém é maneira de suprir a ausência pela lembrança, na leitura do "retrato" dos imperadores brasileiros, por sua vez, nada substituía a possibilidade de o leitor brasileiro acompanhar, como o norte-americano, a movimentação do "Nosso Imperador Ianque". Nesse sentido, Vivaldi, mais do que Fleiuss, permitia que a classe dominante brasileira, provável leitora (senão a única) da *Ilustração Brasileira* e da *Ilustração do* Brasil – classe que pouco saía do País –, acompanhasse as andanças do "nosso" governante, vendo-se representada no estrangeiro pelo nobre viajante.

Já se disse que a imagem é a "representação de uma coisa ausente, que reproduz certos aspectos da aparência visível" (Wolff, 2005, p.21). Quando a *Ilustração Brasileira* não publica imagem alguma da segunda viagem de D. Pedro II, que entre março de 1876 e setembro de 1877 vai ficar fora do Brasil, o periódico estaria, de forma simbólica, representando aquela ausência? Se assim fosse, o periódico concordaria com os opositores da Monarquia para os quais existia um vácuo no governo durante os 18 meses em que o imperador vai estar ausente. Ora, é pouco provável que Fleiuss, monarquista convicto, amigo do imperador, frequentador do Paço imperial, levantasse semelhante hipótese, muito menos que o monarca brasileiro estivesse cansado da obrigação de governar o Brasil, o que acontecia, conforme vai deixar registrado em seu diário, em 31 de dezembro de 1861:

> Nasci para consagrar-me às letras e às ciências e, a ocupar posição política preferia a de presidente da república ou ministro, a de Imperador. Se ao menos meu pai imperasse ainda estaria eu há 11 anos com assento no Senado e teria viajado pelo mundo. (apud Daibert Júnior, 2004, p.105)

Pode-se ler a ausência de imagens de D. Pedro na *Ilustração Brasileira* como indicativo de estratégia dos editores C. e H. Fleiuss em traduzir aquela que é uma das condições para que a imagem possa representar, ou seja, a imagem tanto melhor representa quanto menor for a semelhança entre ela e o representado (Wolff, 2005, p.22). Daí o ausente, o imperador, fazer-se melhor representar nas imagens daqueles que respondiam pelo governo, como o conselheiro Tomás José Coelho de Almeida, gravura de capa da *Ilustração Brasileira*,[14] acompanhada de pormenorizado perfil biográfico, em que os redatores destacavam as principais atuações do ministro da Agricultura, Comércio e Obras Públicas: construção de estradas de ferro, melhoramentos urbanísticos da capital (abastecimento de água, iluminação pública, tratamento de esgoto), auxílio à lavoura, a execução da Lei do Ventre Livre, embora essa seja questão que o ministro reconhece carecer "ainda de um braço poderoso de um executor para que a classe infeliz do cativeiro veja raiar também seus dias de liberdade, e o futuro daqueles que de ventre escravo nascem cidadãos livres, seja cercado de esperanças para ele e para a pátria" (n.5, p.66).

---

14 "O Conselheiro Tomás José Coelho de Almeida. Ministro da Agricultura, Comércio de Obras Públicas". *Ilustração Brasileira*, n.5, 1º de setembro de 1876, p.66.

Se a fotografia é procedência provável do retrato do ministro, a "moldura" reforçava a expressão de dignidade e firmeza que emanava do busto de Tomás Coelho, representado meio de lado (não de perfil), com destaque para a simbologia do olhar posto ao longe (futuro do Brasil), das sobrancelhas arcadas (preocupação, responsabilidade), da barba espessa (honorabilidade), do tronco encorpado (vitalidade), detalhes que fazem lembrar a representação de D. Pedro II, embora com algumas diferenças, a começar pela (quase) velhice deste, e a juventude daquele.

A escolha do retrato do ministro da Agricultura, pela *Ilustração Brasileira*, como imagem representativa do imperador, na ausência deste, não poderia ser mais "acertada", pois que simbolizava os "melhoramentos" implementados pelo governo de D. Pedro II, que o periódico de Fleiuss estará empenhado em levar ao conhecimento do estrangeiro. A eficácia simbólica do retrato de Tomás Coelho, como imagem de exportação do Brasil, irá repercutir igualmente junto ao grande evento internacional do ano de 1876, a Exposição Universal de Filadélfia, no qual a representação do Império contará com o empenho tanto do conselheiro quanto do imperador, aos quais os redatores, em nome do povo brasileiro, prestam gratidão:

> Ali [na Exposição] o pavilhão nacional se enfeixa glorioso entre os dos povos do progresso; e se ao Príncipe magnânimo, que se fez como nós operário da indústria nacional, devemos em boa parte o fruto da estima e apreço das grandes nações, ao conselheiro Tomás Coelho e àquele que no *Fairmount Park* elevam tão alto o nome brasileiro, cabe não pequeno tributo de nossa gratidão. (n.5, p.66)

Resta ver se, dessa vez, a *Ilustração Brasileira* permitirá que, dentro do País, os leitores acompanhem a "boa figura" que o Brasil vai fazer lá fora, no fornecimento de imagens a respeito da atuação de D. Pedro II na Exposição de Filadélfia. É esse o objetivo do próximo capítulo.

Figuras 14 e 15 – Rafael Bordalo Pinheiro não perderá oportunidade de ridicularizar a figura de d. Pedro II, no papel do viajante Monsieur d'Alcântara.

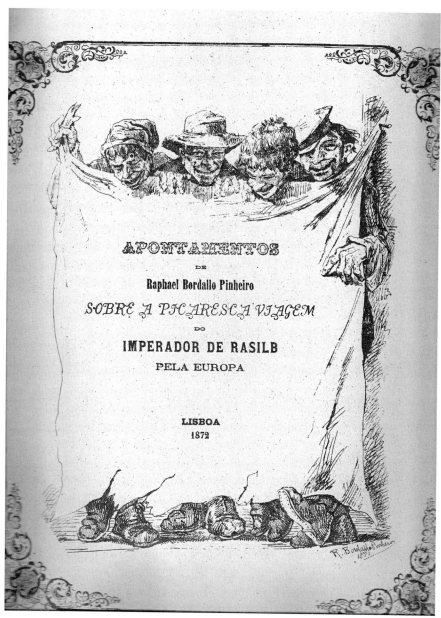

Figura 14 – Em seus *Apontamentos*, Bordalo Pinheiro satiriza de forma divertida e irreverente, a viagem de D. Pedro II à Europa.

Figura 15 – Nas caricaturas do imperador do Brasil, Rafael Bordalo não perdia oportunidade de ridicularizar-lhe as pernas finas.

Figuras 16 a 20 – A *Ilustração do Brasil* satisfaz a curiosidade do leitor carioca ao publicar imagens da estada de d. Pedro II em Nova York, em 1876.

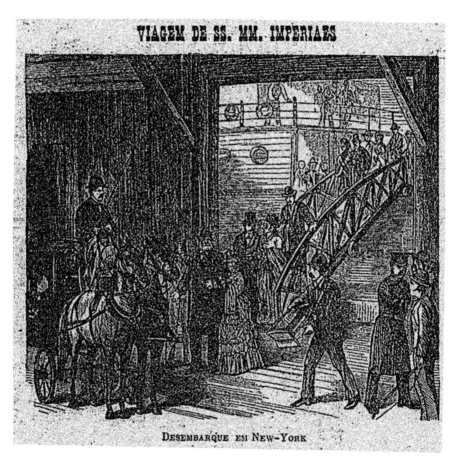

Figura 16 – D. Pedro II nos Estados Unidos [Desembarque em Nova Iorque, *Ilustração do Brasil*, n°.1, 1876.

BRASIL EM IMAGENS 85

Figura 17 – *Ilustração do Brasil*, n.1, 1876.

Figura 18 – *Ilustração do Brasil*, n.1, 1876.

Figura 19 – *Ilustração do Brasil*, n.1, 1876.

Figura 20 – *Ilustração do Brasil*, n.º 1, 1876.

BRASIL EM IMAGENS 89

Figuras 21 e 22 – Na ausência dos "soberanos augustos do Brasil", a *Ilustração Brasileira* presta-lhes homenagem, e remete aos melhoramentos do Império representado pela figura de seus ministros.

Figura 21 – *Ilustração Brasileira*, n.3, 1876.

Figura 22 – *Ilustração Brasileira*, n.5, 1876.

3
O BRASIL NA EXPOSIÇÃO UNIVERSAL DE FILADÉLFIA

Muito embora, anteriormente à Exposição Universal de Filadélfia, o Brasil já tivesse marcado presença no terceiro certame realizado na Europa, deixou muito a desejar a participação de nosso país. O improviso e o despreparo dos expositores foram marca constante tanto na Exposição Universal de Londres, em 1862, quanto na de Paris, em 1867, e na de Viena, em 1873. No caso das duas últimas exposições, o insucesso da apresentação brasileira contou ainda com outro agravante: o fato de o Brasil estar em guerra contra o Paraguai (1865-1870). Mesmo assim, o governo imperial optou por participar, posto que as exposições universais tinham papel estratégico para o Império, "considerando-se que a imagem do país no estrangeiro e a representação que este fazia de si mesmo, para 'consumo' interno e externo", na avaliação de Maria Ignez Turazzi (1995, p.93), "eram parte do processo de construção de seu próprio destino, como realidade tangível mas, sobretudo, como ideal simbólico d[e] nação". Lilia Schwarcz (1998b, p.387), por sua vez, vai dizer que "nada combinava melhor com D. Pedro II, que se autorrepresentava como 'moderno, cosmopolita e cidadão' do que o espetáculo das exposições universais".

Surgidas em meados do século XIX, com o capitalismo industrial, essas feiras eram a melhor expressão da força e da utopia modernista. Sua origem data do final do século XVIII, quando as primeiras exposições foram realizadas na França e na Inglaterra. Encarnação do progresso, expressão da mentalidade etnocêntrica e imperialista das grandes potências europeias, as exposições ofereciam aos olhos do público "um gigantesco panorama do crescente poder do homem sobre o mundo físico e, consequentemente, do progresso material de cada sociedade". Ao mesmo tempo, acrescenta Maria Ignez Turazzi (1995, p.28), "as diferenças aí legitimadas pelo sagrado princípio da divisão internacional do trabalho, apenas acentuavam a própria negação da diversidade cultural dos povos, diante da crença inabalável de um tempo linear, homogêneo e progressivo na evolução de todas as sociedades".

Para muitos contemporâneos, mesmo aqueles que viviam em países "distantes" e "atrasados", não escapou a percepção do século XIX como um "século de conquistas", em que o progresso era medido pelos novos recursos que a ciência e a técnica colocavam a serviço do homem. Assim, era do interesse dos governos de várias partes do mundo participar desses megaeventos, que funcionavam como termômetro do grau de civilização e melhoramento alcançados pelos respectivos países. Em particular aqueles como o Brasil, que, embora monárquico e escravocrata, queria se ver representado como nação moderna e cosmopolita. É por isso que, diferentemente das demais nações latino-americanas, o Império brasileiro já tomou parte na Exposição de Londres, na avaliação de Lilia Schwarcz (1998b, p.393): "Nada como encenar, em um evento de proporções internacionais as especificidades desse Império encravado no continente americano".

A participação do Brasil na Exposição Universal de Filadélfia, em 1876, foi, portanto, cercada de grande expectativa. Não apenas para desfazer a péssima impressão deixada nas exposições anteriores, mas também para mostrar outra faceta do Brasil, a de país civilizado e progressista, que andava a passos largos a caminho da industrialização, e não apenas a de país agrícola, como era atestado pelos prêmios concedidos aos produtos brasileiros, invariavelmente café, chá, madeira, fibras vegetais, entre outros. Recém-saído de um evento violento, a Guerra do Paraguai, o Brasil podia posar de país cordial, pacífico e ordeiro, distante da anarquia das demais repúblicas latino-americanas, o que ficava ainda mais realçado tanto em razão do contexto das guerras contemporâneas quanto pela *performance* do imperador, o monarca-viajante que fazia questão de carregar a própria mala e de ser chamado "Monsieur d'Alcântara". Como se viu, a imprensa norte-americana só fez reforçar a representação dessa faceta moderna do monarca dos trópicos, enquanto a *Ilustração Brasileira*, veículo da imprensa oficial envolvido com a política do Império de exportar imagem civilizada do Brasil, por intermédio de seu governante, não publicou uma gravura sequer da primeira visita de D. Pedro II aos Estados Unidos.

Enquanto, porém, "Monsieur D'Alcântara" encantava os norte-americanos pela simplicidade e despojamento, não foi esse mesmo senhor que percorreu o

BRASIL EM IMAGENS **93**

trajeto para o Machineray Hall, em direção à plataforma da máquina Corliss,[1] mas S. M. o Imperador do Brasil que, ao lado do presidente Grant, pôs a grande máquina em funcionamento, ato de inauguração da Exposição Universal de Filadélfia. *O New York Herald*, como aliás todos os jornais norte-americanos, descreve pormenorizadamente a entrada do cortejo no Machineray Hall, o realce dos elementos militares e a chegada do presidente dos Estados Unidos, na companhia do imperador e outras autoridades, para o ato culminante da grande cerimônia – pôr a "Máquina das Máquinas" (Guimarães, 1961, p.232) em movimento. O fragmento que se transcreve a seguir é de autoria de James O'Kelly:

> Logo chegou o Presidente, conduzindo a Imperatriz do Brasil, seguido pelo Imperador, conduzindo Mrs. Grant. [...] A multidão crescera incessantemente dentro do imenso Hall, quando a ordem – *down in front* – clareou os degraus das alavancas do engenho e revelou na plataforma o Presidente com a mão em uma e o Imperador do Brasil segurando a outra.
>
> Mr. Corliss explicou a ambos como deviam manejar as alavancas. Dom Pedro recebeu instruções para começar em primeiro lugar. O que de fato fez, e ficou esperando, como se fosse mera formalidade sem consequências. O Presidente, então, puxou a do seu lado e num segundo o vapor começou a espirrar e a assobiar. Entrou então propriamente em movimento aquele terrível monstro, bracejando para cima e para baixo as toneladas de ferro e ação consumidas na construção da maravilha mecânica.
>
> A esse tempo, as senhoras se haviam sentado (pouquíssimas senhoras, ou seja, uma dúzia, aliás escolhidas entre a fina flor dos Estados Unidos), e o Presidente e Dom Pedro ficaram de pé, sem saber o que fazer ou dizer. As renovações da colossal máquina faziam estremecer as imediações, enquanto a multidão se expandia, gritando a agitando os lenços, e homens vigorosos choravam lágrimas de alegria, esquecidos da espera de meia hora. (apud Guimarães, 1961, p.233-4)

Se é próprio das cerimônias o sentido simbólico de que são a representação, essa da inauguração da Exposição de Filadélfia, em que o imperador brasileiro aparece ao lado do presidente norte-americano no ato de inaugurar uma exposição universal, configura o papel de destaque conferido ao Brasil, país tão jovem quanto os Estados Unidos, senão moderno como o outro, mas que tinha confiança de, muito em breve, atingir o mesmo patamar. Para tanto, a

---

1 O engenheiro norte-americano George Corliss (1817-1888) inventou e construiu (1849) a máquina a vapor que leva o seu nome.

nação norte-americana, que encarnava o mito do progresso, era o modelo a ser seguido por nosso país, na visão do imperador e dos políticos brasileiros. Compreende-se, portanto, que o Brasil quisesse ser identificado com os Estados Unidos, intenção metaforizada na cena descrita por O'Kelly.

Como os brasileiros gostariam de ver a "boa figura" que fizemos lá fora, por ocasião da Exposição Universal de Filadélfia! Teriam ficado orgulhosos de saber que de todos os expositores estrangeiros no Hall de Agricultura, nenhuma seção era mais completa e variada como a do Brasil. E que o imperador fez o máximo para tornar conhecidos no mundo os vastos recursos naturais e riquezas de nosso país, muitas vezes sentando-se bem na frente de seu estande, como que para completar a demonstração dos produtos expostos.[2]

Mais uma vez, no entanto, a *Ilustração Brasileira* irá decepcionar seus leitores, pois que não publicará aquela famosa gravura, exaustivamente reproduzida – D. Pedro II ao lado do presidente Grant, na plataforma da máquina Corliss –, proveniente de fotografia tirada por algum repórter do *Harper's Bazar* (Pesavento, 1997, p.150). A imagem, que explora a monumentalidade da máquina Corliss, em meio ao amplo recinto da Machineray Hall, será publicada em cópia litográfica na *Ilustração do Brasil*[3] e na *Ilustração Popular*[4] (sem identificação da fonte da imagem), nesse caso, com direito a página dupla, a mostrar que, ao contrário dos irmãos Fleiuss, Vivaldi soube explorar a visualidade da Exposição de Filadélfia, nesse sentido incorporando "a importância do sentido visual na sociedade burguesa do século XIX" (Barbuy, 1999, p.24). Além da gravura-símbolo da união Brasil & Estados Unidos, muitas outras relativas à Exposição de Filadélfia – as várias galerias, os países expositores, a execução da marcha de Wagner, entre outros aspectos – foram publicadas por ambos os periódicos do concorrente de Fleiuss, ao longo de 1876.

Nem por isso a *Ilustração Brasileira* deixará de cumprir o papel de colaborar na construção da imagem de Brasil que ingressava no "concerto das nações civilizadas", que o imperador (se) exibia na Exposição Universal de Filadélfia,

---

2 A opinião entusiasmada da elite brasileira transparece nos relatórios a respeito da participação do Brasil na Centennial, por exemplo, *Exposição Centenária da Filadélfia, Estados Unidos, em 1876. Relatório da Comissão Brasileira*, apresentado por J. M. Silva Coutinho. Rio de Janeiro, Tip. Nacional, 1879 (cf. Pesavento, 1997, p.153).

3 "Exposição de Filadélfia. Galeria das Máquinas. S. M. o Imperador do Brasil e o Presidente Grant pondo em movimento a grande máquina motriz". *Ilustração do Brasil*, n. 4, 10 de setembro de 1876, p.53.

4 *Ilustração Popular*, n. 12, 23 de dezembro de 1876, p.92-3.

BRASIL EM IMAGENS **95**

ao publicar no número de estreia o texto "A Exposição de Filadélfia"[5] (título em letras góticas), de Augusto Emílio Zaluar (1826-1882),[6] juntamente com o logotipo do evento, logo abaixo. Vindo a público dois meses depois da abertura da Exposição de Filadélfia, o artigo era escrito por alguém que, contrariamente a James O'Kelly, não estivera presente à cerimônia de inauguração, mas que estava bem informado quando se tratava de exposições. Zaluar era autor da obra *Exposição Nacional do Brasil em 1875*, publicado nesse ano pela tipografia do jornal *O Globo*, do Rio de Janeiro, livro ao qual o escritor faz referência, em citação no corpo do texto da *Ilustração Brasileira* e em nota de rodapé. Além disso, o escritor português naturalizado brasileiro era fervoroso adepto das ciências, como vai mostrar em *O Dr. Benignus* (1994), considerado o primeiro romance científico brasileiro, cujos dois volumes foram também publicados pela tipografia de *O Globo*, em 1875. Finalmente, há que mencionar o "romance original" *Os segredos da noite*, do mesmo autor, publicado no periódico de Fleiuss ao longo do ano de 1876, a ocupar a honrosa segunda página, metáfora ficcional desse Brasil desenvolvido que os editores estavam empenhados em exportar.

Enquanto o romance de Zaluar, a ser tratado mais à frente, ocupa lugar de destaque na publicação ilustrada carioca, o mesmo não aconteceu com o texto "A Exposição de Filadélfia", localizado embaixo da seção "Últimas Modas de Paris", os figurinos das roupas femininas ocupando grande espaço da página, a disputar a atenção do leitor, ou antes, da leitora, mais interessada talvez nas

---

5 "A Exposição Universal". Augusto Emílio Zaluar. *Ilustração Brasileira*, n. 1, 1º de julho de 1876, p.13-14.

6 Augusto Emílio Zaluar nasceu em Lisboa. Era filho de José Dias de Oliveira Zaluar, major graduado, que servira de comissário pagador da divisão dos Voluntários Reais de El-Rei, na campanha do Rio da Prata, antes da independência do Brasil. Augusto Zaluar, achando-se habilitado com todos os preparativos necessários para os cursos de instrução superior, matriculou-se no 1º ano da Escola Médico-cirúrgica de Lisboa, disposto a seguir esses estudos, mas o seu talento era especialmente literário. Depois de se ter deixado arrastar pela paixão revolucionária, e de se ter alistado nas tropas populares que fizeram a revolução de 1844, sob as ordens da Junta do Porto, resolveu-se a abandonar o estudo de medicina e dedicar-se exclusivamente às letras. Colaborou em diversos jornais de Lisboa, como *Época, Jardim das Damas*, entre outros. Vendo que nas letras não encontrava os meios de subsistência que esperava, veio para o Brasil, chegando ao Rio de Janeiro nos fins de 1849. Naturalizou-se brasileiro, aqui se casou em primeira e segunda núpcias, deixando descendência. Teve até possibilidade de tentar o êxito na política, do que desistiu, entregando-se às letras. No Rio de Janeiro, colaborou, entre outros, no *Correio Mercantil*, no *Diário do Rio de Janeiro*, na *Ilustração do Brasil*. Em 1857 fundou em Petrópolis *O Paraíba*, jornal de quatro páginas que contou com alguns colaboradores ilustres, entre eles, Machado de Assis. Publicou as seguintes obras: *Dores e Flores* (1851), *Revelações* (1862), *Peregrinações pela Província de São Paulo* (1860-1861), entre outras.

96 SÍLVIA MARIA AZEVEDO

estampas de moda do que na leitura de artigo, escrito em estilo pomposo, recheado de períodos longos e orações intermináveis, que tecia louvores à exposição norte-americana. Se na falta de imagens, ao menos a *Ilustração Brasileira* trouxesse a público alguns detalhes "curiosos" da inauguração da Exposição de Filadélfia, com base nas informações publicadas no *New York Herald*,[7] é possível que a leitora viesse a se interessar pelo assunto. O editorial de 9 de maio de 1876 do jornal nova-iorquino, por exemplo, trata, entre outros aspectos, do ritmo acelerado das construções, a representação estrangeira, os produtos expostos, a imensa máquina Corliss, a chuva incessante, que a continuar no dia seguinte, obrigaria "as nossas grandezas, nacionais e alheias, salpicadas de lama, [a] pul[ar] de um *hall* para outro, debaixo dos guarda-chuvas..." (Guimarães, 1961, p.220).

O fato de a matéria sobre a Exposição de Filadélfia ser publicada no periódico no mesmo espaço que o das estampas de modas vem mostrar que mesmo um editor experiente como Fleiuss, com tipografia própria, o Imperial Instituto Artístico, enfrentava problemas de composição de página, supondo-se que, naquele momento, a primeira matéria seria mais relevante que a segunda, cabendo a ela, portanto, página exclusiva ou então prioridade, em termos de espaço, sobre a outra. A julgar, porém, pela descrição dos figurinos femininos, é possível supor que fosse de responsabilidade daquele mesmo colaborador que escrevia sobre outros assuntos, incluindo exposições universais. De qualquer forma, tanto o texto de Zaluar quanto as ilustrações da seção "Últimas modas em Paris", cada um a seu modo, participavam do clima de fé e otimismo quanto ao progresso científico do século XIX, o ponto mais alto a que chegou a história da humanidade.

"O século em que vivemos", vai dizer Zaluar, "é sem dúvida o que registra uma das épocas mais memoráveis nos anais da humanidade" (n.1, p.13). Não só porque o novecentos é o século de conquistas científicas, da criação de ciências, das viagens exploratórias, da ascensão de novos povos, como os americanos,

---

7 É curiosa essa quase ausência de matéria (texto) e imagem a respeito da presença do imperador nos Estados Unidos, em especial a participação na Exposição de Filadélfia, quando a passagem do monarca brasileiro pelo país norte-americano foi objeto de inúmeros editoriais no jornal de Gordon Bennet Júnior, sem falar que O'Kelly foi encarregado de acompanhar todos os passos de D. Pedro II, desde que saiu do Brasil. Não se deve esquecer igualmente de que José Carlos Rodrigues, editor de *O Novo Mundo*, seria alguém que poderia fornecer informações mais detalhadas a respeito da *performance* do imperador na grande feira de Filadélfia.

no cenário da história mundial, como também por conta dos avanços no plano político e dos direitos humanos:

> Além das reformas civis e políticas introduzidas no regime fundamental das nações; dos princípios de fraternidade protegidos e vigorados nas ampliações do direito internacional e das relações todos os dias crescentes dos interesses comerciais; do influxo que o estudo esclarecido das leis econômicas tem exercido no desenvolvimento das indústrias, auxiliado pelos novos agentes de trabalho que ampliaram desmesuradamente as condições da produção, alargando simultaneamente a esfera do consumo; do desaparecimento, embora lento, dos erros e dos preconceitos que entorpecem desde o começo dos progressos humanos, as sociedades modernas sentem-se laboradas por aspirações generosas, que hoje mais do que nunca caracterizam o sonho ideal de seu destino. (n.1, p.14)

Embora extensa, a citação exemplifica o estilo grandiloquente, próximo da oratória parlamentar, representação ao nível da palavra da "grandeza da comemoração", a Exposição de Filadélfia, que tantos bons exemplos pode dar ao mundo, como vai dizer o colaborador da *Ilustração Brasileira*:

> A jovem nação que tão salutares exemplos tem dado ao mundo, de quanto pode o espírito da iniciativa individual, estimulado pela energia vivificante da liberdade, que teve força para destruir num ímpeto de heroísmo a mácula da escravidão, firmando o princípio da igualdade civil no princípio da eterna justiça; que multiplica profusamente entre o povo todos os meios de instrução, pela escola que ensina e pelo livro que instrui; que agita ao mesmo tempo em seu cérebro todos os problemas da indústria e todos os problemas da ciência, achou finalmente o momento oportuno de comprovar por fatos irrecusáveis, que é surpreendente verdade o que a muitos se afigurava até aqui como delírios febris, produzidos apenas por uma exuberância ocasional de vida. (n.1, p.14)

Se os Estados Unidos são o melhor exemplo de importantes conquistas – a libertação dos escravos, a igualdade de direitos, o regime democrático, a instrução pública, a publicação de livros, o desenvolvimento da indústria, o incentivo às ciências –, a Exposição Universal de Filadélfia é o evento que simboliza os êxitos alcançados pela nação norte-americana, além de possibilitar a aproximação de países da América Latina: "esta solenidade grandiosa marca decerto o comércio de uma era feliz para a aliança política e o desenvolvimento de todos os povos da América" (n.1, p.14).

Quanto ao Brasil, a Exposição de Filadélfia teria promovido a "aproximação desejável", uma vez que as relações entre os dois países não iam além de "uma certa cortesia diplomática", ainda que "os interesses comerciais dos dois povos tendessem a tomar gradualmente maior desenvolvimento e uma larga permuta na corrente geral das ideias se houvesse estabelecido, favoravelmente auxiliada por alguns jornalistas notáveis o nosso país" (n.1, p.14),

No sentido de uma "aproximação desejável" entre o Brasil e os Estados Unidos, Emílio Zaluar não poderia deixar de fazer referência à *performance* de D. Pedro II, o viajante real que abria mão do "aparato das recepções estrondosas", e que, nem por isso, deixava de ser alvo de lisonjeiras homenagens, dirigidas não apenas "às qualidades individuais e à ilustração do simples cidadão", mas extensivas ao país que representava.

O artigo se encerra em clima de apoteose, Zaluar referindo-se às exposições universais como eventos promotores da fraternidade entre os povos, "divina eucaristia", "santa comunhão do trabalho", aos quais as "nações empreendedoras e ativas", a exemplo do Brasil, não podiam deixar de participar, se quisessem estar em sintonia com aquela que era das criações mais relevantes da civilização moderna.

Como se disse, o leitor interessado em encontrar em "A Exposição de Filadélfia" notícias mais detalhadas a respeito do megaevento pode ter ficado um tanto decepcionado com o artigo publicado na *Ilustração Brasileira*. Não apenas porque os editores do periódico não exploraram o caráter visual da exposição norte-americana, como também porque o artigo, longo, pesado e de leitura cansativa – uma constante nos ensaios dos demais colaboradores –, mostra que Zaluar não levou em conta que escrevia para o público de revista, e não de livro. Na verdade, pode-se dizer que o escritor, como também os editores, ainda não tinham atentado para a necessidade de adequar o texto ao veículo de circulação, como mostra a transcrição de extensas passagens da obra *A Exposição Nacional Brasileira de 1875*, no interior do artigo de Zaluar.

Pode-se pensar, ainda, que o texto do autor português, bem como o estilo em que foi escrito, são representativos do ideal ilustrado, no que se refere ao "escrever bem", do qual a *Ilustração Brasileira* pretende-se porta-voz. Nesse sentido, "A Exposição de Filadélfia" não apenas trata da grande feira norte-americana, mas também é expressão retórica da concepção científico-tecnológica que caracteriza a segunda metade do século XIX. Compreende-se que, ao festejar a inauguração da exposição internacional, o artigo de Zaluar tenha sido publicado no

BRASIL EM IMAGENS **99**

número de estreia do periódico de Fleiuss, quase como prolongamento da carta-programa "Independência e Verdade".

Enquanto Augusto Emílio Zaluar discute a Exposição de Filadélfia do ponto de vista dos avanços científicos, políticos e tecnológicos do século XIX, representados pelos Estados Unidos, o texto sem assinatura, "A Máquina Motriz da Exposição de Filadélfia",[8] publicado em seguida àquele, ainda no número de estreia, procura dar ao leitor ideia mais concreta da exposição, na descrição da máquina encarregada de pôr em funcionamento todas as outras expostas no Machineray Hall, aqui transcrita parcialmente:

> O grande motor que figura no compartimento das máquinas na exposição universal do centenário americano eleva-se lentamente em sua parte central. Foi construído por Corliss, é de força de 1.600 cavalos e pode, sendo preciso produzir força de 2.500 cavalos; foi transportado por fragmentos pelo caminho de ferro de Providence Rhode-Island. Pesa ao todo 700 toneladas, isto é, 1.400.000 libras. 65 cavalos foram necessários para transportá-lo e algumas de suas seções, são tão pesadas, que foi mister dar força extraordinária e grande solidez aos veículos que os conduziram à Exposição. Por muitas semanas os operários trabalharam para construir os alicerces onde assenta o poderoso motor. É ele que dá impulso a todas as máquinas que se acham no compartimento de um a outro extremo da galeria. (n.1, p.15)

Deve-se observar, em primeiro lugar, que um texto a respeito de máquina de tamanha importância deveria ocupar espaço de maior destaque no corpo da *Ilustração Brasileira*, e não como foi publicado, meio escondido, no final da página, o último de uma série de outros. Ou seja, mais uma vez identifica-se problema na diagramação da página do periódico. Depois, que em vez da descrição verbal nada falaria mais e melhor da "máquina motriz" do que a gravura, como irá fazer a *Ilustração do Brasil* e a *Ilustração Popular*, embora aqui a ênfase recaia não exatamente sobre a máquina, mas na imagem de D. Pedro II, ao lado de Grant, pondo-a em funcionamento, ato que simboliza o ingresso (ou antes, a intenção) do Brasil na era da tecnologia. Finalmente, na ausência da imagem, compreende-se que a descrição pretendesse fazer o papel daquela, a descrição, nos vestígios do texto, remetendo, por sua vez, ao escritor, esse também leitor de periódicos ilustrados (talvez os próprios concorrentes) onde

---

8 "A Máquina Motriz na Exposição de Filadélfia" [sem assinatura]. *Ilustração Brasileira*, n. 1, 1º de julho de 1876, p.15.

foram publicadas imagens da "Máquina das Máquinas". A imagem verbal que chegava ao leitor era, portanto, resultado da sobreposição de olhares e enfoques a respeito da invenção de Corliss, embora a descrição traduzisse a intenção, é possível supor, de garantir objetividade e fidelidade, na apresentação da "portentosa" máquina. Finalmente, a descrição da máquina, enorme, potente, pesada, remete aos trabalhadores que colaboraram não apenas no transporte, mas também na viabilização de soluções práticas, para que ela viesse a brilhar na Exposição de Filadélfia. O que faz lembrar do esforço despendido por Robinson Crusoe para fazer uma simples mesa, trabalho difícil e demorado que o leitor acompanha na descrição pormenorizada das várias etapas de construção do objeto.

Se o leitor não encontra na *Ilustração Brasileira* nenhuma gravura de D. Pedro II na Exposição Universal de Filadélfia, em contrapartida, Fleiuss irá publicar imagem de mais forte sentido simbólico e impacto visual, não apenas em relação aos Estados Unidos, como também ao Brasil. Trata-se da gravura "Família de Negros dos Estados do Sul, na Exposição de Filadélfia",[9] desacompanhada de legenda. No contexto da história norte-americana, a imagem remete ao fato de que, em 1876, os Estados Unidos já haviam abolido a escravidão (1865), causa da Guerra de Secessão (1861-1865) entre os nortistas ou federados e os sulistas ou confederados. A eleição do antiescravista Abraham Lincoln (1809-1865) para a presidência da República, em 1860, foi o que provocou a secessão dos estados escravistas do sul, que saíram vencidos da guerra civil. Para Lincoln, no entanto, a responsabilidade da guerra civil norte-americana cabia a Harriet Stowe (1811-1896), autora de *A cabana do Pai Tomás* (1852), célebre romance que conta a emocionante história do bondoso escravo negro e os sofrimentos passados por ele e seus companheiros, que comoveram o povo americano, tendo contribuído para que os ideais libertários fossem despertados nos Estados Unidos, em particular nos estados sulistas.

Dentro do Brasil, a imagem da família de negros livres vinha ao encontro do clima de libertação paulatina dos escravos, conforme a Lei do Ventre Livre de 1871, o que colocava o país na marcha dos ideais democráticos, representados pela nação norte-americana, meta a ser alcançada pelo Brasil, na qual estavam empenhados tanto o imperador quanto a *Ilustração Brasileira*.

---

9 "Família de Negros dos Estados do Sul, na Exposição de Filadélfia". *Ilustração Brasileira*, n. 16, 15 de fevereiro de 1877, p.248.

BRASIL EM IMAGENS 101

Se a gravura da família de negros na Exposição Internacional de Filadélfia (não se informa se procede de desenho ou fotografia) tinha por função enaltecer as conquistas da jovem nação norte-americana, em especial a libertação dos escravos, celebradas no artigo de Emílio Zaluar, não fica claro, contudo, se os negros estão lá para serem vistos como visitantes ou fazendo parte da Exposição de Filadélfia. O modo de vestir, a organização familiar, a ordem, o asseio, a alegria estampada nos rostos fazem pensar que essa era a imagem que o branco queria ver do negro, imagem branqueada e que condizia com a que a Exposição queria exibir e exportar dos Estados Unidos. Pensando bem, aquela família de negros poderia ser a do Pai Tomás, contente e agradecida por visitar a Exposição de Filadélfia, representando os estados sulinos, produtores do algodão que – até há pouco plantado pelo braço escravo – lá seria exposto (*in natura* ou manufaturado) para enaltecer a riqueza da agricultura norte-americana.

Uma vez que é essa a única imagem do negro a ter entrada nas páginas da *Ilustração Brasileira*, ao publicá-la os editores teriam encontrado saída para problema de difícil solução: defender a bandeira da libertação dos escravos, condição básica de qualquer nação civilizada, sem ter de reproduzir imagem do negro brasileiro, porque representá-la seria expor a escravidão, a mancha negra que a intelectualidade brasileira, juntamente com o imperador, estava empenhada em apagar, para que o Brasil, em futuro próximo, viesse a se mostrar como país branco, e não mestiço, como acontecia na representação de cientistas e artistas plásticos estrangeiros.

Além desses aspectos, merece comentário a posição estratégica da gravura sobre a família de negros na Exposição de Filadélfia na *Ilustração Brasileira*, logo abaixo de outra, "Alexandre Alexandrovitch, Príncipe Herdeiro do Trono da Rússia",[10] país que estava na iminência de entrar em guerra com a Turquia, na informação da legenda ao lado do retrato do futuro Alexandre III. Já a imagem da Exposição de Filadélfia, representada pela família de negros, simbolizaria o oposto da gravura de cima, ou seja, a paz, a democracia e os direitos humanos, garantidos pela constituição norte-americana, imagem com a qual Zaluar havia saudado os Estados Unidos. Por isso, não é descabido pensar fosse intenção dos editores da *Ilustração Brasileira* estabelecer contraste entre o contexto bélico europeu e o contexto pacífico (até certo ponto) latino e norte-americano, posto que

10 "Alexandre Alexandrovitch, Príncipe Herdeiro do Trono da Rússia" [legenda sem assinatura]. *Ilustração Brasileira*, n. 16, 15 de fevereiro de 1877, p.248.

102 SÍLVIA MARIA AZEVEDO

ambos os países, o Brasil e os Estados Unidos, recém-saídos de guerras violentas, queriam ser vistos como nações agora dedicadas ao progresso e à civilização.

Daí o sentido simbólico, com tratamento metonímico, da segunda ilustração, essa de página dupla, a respeito da Exposição Universal de Filadélfia na *Ilustração Brasileira*, "Vista da Cidade de Filadélfia e do Palácio da Exposição Universal".[11] No tamanho da gravura talvez seja possível ler intenção do desenhista de ressaltar o lado grandioso do evento, a ênfase recaindo antes na cidade americana, a ocupar maior espaço na gravura, do que no Palácio da Exposição Universal, que acaba ficando em segundo plano. Mesmo sem identificação, o título da xilogravura permite reconhecer a matriz fotográfica da imagem, hipótese plausível, uma vez que a fotografia, como mostrou Maria Ignez Turazzi, será presença marcante nas exposições universais, em particular nessa de Filadélfia.

Fundada em 1682, Filadélfia foi sede dos Estados Unidos entre 1790 e 1800, depois de ter sido palco da assinatura da Declaração da Independência por Thomas Jefferson, em 1776. Em razão desse passado histórico, a cidade foi escolhida para sediar a Exposição Universal de 1876, durante a qual chegou a acolher, na informação da legenda, "mais de dois milhões de indivíduos, cuja quarta parte regressava diariamente para New York" (n.17, p.267), o que faz supor que essas pessoas fizessem uso das linhas de trem a ligar as duas cidades. Depois dessa rápida referência à Exposição de Filadélfia, a legenda destaca a prosperidade da cidade, medida em números:

> 260 igrejas de diversas seitas cristãs e 6 templos de quakers, 6090 fábricas, principalmente de tecidos de lá, 123 tipografias, além de muitas outras benfeitorias: "uma universidade estabelecida desde 1755, uma faculdade de Medicina, uma biblioteca fundada por Franklin, uma academia de ciências naturais, várias sociedade de agricultura e de história. (ibidem)

Pode-se reconhecer nessas instituições religiosas, científicas e culturais os símbolos de progresso do século XIX, representados no traçado urbanístico da cidade de Filadélfia, que na gravura aparece regularmente dividida em quarteirões de ruas limpas e largas, como as principais, que chegam a medir 35 metros de largura. Os mais importantes edifícios de Filadélfia – "a Alfân-

---

11 "Vista da Cidade de Filadélfia e do Palácio da Exposição Universal". *Ilustração Brasileira*, n. 17, 1º de março de 1877, gravura, p.264-5; legenda sem assinatura, p.267.

dega, construída toda inteira de mármore e no estilo do Partenon de Atenas; a igreja episcopal de Santo Estevão, a catedral de São Pedro e São Paulo; a Casa da Moeda, onde se cunham todas as moedas dos Estados Unidos; o Museu, o Observatório; o Jardim Botânico" – são outras informações oferecidas pelo texto que acompanha a gravura, o que significa dizer que a imagem na *Ilustração Brasileira* ainda não dá conta de, sozinha, representar o objeto.

Compreende-se a mudança de enfoque da ilustração "Vistas da Cidade de Filadélfia e do Palácio da Exposição Universal", aquela em primeiro plano, este em segundo, uma vez que a gravura se insere em um contexto de imagens de cidades e localidades dos Estados Unidos publicadas na *Ilustração Brasileira*. Há também a considerar o fato de que quando a gravura foi publicada no periódico de Fleiuss, em 1877, um ano havia passado da abertura da Exposição Universal de Filadélfia, na qual o imperador estivera presente, para dali seguir viagem pelo território americano. Esses dois aspectos levantam a hipótese de as gravuras sobre cidades americanas, a exemplo de Filadélfia, estarem funcionando como espécie de roteiro de viagem do imperador pelos Estados Unidos, que o leitor brasileiro acompanhava (com certo atraso) pelas páginas da *Ilustração Brasileira*.

A última gravura de página dupla, relativa à Exposição Universal de Filadélfia, "Jogos Populares na Escócia",[12] publicada quase no final de 1877, vem finalmente satisfazer a curiosidade do leitor a respeito de aspectos mais "pitorescos" do grande evento. O texto informa que durante a Exposição Universal de Filadélfia, "a colônia escocesa, para dar ideia dos seus jogos nacionais, aprontou uma grande festa, para a qual foram convidados os escoceses residentes na América do Norte, e os que ali achavam-se de passagem" (n.31, p.110). Os jogos compreendiam, entre outros, "danças de espadas", "saltar o prato", "saltar sobre corda", "corrida com três pernas", "atirar o martelo", "jogo de pau", "corrida dentro do saco", identificação a acompanhar os desenhos, que fazem referência ao contexto de apresentação desses jogos, incluindo juízes e assistentes presentes ao espetáculo esportivo. Mesmo que o desenhista não tenha estado lá para apreciar os exercícios de destreza física dos escoceses, a legenda veio oferecer informações necessárias para a recriação visual do espetáculo.

---

12 "Jogos Populares na Escócia". *Ilustração Brasileira*, n. 31, 1º de outubro de 1877, gravura, p.104-5; legenda sem assinatura, p.110.

104 SÍLVIA MARIA AZEVEDO

Daí ser possível pensar que gravura e legenda, porque afastadas no periódico, oferecem perspectivas diferentes, embora complementares, do mesmo desenho: esse, sozinho, funcionaria como expressão da valorização da cultura física, tal como acontecia naquele momento, as competições esportivas tornando-se prática em vários países europeus. Já o texto, informa a respeito do espaço de realização dos jogos populares da Escócia, a Exposição Universal de Filadélfia, que teria acolhido não apenas exposições e eventos relacionados às ciências e às artes, mas também jogos de destreza física. Além disso, a apresentação da colônia escocesa teria por função exibir os Estados Unidos perante os demais países como "berço acolhedor dos imigrantes", cuja contribuição foi decisiva na construção de uma nação que, segundo Sandra Pesavento (1997, p.147), "surpreendia o mundo com o seu desenvolvimento tecnológico e a sua bem-sucedida experiência de governo democrático". Finalmente, o espetáculo dos jogos populares da Escócia era a representação da convivência harmoniosa entre tradições populares e modernidade, símbolos nacionais e civilização, presente e passado.

Se no interior da Exposição de Filadélfia era possível viver essa utopia, sob esses "confrontos pacíficos", favoráveis à fraternidade, escondiam-se, segundo Maria Ignez Turazzi (1995, p.62), "os antagonismos sociais e as rivalidades nacionais cada vez mais intensas". As imagens da guerra (Turquia *versus* Sérvia, Rússia *versus* Turquia), exibidas nas páginas da *Ilustração Brasileira*, virão revelar a face belicosa da civilização burguesa do século XIX, promotora desses certames universais.

A exposição norte-americana voltará às páginas do periódico de Fleiuss na notícia da seção "Correio dos Teatros", a respeito da peça *A Exposição de Filadélfia*.[13] Uma vez que a seção se prestava a oferecer informações a respeito do movimento teatral do Rio de Janeiro, sem entrar em considerações mais extensas de ordem crítica, a notícia a respeito da referida peça carece de detalhes importantes, o nome do autor, o elenco, as músicas, vistas talvez como desnecessárias, porque conhecidas do público da época. De qualquer forma, fica-se sabendo que a estreia aconteceu no Teatro Fênix Dramática, uma das casas da capital carioca onde eram encenadas *féeries* (ou mágicas) e fantasias – gêneros dramáticos de forte apelo visual, nos quais o texto tem pouca importância –, muito em voga naquele momento, tanto na França quanto no Brasil. É possível pensar que a "comédia imitação do francês", na classificação do "Correio dos

---

13 "Correio dos Teatros" [sem assinatura]. *Ilustração Brasileira*, n. 14, 15 de janeiro de 1877, p.219.

BRASIL EM IMAGENS 105

Teatros", correspondesse àquele tipo de teatro musicado, tendo em vista a sucinta apresentação da peça *Exposição de Filadélfia*:

> Essa comédia é um pretexto para ouvir-se algumas chalaças sobre o ianquismo, e para ver-se o pavilhão brasileiro, tal como figurou na feira industrial.
>
> Há movimento, diálogo engraçado, vida e lances chistosos na *Exposição de Filadélfia*, que está montado [sic] com esmero e apresentada muito sofrivelmente. (n.14, p.219)

Mesmo que a apresentação deixasse a desejar, a comédia *Exposição de Filadélfia* tinha o mérito de reproduzir o clima de encenação que caracterizava as exposições universais, além de tornar possível aos espectadores da corte, que não puderam estar presentes ao grande evento, apreciar o "pavilhão brasileiro", "tal como figurou na festa industrial". É pena que o responsável pela seção "Correio dos Teatros" não tenha feito a descrição do "pavilhão brasileiro", o que tornaria possível ao leitor de hoje apreciar a exibição do Brasil, naquela ocasião. Em contrapartida, o jornal *New York Herald*, em matéria publicada na edição de 17 de abril de 1876 – "O Brasil na Exposição" – oferece detalhes pormenorizados a respeito do espaço ocupado pelo "recinto brasileiro" no interior do "grande Palácio", assim como tece elogios à escolha da concepção arquitônica do estande que representaria o Brasil:

> Foi reservado ao Brasil um espaço de 6.897 pés quadrados, no andar da seção nordeste do edifício principal, que vai da nave central à parede do norte, entre a Bélgica e a Holanda, espaço maior do que o ocupado por outros países mais importantes. Não menos de trinta mil dólares serão despendidos pelo Governo brasileiro em uma maravilhosa armação de madeira com vistosa fachada na parte principal, estando a respectiva estrutura tão adiantada que se pode prever ficará pronta dentro de uma semana. Conterá todos os produtos do país e poderá ser comparada com vantagem aos mostruários das nações vizinhas.
>
> O desenho, traçado por Mr. Frank Farness, é original impressionante, clara, graciosa e brilhantemente colorido, sem ostentação, no mais atraente e encantador dos estilos de arquitetura, o mourisco. Em poucas palavras é possível dizer que a estrutura consiste numa colunata de pilares de madeira, com magníficos capitéis ornamentais e arcarias que suportam a superestrutura de madeira pintada de cores vistosas.
>
> A colunata contornará todo o espaço atribuído ao Brasil medindo em três lados a altura de 19 pés. Entre os pilares figurarão painéis de 6 pés de alto, pintados em quadriláteros, de agradável efeito. A fachada rivalizará com a construída pela Es-

panha e se imporá aos olhos do visitante como ponto de atração do grande edifício. Consistirá em séries de pilares como os dos lados, mas colunas serão mais próximas e decoradas de modo original.

Além do trabalho caprichosamente acabado e faustosamente colorido, toda a frente será revestida de telhas de vidro, concepção do autor do projeto, pela primeira vez apresentada ao público. São telhas de vidro pintadas por trás com desenhos geométricos em lindos tons. Uma camada de ouro e outra de tinta a óleo são finalmente aplicadas. O óleo dá fixidez ao ouro, que por sua vez imprime às cores um cintilante reflexo metálico. O brasão de armas do Império será apresentado em cada lado da entrada principal e ao alto, composto, também, de placas de vidro, com o nome das províncias pintado também no vidro. (Guimarães, 1961, p.136-7)

Embora longa, a citação dá ideia da grandiosidade do estande brasileiro, o que se evidencia nos detalhes da área ocupada dentro da Exposição – 6.897 pés quadrados –, espaço maior do que reservado a países mais importantes, da localização privilegiada – entre os estandes da Bélgica e da Holanda –, no setor nordeste do edifício principal, lugar de passagem obrigatória do visitante que chegava à Exposição.

Informação de não menor importância, o dinheiro despendido pelo governo brasileiro na montagem do estande – trinta mil dólares – revelava que não foram poupados gastos para que o Brasil, dessa vez, fizesse "boa figura" na Exposição Universal de Filadélfia. Com a inclusão de "todos os produtos do país", não apenas café, objetos indígenas e produtos de nossas florestas (Schwarcz, 1998b, p.376), mas também obras encomendadas pelo imperador para serem expostas na Exposição, dentre elas, *O Império do Brasil na Exposição Universal de 1876 na Filadélfia*, em inglês e francês, publicada pela Typographia e Litographia do Imperial Instituto Artístico, de Henrique Fleiuss.

O que também chama a atenção na matéria "O Brasil na Exposição", publicada no *New York Herald*, é o fato de a concepção arquitetônica do estande não ter partido de um brasileiro, mas do norte-americano Frank Farness, fazendo supor que a montagem das seções dos países que se apresentavam na Exposição de Filadélfia ficava a cargo de uma equipe local de desenhistas, montadores e carpinteiros. Outra hipótese é que Farness, possivelmente desenhista com experiência em projetos para exposições, tenha sido contratado para que não se repetisse o fiasco das apresentações do Brasil em exposições anteriores, dentre outros motivos, a carência talvez de mão de obra especializada naquele setor. A escolha de Farness pelo "estilo mourisco", por sua vez, é revelador do imaginário

BRASIL EM IMAGENS **107**

norte-americano em relação ao vizinho país da América Latina, como também em relação ao Oriente, mais exatamente, o Oriente de cultura árabe, lugar de origem do "mais atraente e encantador dos estilos de arquitetura", este identificado pelo desenhista em razão dos arcos com motivos geométricos e arabescos.

Uma vez que os comissários brasileiros, e mais diretamente o imperador, estiveram envolvidos na organização do estande do Brasil na Exposição de Filadélfia, é curioso pensar que tenham concordado com aquela concepção do "recinto brasileiro", em que ficava flagrante a total desinformação de Frank Farness a respeito da situação histórico-geográfico-cultural do país para o qual desenhara o projeto arquitetônico. Mesmo quando se pensa que o "estilo mourisco" pudesse ter sido sugerido por intermediação de Portugal, sob o domínio árabe durante quatro séculos,[14] também por aí a representação não era favorável ao Brasil, posto que o apresentava ainda sob a influência portuguesa.

Para o repórter do *New York Herald*, que sem dúvida veria o Brasil pela mesma óptica de Farness, porém, o objetivo era informar o leitor a respeito da montagem do estande brasileiro, com destaque para os aspectos positivos, como o estado adiantado dos trabalhos, o que fazia prever que a construção estivesse pronta antes da abertura da Exposição Universal de Filadélfia. Outro pormenor não escapou ao olhar atento do repórter do jornal nova-iorquino: as telhas de vidro que revestiam a frente do estande, concepção de Farness, "pela primeira vez apresentada ao público". Com isso, o "recinto brasileiro" contemplava, ao mesmo tempo, a modernidade, representada pelas invenções exibidas nas exposições universais, e a tradição, o "estilo mourisco".

De volta à *Ilustração Brasileira*, o periódico de Fleiuss não vai trazer nenhuma gravura da fachada da divisão brasileira, o mesmo acontecendo na *Ilustração do Brasil* e *Ilustração Popular*. No entanto, a imagem do pavilhão brasileiro em "estilo mourisco" na Exposição de Filadélfia foi reproduzida em jornais norte-americanos, entre eles, *Frank Leslie's Publishing House* (Turazzi, 1995, p.187-8) e *Lippincott's Magazine* (Pesavento, 1997, p.158). Também aqui, os desenhistas deram asas à imaginação: no *Lippincott's Magazine*, a imagem publicada em 1876 sugere uma construção de dimensões grandiosas, tanto na altura quanto na profundidade do prédio, com destaque para as arcadas em

---

14 Portugal esteve sob o domínio dos mouros entre o século VIII (a partir de 711) até 1139, quando são derrotados pelo filho de Henrique de Borgonha, Afonso Henriques, que assumiu o título de rei Afonso I.

"estilo mourisco" a perder de vista. Já o *Frank Leslie's Publishing House* mostra o "recinto brasileiro" mais fiel à descrição publicada no *New York Herald*, até mesmo na localização ao lado do estande da Holanda; mas em outra edição de 1877, publicada no mesmo *Frank Leslie's Publishing House*, a imagem do pavilhão brasileiro sofreu profundas transformações: o edifício em "estilo mourisco" não está mais no interior da Exposição, mas em espaço aberto; de lugar de exposição, o prédio parece ter se transformado em residência, no detalhe das cortinas em uma das janelas e da ampla varanda. É possível pensar que, virando moda nos Estados Unidos, o "estilo mourisco" passasse a ser empregado em construções residenciais.

Posto que miragem a exposição do Brasil representado no pavilhão em "estilo mourisco", ainda assim era fundamental a nossa participação nas exposições universais, já que urgia atrair o imigrante para terras brasileiras, até porque quanto mais fantasiosa fosse a representação do país, particularmente nas promessas de ganhos fáceis e rápidos, com mais facilidade o trabalhador europeu seria atraído para vir para cá, conforme se verá no próximo capítulo.

Figuras 23 a 30 – A *Ilustração do Brasil* e a *Ilustração Popular* publicaram várias imagens da Exposição Universal de 1876, como aquela da abertura do evento, com a presença de d. Pedro II ao lado do presidente Grant. A *Ilustração Brasileira*, por sua vez, publica apenas uma vista geral de Filadélfia, cidade que alojou a Exposição Universal.

Figura 23 – A máquina Corliss, *Ilustração Popular*, 1876, n.12.

Figura 24 – Vista geral da Exposição Universal de Filadélfia, *Ilustração do Brasil*, n.3, 1876.

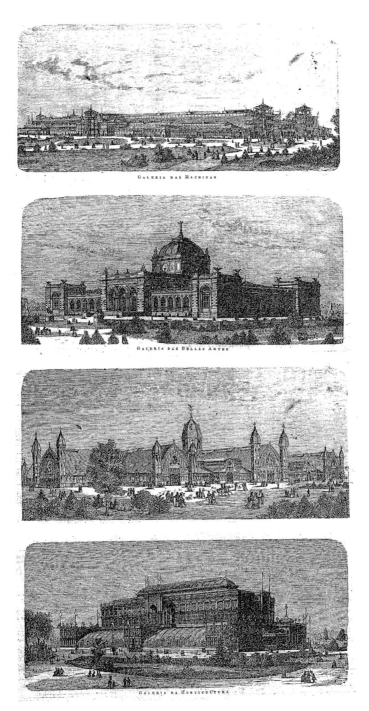

Figuras 25, 26, 27, 28 – Galerias da Exposição Universal de Filadélfia, *Ilustração do Brasil*, n.º. 3, 1876.

Figuras 29 – Depósito das mercadorias da Exposição Universal de Filadélfia, *Ilustração do Brasil*, n.3, 1876.

BRASIL EM IMAGENS 113

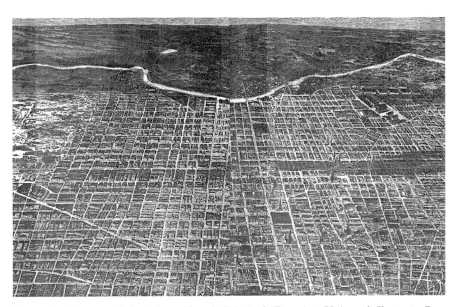

Figura 30 – Vista da cidade de Filadélfia e do Palácio da Exposição Universal, *Ilustração Brasileira*, n.17, 1877.

Figuras 31, 32, 33 – A gravura da família de negros em visita à Exposição Universal de Filadélfia reafirma a imagem dos Estados Unidos como nação democrática, progressista e moderna, que também abria espaço durante o evento para a exibição de jogos de destreza física.

ALEXANDRE ALEXANDROWITSCH, principe herdeiro ao throno da Russia

Figuras 31 – *Ilustração Brasileira*, n.16, 1877.

Figura 32 – *Ilustração Brasileira*, n.16, 1877.

Figura 33 – *Ilustração Brasileira*, n.31, 1877.

4
O BRASIL NÃO É LONGE DAQUI[1]

O caminho percorrido pelo Brasil, desde a Exposição Universal de Londres, em 1862, até a de Filadélfia, em 1876, além de exportar imagem de país civilizado, também foi na direção de atrair imigrantes da Europa para trabalhar em nossas lavouras, em substituição ao braço escravo.[2] Para tanto, já quando da Exposição de Viena, o imigrante europeu era convidado a vir para cá, por intermédio de publicações como o opúsculo *A colonização no Brasil*, distribuído pelos comissários brasileiros aos jornais, bibliotecas, entidades profissionais e, até mesmo, residências (Turazzi, 1995, p.140). Outro expediente empregado eram as canções alemãs de incentivo às viagens, "que transformavam a terra brasileira em verdadeira Terra da Promissão, onde haveria ouro como areia, as batatas seriam do tamanho de uma cabeça, o café cresceria em todas as árvores e o verde seria eterno" (Süssekind, 1998, p.22).

Pedro Moacyr Campos (1985, p.58), em "Imagens do Brasil no Velho Mundo", traz mais detalhes a respeito dessas canções:

Ao que parece, as maravilhas contadas sobre as terras brasílicas realmente ecoaram na massa popular alemã, a julgarmos por uma série de canções em que a

---

1 O título deste capítulo remete ao livro de Flora Süssekind, de mesmo nome, anteriormente referido.

2 "Desde o fim da Guerra do Paraguai, quando muitos escravos tinham ganhado a liberdade por lutar nas tropas brasileiras, e da vitória do Norte sobre o Sul escravista na Guerra de Secessão norte-americana, sabia-se que a escravidão não perduraria muito tempo mais. A Lei do Ventre Livre, de 1871, tornava clara a necessidade de substituir aos poucos os negros escravos por trabalhadores brancos e livres. A abolição gradual da escravidão e a entrada de mão de obra tornam-se questões políticas centrais, com impacto sobre a constituição de uma nação moderna e civilizada nos trópicos" (Oliveira, 2002, p.15).

ideia paradisíaca se impõe logo à primeira vista [...]. "Quem ainda quiser viver feliz, deve viajar ao Brasil", lemos numa delas; "Para o Brasil, esta foi a solução, para o Paraíso do Oeste, onde com douradas laranjas cevam-se os indolentes bichos" encontramos em outra; e até entre os alemães do Volga cantava-se "Vamos para as terras brasílicas, que lá não há inverno algum!" A mais conhecida de todas estas canções, porém, começava com o famoso verso "o Brasil não é longe daqui" e ao seu som eram recebidos a bordo os emigrantes conforme nos narra Schlichthorst.[3]

Havia também os agenciadores que, na propaganda difundida na Europa, funcionavam como aliados do governo imperial cuja política de imigração visava atrair o agricultor, colono e artesão, que aceitasse viver em colônias, e não o aventureiro que vivia nas cidades (Oliveira, 2002, p.13). De preferência, esse agricultor deveria ser branco, tendo em vista o projeto de "branqueamento" da população brasileira, na concepção eugênica defendida pelos intelectuais brasileiros, e católico, uma vez que as leis brasileiras, até os anos de 1870, proibiam os casamentos mistos, isto é, de religiões diferentes.[4]

Não foi essa proibição, no entanto, o principal motivo do impedimento por parte de alguns países europeus de os agentes de imigração recrutarem colonos para o Brasil, mas a falta de escrúpulos de muitos deles que, ganhando por cabeça, veiculavam propaganda enganosa, como foi o caso de um certo H. Beaucourt. Agente geral da imigração, Beaucourt distribuía por toda a Europa, com a chancela da Associação Central de Colonização e do Governo Imperial Brasileiro, panfletos do seguinte teor:

> Faz-se saber que todas as famílias que quiserem segurar a sua prosperidade para o futuro que uma Companhia vem de formar-se, tendo por fim de mandar para esta terra extravagantemente fértil emigrantes [sic] comuns. Lá chegados, a Cia cederá a cada um 100.000 braças quadradas de terras, já cultivadas, como assim morada, lugares para animais e outras pertinências, instrumentos de agricultura e gado de toda quantidade.
>
> Carpinteiros, pedreiros, marceneiros, etc. podem ganhar lá pelo menos 13 francos por dia, e além disso trabalhar nas suas terras [...].
>
> Para dar uma ideia das vantagens que os imigrantes terão nesta terra, e cuja

---

3 Vale lembrar que a vinda de alemães, ou melhor, de povos de fala alemã – iniciativa do senador Vergueiro – data de meados da década de 1850, sob o impacto do fim do tráfico de escravos. Não se trata ainda de colonização, mas de suprir mão de obra para trabalhar nas fazendas de café.

4 A respeito da imigração em massa para a América Latina, entre as últimas décadas do século XIX e as três primeiras do século XX, consultar o trabalho organizado por Boris Fausto (2000).

BRASIL EM IMAGENS 119

explicação miúda fora muito longa, diremos simplesmente que lá a caça e a pesca, que em qualquer parte é severamente proibida ou tem que ser paga muito cara, é um divertimento franco e proveitoso ao colono.

Aqueles que queiram aproveitar-se desta ocasião favorável mandem alistar-se sem demora, porque a Cia. obriga-se só por 50.000 pessoas e a primeira partida está fixa para o dia 25 de março... (apud Silva, 2001, p.40)

Teófilo Otoni, responsável pela colônia Mucuri, para onde foram encaminhados muitos colonos europeus atraídos pela propaganda de Beaucourt, ficou surpreso quando lhe vieram cobrar, mediante apresentação da tradução juramentada, o cumprimento das promessas ali contidas. Alegando desconhecimento, Otoni responsabilizou a Associação Central de Imigração pelo mal-entendido. Como era de esperar, esse e outros episódios[5] acabaram por alcançar repercussão internacional negativa: em 1859, a Prússia, seguida de Baden e Wurttenberg, proibiu a imigração para o Brasil, medida estendida a todos os súditos alemães, em 1871 (revogada em 1896 para o estados do Sul do Brasil); em 1875, a França e a Inglaterra foram pelo mesmo caminho, a primeira chegando a editar, naquele ano, dois decretos (14/04 e 30/08) impedindo o recrutamento para o Brasil e Venezuela (no caso do Brasil, a proibição só foi levantada no final dos anos de 1890); em 1895, era a Itália que vetava pedidos de imigração para o Espírito Santo (Silva, 2001, p.47-8).

Compreende-se, portanto, que no propósito de sustentar a política de imigração do Estado imperial, bem como rebater as críticas contra a vinda de colonos europeus para o Brasil, a *Ilustração Brasileira* vá publicar o artigo "Colonização",[6] assinado por "P.", ao longo de 1876. O pauperismo da Alemanha, que acabava de sair da guerra contra a França (1870-1871), será

---

5 Outros fracassos, além da colônia de Mucuri, em Minas Gerais, foram a colônia Teresina, fundada às margens do Rio Ivaí, no interior do Paraná, pelo doutor Jean Marie Faivre, e a colônia de Superagui, localizada à entrada da Baía de Paranaguá, por Charles Perret Gentil, Auguste Perret Gentil e Jorge Carlos Melly, ambas nos anos de 1840 (Silva, 2001, p.47). A respeito da colonização do Mucuri, consultar o trabalho de Regina Horta Duarte (2002). Além desse texto, a obra compreende a memória escrita por Teófilo Otoni – "Memória Justificativa, em que se Explica o Estado Atual dos Colonos Estabelecidos no Mucuri e as Causas dos Recentes Acontecimentos Naquela Colônia pelo Diretor da Companhia do Mucuri" –, publicada pela Tipografia Brasiliense de Maximiano Gomes Ribeiro, Rio de Janeiro, 1859, em que o diretor justifica as dificuldades vividas no agenciamento de imigrantes e sua fixação.

6 "Colonização". P. *Ilustração Brasileira*, n.3, 1º de agosto de 1876, p.35-6; n.4, 15 de agosto de 1876, p.51; n.7, 1º de outubro de 1876, p.102; n.8, 15 de outubro de 1876, p.126-7; n.9, 1º de novembro de 1876, p.139; n.12, 15 de dezembro de 1876, p.182.

120 SÍLVIA MARIA AZEVEDO

o principal argumento do autor para fazer frente às críticas, centralizadas na colonização, de que o Brasil era alvo na imprensa estrangeira e brasileira – "o clima, o território, os habitantes, as instituições, as leis, os costumes e hábitos" – críticas, segundo ele, "inspiradas antes pelo ódio do que pelo conhecimento da verdade e pelo desejo de instruir os leitores". Sob a alegação de que o ponto de vista "correto" para o exame da questão devia ser o americano, ou antes, o brasileiro, "no qual as cousas se apresentam na sua realidade e em face das circunstâncias especiais e características", perpassa o texto um certo espírito de revanche em relação à Alemanha, uma vez que ainda vigorava a proibição quanto à vinda de emigrantes alemães para o Brasil. Daí, argumenta "P.", que em vez de levantar embargos, "a Alemanha [...] deverá felicitar-se, desde que a seus filhos ofereceu a América hospitaleiro refúgio" (n.3, p.35).

Para ilustrar as condições de extrema pobreza em que viviam os alemães dentro do próprio país, o colaborador da *Ilustração Brasileira* apela para o depoimento do economista Jules Duval (1813-1870),[7] autor da *Histoire de la émigration européenne, asiatique et africaine au XIXème siècle, ses causes, ses caractères et ses effets* (1862), obra várias vezes mencionada ao longo do artigo "Colonização", posto que, entre outros aspectos, oferece quadro de miséria dos mais eloquentes, entre a população alemã:

> Muitas famílias moram em um só aposento, separadas umas das outras por um traço feito de gesso no pavimento. Julgam-se privilegiadas as que possuem uma cadeira, uma mesa, um leito para todos, e uma vasilha de barro por utensílio. Algumas arrastam andrajos hediondos; os meninos quase nus e descalços em todas as estações. Os pobres, em geral, alimentam-se de batatas e de uma bebida artificial, denominada *café*. Se dispõem de alguns vinténs, aquecem-se com uma aguardente de horrível sabor, extraída de batatas. A consequência dessa indescritível miséria é a desmoralização levada ao ponto mais asqueroso. (n.3, p.36; itálico do original)

Para tornar o quadro de pobreza ainda mais eloquente, a *Ilustração Brasileira* irá incorporar à página em que foi publicado o depoimento de Duval, a

---

7 "Jules Duval, grande defensor dos colonos franceses na Argélia, ele próprio emigrante retornado, como propagandista da solução emigratória escreveu vários trabalhos para expor as suas ideias. Louvava a emigração como um remédio indireto, mas muito eficaz para as misérias geradas pelo pauperismo, porque o pauperismo se manifestava pela alta dos preços dos produtos de primeira necessidade ou pela baixa dos salários, ou por ambos os fenômenos. Diminuindo a população estar-se-ia agindo sobre as duas pontas: menos oferta de trabalho provocaria a alta dos salários e menos demanda por produtos alimentícios, acarretaria a queda dos preços" (Silva, 2001, p.34).

gravura "Os Gêmeos – Amor Maternal",[8] de cenário nitidamente europeu, embora sem identificação quanto à procedência da imagem, ou antes, do quadro (autor, data): uma mulher jovem, pobremente vestida, sentada em uma cadeira, olha para os dois filhos, que dormem em um cesto sobre o chão. O apelo à sentimentalidade é evidente. A cozinha onde se encontram, muito simples, tem somente uns poucos utensílios colocados em uma prateleira, sobre a lareira apagada. Além de velar pelos gêmeos, o olhar pensativo da mãe faz supor que estaria apreensiva quanto ao futuro deles. O fato de a gravura não vir acompanhada de legenda explicativa dá a entender que os editores do periódico transferiam para o leitor o papel de intérprete da imagem. É possível pensar que, no propósito de salvar a vida dos filhos, assim como a sua própria, a mãe tenha encarado a imigração para a América, em particular aos Estados Unidos, como alternativa para não morrer de fome. Caso ficasse, poderia acontecer que, quando adultos, os gêmeos viessem a se entregar à embriaguez, ou então ser convocados para servir o exército, tal como acontecera há pouco na guerra franco-prussiana, mais um motivo para a imigração dos alemães, como vai apontar "P." no artigo "Colonização".

Se, em um primeiro momento, o ensaísta brasileiro reconhece os benefícios da imigração para os Estados Unidos,[9] nem por isso deixa de refutar os argumentos de que se valem a Alemanha e outros países da Europa que, no propósito de impedir a vinda de alemães para o Brasil, propagam notícia de que no país norte-americano ficariam ricos, enquanto entre nós permaneceriam pobres. Para mostrar o contrário, "P." se vale da obra já mencionada de Duval, que aponta os problemas enfrentados pelos imigrantes alemães: a penosa viagem da Europa aos Estados Unidos, a violência das cidades norte-americanas, o clima (inundações em Nova Iorque, secas no Texas), as febres malignas, para não falar nas perigosas tribos indígenas.

Outro escritor francês, Alfred Legoyt (1815-1888),[10] autor da obra *Emigration européenne* (1862), a quem "P." igualmente recorre, é ainda mais enfático

---

8 "Os Gêmeos – Amor Maternal". *Ilustração Brasileira*, n.3, 1º de agosto de 1876, p.36.

9 A imprensa brasileira seguia assiduamente o noticiário europeu e o denso movimento migratório de colonos da Europa para os Estados Unidos. Em contraste, comentavam-se os diversos embaraços que bloqueavam a chegada de imigrantes europeus ao Brasil (cf. Alencastro & Renaux, 1997, p.330).

10 Antigo chefe de Estatística do Ministério do Comércio de Paris e secretário geral da Sociedade de Estatística, Alfred Legoyt publicou inúmeras obras na área, dentre outras, *Les forces comparées de la France et de 'Autriche*, em 1859; *La France à l'étranger*, em 1864.

do que Duval em desmistificar a imagem pacífica dos Estados Unidos. Do ponto de vista do estrangeiro, o país mostra-se muito diferente daquele que os agentes propagam entre o imigrante alemão:

> Enganar-se-ia quem acreditasse que o colono alemão não depara inconvenientes estabelecendo-se nos Estados Unidos. Antes de tudo, o espírito, o caráter, o temperamento dos americanos são de todo o ponto avessos à sua índole essencialmente moderada e pacífica. Pouco se incomoda o alemão à vizinhança dessa raça violenta, grosseira, insofrida, aventurosa, temerária nos cometimentos, prestes a internar-se pelas mais devesas onde lhe abrem caminho o ardil, o arrojo, o menoscabo de todos os interesses que não se compadecem com o seu. (n.9, p.139)

A gravura de página dupla "Embarque de Emigrantes em Hamburgo para o Brasil",[11] sem identificação quanto à procedência da imagem, viria ao encontro dos argumentos expostos no texto "Colonização", tanto mais porque, desacompanhada de legenda, ela é copiada na *Ilustração Brasileira* no mesmo número em que aquele artigo começa a ser publicado. Mais até do que as palavras, a inserção da imagem seria eficiente como argumento favorável à vinda de imigrantes alemães, em que pese o tom dramático da gravura, com ênfase na dolorosa separação de parentes e amigos. Ainda assim, a ilustração, de forte impacto visual, é antecedida (ou antes, recortada) pelo artigo "Venezuela",[12] seguido de três séries de "vistas",[13] o que daria margem, do ponto de vista da imigração, ao contraste entre o Velho e o Novo Mundo, aquele marcado pela pobreza, este, por terras férteis, convite aos colonos europeus a virem à América do Sul, em particular ao Brasil (nada se fala a respeito da escravidão),[14] onde teriam oportunidade de enriquecer.

Outra gravura publicada pela *Ilustração Brasileira* – "Embarque de Emigrantes"[15] – sem identificação quanto à fonte (ainda desta vez, o quadro

---

11 "Embarque de Emigrantes em Hamburgo para o Brasil". *Ilustração Brasileira*, n.3, 1º de agosto de 1876, p.40-1. O porto de Hamburgo transformou-se em uma das principais saídas de alemães para o Brasil, na segunda metade do século XIX (cf. Alencastro & Renaux, 1997, p.318).

12 "Venezuela" [sem assinatura]. *Ilustração Brasileira*, n.3, 1º de agosto de 1876, p.39-40; p.43; n.6, 15 de setembro de 1876, p.86-7.

13 "Vistas de Venezuela". *Ilustração Brasileira*, n.29, 1º de outubro de 1877, legenda sem assinatura, p.71, gravura, p.80; n.30, 15 de outubro de 1877, legenda sem assinatura, p.93; gravura, p.94; n.32, 15 de outubro de 1877, gravura, p.125, legenda sem assinatura, p.127.

14 Naquele momento eram intensos os debates no Parlamento e na imprensa em torno do tema da abolição da escravatura, especialmente por conta da aprovação das leis que aos poucos, e de forma bem comedida e controlada, iam libertando os escravos (sexagenário, ventre livre).

15 "Embarque de Emigrantes". *Ilustração Brasileira*, n. 27, 1º de agosto de 1877, p.42.

BRASIL EM IMAGENS **123**

parece ser a origem da xilogravura), explora igualmente o potencial dramático do tema. Enquanto o título traduz o momento de partida do imigrante, dessa vez sem especificar-lhe a nacionalidade, a imagem amplia a diegese ao relatar a aventura do grupo de pessoas que, dentro de um barco, se aproximam das costas brasileiras. A legenda, que antecede a gravura, distende ainda mais a ficção, e constrói uma narrativa que recupera dois momentos da saga desses imigrantes: a despedida da pátria, na voz do narrador; a chegada ao Brasil, na fala do "ancião" que lidera o grupo. No discurso do primeiro perpassa o tom inflamado, representado pelas interrogações e exclamações que traduzem a solidariedade do narrador, igualmente leitor e expectador da gravura:

> Por que se ausentarão eles, quais andorinhas açodadas pelo inverno?
> Por que não verão mais a cara pátria, levando consigo parte de suas famílias, que tanto estremecem, e deixando ermos os casais [sic] que habitam? [...]
> Oh! Quantas saudades levam eles consigo!

Na fala do ancião – "pobre agricultor" –, o depoimento de alguém, fazendo eco às denúncias de "P.", que passara na própria terra por grandes sofrimentos, sobretudo no inverno, "pés descalços, braços nus, tiritando de frio". Assim também, o reconhecimento de que ele era feliz, "na terra de exílio", no "gigante Brasil", onde podia "viver na sombra escura, cercado de acácias perfumadas" (n.27, p.42).

Identifica-se no texto, especialmente escrito para "traduzir" a gravura, pode-se pensar, a reiteração da imagem idílica construída em torno do Brasil – "terras risonhas, cujos montes são arrelvados, cujos vales são inúmeros, cujas veias são rios" (n.27, p.42) –, imagem do país que os agentes da imigração irão vender lá fora, pouco importa se desmentida pela experiência.[16]

Não bastava, porém, atrair o colono europeu para cá, o Estado deveria pôr em prática política de fixação do imigrante entre nós, caso contrário ele voltaria para o país de origem, motivo do fracasso de várias colônias. Quem fazia essa recomendação era Firmino Dória que, de Belém do Pará, enviava o artigo –

---

16 Já nos anos 30 do século XIX, Amália Schoppe, alemã que nunca esteve no Brasil, vai escrever a novela *A cabana de Jequitinhonha ou Os emigrantes para o Brasil* (edição francesa, 1839; segunda edição alemã, 1852) em que denuncia as péssimas condições em que viviam os alemães em nosso país (cf. Campos, 1985, p.60).

"Colonização e Higiene"[17] – publicado na *Ilustração Brasileira*. A experiência ditava as recomendações de Dória, que tão logo se formou em medicina, passou a se interessar pelas "cousas públicas de meu país", em particular a colonização: "Meu coração palpitava de alegria e meu espírito se dilatava de satisfação sempre que lia em jornais a notícia da chegada de algum navio com colonos, destinados a qualquer ponto deste vasto Império" (n.18, p.275).

Solidário igualmente pela sorte dos imigrantes, pouco importa se franceses, portugueses, alemães, americanos ou chins (como os chineses eram chamados), vistos "como irmãos, operários infatigáveis do trabalho e obreiros distintos da civilização", Firmino Dória ficava penalizado quando os via vagar pelas ruas e comer frutas estragadas no mercado.[18] Martirizado "de não falar o seu idioma para dar à [sic] hóspedes inexperientes o conselho amistoso da ciência", o médico resolveu escrever artigos nos quais passou a dar "os melhores conselhos higiênicos" à população de imigrantes. Escritos em português, esses artigos precisavam ser traduzidos em línguas estrangeiras. Para decepção de Dória, "um só jornal não os traduziu em uma só língua estranha à nossa!", o que o levou a recolher-se ao silêncio, convencido de que "neste país só tem valor e merecimento os artigos, as obras, enfim todas as publicações que têm em seu favor o cunho de um nome respeitável ou pelo esplendor de sua riqueza ou pela importância de sua posição social" (n.18, p.275).[19]

Depois disso, Firmino Dória nunca mais se ocupou do assunto, até que, obrigado a elaborar relatório sobre a salubridade da província do Pará, voltou a tratá-lo no artigo publicado pela *Ilustração Brasileira*, em que passa a fazer recomendações quanto à importação de colonos europeus, em aspectos como clima, epidemias, alimentação, higiene, localização das colônias. A importação devia acontecer em época do ano em que o clima coincidisse, pouco que fosse, com aquele do país de saída; a entrada de colonos não deveria acontecer quando o país estivesse atravessando surto de epidemia, o mesmo acontecendo quando

---

17 "Colonização e Higiene". Firmino Dória. *Ilustração Brasileira*, n.18, 15 de março de 1877, p.275.

18 "A concentração de imigrantes pobres nas cidades confunde aqueles que contavam utilizar a imigração branca para 'civilizar' o país" (cf. Alencastro & Renaux, 1997, p.310).

19 Nicolau Joaquim Moreira, membro do Instituto Fluminense de Agricultura, escreveu o trabalho *Indagações agrícolas para os emigrantes que se dirigem ao Brasil,* publicado no Rio de Janeiro, em 1875, traduzido para o inglês e distribuído gratuitamente.

da emigração do país de origem; a alimentação do colono, durante um certo período, deveria ser a mesma a que estava habituado em seu país, só mais tarde passando a consumir alimentos do novo país; as colônias deveriam oferecer infraestrutura de higiene, além de estar próximas ao mar ou rios, de modo a facilitar a comercialização dos produtos dos colonos.

Escrevendo ainda em português, Dória talvez tivesse a esperança de que os seus conselhos, publicados em um periódico carioca de prestígio, não cairiam no vazio. Era pouco provável que fossem lidos pelos imigrantes, com mais probabilidade, seriam pela burocracia imperial que, por compreender a imigração como "instrumento de civilização da sociedade brasileira" (Alencastro & Renaux, 1997, p.300), estaria empenhada na fixação dos colonos europeus no Brasil, muito embora os gastos do governo com a imigração e a colonização tenham sido extremamente modestos (Carvalho, 2003, p.41).

Enquanto Firmino Dória abordava a imigração do ponto de vista da higiene, A. Bandeira vai discorrer a respeito da naturalização do imigrante, no artigo "A Grande Naturalização",[20] também como o outro, especialmente escrito para a *Ilustração Brasileira*. Se a preocupação do médico era com a saúde do colono, a do advogado será com os direitos políticos do estrangeiro naturalizado que, nos termos da Constituição brasileira, podia votar nas eleições primárias e secundárias, ocupar cargos de natureza administrativa, mas estava impedido de fazer parte das Assembleias Provinciais, da Câmara dos Deputados e do Senado. Essas eram esferas de poder configuradoras da "alta vida política" às quais o imigrante de cidadania brasileira não tinha acesso, sendo-lhe subtraído o "direito de representar que forma a essência das aspirações políticas" (n.38, p.230).

Daí Bandeira defender a "grande naturalização", ou seja, o direito do estrangeiro naturalizado a todos os postos da vida política brasileira, discordando daqueles que se opunham à naturalização aberta e irrestrita, "só por amor da nacionalidade", por "medo de que os estrangeiros apaguem as tradições, alterem os costumes [...], mutilem o *caráter nacional*" [itálico no original]. Sem deixar de reconhecer que "o princípio de nacionalidade seja um sentimento íntimo" que anima as instituições dos países desenvolvidos, são esses ainda, França, Inglaterra e Estados Unidos, favoráveis à "nacionalidade completa" do estrangeiro. Os Estados Unidos, nação jovem – "nação de ontem" –, era

---

20 "A Grande Naturalização". A. Bandeira. *Ilustração Brasileira*, n.38, fevereiro de 1878, p.230-1.

o melhor exemplo de que o grande desenvolvimento industrial, científico, educacional atingido pelo país se devia a "essa franqueza ilimitada com que os nossos irmãos do Norte aceitam todos os que procuram a sua pátria, e uma vez admitidos na comunhão abrem-lhe todas as entradas, e partilham com eles todos os favores das leis" (n.38, p.231).

Em apoio à defesa da política de imigração norte-americana, Nicolau Joaquim Moreira irá encaminhar ao ministro de Agricultura, Comércio e Obras Públicas o *Relatório sobre a Imigração nos Estados Unidos da América*, publicado no Rio de Janeiro, em 1877, e que A. Bandeira irá comentar na coluna "Bibliografia"[21] da *Ilustração Brasileira*. Membro da comissão brasileira da Exposição Universal de Filadélfia, Nicolau Moreira teve oportunidade de observar naquela ocasião que, em contraposição ao Brasil, onde a imigração era cercada de impedimentos de ordem religiosa, civil e política, nos Estados Unidos, ela estava entregue à iniciativa privada, abstendo-se o governo de "tomar parte ativa na aquisição de imigrantes" (n.36, p.192), quando não facilitando a entrada desses no país, de modo a estimular o desenvolvimento da grande nação, bem como a formação da identidade norte-americana, a partir da mescla de várias culturas estrangeiras.

Por isso, de volta ao artigo "A Grande Naturalização", o "caráter nacional", para A. Bandeira, em vez de expressão de brasilidade, era sinônimo de atraso, pois nas regiões do Brasil em que tradições e costumes locais eram mais fortes, grande parte da população carecia de instrução primária, e a agricultura se fazia dentro de padrões arcaicos. Se o Brasil queria ingressar no rol das nações desenvolvidas, como os Estados Unidos, não podia "viver do passado", nem deixar o peso das tradições atrapalhassem o progresso do país, nas palavras de Alfredo de Taunay na Câmara dos Deputados, que A. Bandeira traz para o seu artigo: "Deixemos seguir quem quiser com o velho Brasil, o Brasil do papelório, do patronato e da rotina; nós preferimos seguir com o novo Brasil no caminho da civilização" (n.38, p.230-1).

Assim como o médico e o advogado, o homem de letras também será chamado a defender a imigração de colonos europeus para o Brasil, no exemplo de Augusto Emílio Zaluar, que assina o "romance original" *Os segredos da noite*,[22] publicado já na estreia da *Ilustração Brasileira*, vindo a ocupar a honrosa

---

21 "Bibliografia". A. Bandeira. *Ilustração Brasileira*, n.36, 15 de dezembro de 1877, p.192.

22 *Os segredos da noite*. Augusto Emílio Zaluar. *Ilustração Brasileira*, n.1, 1º de julho de 1876, p.3;

BRASIL EM IMAGENS **127**

segunda página do periódico, praticamente em todos os números, privilégio do qual nem mesmo colaboradores de colunas fixas, como "História de Quinze Dias", assinada pelo cronista Manassés, irão usufruir.

As inúmeras obras que o escritor português naturalizado brasileiro veio a escrever no País, desde que aportou no Rio de Janeiro, em 1849, poderiam justificar o destaque conferido pelos editores da *Ilustração Brasileira* ao romance *Os segredos da noite*, credenciais do envolvimento de Zaluar com questões da conjuntura nacional brasileira, como, entre outras, *Uruguaina* (1865), "poema consagrado a celebrar a tomada desta praça pelo Exército brasileiro" (Martins, 1977, v.III, p.233), e *Peregrinação pela província de São Paulo, 1860-1861* (1863), "precioso repositório de impressões gerais sobre homens, fatos, instituições e condições urbanas" (Taunay, 1975, p.9),[23] colhidas nas andanças do jornalista pelo sul fluminense e o nordeste de São Paulo, e que datam da época dos "Barões do Café", ainda em opulência. O imperador saberá reconhecer os méritos de Augusto Emílio, condecorando-o com o título de Cavaleiro da Ordem da Rosa, e em 10 de novembro de 1876 ele era eleito sócio efetivo do Instituto Histórico Brasileiro, com aprovação unânime (ibidem, p.6). Machado de Assis, igualmente, irá contribuir com o peso de sua palavra, ao fazer a recensão crítica da obra de 1863 no *Diário do Rio de Janeiro*, em termos bastante elogiosos (Broca, 1993, p.150).

Muito embora o texto *Os segredos da noite* se faça acompanhar do subtítulo, "romance original", ou seja, "inédito", é possível pensar que o livro *Peregrinação pela província de São Paulo* foi de onde Zaluar extraiu ideia (talvez, para atender solicitação de Fleiuss) de escrever uma narrativa ficcional centralizada na modernização da agricultura brasileira com o emprego de novos métodos científicos, assim como do braço imigrante europeu. O romance tem início com a chegada ao Rio de Janeiro do engenheiro inglês Tomás Stewart e seu filho,

---

n.2, 15 de julho de 1876, p.18-19; n.3, 1º de agosto de 1876, p.33; n.4, 15 de agosto de 1876, p.49; n.5, 1º de setembro de 1876, p.66-7; n.6, 15 de setembro de 1876, p.81; n.7, 1º de outubro de 1876, p.97; n.8, 15 de outubro de 1876, p.118; n.9, 1º de novembro de 1876, p.130-1; n.10, 15 de novembro de 1876, p.145-6; n.11, 1º de dezembro de 1876, p.163; n.12, 15 de dezembro de 1876, p.178; n.13, 1º de janeiro de 1877, p.194-5; n.14, 15 de janeiro de 1877, p.210; n.16, 15 de fevereiro de 1877, p.242; n.17, 1º de março de 1877, p.258; n.18, 15 de março de 1877, p.272-3; n.21, 1º de maio de 1877, p.322; n.22, 15 de maio de 1877, p.338; n.23, 1º de junho de 1877, p.354; n.24, 15 de junho de 1877, p.379.

23 A respeito da obra de Zaluar, consultar o artigo de Brito Broca (1992, p.167-73), "Pela província de São Paulo".

o naturalista Carlos Stewart, para comemorar o aniversário do comendador Adriano, rico fazendeiro de Paraibuna, no interior da província de São Paulo, ocasião em que seriam iniciados os trabalhos de implantação de uma nova fazenda, a se chamar "Fazenda das Montanhas de Ouro", e que contaria com o trabalho de "140 homens livres" (n.1, p.3).

Não foi, no entanto, apenas para festejar o aniversário do comendador Adriano que os ingleses (Carlos é só meio-inglês, pois sua mãe era brasileira) vieram ao Brasil. Na verdade, ambos estão envolvidos em projetos particulares: o pai, o de construir uma rede ferroviária, por todo o Império, a ser submetido à aprovação do governo; o filho, o de colecionar plantas, amostras geológicas e fazer anotações etnográficas para um livro encomendado pela Sociedade Real de Londres. O contraste com essa dupla de homens das ciências fica a cargo de João, o criado trapalhão de alcunha Troca-Troca, que os Stewart tomam a seu serviço e que irá protagonizar situações engraçadas (a contrastar com a seriedade dos viajantes europeus) durante a viagem até a fazenda do comendador, em Paraibuna, assim como em outras situações.

Os percalços vividos pelos dois ingleses durante o trajeto, incluindo a perigosa travessia do Rio Paraíba por balsas, não chega a perturbar os viajantes que aproveitam a ocasião para trocar impressões acerca da natureza geológica e vegetal da região. Muito maior, no entanto, foi a admiração de pai e filho, já próximos da fazenda, com a comitiva – como que saída de romance de José de Alencar –, que lhes vem ao encontro, "composta de muitos fazendeiros importantes, seguidos de um *regimento de pajens*, um cavaleiro de ar distinto, e uma moça formosa elegantemente vestida de amazona. O cavaleiro era o comendador Adriano e a moça sua interessante filha Laura Beatriz" (n.1, p.3; o grifo é meu).

O "esplêndido banquete" (n.2, p.18) que aguardava os convidados, regado a champanhe francesa, deixará os estrangeiros boquiabertos, assim como o baile, no encerramento desse espetáculo de Brasil civilizado, em pleno sertão, e simbolizado no nome da filha do comendador Adriano, no comentário do narrador, também ele homem cultivado:

> Laura Beatriz!
>
> Dois nomes que representam duas musas, duas inspirações imortais, dois poemas e dois poetas, que o mundo inteiro conhece, que todos os corações guardam como saudosa reminiscência da juventude e que parece ainda hoje as lagunas de Veneza, as águas do Arno, de Vaucluse e do golfo do Adriático murmurarem ao sopro das brisas embalsamadas do Levante. (n.2, p.18)

BRASIL EM IMAGENS 129

Enquanto Laura Beatriz é representação da alta cultura italiana – tanto a literária, Dante e Petrarca em chave onomástica, quanto a musical, as árias de Donizetti frequentando o piano da moça –, o pai, o comendador Adriano, cultiva as ciências modernas (astronomia, química, física, geologia, arqueologia), como vem mostrar o "gabinete de estudo do fazendeiro", "a um tempo biblioteca e museu":

Excelentes instrumentos astronômicos estavam misturados com campânulas, retortas e matrazes de vários tamanhos e feitios, destinados sem dúvida a experiências de química, bem como outros aparelhos indicavam aplicação análoga nos estudos de física. Ao lado destes objetos, figuravam muitos espécimes geológicos, amostras minerais importantes, grande número de animais empalhados, belas coleções de coleópteros, zoófitos, moluscos, dentes de animais fósseis, machados de pedra e outras preciosidades arqueológicas, caveiras humanas, conchas de grandes tartarugas e enormes couraças de tatu. (n.3, p.34)

Para não dizer que a fazenda do comendador Adriano existia tão somente na imaginação de Zaluar, a imagem da bem cuidada propriedade do barão de São Clemente, em Nova Friburgo, fotografada por Alberto Henschel (1827-1882) e Francisco Benque, e que a *Ilustração Brasileira* irá publicar em cópia xilográfica,[24] vinha provar que os melhoramentos da civilização iam além dos domínios da corte.

Ao lado deste Brasil ilustrado – metonimizado em espaços e personagens – existe um outro, a conviver com aquele, mas em situação de desvantagem, representado por João Garcia ou Antônio Gomes ou Antônio Gomes Gavião, exímio caçador de veados (também dono de fazenda, como o leitor ficará sabendo mais tarde), e que, para espanto dos cientistas ingleses, em particular, Carlos, também porque esse vai se apaixonar por Laura Beatriz, era noivo da filha do rico fazendeiro. A constante troca de nome da personagem ao longo da publicação do folhetim na *Ilustração Brasileira*, além de indício de que o "romance original" não passava por revisão, aponta também para a caracterização mais acentuadamente "regional" e matuta (isto é, atrasada, com traços de zoomorfismo) da personagem. Perfil que ainda mais se acentua quando em contraste com a *performance* de Carlos, que se destaca pela "esmerada educação" e por "recursos de um talento científico de ordem elevada". Já o caçador de

___

24 "Nova Friburgo, na Província do Rio de Janeiro. Vista do Chalé do Barão de São Clemente. Por uma Fotografia de Henschel e Benque". *Ilustração Brasileira*, n.9, 1º de novembro de 1876, p.144.

veados tem a seu favor tão somente a força física, sendo "um homem de ideias acanhadas, sem inteligência notável", mas que sabia se insinuar "no ânimo das pessoas vulgares, exercendo ao mesmo tempo sobre elas uma certa ascendência" (n.4, p.50). O que só reforça a inverossimilhança quanto à "ascendência" de Antônio Gomes sobre uma pessoa nada vulgar, como Laura Beatriz, a ponto de vir a se tornar seu noivo. Nem mesmo a dívida de gratidão do comendador Adriano para com o pai do caçador de veados – no passado, Manuel Gomes salvara a vida do pai do fazendeiro do ataque de uma onça – consegue justificar relação tão desigual entre uma mulher europeizada, como Laura Beatriz, e um matuto do sertão, como Antônio Gomes.

É possível, ainda, pensar que Zaluar estivesse menos preocupado em atender às regras da construção ficcional, e muito mais em escrever um romance de encomenda para a *Ilustração Brasileira* centralizado na ideia do contraste entre dois Brasis: o Brasil atrasado, representado pelo caçador de veados e pela fazenda velha, onde a lavoura ainda se fazia com o emprego do braço escravo e de técnicas obsoletas de plantio e cultivo do solo, e o Brasil civilizado, simbolizado pela família do comendador Adriano e as pessoas que giravam à sua volta, como o médico Hilarião, amante da música alemã, e a fazenda nova, a Fazenda das Montanhas de Ouro, a ser implantada com a ajuda dos cientistas ingleses.

Está claro que aquele Brasil atrasado deverá (ou deveria) ceder espaço ao Brasil do progresso, assim como o romantismo pelo realismo, pouco importa as ressonâncias românticas do título – "os segredos da noite" – , a contemplação mística, no cismar noturno de Laura Beatriz, transformando-se em exercício de conhecimento das leis que regem o cosmos, perspectiva que não impedia a moça de reconhecer a presença do Criador nas belezas do universo. Outra ressonância romântica, trabalhada em chave realista, refere-se ao indefectível manuscrito – uma história dentro de outra história, o passado justificando o presente –, que deixado pelo pai do comendador Adriano, português que se enriqueceu no Brasil, deveria revelar o lugar onde estava enterrado o ouro aludido no nome da nova fazenda. Assim era de esperar, segundo o padrão ficcional romântico, mas o manuscrito do romance científico de Zaluar tem outra função simbólica, pois que encerra uma lição moral, nessa pequena elegia ao trabalho, não do braço escravo, mas do homem livre, o imigrante europeu: "A maior riqueza do mundo é produzida pelo trabalho do homem aplicado com perseverança e critério à terra fecunda. As montanhas de ouro serão o exemplo mais irrecusável desta verdade" (n.24, p.379).

Só quem leu o ouro aludido no manuscrito segundo interpretação literária romântico-folhetinesca – metal tão cobiçado pelos europeus – foi Antônio Gomes. Na perspectiva moderna e científica, ouro significa terra fértil, como vêm constatar as análises das terras da futura fazenda nova, na detalhada descrição do engenheiro Stewart a respeito da composição química do solo.

Da mesma forma que o ouro das montanhas tem agora valor metafórico, riqueza sendo sinônimo de trabalho, mas trabalho racional, científico, a natureza também é vista com os olhos da ciência, sem que a beleza da flora e fauna brasileiras deixe de ser exaltada pelo narrador. O trecho que se transcreve a seguir – canto de louvor ao sabiá – refere-se ao passeio matinal, miniexpedição geológica que Carlos, Laura e os pais da moça fazem a uma gruta da fazenda velha:

> A vegetação resplendia, as aves da floresta haviam recobrado as suas vozes, e os passeantes sorriam com íntimo júbilo para o quadro festivo e opulento, que lhes apresentava o vale e a planície vizinha.
>
> Um harmonioso sabiá cantava entre os ramos de um arbusto café, escondido entre as ondulações verdejantes da capoeira, já enredada e confusa como os turbilhões espumantes de uma cascata despenhada no rio.
>
> O seu canto era uma verdadeira saudação matutina. Tinha trinos tão melodiosos, consonâncias tão argentinas, exprimia uma prece e um hino tão repassados de sentimento e de adoração, que vivamente impressionavam o coração mais afeito a deixar-se abalar por estes requintes de sensibilidade.
>
> Todos os ouvintes estavam pois como que presos pelo canto da ave privilegiada das nossas florestas. (n.14, p.210)

Enquanto as virtudes canoras do sabiá, símbolo da literatura romântica brasileira, são objeto dessa prosa repassada de clichês românticos, a sensitiva – "delicada produção vegetal, que ao mínimo contato exterior se retrai e como que se esconde impelida por um sentimento de pudor" (ibidem) – será objeto de outra interpretação, na leitura científica do naturalista Carlos, com direito a nome científico da planta, lugar de origem, bem como referência aos cientistas europeus que a estudaram. Na verdade, a palestra do jovem inglês a respeito da sensitiva, assim como a anterior, sobre as leis do universo, fazia parte de um plano por ele engendrado em que "a ciência serviria de intérprete ao amor" (ibidem), "os segredos da noite" assumindo conotação sentimental, os segredos do coração de Laura Beatriz, dado que a moça, como a "melindrosa planta", era daquelas pessoas que "ao mais leve despertar de um sentimento, o escondem retraindo-se como as folhas da sensitiva" (n.16, p.242),

As "recaídas" românticas de Augusto Zaluar não apenas refletem o "romantismo dos realistas", na expressão de Wilson Martins (1977, v.III, p.401), que se refere à convivência das duas estéticas quando o Brasil passava por um período de transição, tanto no terreno das ideias artístico-literário quanto no plano da conjuntura político-econômico-social. De outro ponto de vista, *Os segredos da noite* são expressão do impasse que perpassa o projeto de exportação de uma imagem de Brasil novo, europeizado e branco, e que a chegada do colono europeu permitiria tornar realidade. Por enquanto – *helàs!*, diriam os "homens de ciências" de 1870 –, esse Brasil não existe, ou melhor, ele existe como ficção, invenção literária, não encontrando correspondência na realidade brasileira, em que pese a narrativa ficcional não ter compromisso de fidelidade com o real.

O Brasil que existe, em particular o Brasil agrícola, não aparece nas páginas da *Ilustração Brasileira*, posto que era ainda o escravo negro que trabalhava na lavoura brasileira, e o periódico de Fleiuss estará empenhado em dissociar a imagem do país da escravidão. Daí as poucas gravuras publicadas no periódico de Fleiuss a respeito do tema serem de procedência europeia, a exemplo daquela intitulada "O verão",[25] sem que seja identificado o nome do pintor cujo quadro serviu de matriz à cópia xilográfica. No lugar dessa informação, a legenda interpreta a gravura em razão da associação verão e tempo de colheita, na Europa, com destaque para o casal de lavradores, acompanhado do filho ainda em idade de amamentação:

> O tempo da colheita é talvez o que mais trabalho exige do cultivador europeu. A família inteira se emprega na ceifa, a fim de colher o mais depressa possível os abençoados frutos da terra. A rendeira acaba de amamentar o filho querido, regozijo e esperança da família; – antes de o deitar novamente sobre o feixe de trigo – berço rústico –, e de continuar a sua tarefa, a extremosa mãe contempla com amor a tenra criatura, e o pai, suspendendo um instante o penoso labor, vem tomar de novo alento no sorriso do filhinho e no olhar da mulher.
>
> Serenidade dos campos, labores, combates dos fortes com o solo para fecundá-lo, corações e sulcos onde brota a esperança, tal é o assunto do quadro que reproduzimos. (n.39, p.257)

---

25 "O verão". *Ilustração Brasileira*, n.39, março de 1878, legenda sem assinatura, p.257; gravura, p.262.

BRASIL EM IMAGENS   133

Como se percebe, a legenda reforça a idealização quanto à vida campestre, acentuada em razão dos protagonistas da cena, família de lavradores, fortes, belos e felizes, cujo futuro promissor é representado pela criança. Apesar de penoso o trabalho com a terra, os laços familiares mantêm-se sólidos, tanto mais sólidos, poder-se-ia dizer, quanto mais árduo o trabalho na lavoura. O comentarista, no entanto, não faz nenhuma alusão ao instrumento de trabalho do lavrador, a foice. O detalhe poderia ser irrelevante, não fosse a modernização por que passava a lavoura do mundo todo (isto é, nos países europeus mais adiantados), com a introdução de máquinas agrícolas, como a ceifadora,[26] capaz de realizar o trabalho de vários homens em poucas horas.

Para compensar essa "falha", a *Ilustração Brasileira* irá publicar como gravura de capa (sem informar a procedência da matriz) a imagem da Escola Agrícola, fundada na Bahia, em 1877. A legenda, em vez de destacar a arquitetura do prédio – amplo e imponente –, elogia a iniciativa do Imperial Instituto Baiano de Agricultura, sob a direção de Artur César Rios, por oferecer oportunidade de profissionalização aos "órfãos e meninos desvalidos que a Escola alimenta, veste e ensina", como também aos "filhos de funcionários civis ou militares, que não possuam meios" (n.39, p.241).

No Brasil, o trabalho com a terra se destinava aos mais pobres, mas os imigrantes que interessava atrair para as nossas lavouras, em substituição ao negro escravo, seriam representados pela família de agricultores europeus da gravura "O verão". Por intermédio destes, o governo imperial pretendia implantar uma política de imigração a que se poderia chamar de "colonização branca", em alusão ao texto de William Hepworth Dixon, "A Conquista Branca",[27] publicado na *Ilustração Brasileira*, e que trata da conquista das terras indígenas localizadas na Califórnia.

Por enquanto, a "colonização branca" é obra (em termos de resultados, isto é, o branqueamento da população brasileira) do futuro, embora importantes

---

26 Miguel Antônio da Silva irá abordar o processo de modernização da agricultura no século XIX, assim como a importância do ensino agrícola, no artigo "O ensino agrícola em Espanha e em França", publicado na *Ilustração Brasileira* nos números: 25, 1º de julho de 1877, p.10; 27, 1º de agosto de 1877, p.38-39; 29, 1º de setembro de 1877, p.70.

27 "A Conquista Branca". Viagem à Califórnia e ao Litoral do Pacífico por M. William Hepworth Dixon. Versão Portuguesa de Sylvius. *Ilustração Brasileira*, n.8, 15 de outubro de 1876, p.124-6; n.9, 1º de novembro de 1876, p.129-30; n.11, 1º de dezembro de 1876, p.163; n.12, 15 de dezembro de 1876, p.189; n.13, 1º de janeiro de 1877, p.204; n.15, 1º de fevereiro de 1877, p.228-9; n.17, 1º de março de 1877, p.267-8; n.20, 15 de abril de 1877, p.317; n.23, 1º de junho de 1877, p.357-8; n.24, 15 de junho de 1877, p.381; n.27, 1º de setembro de 1877, p.37.

passos estivessem sendo dados nesse sentido, como faz prever o casamento de Carlos Stewart com Laura Beatriz, assim como a implantação de técnicas modernas no plantio do café, o ouro verde sobre o qual recaíam esperanças de abundantes e lucrativas colheitas.[28]

Menos feliz era o engenheiro Tomás Stewart: até o término de *Os segredos da noite* não tinha conseguido do governo aprovação quanto ao projeto de implantação de uma rede de caminhos de ferro em toda a vasta superfície do Império. O inglês até poderia ter ficado decepcionado, mas o governo imperial dava mostras de estar caminhando a passos largos no ramo da construção de ferrovias, como mostra a gravura de parte da estrada de ferro D. Pedro II, publicada na *Ilustração Brasileira*, sem identificação da matriz.[29] Trata-se de imagem representativa do progresso da engenharia no Brasil, em que se destaca a ponte construída sobre o Rio Paraíba e a estrada de ferro que passa sobre ela. Era de esperar que, em sintonia com a grandiosidade do empreendimento, os editores C. e H. Fleiuss reservassem lugar de destaque para a gravura. Mas não é o que acontece: a imagem da ponte e da ferrovia D. Pedro II divide espaço com outra – "O Papa do Marrocos"[30] –, com a qual, em princípio, não tem relação, além de estar colocada abaixo dessa. Se razões de ordem técnica poderiam explicar a montagem até certo ponto estranha das imagens, nem por isso a *Ilustração Brasileira* deixou de homenagear por intermédio da gravura "A Grande Ponte sobre o Rio Parnaíba" os símbolos de progresso e modernidade no século XIX.

Compreende-se, portanto, que engenheiros e técnicos estrangeiros tenham sido contratados pelo imperador, empenhado em fazer o Brasil ingressar na era das ferrovias, como se verá no próximo capítulo.

---

28 Ao tempo em que Zaluar andou pelo Vale do Paraíba, vivia-se a época áurea dos barões do café, embora o escritor previsse que muito em breve a lavoura cafeeira do norte paulista entraria em declínio por causa da erosão acelerada dos solos tropicais acidentados.

29 "A Grande Ponte sobre o Rio Paraíba. (Estrada de Ferro D. Pedro II)". *Ilustração Brasileira*, n.11, 1º de dezembro de 1876, p.165.

30 "O Papa do Marrocos. Sid-El-Hadj-Abd, o Ssalam, o Grão-Scherif [sic] de Ursan". Gerardo Roulfs. *Ilustração Brasileira*, n.11, 1º de dezembro de 1876, p.165.

Figuras 34 a 36 – Imagens da pobreza que assolava a Europa e da vinda de estrangeiros para o Brasil faziam parte da política de imigração do Estado imperial brasileiro.

OS GEMEOS.– AMOR MATERNAL

Figura 34 – *Ilustração Brasileira*, n.3, 1876.

Figura 35 – *Ilustração Brasileira*, n.3, 1876.

BRASIL EM IMAGENS   137

EMBARQUE DE EMIGRANTES.

Figura 36 – *Ilustração Brasileira*, n.27, 1877.

Figuras 37 a 39 – As "vistas de Venezuela" difundem imagem do Novo Mundo como espaço de belezas naturais e terras férteis, em contrate com o Velho Mundo, lugar de pobreza e miséria.

Figura 37 – *Ilustração Brasileira*, n.29, 1877.

Figura 38 – *Ilustração Brasileira*, n.30, 1877.

Figura 39 – *Ilustração Brasileira*, n.32, 1877.

Figuras 40, 41 e 42 – Imagens de um Brasil agrário ganham espaço na *Ilustração Brasileira*, o chalé do barão de São Clemente poderia ser tomado como cenário desse Brasil rural, embora civilizado, na recriação do romance de Zaluar, *Os segredos da noite*.

Figura 40 – *Ilustração Brasileira*, n.39, 1878.

EDIFICIO DA ESCOLA AGRICOLA DA PROVINCIA DA BAHIA

Figura 41 – *Ilustração Brasileira*, n.39, 1878.

Nova-Friburgo, na provincia do Rio de Janeiro.—Vista do chalet do Barão de S. Clemente
Por uma photographia de Henschel e Benque.

Figura 42 – *Ilustração Brasileira*, n.9, 1876.

Figuras 43 e 44 – A construção de ferrovias difundia visão de um Brasil que ingressava na era do progresso, imagem às vezes comprometida na montagem das gravuras na *Ilustração Brasileira*.

O PAPA DE MARROCOS

Figura 43 – *Ilustração Brasileira*, n.11, 1876.

Figura 44 – *Ilustração Brasileira*, n.11, 1876.

5
O BRASIL DOS VIAJANTES[1]

Enquanto D. Pedro II, pela segunda vez em viagem pelo estrangeiro, exportava imagem de um Brasil que se esforçava por ingressar no rol dos países civilizados, a *Ilustração Brasileira* fazia o mesmo na publicação de textos, dentre outros, cujos protagonistas encontravam-se representados no romance de Zaluar – o engenheiro Tomás Stewart e o geólogo-naturalista Carlos Stewart –, símbolos de civilização que o monarca brasileiro propagava na própria pessoa. Do pintor e engenheiro alemão Franz Keller-Leuzinger a revista de Fleiuss irá publicar "Viagem de Exploração ao Amazonas e ao Madeira",[2] texto incompleto, ilustrado com desenhos do autor. Do geólogo norte-americano Charles Frederick Hartt, síntese do relatório referente aos trabalhos realizados pela Comissão Geológica do Império, publicada na seção "Revista Científica".[3] O fato de o primeiro texto inscrever-se na tradição das narrativas de viagem, fazendo-se acompanhar por desenhos feitos à mão, e de o segundo, um relato técnico, ser ilustrado por xilogravuras provenientes de fotografias de Marc Ferrez, irá configurar diferentes enfoques da natureza brasileira, tendo em vista as diferenças na concepção de ciência. Ambos os projetos, no entanto, respondem à euforia ligada aos melhoramentos introduzidos no Brasil, na segunda metade do século XIX.

---

1 O título deste capítulo remete ao trabalho de Ana Maria Beluzzo (1994).
2 "Viagem de Exploração ao Amazonas e ao Madeira. Texto e Desenhos de M. Franz Keller-Leuzinger". *Ilustração Brasileira*, n.1, 1º de julho de 1876, p.5-7; n.2, 15 de julho de 1876, p.21-2; n.4, 15 de agosto de 1876, p.53-4; n.5, 1º de setembro de 1876, p.69-70; n.6, 15 de setembro de 1876, p.85-6; n.7, 1º de outubro de 1876, p.101; n.22, 15 de maio de 1877, p.340-1.
3 "Revista Científica. A Comissão Geológica do Brasil". [sem assinatura]. *Ilustração Brasileira*, n.3, 1º de agosto de 1876, p.45-6.

A expedição Franz Keller-Leuzinger

A ideia da construção de uma estrada de ferro margeando os rios Madeira e Mamoré remonta a 1861 (Ferreira, 2005, p.62), ano em que o general boliviano Quentin Quevedo, depois de percorrer a região, aventou a possibilidade de substituir a navegação por ferrovia que ligasse a localidade de Santo Antônio, no Pará, a Guarajá-Mirim, no atual estado de Rondônia. A viagem de Quevedo à região foi precedida por outras que igualmente navegaram os rios Madeira e Mamoré: em 1846, o engenheiro boliviano José Agostin Palácios; em 1851, os tenentes norte-americanos Herndon e Gibbon; alguns anos mais tarde, o explorador francês Ernest Grandidier, todos incumbidos da missão de explorar os rios que ligavam a Bolívia ao litoral atlântico do Brasil pelo Rio Amazonas, uma vez que ao separar-se do Peru, em 1825, aquele país havia perdido a comunicação com o mar.

Ainda em 1861, o engenheiro brasileiro João Martins da Silva Coutinho, a mando do presidente da província do Amazonas, também percorreu o Rio Madeira, com o objetivo de fazer um estudo da colonização e navegação do referido rio. No relatório apresentado ao presidente do Amazonas, João Martins era favorável à construção de uma estrada de ferro que viesse substituir a perigosa e difícil navegação das cachoeiras do Rio Madeira,[4] com destaque para as vantagens que o Brasil teria a usufruir nesse empreendimento, em particular, o comércio da região que passaria a ser controlado por nosso país.

Se a navegação através do Madeira e do Amazonas parecia de necessidade vital para o desenvolvimento econômico da Bolívia, com a Guerra do Paraguai surgia também para o Brasil, como de importância política e estratégica vital, a ponto de Tavares Bastos, em 1866, defender a ideia da construção de uma estrada (sem especificar se de ferro ou de rodagem) que viesse substituir a travessia pelas cachoeiras do Madeira, para benefício tanto do Brasil quanto da Bolívia (Ferreira, 2005, p.64-5).

Diante das dificuldades de comunicação da província de Mato Grosso com o litoral, o governo imperial passou a pensar seriamente na necessidade de encontrar outro caminho que não fosse o Rio Paraguai. Foi, então, a vez de

---

4 Portugueses e brasileiros, um século antes, já realizavam a ligação entre Mato Grosso e Pará, atravessando o trecho encachoeirado do Rio Madeira, com perdas de cargas e homens, doenças e ataques de índios (cf. Ferreira, 2005, p.58).

o Brasil entrar em contato com a Bolívia no sentido de encontrarem solução que facilitasse as comunicações pelo Rio Madeira, tanto daquele país quanto do Mato Grosso, de modo a evitar as terríveis cachoeiras. O resultado das conversações culminou no Tratado de Amizade, Limites, Navegação, Comércio e Extradição, assinado em 27 de março de 1867 (ibidem, p.66). Logo em seguida, o Brasil tomou providências no sentido de concretizar a parte que lhe cabia no tratado firmado com a Bolívia. É quando entram em cena os engenheiros Franz e Joseph Keller,[5] que, pela portaria de 10 de outubro de 1867, firmada pelo ministro da Agricultura, Comércio e Obras Públicas, eram encarregados de estudar a viabilidade da construção de uma estrada de ferro, ladeando as cachoeiras do Rio Madeira (ibidem, p.67).

O fotógrafo, desenhista, pintor e engenheiro Franz Keller-Leuzinger (1835-1890) já morava no Brasil há vários anos, tendo chegado da Alemanha, em 1856, em companhia do pai e do irmão, respectivamente Joseph e Ferdinand Keller, para trabalhar na construção de ferrovias. Vindo a se casar com Sabine Christine Leuzinger (1842-1915), filha do fotógrafo, livreiro e editor George Leuzinger (1813-1892),[6] adicionou o sobrenome do sogro ao seu, e assumiu em 1860 a direção do departamento fotográfico da Casa Leuzinger. Em setembro de 1867, na companhia do pai e de seu compatriota, o fotógrafo August Frisch, Franz foi encarregado pelo governo imperial de "explorar o Amazonas e o Madeira, em vista do plano de um caminho de ferro costeando

---

5 Joseph Keller foi convidado em 1856 por D. Pedro II a vir ao Brasil a fim de dirigir a construção da estrada Companhia União e Indústria que ligaria a colônia alemã de Petrópolis com Juiz de Fora, em Minas Gerais. Até 1863, ele e o filho ocuparam-se nesses trabalhos, seguindo-se um levantamento do Rio Paraíba, sondando as possibilidades de sua navegação. Com o início da Guerra do Paraguai, pai e filho foram encarregados de investigar os rios Ivaí, Paranapanema e Tibagi na província do Paraná à procura de uma via de comunicação com a isolada província de Mato Grosso, ao longo do Vale do Ivinheima, ligação que a guerra tornava estrategicamente importante. Em 1866 os dois alemães percorreram o Iguaçu e em junho de 1867 foram incumbidos pelo imperador de fazer o levantamento do Rio Madeira, com o objetivo de estudar a viabilidade de uma comunicação com a Bolívia (cf. Hartmann 1975, v.1, p.117).

6 Oriundo de aristocrática família suíça, Georges Leuzinger chegou ao Brasil em 31 de dezembro de 1832 para trabalhar na casa exportadora do tio, Jean-Jacques Leuzinger, com sede no Rio de Janeiro. Mais tarde, abriu a papelaria e oficina de encadernação Ao Livro Encadernado. Em julho de 1840, casou-se com Eleonore du Authier, com quem teve 13 filhos. Em 1846, adicionou uma oficina de estamparia, xilogravura e gravura a talhe-doce à sua empresa. Em 1852, adquiriu a Imprimerie Française e, no ano seguinte, instalou uma oficina fotográfica, chamada Casa Leuzinger, situada à Rua do Ouvidor, 36 e 33. Foi o primeiro fotógrafo a conquistar Medalha de Prata, na Exposição Universal de Paris, em 1867, distinção conferida ao Brasil pela série de vistas do Rio de Janeiro e Niterói então exibidas (cf. Kossoy, 2002a, p.201-6).

150 SÍLVIA MARIA AZEVEDO

as margens destes dois rios" (n.1, p.5), na informação com que inicia o relato "Viagem de Exploração ao Amazonas e ao Madeira",[7] publicado em partes na *Ilustração Brasileira*, entre 1876 e 1877.

Transcorridos sete anos da viagem, o engenheiro alemão publicou na Alemanha, em 1874, o livro *Vom Amazonas und Madeira*, com gravuras executadas no *Xylographische Ansalt von A. Closs*, de Stuttgart, segundo desenhos de Ferdinand Keller, feitos sobre os esboços originais de Franz Keller (Ferreira, 1994, p.192). Concebida na forma da narrativa de viagem, a obra *Vom Amazonas und Madeira* vinha ao encontro do grande interesse do leitor europeu por aquele gênero literário. Quanto a Keller-Leuzinger, inscrevia-se na tradição dos "pintores-viajantes" ou "pintores-etnógrafos" (Porto Alegre, 1994, p.59)[8] que visitaram o Brasil no século XIX, em missões científicas, cujos integrantes "faziam parte do movimento de expansão das ciências naturais, onde os avanços do conhecimento, tomavam por base do método a *observação*" (ibidem, p.63; grifo no original). Com o propósito de garantir legitimidade ao estudo do espaço geográfico e humano observado, a pintura, o desenho e a gravura foram largamente utilizados na literatura de viagem produzida pelos "pintores-etnógrafos", muitas vezes, como foi o caso de Franz Keller, o artista sobrepondo-se ao cientista no relato das peripécias vividas durante as expedições.

No mesmo ano em que o livro *Vom Amazonas und Madeira* era publicado na Alemanha, saía a tradução em italiano e inglês, esta, em Londres, e o resumo, na prestigiada revista francesa *Le Tour du Monde*,[9] que reproduziu 24 das 68

---

7 Há incompatibilidade de informação quanto à data da partida de Franz Keller do Rio de Janeiro: em 15 de novembro de 1867, segundo Manoel Rodrigues Ferreira (2005, p.67); em setembro de 1867, segundo o engenheiro alemão. A *Ilustração Brasileira* não informa, no resumo publicado da obra, que Franz fez a viagem em companhia do pai e do fotógrafo August Frisch.

8 Segundo Maria Sylvia Porto Alegre (1994, p.71), entre os pintores-viajantes que estiveram no Brasil, no século XIX, destacam-se os alemães Wied (1815-1817), Ender (1817), Spix e Martius (1817-1820), Rugendas (1821-1825), Poeppig (1827-1832), Planitz (1831-1844), Adalberto da Prússia (1842), Burmeister (1850-1852), Hagedorn (1852), Appun (1860-1868), Keller-Leuzinger (1874) e W. von den Steinen (1886); os franceses Debret (1816-1831), Adrian Taunay (1816-1824), Florence (1825-1829) e Biard (1858-1860); os ingleses Koster (1789-1845), Mawe (1807-1811), Chamberlain (1815-1820), Graham (1821-1823) e Bates (1848-1859) e os italianos Raddi (1816-1818), Osculati (1847-1848) e Boggiani (1898).

9 A revista *Le Tour du Monde, Nouveau Journal des Voyages*, foi fundada em 1860 pelo jornalista Edouard Thomas Charton (1807-1890), com o objetivo de divulgar os relatos de viagens de grandes exploradores, como Livingstone, Stanley, Burton, Saffray, Garnier, Brazza, cujos textos eram ilustrados com xilogravuras dos maiores ilustradores, E. Riou, G. Doré, Castelli, entre outros. A revista que circulou até 1914 vinha satisfazer a curiosidade do leitor europeu

xilogravuras originais, assinadas "F. Keller", sendo a partir daqui que Fleuiss a foi transcrevendo para a *Ilustração Brasileira*. A revista, no entanto, não informa a procedência última do texto, nem o nome do tradutor do francês para o português do resumo *Voyage d'Exploration sur l'Amazone et le Madeira*.[10]

O tempo relativamente longo que medeia o estudo *in locu* dos engenheiros Franz e Joseph Keller quanto à viabilidade de uma estrada de ferro, às margens dos rios Amazonas e Madeira, e a publicação do livro em alemão resultou em um trabalho amplo e detalhado, cujas informações, com base na edição norte-americana de 1875,[11] foram distribuídas em sete capítulos, a saber: I. "Do Rio de Janeiro às corredeiras do Madeira"; II. "As corredeiras do Madeira e do Mamoré"; III. "A vida na selva"; IV. "A caça e a pesca nas Províncias do Amazonas e Mato Grosso"; V. "A vegetação da floresta amazônica"; VI. "As tribos indígenas do Amazonas"; VII. "As tribos indígenas de Exaltación, na Bolívia". Cada capítulo se faz acompanhar de um sumário situado, com ligeiras modificações, também no índice da obra. Esta, por sua vez, se faz apresentar pelo prefácio que Franz Keller-Leuzinger escreveu em Carlsburgo, em janeiro de 1874,[12] seguido por longa introdução, na qual o engenheiro traça pormenorizado painel a respeito do Brasil, do ponto de vista do clima, da flora e da fauna, dos rios, da população, das ferrovias até então construídas no país, entre outros tópicos abordados. Finalmente, os sete capítulos da obra se abrem e se fecham com vinhetas, descritas, assim como os desenhos, no índice das ilustrações. Todos esses detalhes dão a entender que o livro se dirigia ao leitor estrangeiro, primeiramente, o alemão, pouco familiarizado com as condições de vida na distante selva amazônica, assim como atendia aos interesses da etnografia europeia, voltada em estudar tribos indígenas do Novo Mundo.

---

por narrativas de aventura em territórios e países até então inexplorados e que começavam a ser objeto de cobiça das grandes potências. Júlio Verne deve ter se inspirado na revista para título de sua obra, *Le Tour du Monde en 80 Jours*, publicada em Paris, em 1873.

10 Franz Keller-Leuzinger. *Voyage d'Exploration sur l'Amazonas et le Madeira*. Texte et dessins par [...]; traduit et extrait de l'allemand par J. Gourdault. *Le Tour du Monde. Nouveau Journal de Voyages*. Paris, 28:369-416, 2eme semestre 1874.

11 Franz Keller. *The Amazonas and Madeira Rivers*. Sketches and Descriptions from the Note-Book of an Explorer by [...]. New Edition with Sixty-Eight Illustrations on Wood. Philadelphia: J. B. Lippincott and Co., 1875.

12 No prefácio, segundo a edição norte-americana, Franz Keller agradece os valiosos conselhos do professor Ferdinand Keller, "pintor histórico", mas não informa que as gravuras em madeira procediam dos desenhos do irmão.

No resumo em francês, os sete capítulos do texto em alemão foram desdobrados em 12, divididos em três partes. As vinhetas, aqui, desapareceram, e uma única gravura – "Entrada da Baía do Rio de Janeiro" – publicada na *Ilustração Brasileira* sob o título "Vista Pitoresca da Baía do Rio de Janeiro. Tirada de Itapuca em S. Domingos" foi escolhida como logotipo de *Voyage d'Exploration sur l'Amazone et le Madeira*. Essa "entrada", no entanto, não é a mesma que aparece no capítulo I do livro de Franz Keller-Leuzinger e no resumo em português, identificada na revista de Fleiuss pela legenda: "Morro da Glória, Pão-de-Açúcar e Entrada da Baía do Rio de Janeiro", a partir de fotografia de Marc Ferrez. Inseridas entre as páginas do texto, as gravuras do resumo em *Le Tour du Monde* contemplam vários aspectos da vida amazônica, conforme o original alemão, incluindo a reprodução de muitas gravuras de índios sul-americanos.

Da mesma forma que os editores franceses, Carlos e Henrique Fleiuss preocuparam-se em conferir identidade visual à narrativa de Franz Keller-Leuzinger, na *Ilustração Brasileira*, a começar pelo título, em letras góticas, e as vinhetas, muitas, com a assinatura "F. Keller", inspiradas em motivos da flora e da fauna tropical. Esse detalhe, aliado ao fato de as gravuras do resumo em português nem sempre serem as mesmas que as da revista francesa, permite depreender que os Fleiuss tiveram acesso à obra do engenheiro alemão, em quaisquer das línguas em que foi traduzida. Publicado do número um ao sete, sempre na quinta página da revista (com exceção do 22, em que aparece na quarta, ao final do que vem o aviso "continua"), o texto de Franz Keller não divide espaço com outro, a não ser na continuação, na página seguinte. Na tradução para o português, os longos períodos em francês são recortados em frases curtas, talvez para atender às necessidades de composição do resumo, disposto em três colunas, na página do periódico brasileiro. Outro ponto que chama a atenção é o fato de o relato fazer-se acompanhar de três ou quatro imagens, dispostas à direita e à esquerda, embora nem sempre desenho e texto tenham relação um com o outro. Finalmente, uma última questão merece comentário: as gravuras que acompanham as sete partes da "Viagem de Exploração ao Amazonas e ao Madeira" são provenientes, quase todas, de desenhos, não de fotografias, o mesmo acontecendo na obra em alemão. Impossível não atentar para esse aspecto, uma vez que Franz Keller-Leuzinger, como se disse, fez a viagem ao Alto Amazonas na companhia do fotógrafo August Frisch, sem esquecer que o próprio engenheiro era encarregado da seção fotográfica da Casa Leuzinger, no Rio de Janeiro.

BRASIL EM IMAGENS **153**

Enquanto a viagem de Franz Keller, em 1867, está ligada à situação em que a saída da Bolívia para o Atlântico, por intermédio do Amazonas, era vivida com grande euforia pelos governos boliviano e brasileiro, unidos no propósito de conseguir grandes lucros com a construção de uma ferrovia ao lado dos rios Madeira e Mamoré, a data de publicação do resumo do texto do engenheiro alemão na *Ilustração Brasileira*, ao longo de 1876, coincide com sucessivos fracassos de três empresas contratadas pelo norte-americano George Earl Church para executar o projeto da companhia "Madeira and Mamoré Railway": a firma inglesa Public Works, em 1872-1873; a empresa norte-americana Dorsay & Cadwell, em 1873-1874; a empreiteira Reed Bross & Co., em 1875-1877.[13]

Uma vez que havia interesse do governo brasileiro na construção da referida estrada de ferro, D. Pedro II encaminhou projeto ao Senado, em 1874, para que o Brasil garantisse suplementação de fundos da ordem de quatrocentas mil libras, proposta que encontrou forte oposição dos parlamentares, na figura do senador Mendes de Oliveira, que fez sérias restrições ao plano da ferrovia pela comissão Keller, além de criticar o governo brasileiro por não tomar parte direta no empreendimento (Ferreira, 2005, p.95-7). É de supor que os jornais do Rio de Janeiro tenham dado ampla cobertura ao polêmico projeto do governo imperial, assim como ao discurso de Mendes de Oliveira, o que levaria a classe letrada, em particular os jornalistas, a posicionar-se a favor ou contra o auxílio que o Brasil pretendia prestar à Bolívia.

A publicação de "Viagem de Exploração ao Amazonas e ao Madeira", dois anos depois desses debates (quando os ânimos estariam, talvez, mais calmos), corresponderia à intenção de a *Ilustração Brasileira* difundir imagem do Brasil como país que ingressava na "idade da ferrovia" (Hobsbawm, 1988, p.81), tal como acontecia naqueles mais "adiantados" do continente europeu. Editado na revista de Fleiuss, o relato de Franz Keller-Leuzinger permite-se ler como narrativa de viagem, animada e viva, repleta de impressões e descrições colhidas pelo engenheiro ao longo da expedição. Quando a bordo do vapor Paraná, o viajante parte da corte, o espetáculo da baía do Rio de Janeiro – "um antigo

---

13 As principais razões dos fracassos foram desconhecimento da floresta amazônica, insalubridade da região, dificuldade de conseguir trabalhadores, isolamento do mundo civilizado, febres intermitentes, grande número de mortes. Os detalhes destes três fracassos foram narrados por Manoel Rodrigues Ferreira (2005, p.74-99) nos capítulos "O empréstimo garantido pela Bolívia" e "Fracassaram em condições dramáticas os ingleses na Amazônia".

conhecimento" – deixa o viajante encantado, o que será transposto no registro visual de desenhos e vinhetas:

> A magnífica baía do Rio de Janeiro, recortada por imensas sinuosidades, sua trincheira de montanhas rematadas em píncaros audaciosos, e suas encantadoras ilhas coroadas de palmeiras, era para mim o que se chama um antigo conhecimento, e no entanto, imóvel de admiração no tombadilho do *Paraná*, contemplei de novo o magnífico panorama, como se pela primeira vez surgisse a meus olhos. (n.1, p.5)

Como se percebe, a narrativa se inicia incidindo no tópico da natureza dadivosa, em sequência, nas palavras de Marcus Freitas (2001, p.23), "à construção da imagem do paraíso tropical, iniciada ainda pelos viajantes do século XVI e perpetuada no imaginário da sociedade brasileira, de maneira especial pela cultura romântica e pelo governo do monarca dos trópicos, D. Pedro II". Do conjunto de desenhos que acompanha a abertura do relato – "Serra dos Órgãos", "Entrada do Rio de Janeiro", "Margem do rio Madeira" –, somente o terceiro indicia inspiração romântica, com ênfase na luxuriante vegetação tropical em primeiro plano, enquanto os outros dois revelam o mundo natural sob ângulo novo, com destaque para aqueles conjuntos de elevações rochosas, a Serra dos Órgãos e a Baía de Guanabara, que graças à fotografia acabarão por se tornar em vistas "oficiais", verdadeiros cartões-postais do Rio de Janeiro. O que levanta a hipótese de alguns desenhos de Franz a respeito de vistas cariocas, a exemplo daquelas mencionadas, serem cópia de fotografias provenientes da Casa Leuzinger, tendo em vista a informação de Pedro Vasquez (2003, p.63):

> Leuzinger foi dos primeiros a comercializar vistas fotográficas do Brasil, oferecendo em meados da década de 1860 a mais alentada coleção de vistas das cidades do Rio de Janeiro e de Niterói, bem como as regiões serranas fluminenses de Petrópolis e Teresópolis chegando a publicar à época um catálogo do qual eram relacionadas 337 fotografias diferentes, que podiam ser adquiridas em formatos diversos com legendas em francês, a língua culta universal de então.

No registro visual de paisagens e figuras humanas que o viajante alemão irá conhecer ao longo da viagem pelo Amazonas – já flagradas pelo olhar do fotógrafo, a exemplo de George Leuzinger, nas imagens de índios e costumes da região, bem como da flora e da fauna, encomendadas ao alemão August Frisch, em 1865 (Vasquez, 1985, p.86-90) –, Keller-Leuzinger irá recorrer à tradição pictórica romântica, na ênfase dos desenhos na vastidão dos espaços naturais, na diminuta dimensão humana diante do espaço. Ao lado desses, a grande maioria dos desenhos incide sobre aspectos mais propriamente voltados à realidade humana da região amazônica, em particular da população indígena, o que confere perspectiva mais propriamente antropológica às ilustrações do "pintor-viajante".

O comportamento de Franz Keller, por sua vez, está muito longe da atitude contemplativa, como se depreende também de seu relato, que informa sobre as dificuldades enfrentadas no decorrer da viagem, por exemplo, como encontrar remadores entre a população de Manaus – "Os mestiços do país são de uma preguiça inacreditável; só trabalham quanto lhes é preciso para não morrer de fome" (n.1, p.6) –, situação que vai se repetir quando a expedição chega a Porto da Exaltación de la Santa Cruz, na Bolívia, nesse caso contornada, porque Keller viajava em comissão do governo brasileiro. A pouca confiabilidade dos mapas brasileiros, que registram cidades e vilas inexistentes, a violência das corredeiras, a obrigar o transporte dos barcos por terra, as febres, os insetos (mosquitos e formigas), os répteis (cobras venenosas) foram causa de grandes transtornos. Preocupação não menor eram os ataques imprevistos dos índios, à medida que a expedição se aproximava da embocadura do Guaporé.

Ao entrar em contato com pessoas de carne e osso, e não com idealizações de desenhos e pinturas europeias a respeito dos habitantes do Novo Mundo, o viajante alemão não esconde a má impressão causada pela população ribeirinha, de origem indígena: "Os habitantes ribeirinhos, com os cabelos pretos e corredios, a cor carregada da pele, traem a origem mais ou menos pronunciada do sangue indígena. Este cunho de procedência se descobre mais visível ainda em seus modos taciturnos e pouco comunicativos" (n.1, p.5).

A narrativa também faz referência ao modo de vida dos habitantes das regiões do Amazonas e do Madeira, informação que, pode-se pensar, viria ao encontro da curiosidade da comunidade internacional de leitores do texto, tanto a científica quanto a menos culta: o brasileiro, no periódico carioca, o francês, no resumo da revista *Le Tour du Monde*, o alemão, na versão integral do livro. Como aconteceria com esses, a atenção de Keller foi chamada para o cemitério de carcaças de tartaruga na praia de Tamandaré e a maneira como os animais eram caçados:

> Quando se avistam estas longas filas de animais encouraçados, não pode reprimir-se um sentimento de horror e desgosto. Com admirável presteza escavam

[os ribeirinhos] na areia movediça buracos de meio metro de profundeza e outro tanto de largura. Durante esta tarefa, aqueles animais, tão tímidos de ordinário, não atendem a perigo algum, e fácil é os pescadores e seringueiros, que se reúnem às centenas, como urubus em torno da carniça, virá-los de costas, para depois os transportar em suas canoas. (n.1, p.7)

Outro aspecto referente à vida dos nativos fez-se igualmente notar: o hábito de os indígenas bolivianos fazerem "camisas" da casca das árvores, vestimenta de confecção simples e prática, símbolo da integração do silvícola com a natureza, na observação de Franz:

O corte da vestimenta rivaliza, sob o ponto de vista clássico, com as mercadorias. Toma-se um pedaço daquele tecido natural, de três metros de comprido pouco mais ou menos, em cujo centro se abre um buraco para passar a cabeça e cozem-se de ambos os lados até a altura dos quadris. Um cinto de cordão de lã de um pedaço de imbira completa esse costume original. (n.6, p.86)

O modo como os índios matam os jacarés – a laço e vara –, a venda de peixes em Manaus, expostos "nos lajedos dos passeios, sobre os quais caem a pino os raios ardentes do sol tropical" (n.7, p.101), o exótico peixe-boi, as lendas do golfinho (chamado de boto pelos ribeirinhos) e do caipora são informações que Leuzinger registrou em seu texto, aquelas últimas revelando a integração entre o trabalho do engenheiro e o do etnólogo. A lenda da Mãe-d'água,[14] por exemplo, é interpretada por Franz a partir do contexto lendário europeu, de onde aliás é originária: "É uma bela mulher de cabelo de ouro – não constando, a exemplo da Lorelei[15] alemã, que os penteie com pente também de ouro; – mas que atrai com sua magia a todos que se lhe avizinham" (n.22, p.340).

Da mesma forma que chama a atenção o fato de as imagens de "Viagem de Exploração ao Amazonas e ao Madeira" procederem de desenhos e não de fotografias, como irá acontecer na expedição chefiada por Frederick Hartt,

---

14 Figura mitológica entre os indígenas e caboclos após o século XVIII (o mesmo que Iara, Uiara, Oiara). A Mãe-d'água é provavelmente aculturação europeia, tendo suas raízes nas sereias. Loira e muito bonita, meio peixe e meio mulher, atrai os pescadores ou quem quer que se aproxime do rio ou da praia à noite. Encantado e quase sob efeito hipnótico, o pretenso parceiro mergulha nas profundezas das águas, onde sufoca e, finalmente, morre. Em algumas comunidades é reputada como protetora das águas e da pesca.

15 Lorelei, figura lendária feminina, ligada a um rochedo na margem direita do Reno, que responde com um eco aos chamados vindos dos barcos que por ali passam.

observa-se igualmente descompasso entre o ritmo e o conteúdo da narrativa e as gravuras, a exemplo do segundo capítulo que aborda as dificuldades enfrentadas pela comitiva de Franz Keller para atravessar as inúmeras corredeiras até chegar às Missões do Mamoré. Os dois desenhos que acompanham o texto – "Preparo para a caça do crocodilo" e "O pão nosso da cada dia" – indiciam outro ritmo, mais lento, contemplativo, para não dizer pitoresco. Em ambos, a cena recebe enquadramento vegetal, em primeiro plano; ao fundo, aparecem figuras humanas, ou antes, silhuetas, como a do homem da segunda gravura: sentado à beira do rio, de costas para o espectador, ele fuma um cigarro, contemplando despreocupadamente as águas, enquanto a carne vai assando sobre o braseiro. A cena transpira um certo tom nostálgico, espécie de paraíso na Terra, lugar onde o sustento ainda dependia da caça, e esta, da coragem e da habilidade do homem caçador (como acontece na cena da caça do crocodilo).

O mesmo contraste entre registro textual e visual percebe-se também no terceiro capítulo, que trata dos ataques dos indígenas à Missão de Exaltación, na Bolívia, motivo de medo e insegurança da população nativa. Enquanto isso, as duas gravuras, dessa vez sem título, representam situações idílicas: na primeira, o desenho de uma floresta de pujante esplendor, a conferir profundidade ao desenho; na segunda, o de um homem sentado à beira do rio, observando alguns barcos que passam ao largo, movidos por algumas silhuetas. Enquanto a leitura pictórica confere tom contemplativo às gravuras, o texto identifica outra interpretação para o comportamento do indígena ribeirinho, acusado de preguiçoso pelo diligente engenheiro alemão.

Outro aspecto relativo ao texto "Viagem de Exploração ao Amazonas e ao Madeira" a merecer comentário diz respeito às poucas imagens de índios que acompanham a narrativa na *Ilustração Brasileira*, sendo elas: "Capitão Pay, Chefe dos Índios Cayowa" (n.6, p.85), "Índio Moxo de Trinidad" (ibidem), "Capitão Vey-Bang, Chefe dos Índios Coroados" (n.7, p.101), figuras não mencionadas nos capítulos correspondentes. Já o livro *The Amazon and Madeira Rivers* traz inúmeros desenhos das tribos Caripuna e Mojos, respectivamente do Vale do Madeira e da Bolívia, conforme são mostrados nos capítulos 6 e 7, já mencionados. Os desenhos dos indígenas reproduzem, na obra publicada de 1874, os modelos de beleza clássica, ajustados ao gosto artístico europeu do século XIX (Porto Alegre, 2004, p.83). Em contrapartida à exclusão quase total do índio brasileiro e sul-americano das páginas da *Ilustração Brasileira* corresponde o espaço aberto pelo periódico na publicação de xilogravuras de indígenas norte-americanos, das tribos Comanche e Sioux, que ilustram o texto "A Conquista Branca", de William Hepworth Dixon. As gravuras, nesse caso, parecem proceder da fotografia (embora sem identificação), a acentuar o realismo da imagem, com a presença, ainda, da nota exótica.[16]

O motivo pelo qual a representação do índio brasileiro praticamente desaparece na *Ilustração Brasileira* tem relação, pode-se lembrar, com o projeto da revista de exportar imagem de Brasil descolada daquela com a qual o país era associado, em particular, no estrangeiro – "uma paisagem com um selvagem no primeiro plano" – conforme a carta-programa de 1º de julho de 1876. Enquanto na década de 1860 o imperador distribuía títulos para a sua nobreza improvisada, utilizando topônimos tupis, na seguinte, D. Pedro II, nas palavras de Gilberto Freire (apud Schwarcz, 2004, p.124), "pretere a coroa e adota a cartola", passando a se vestir como um "monarca civilizado", mudança que coincide com a exclusão do índio como representação nacional na *Ilustração Brasileira*. Não se pode esquecer, igualmente, das severas críticas ao indianismo romântico pelos homens de geração de 1870, no exemplo de Sílvio Romero.

Enquanto isso, a seção "Boletim Bibliográfico" do periódico irá divulgar estudos etnográficos (em particular linguísticos, como os de Couto de Magalhães, segundo enfoque normativo-classificatório) sobre algumas tribos do Brasil.[17] Por sua vez, fotógrafos de origem europeia, radicados no País, vão tirar inúmeras fotos de nossos índios. Entre eles, George Leuzinger, cujo ateliê foi pioneiro em consagrar pela primeira vez, segundo Maria Ignez Turazzi (1995, p.143), "o consumo de imagens de tipos indígenas do Brasil, tão ao sabor da voga dos estudos etnográficos e da curiosidade etnográfica da sociedade europeia do século XIX". Fotografias de índios e paisagens da Amazônia, procedentes da Casa Leuzinger, foram expostas na 4ª Exposição Nacional de Obras Públicas, em 1875, no Rio de Janeiro. Outro importante fotógrafo, Marc Ferrez, também tirou várias fotos de

---

16 "Guerreiros Comanchos e suas Mulheres, Texas, Estados Unidos". *Ilustração Brasileira*, n.9, 1º de novembro de 1877, p.129; "A Guerra dos Índios Sioux, Três Chefes Índios". *Ilustração Brasileira*, n.33, 1º de novembro de 1877, p.140 (gravura), p.142 (legenda sem assinatura).

17 *Ilustração Brasileira*, n.3, 1º de setembro de 1876, p.47; n.4, 15 de setembro de 1876, p.54; n.37, janeiro de 1878, p.217; n.38, fevereiro de 1878, p.203-4, p.237.

índios brasileiros, que vão constar do álbum *Brasil* (1874), procedentes das viagens em que acompanhou a Expedição Geológica do Império, chefiada por Frederick Hartt. Finalmente, August Frisch, já mencionado, foi o primeiro a fotografar os índios em seu ambiente natural, em total respeito à sua cultura, o que o torna, na avaliação de Pedro Vasquez, "um dos precursores da fotografia antropológica" (Turazzi, 1995, p.143).

O fato de os índios "Pay" e "Vey-Bang" serem chamados de "capitão" pelo engenheiro, como informa o original alemão, não passa desapercebido do leitor, que identifica na patente militar como forma de denominar os chefes indígenas referencial do homem branco, interpretação que indicia, por sua vez, a falta de intimidade do viajante estrangeiro com o Novo Mundo (Siqueira, 2001, p.81). Ao mesmo tempo, as gravuras mencionadas indiciam a recorrência de Franz Keller a certos esquemas interpretativos que lhe permitiam atender aos compromissos com a documentação, assim como com a verdade da ciência: o desenho das cabeças dos índios, de perfil, dando destaque a aspectos como tamanho do crânio, espaço da testa, formato do nariz.

Não é difícil reconhecer, na base dos perfis indígenas desenhados por Leuzinger, sinais das teorias que, em voga naquele momento no Brasil, iam ao encontro da visão poligenista que pensava a origem do ponto de vista da biologia e das diferenças raciais, em contraposição à visão monogenista que, baseada nos escritos bíblicos, identificava uma fonte comum para a humanidade. Teorias como a frenologia e a antropometria, que "passavam a interpretar a capacidade humana tomando em conta o tamanho e proporção do cérebro dos diferentes povos" (Schwarcz, 1993, p.48-9). Estas ciências novas, cada vez mais afastadas dos modelos humanistas, estabeleciam, ainda na visão de Lilian Schwarcz (1993, p.49), "rígidas correlações entre conhecimento exterior e interior, entre superfície do corpo e profundeza de seu espírito". A transferência das ideias dessas ciências novas para a representação do selvagem americano "não constitui mais do que um deslizamento" (Porto Alegre, 1994, p.67).

Mesmo que a meta de Franz Keller fosse a reprodução fidedigna da realidade observada, seus desenhos são permeados pelo olhar do europeu, que emprega um modo de fazer e um estilo iconográfico que vão ao encontro do gosto e do imaginário do público na Europa. Os desenhos de índios, em particular, são reveladores da tensão entre realismo/não realismo, inerente ao processo de criação e interpretação vivido pelo artista-engenheiro, que, a exemplo de Debret e Rugendas, seguiria, talvez, instruções expedidas por associações científicas de Paris e Londres, que publicavam livros orientando viajantes e artistas a coletar informações, depois transpostas em desenhos e pinturas. Descaracterizados os traços étnicos das tribos indígenas com as quais Franz Keller-Leuzinger manteve contato durante a expedição, as imagens românticas dos índios brasileiros e bolivianos apresentam, assim, fisionomias, corpos e atitudes europeizados.

Uma vez que a intenção da *Ilustração Brasileira* era desvincular o Brasil da figura do índio – endeusado pelo romantismo, mas desvalorizado por "homens de ciências" como Sílvio Romero –, os editores irão selecionar apenas três cabeças de indígenas latino-americanos, procedentes de ilustrações de Franz Keller. Reproduzidas no periódico, essas imagens seriam expressão da perspectiva acentuadamente científica, sobretudo as teorias raciais então em voga, a partir da qual um Brasil moderno, construído pelos intelectuais da geração de 1870, queria se ver e ser visto no exterior.

A expedição Hartt

Enquanto a publicação da "Viagem de Exploração ao Amazonas e ao Madeira" se prestava a ilustrar imagem de um Brasil que muito em breve se pretendia "interligado por trilhos de ferro e máquinas a vapor" (Hartman, 1998, p.120), notícias trazidas pela *Ilustração Brasileira* a respeito da Comissão Geológica do Império, chefiada por Charles Frederick Hartt (1840-1878), destacavam o empenho do governo imperial na área da Geologia, reforçando a ideia de que a Comissão, como a viagem de Franz Keller-Leuzinger, foi iniciativa exclusiva de D. Pedro II.

Geólogo e geógrafo de reputada atuação, Hartt chegou ao Brasil pela primeira vez em 1865, com a Expedição Thayer, chefiada por Louis Agassiz, para pesquisar na Amazônia. Retornou ao País em 1868 e 1870, dessa vez chefiando a Expedição Morgan, após a qual publicou o monumental livro *Geologia e geografia física do Brasil*, considerado o primeiro trabalho realmente científico sobre a geografia brasileira. A volta para cá, em 1874, responde à política de incentivo de Rio Branco às ciências e às artes, o que possibilitou uma série de reformas, entre elas a do Museu Nacional, proposta por Ladislau Neto em 1872, e efetivada em 1876, assim como a criação da Comissão Geológica do Império, em abril de 1875.[18]

No propósito específico de informar o leitor a respeito das pesquisas realizadas pela equipe de Hartt, a *Ilustração Brasileira* anuncia em 1876 a criação da seção "Revista Científica",[19] conforme vai expor:

A presente revista será consagrada especialmente para dar conta aos leitores dos importantes trabalhos da comissão geológica, a cuja frente se acha o inteligente e laborioso Sr. professor Hartt, e que faz exatamente um ano começou as suas interessantes e curiosas explorações, de que já têm resultado novos subsídios para a ciência, não só em relação ao estudo da configuração da natureza geológica das regiões visitadas, como também sob o ponto de vista das descobertas paleontológicas e arqueológicas, que tão apreciadas estão sendo por todos os espíritos cultos e observadores de nosso tempo. (n.3, p.45)

Se a Comissão foi criada oficialmente em abril de 1875, a origem da ideia localiza-se em janeiro de 1872, quando Hartt, de volta à Universidade de Cornell, após quarta viagem ao Brasil, em 1871, "percebeu que a única forma de elucidar todos os problemas que nasciam dos materiais por ele colhidos em viagens anteriores", na informação de Marcus Vinicius de Freitas (2001, p.194), "seria a instituição de um serviço regular de pesquisa geológica no país". Para tanto, era necessário contar com o apoio do governo brasileiro, que, em 1874, lhe envia convite não oficial, por intermédio do ministro da Agricultura, José Fernandes da Costa Pereira Jr., para que viesse apresentar proposta de exploração geológica sistemática do Império. Uma vez ligado ao Ministério da Agricultura, por sua vez empenhado no desenvolvimento da atividade agrícola, assim como da mineração, Hartt logrou convencer o imperador da importância dos conhecimentos geológicos para a solução daqueles problemas.

Outro fator responsável pela criação da Comissão Geológica do Império era

---

18 Marcus Vinicius de Freitas (2002, p.38), que escreveu alentada biografia intelectual a respeito de Hartt, defende a tese de que o "romantismo científico", representado pelo pensamento de Agassiz, sob o qual Hartt se formou, "teria todas as chances de se aclimatar em um país como o Brasil em 1865, assim como nos outros países da América Latina, quando os movimentos românticos das jovens nações latino-americanas se debatiam com a mesma questão e as mesmas estratégias que, guardadas as diferenças, definiam o movimento alemão, quais sejam: a invenção da nacionalidade através da historiografia, através da língua e da literatura".

19 "Revista Científica. A Comissão Geológica do Brasil" [sem assinatura]. *Ilustração Brasileira*, n.3, 1º de agosto de 1876, p.45-6.

a possibilidade de os trabalhos dessa Comissão servirem de base para a representação da natureza brasileira no estande nacional da Exposição Universal de Filadélfia, em 1876. Nesse sentido, segundo Freitas (2001, p.188), "a contratação de Hartt para o evento foi decisiva: ele organizou a seção de minerais do estande brasileiro, além de ceder fotos feitas por Marc Ferrez para a Comissão".

Assim, tanto no plano interno, referente à solução de questões ligadas à agricultura, quanto no externo, relativo à exportação de imagem progressista do Brasil, "o geólogo soube [...] se inserir no sistema político de patronagem, coordenado por d. Pedro II, que permeava toda a sociedade do Império" (ibidem).

O minucioso texto publicado na "Revista Científica" – "A Comissão Geológica do Brasil" –, cujo objetivo era oferecer resumo dos "resultados das explorações da comissão geológica durante o primeiro ano de sua existência" (n.3, p.46), quase certamente era baseado no relatório que Hartt entregou ao ministro da Agricultura, Comércio e Obras Públicas, Tomás José Coelho de Almeida, em maio de 1876. As informações referiam-se aos nomes dos integrantes da Comissão, os sítios arqueológicos visitados, bem como aos resultados até então alcançados. Formada dos seguintes profissionais: o engenheiro graduado em Cornell Elias Fausto Pacheco Jordão,[20] os geólogos Orville Derby (1851-1915)[21] e Richard Rathbun (1852-1918),[22] o tradutor Francisco José de Freitas, o fotógrafo Marc Ferrez, os assistentes John Casper Branner e Herbert Smith, a equipe explorou a costa da província de Pernambuco, examinando "os recifes de coral, as interessantes praias consolidadas, e especialmente a grande e curiosíssima bacia crustácea de Maria Farinha, onde colheu uma coleção magnífica de fósseis, material para o capítulo importante da história geológica

---

20 "No começo de 1876, Elias Jordão deixou o posto, que foi assumido por Luther Wagoner, o qual saiu em julho de 1877, quando foi anunciado o corte no orçamento da comissão. Wagoner foi finalmente substituído por Frank Carpenter, que ficou até a morte de Hartt, em março de 1878" (Freitas, 2002, p.194-5).

21 Geólogo norte-americano naturalizado brasileiro, Orville Adalbert Derby ingressou na Universidade de Cornell, fundada em 1865 na cidade de Ithaca. A convite de Charles Frederick Hartt, fez parte da Expedição Morgan, em 1870, e da Comissão Geológica do Império, em 1875. Com a dissolução da Comissão, Orville Derby foi nomeado para o Museu Nacional, em 1877. Em 1886, foi designado Diretor da Comissão Geográfica e Geológica do Estado de São Paulo, tendo permanecido até 1904.

22 Geólogo norte-americano formado na Cornell University, em 1871, Rathbun integrou a Comissão Geológica do Império do Brasil no ano de 1876 a convite de Hartt, sendo responsável pela coordenação de trabalhos científicos da referida comissão. Foi secretário assistente do Instituto Smithsoniano em 1897 e curador do Museu Nacional em 1899. Trabalhou ainda no setor pesqueiro e de Biologia na América do Norte.

do país" (n.3, p.46). Em seguida, a expedição Hartt dirigiu-se às províncias de Alagoas, Sergipe, interior de Pernambuco, percorrendo o Rio São Francisco, "onde teve ocasião de estudar detidamente a majestosa e imponente catarata de Paulo Afonso" (n.3, p.46).

Em fins de novembro de 1875, Frederick Hartt volta ao Rio de Janeiro com larga coleta de materiais, além de uma série de fotografias de Ferrez, a serem expostos no Ministério da Agricultura, Comércio e Obras Públicas, edifício escolhido para abrigar a Exposição Nacional de Obras Públicas, evento organizado pelo governo imperial com o objetivo, entre outros, de expor os trabalhos da Comissão Geológica do Império. Um dos pontos altos da exposição, a conferência de Hartt, apresentou resultados parciais dos seus estudos sobre os recifes de corais, contando com a presença de numerosa plateia, em meio à qual encontrava-se o imperador. Ao final da exposição do geólogo, Marc Ferrez projetou, com o auxílio de um aparelho denominado "estereocophion", suas chapas, que incluíam "imagens de Pernambuco, a região do porto em Recife, o Rio São Francisco, povoações e cidades ribeirinhas e as cachoeiras de Paulo Afonso, confrontadas, na ocasião, com imagens das cataratas do Niágara" (Turazzi, 1995, p.143). Essas fotografias – instrumento de pesquisa científica, que se prestava "às exigências crescentes de *visualização dos seus resultados*" (ibidem) – mais tarde serão enviadas à Exposição Universal de Filadélfia.

No início de 1876, a equipe de Hartt se dividiu: Branco e Freitas foram para Sergipe, Derby, Rathbun e Ferrez, para a Bahia, enquanto o chefe da expedição permanecia na corte. Segundo a *Revista Científica*, a primeira turma conseguiu coletar "uma coleção de fósseis superior à de Pernambuco, quer em número de espécies novas, quer no de espécimens" (n.3, p.46). A segunda fez "observações muito importantes especialmente sobre os recifes, sendo estes estudos acompanhados de numerosas fotografias devidas ao Sr. Ferrez" (ibidem).

Em abril, Hartt foi à Bahia examinar os trabalhos das duas equipes. Achou as explorações "tão completas, que se retirou, enviando o Sr. Freitas para a corte comissionado em acompanhar as coleções" (ibidem). Na companhia de Derby, Bruner e Ferrez, o geólogo canadense explorou o Recôncavo Baiano, "onde encontrou camadas fossíferas de idade cretácea" (ibidem).

O mau tempo impediu o grupo de prosseguir a exploração da costa da Bahia, motivo por que Hartt envia Derby e Freitas ao Amazonas, "a fim de continuarem os estudos do Dr. Smith no terreno carbonífero" (ibidem), Braner a Pernambuco e Rathbun, Ferrez e Wagoner à Bahia, para que ultimassem as

164 SÍLVIA MARIA AZEVEDO

"coleções" de materiais, que, armazenadas na corte, já "montam a 300 caixões, e mais de 100 outros existem em mãos de ajudantes" (ibidem).

Além de abundante amostra de rochas, "ilustrando a geologia das regiões exploradoras", a coleção incluía fósseis, várias espécies de corais, instrumentos de pedra, louça, amostras de animais, "sendo de especial valor os peixes e os invertebrados". A *Revista Científica* acrescenta que havia também fotografias (mais de trezentas) de Marc Ferrez, Braner e Rathbun "iluminando de modo muito completo as regiões exploradas" (ibidem).

O texto "A Comissão Geológica do Brasil" incluía um agradecimento a O. C. James, "secretário da comissão", cujo eficaz auxílio tinha concorrido para "vencer as dificuldades e aproveitar o tempo em tão laboriosos trabalhos", terminando por informar que Hartt "deve continuar em breve os seus estudos pelo interior das províncias do Império", e que a *Ilustração Brasileira*, por intermédio da *Revista Científica*, se sentirá feliz "em fornecer aos leitores novas e preciosas [sic] pormenores àcerca [sic] de tão úteis e necessárias explorações" (ibidem).

O que de fato irá acontecer, ainda no n.3 do periódico, que publica "Cachoeira de Paulo Afonso",[23] assinado "C. F. Hartt", a funcionar como espécie de legenda a respeito da gravura procedente de fotografia de Marc Ferrez para a Comissão Geológica do Império, que antecede o texto. É possível supor que a matéria tenha sido extraída da conferência do professor Hartt, durante a Exposição de Obras Públicas, em 1875, no Rio de Janeiro, ocasião em que Ferrez, como se disse, expôs suas fotografias, entre elas as das cataratas de Paulo Afonso e Niágara. Outra hipótese é que o autor do texto, sem identificação na *Ilustração Brasileira*, era alguém que, presente à conferência, e impressionado com as imagens das duas cataratas, tenha resolvido "recortar" a fala do outro, concentrando-se na comparação entre Paulo Afonso e Niágara, a partir da qual a primeira se sobrepunha à segunda, em razão do maior volume de água do Rio São Francisco na época da cheia:

> Em seus caracteres físicos há notável semelhança entre esta parte do rio São Francisco e o rio Niágara. Em ambos um imenso rio desdobrando-se em vasto leito, desce abruptamente por meio de uma gruta funda e escarpada. Mas nos seus pormenores as duas séries de cascatas diferem inteiramente entre si.

---

23 "Cachoeira de Paulo Afonso". C. F. Hartt. *Ilustração* Brasileira, n.3, 1º de agosto de 1876, p.38. A gravura foi identificada com a seguinte legenda: "Parte da Queda Superior da Cachoeira de Paulo Afonso, de uma Fotografia pela Comissão Geológica".

Quando o rio São Francisco está cheio, o volume das suas águas sendo maior, o aspecto da cachoeira é por consequência mais majestoso; porém não é possível aproximar-se do lado esquerdo do canal. (n.3, p.37)

Se na cheia do São Francisco era impossível a aproximação da cachoeira Paulo Afonso, é de supor que Ferrez tenha podido fotografá-la somente na baixa do rio, quando a imponência e a supremacia da cachoeira brasileira em relação à norte-americana deviam ser imaginadas pelo leitor, diante da gravura, como deve ter feito o autor do texto, diante da fotografia:

Tal é a majestade quando o rio está baixo, mas quando sobe durante a enchente *deve ser mil vezes mais imponente.*
Então os penhascos que se veem na gravura estão quase cobertos, sendo o volume d'água imenso; *mas é natural, porém, que a magnificência desta cena não fosse nunca admirada pelo olhar humano.* (ibidem; os grifos são meus)

Há que observar, em primeiro lugar, que o tema da fotografia de Ferrez não é original: antes dele, Augusto Riedel já havia fotografado a Cachoeira de Paulo Afonso, quando participou da viagem que o duque de Saxe e seu irmão, Luís Felipe (como se sabe, o primeiro foi marido da princesa Leopoldina, o segundo, da princesa Isabel) fizeram ao interior do Brasil, em 1868 (Vasquez, 1985, p.156-7). Aqui, a fotografia foi objeto de inúmeros retoques, sobretudo na inserção da figura humana em primeiro plano, o que transforma a imagem em um produto híbrido, meio desenho, meio fotografia. "Quase perdido em meio à imensidão da cachoeira de Paulo Afonso", observa ainda Pedro Vasquez (1985, p.157), "o ser humano surge aí para dar um referencial de tamanho à paisagem, prática comum, herdada da pintura, a toda a fotografia de paisagem do século XIX". Haveria que se observar, igualmente, que a inserção da figura humana ante a cachoeira reitera a visão contemplativa, extasiada, com a qual a natureza era vista pelo olhar da pintura e do desenho, em particular, de matriz romântica.

Ora, quando se compara a fotografia de Marc Ferrez (2002, p.84) com a reprodução xilográfica na *Ilustração Brasileira,* reitera-se aquela visão romântica da paisagem, em que dois homens, à esquerda da gravura, contemplam, como que maravilhados, o espetáculo das águas, leitura que a legenda, como se viu, irá reiterar. No original fotográfico, no entanto, as duas pessoas, afastadas uma da outra, aparecem olhando para a câmara, em lugar da catarata, atitude que as transforma igualmente em personagens, embora discretas, da cena, tomada pelo volume das águas. Aliás, esse é maior na fotografia do que na gravura, que também suprimiu a cabeça de um terceiro homem, em primeiro plano, no lado direito da foto.

Por conta dessas modificações, é possível dizer que o gravador, ainda impregnado da atmosfera romântica a partir da qual a natureza brasileira era vista por desenhistas, pintores e viajantes estrangeiros, reproduz essa visão na leitura da fotografia da Cachoeira de Paulo Afonso, de Marc Ferrez. Este, por sua vez, olha aquela paisagem por outro ângulo, antes como objeto de inspiração de cientistas e empreendedores, dando a entender, tendo em vista a procedência da imagem, os inúmeros obstáculos, metonimizados pela Cachoeira de Paulo Afonso, enfrentados pelos integrantes da Comissão Geológica do Império.

Entre agosto de 1876, mês em que o periódico dos Fleiuss publicava resumo da primeira parte dos trabalhos da Comissão, e começo de 1877, Hartt partia com seu grupo para pesquisar o sul do País. Na companhia de Wagoner, o geólogo rumou para Santa Catarina. Depois, Wagoner foi para o Paraná, enquanto Rathbun se dirigiu ao interior de São Paulo. Ao mesmo tempo, Derby, Freitas e Smith, foram para o Amazonas (Freitas, 2001, p.198). Os votos da *Ilustração Brasileira* para que Hartt desse prosseguimento às suas pesquisas vão na contramão da notícia, que começava a circular em 1º de julho de 1877, de que os trabalhos da expedição deveriam ser suspensos.

Estando ou não a par da resolução do Ministério da Agricultura, Comércio e Obras Públicas, os editores continuarão a trazer notícias a respeito da comissão Hartt, que não apenas prosseguia com as pesquisas, mas também contava com o amparo do governo imperial. O canal de informação, dessa vez o "Boletim Bibliográfico",[24] destaca a conferência que Charles Frederick Hartt apresentou no Museu Nacional, órgão do qual o cientista passou a ser diretor da Seção de Geologia, em 1876, a convite de Ladislau Neto. Não há informação quanto à data da conferência que, anterior à publicação do Boletim, este dá a entender que o evento é recente. Em reconhecimento da reputação do "Sr. Frederico Hartt, jovem sábio que, com raro atilamento e perspicacidade, tem patenteado segredos da nossa natureza selvagem e ferocíssima", a intenção do boletim é "bem dizer dos altos poderes públicos,

---

24 "Boletim Bibliográfico" [sem assinatura]. *Ilustração Brasileira*, n.4, 15 de agosto de 1876, p.51.

BRASIL EM IMAGENS **167**

fazendo por algum tempo fixar-se entre nós uma notabilidade daquela ordem, e que tanto faz, e promete fazer" (n.4, p.51).[25]

Empenhada em informar o andamento das pesquisas da Comissão Geológica do Império, a *Ilustração Brasileira* continua a trazer ao leitor da corte os "últimos" resultados obtidos pela expedição científica. A coluna "Várias Notícias",[26] publicada em novembro de 1876, vai se referir à volta de parte da equipe para o Rio de Janeiro, em 1875, trazendo grande coleta de materiais, ocasião em que Hartt, juntamente com Ferrez, apresentaram-se na Exposição de Obras Públicas, conforme foi comentado. Na transcrição de parte das cartas que Derby e Freitas – na ocasião, explorando a bacia carbonífera da província do Pará, na companhia de Smith – escreveram ao geólogo, o periódico dá a entender que tinha acesso a documentos de circulação privada, de posse dos quais os editores recortaram partes que informavam a respeito do potencial geológico da região explorada, em vista da grande quantidade de carvão:

> Esta bacia, escrevem-nos, estende-se sobre uma grande superfície, especialmente ao lado norte do Amazonas, e não tem menos de 300 milhas de comprimento.
>
> Que esta série de rochas é realmente carbonífera, não resta dúvida alguma, e seria de muito para admirar se nessa grande bacia não se achasse carvão. Conviria muito fazer-se mais tarde um estudo mais minucioso de uma parte do terreno, por meio de sondagens. Por enquanto, a comissão limita-se a fazer um reconhecimento da bacia, no intuito de determinar-lhe os limites. (n.9, p.143)

Como se sabe, no contexto tecnológico do século XIX, o carvão é das principais fontes de energia, fornecendo, com exceção da Rússia, 95% do total da Europa (Hobsbawm, 1988, p.47). Compreende-se a importância do fragmento mencionado, a partir do qual se confirmava o prognóstico de que muito em breve o País seria de fato um "Brasil Industrial",[27] assim como o tirocínio do imperador em patrocinar a Comissão Geológica do Império.

A notícia final de que "o professor Hartt partirá brevemente para explorar a bacia carbonífera de Santa Catarina, que nunca foi explorada por nenhum

---

25 Marcus Vinicius de Freitas (2002, p.190-203) não traz informação a respeito dessa conferência de Hartt, talvez seja um dos quatro textos que o pesquisador escreveu a respeito dos mitos e arte indígena publicados na *Revista da Exposição Antropológica Brasileira*, editada em 1882.

26 "Várias Notícias" [sem assinatura]. *Ilustração Brasileira*, n.9, 1º de novembro de 1876, p.143.

27 "Brasil Industrial" [sem assinatura]. *Ilustração Brasileira*, n.16, 15 de fevereiro de 1877, p.249-50; n.17, 1º de março de 1877, p.262; n.18, 15 de março de 1877, p.298-9.

geológico [sic]" (n.9, p.143), quando o cientista já se encontrava no Sul, desde agosto de 1876, dava a entender que os trabalhos da Comissão continuavam a pleno vapor, o que de fato estava acontecendo, somente a Comissão não sabia que a sua sorte já tinha sido decretada pelos órgãos do poder imperial.

Depois da coluna "Várias Notícias", a *Ilustração Brasileira* não vai trazer nenhuma informação a respeito da Comissão Geológica do Império. A história conta que, em junho de 1877, Hartt estava de volta à corte, para estudar e organizar o material coletado, que era enorme. Foi então que ficou sabendo da extinção da comissão, na narrativa de Rathbun, o primeiro biógrafo de Hartt:

> Em junho de 1877, movido por motivos econômicos, e discordando do volume e do valor do trabalho até ali feito pela comissão, o governo deu ordens para a temporária suspensão do serviço em 1º de julho. Depois de o Ministro da Agricultura e outras autoridades, entretanto, terem sido convencidos da perda que representaria para o Brasil a interrupção de uma empreitada tão importante, instruções foram dadas para que o trabalho seguisse no Rio, ao menos até o final do ano. (apud Freitas, 2001, p.203)

Além de motivos econômicos, o governo tinha expectativa imediatista quanto aos resultados dos trabalhos, para uso na agricultura, enquanto o interesse de Hartt não era pela agricultura, e sim pela ciência. No entanto, o geólogo canadense vai recorrer a argumentos da ciência aplicada na defesa da Comissão Geológica do Império diante do ministro da Agricultura, sobretudo o uso dos conhecimentos sobre o solo como estratégia de combate à seca do Nordeste (Freitas, 2001, p.210).

Há que lembrar que a seca, de há muito, vinha atormentando os habitantes da região nordestina, assim também os políticos. A longa estiagem que se estendeu de finais de 1877 a meados de 1879, uma das maiores da história brasileira, vai ser abordada em três ocasiões pelo cronista Machado de Assis, ou antes, Manassés, na seção "História de Quinze dias", da *Ilustração Brasileira*, conforme será tratado no último capítulo deste trabalho. Serão essas as únicas notícias da seca do Ceará, publicadas no periódico carioca, cujos editores não teriam interesse, está claro, em dar maior espaço a esse incômodo e grave problema, com inevitáveis repercussões junto ao governo imperial, tanto mais que ausente o chefe da nação, o que só fazia recrudescer as insatisfações das províncias do Norte.

Quando D. Pedro II volta ao Brasil, em 26 de setembro de 1877, depara, além da seca que assolava o Ceará, com outra "catástrofe", essa agora tendo-se

BRASIL EM IMAGENS **169**

abatido sobre a Comissão Geológica do Império, cujo fim havia sido decretado pelo Ministério da Agricultura. Ainda assim, tão logo chegou, o imperador foi visitar os geólogos, ainda no depoimento de Rathbun:

> O Imperador, logo após retornar para o Rio (no outono de 1877), fresco ainda dos museus do Velho Mundo e da América do Norte, cuidadosamente inspecionou o prédio e os trabalhos da Comissão. Ficou assombrado de ver que o pequeno grupo que ele havia deixado dezoito meses antes, trabalhando retirado entre as rochas do norte do Império, havia construído em sua própria capital um laboratório de ciência tal como os que ele, encantado, havia recentemente visitado nos centros científicos. Mostrou todo o seu apreço pelo valor de novo Museu de Geologia, tanto para o seu país como para o mundo, e foi generoso em suas palavras de louvor ao talentoso chefe, que o tinha construído. Ao sair do edifício, praticamente a única coisa que disse foi "seu trabalho vai continuar". (apud Freitas, 2001, p.211-12)

Farsa do imperador? Ou ele próprio ainda não tivesse atinado que a dissolução da comissão acenava para a queda da Monarquia? A próxima "dissolução", em abril de 1878, será da *Ilustração Brasileira*. Embora Fleiuss não dependesse do patrocínio direto de D. Pedro II, como acontecia com a comissão, a permanência do monarca no poder era condição para que o periódico continuasse a atuar como porta-voz da política imperial.

Ao final de dezembro de 1877, Hartt entregava o relatório em que apresentava os argumentos de defesa no sentido da continuidade dos trabalhos da Comissão Geológica; em janeiro de 1878, formava-se o gabinete liberal, passando José Lins Vieira Cansanção de Sinimbu a responder pela pasta da Agricultura, à qual a comissão estava filiada. Assim, embora endereçado a Tomás José Coelho de Almeida, o relatório final de Hartt acabou indo parar nas mãos de Sinimbu, que não deve ter dado muito atenção, naquele momento, ao assunto. A troca de ministério, por sua vez, é significativa da "política de patronagem", nos termos de Marcus Vinicius de Freitas (2002, p.223): "A política de patronagem completava o seu circuito natural, onde as benesses concedidas pelo padrinho poderiam a qualquer momento ser retiradas, para entrar na conta do jogo político".

O pesquisador aventa a hipótese de que com o tempo a Comissão seria incorporada aos objetivos de Sinimbu, como ministro da Agricultura, mas antes que isso acontecesse, Hartt veio a falecer de febre amarela, no Rio de Janeiro, em 18 de março de 1878. Frank Carpenter, engenheiro da comissão, relata os momentos finais de Frederick Hartt, em carta a Lucy Lynder Hartt, esposa do geólogo:

> O Professor morreu no domingo de manhã, 18 de março. Na noite anterior, sentei-me com ele até às 10 horas, e então me retirei até às 2 horas, porque minha doença recente havia me deixado com febre, além de que nenhum perigo era divisado por ninguém, a não ser por ele mesmo, que se sentia cada vez mais fraco e temia um ataque severo da febre cerebral. A pedido seu, o médico veio por volta das nove horas, e não viu qualquer motivo para alarme. O remédio prescrito fez efeito a princípio, mas durante a noite veio o delírio. Sua respiração era dificultada pela asma, e um esforço para respirar resultou no ataque apoplético. Derby esteve com ele durante toda a noite.
>
> Uma noite anterior à sua morte, ele conversou muito comigo sobre assuntos comuns, apontando a beleza do céu, chamando minha atenção para a festa que acontecia na igreja do Largo do Machado, e expressando sua ansiedade sobre o destino da Comissão Geológica, assunto do qual ele dizia que não podia afastar os pensamentos; quem dera a Comissão tivesse durado. (apud Freitas, 2001, p.220)

A *Ilustração Brasileira* não vai fazer nenhuma referência à morte de Hartt, talvez em razão das circunstâncias que cercaram o falecimento do ilustre geólogo canadense, o que ainda mais depunha contra o Brasil, como se não bastasse o fato de a Comissão Geológica ter sido desativada. Em contrapartida, a revista de Fleiuss vai dedicar longo necrológio a José Tomás Nabuco de Araújo, que veio a falecer no dia 19 de abril de 1878.[28] A *Ilustração Brasileira*, mais uma vez, fará silêncio quanto ao fato de o conselheiro Nabuco de Araújo também ter morrido de febre amarela, procedimento adotado por Manassés no comentário ao passamento do eminente político brasileiro.

Uma última matéria, de ligação indireta com Hartt, vai ser publicada na *Ilustração Brasileira*. Trata-se do texto "Colégio Cornell – Universidade de Ythaca (Estados Unidos)",[29] em que a criação da instituição de ensino agrícola por ato governamental é apresentada como obra benemérita de Ezra Cornell, que teria doado ao estado 1.250 contos, além de terras, edifícios e coleções de geologia e paleontologia. A matéria sem assinatura faz referência a grandes cientistas

---

28 "O Conselheiro José Tomáz Nabuco de Araújo". *Ilustração Brasileira*, n.40, abril de 1878, p.280.

29 "Colégio Cornell – Universidade de Ythaca (Estados Unidos)". *Ilustração Brasileira*, n.28, 15 de agosto de 1877, p.72.

que passaram pela Universidade de Cornell, como Agassiz, Dana, Gilman, Siber, Guyot, Park. Não é feita nenhuma menção ao nome de Hartt, que fora professor em Cornell, reconhecido como responsável pelo estreitamento das relações entre os Estados Unidos e o Brasil, uma vez que o geólogo de origem canadense tinha estado no Brasil, em 1865, conforme mencionado, na condição de assistente de Louis Agassiz, e integrante da Expedição Thayer.

Se o texto a respeito da Universidade de Cornell não menciona o nome de Hartt, em outra fotografia de Marc Ferrez, publicada no número seguinte – "Vista de Parte da Ilha de Santa Bárbara dos Abrolhos"[30] – os créditos não apenas fazem alusão à Comissão Geológica do Império, como também ao chefe da expedição. Hartt esteve pesquisando os recifes de Abrolhos com a expedição chefiada por Agassiz e no ano seguinte, em 1866, em viagem de três meses, patrocinada, entre outros, por três instituições nova-iorquinas. Essa viagem foi narrada em uma série de artigos, sob o título de "A vacation to Brazil", publicados na revista *The American Naturalist*, entre 1867 e 1868 (Freitas, 2002, p.82).

Por se tratar de uma fotografia panorâmica, o periódico reservou a ela o privilégio da página dupla, além de aliar no mesmo espaço texto e imagem, sendo essa, nesse caso, em razão de suas dimensões, encarregada de dirigir o olhar do leitor, tendo em vista a perspectiva geológica a partir da qual os elementos da paisagem, em especial as rochas, foram captados pelas lentes do fotógrafo.

Enquanto a fotografia de Ferrez sobre a Catarata de Paulo Afonso é animada pela presença do homem, nessa de Santa Bárbara o solitário farol é o único vestígio humano na ilha, paraíso geológico, ainda intocado, território riquíssimo para a exploração do cientista, e não apenas dos exploradores do passado, ávidos de riquezas. Os habitantes do lugar – os cabritos selvagens, as fragatas, os insetos, como a aranha caranguejeira – pareciam os seres capazes de viver em lugar tão inóspito e deserto, aspecto realçado na imagem "seca" da paisagem (como também da descrição), na fotografia de Marc Ferrez.[31] Acidentes geográficos, como o "célebre e perigoso Parcel de Abrolhos" (n.29, p.73), colaboravam igualmente para afastar os navios do lugar, aqueles que

---

30 "Vista de Parte da Ilha de Santa Bárbara dos Abrolhos. Tirada pela Comissão Geológica, sob a Direção do Professor Hartt". *Ilustração Brasileira*, n.29, 1º de setembro de 1877, p.72-3.

31 Não foi possível, ainda, localizar a fotografia de Marc Ferrez sobre a ilha de Santa Helena, na Bahia, de modo a poder identificar possíveis alterações no confronto entre o original fotográfico e a cópia xilográfica.

se aventuravam vindo a se espatifar nos recifes, o que veio colaborar para a preservação das ilhas de Abrolhos.

Anteparo protetor, o Parcel de Abrolhos não impede a aproximação dos pescadores da região, frequentada por baleias, que apanhadas no mar e levadas a reboque até a costa, muitas vezes são atacadas por tubarões. O comentarista da imagem destaca os lucros que poderiam advir de "pescaria tão rica", desde que praticada com melhor critério, visão mercantilista em relação às ilhas de Abrolhos a contrastar com a preocupação científica da Comissão Científica do Império: "É pena que uma pesca tão rica, na costa de um país que tanto precisa deste gênero alimentício que manda vir bacalhau, sardinha e peixe em latas do estrangeiro para o seu consumo, não seja aproveitada" (n.29, p.73).

Soa estranho que um texto descritivo, em princípio neutro, com ênfase na geologia do arquipélago dos Abrolhos, se encerre com esse comentário a respeito do potencial pesqueiro da região. Fica a suspeita se a observação de caráter opinativo, a modo de "enxerto", não partiu daquele que escreveu a "legenda", o qual parece ter tido acesso aos dois textos que, em continuação ao "The vacation trip to Brazil", foram igualmente publicados na revista *The American Naturalist*, durante 1868 e 1869, a saber: "A naturalist in Brazil" e "The cruise of the Abrolhos", visto que, em ambos, Hartt descreve o trabalho dos baleeiros em torno da caça à baleia (Freitas, 2002, p.92). À procura de informações para complementar a "vista" da Ilha de Santa Bárbara de Abrolhos, o encarregado pelo texto teria descartado os aspectos mais propriamente narrativos dos artigos de Charles Hartt, concentrando-se nas descrições, sem porém deixar de "colaborar" no trabalho do naturalista. Por enquanto, essa é tão somente uma hipótese, só confirmada quando for possível entrar em contato com os mencionados artigos de Hartt.

Se a seleção da fotografia a respeito da Ilha de Santa Bárbara, como de outras de Marc Ferrez, relativas à Comissão Geológica do Império,[32] publicadas na *Ilustração Brasileira*, teve a Exposição de Obras Públicas como critério de referência, as modificações introduzidas em relação àquela de Paulo Afonso, assim como a observação a respeito do potencial pesqueiro da região de Abrolhos vêm apontar perspectivas possivelmente diferentes, tendo em vista os respectivos contextos de exposição do material fotográfico: na Exposição

---

32 Outras fotografias de Marc Ferrez, publicadas em cópia xilográfica na *Ilustração Brasileira*, farão parte do próximo capítulo.

de 1875, ilustrando a conferência de Hartt; na revista de Fleiuss, a serviço da política ligada aos desenvolvimentos materiais do governo de D. Pedro II, em que a pesquisa científica aliava-se a propostas práticas.

Assim, por um lado, as fotografias de Ferrez, memória viva da comissão, assumem sentido simbólico de consagrar instituições, monumentos e pessoas. Quanto a estas, é possível entender que as mais diretamente consagradas fossem o imperador, por ter patrocinado a Expedição Geológica, e o próprio fotógrafo, cuja colaboração fora decisiva na divulgação dos estudos de Hartt. Não por acaso, a fotografia da cascata de Paulo Afonso saiu no mesmo número em que a gravura de capa, já comentada, é dedicada "Aos Soberanos Augustos do Brasil".

As fotografias de Ferrez prestam-se ainda a ser interpretadas como símbolo de civilização dos mais fortes do século XIX, cuja entrada em nosso país encontrava em D. Pedro II, ele mesmo fotógrafo amador, ardoroso adepto. Revelar um Brasil desconhecido, ainda não mostrado em desenhos e pranchas pelos artistas que integraram expedições naturalistas e etnográficas que percorreram o País, anteriormente à expedição Hartt, é outro aspecto a ser discutido no próximo capítulo.

Figuras 45 a 54 – Os desenhos de viajantes, como Franz Keller Leuzinger, mostram um Brasil ainda só natureza, à espera dos melhoramentos do Império.

Figura 45 – *Ilustração Brasileira*, n.2, 1876.

Figura 46 – Le Tour du Monde, 1874.

Preparo para a caçada do Crocodillo

Cabeça d'um tapir, nadando perseguido pelos cães.

Figura 47 – *Ilustração Brasileira*, n.2, 1876.
Figuras 48 – *Ilustração Brasileira*, n.3, 1876.

BRASIL EM IMAGENS 177

Pescaria com o côvo.

Figuras 49 – *Ilustração Brasileira*, n.5, 1876.

Figura 50 – Dançarino com facão, *Le Tour du Monde*, 1874.

Figuras 51 – Tapir morto pelos índios, *Le Tour du Monde*, 1874

Capitão Pay, chefe dos indios Cayowa   Indio Mozo de Trinidad

Figura 52 e 53 – *Ilustração Brasileira*, n.6, 1876.

Capitão Vey-Bang chefe dos indios Coroados

Figura 54 – *Ilustração Brasileira*, n.7, 1876.

Figuras 55 a 58 – A fotografia vai revelar imagens dos índios brasileiros, seus usos e costumes, muito diferentes daquelas difundidas pelos desenhos dos cientistas-viajantes.

Figura 55 – Família de índios Ticunas, Fotografia de Albert Frisch, 1865.

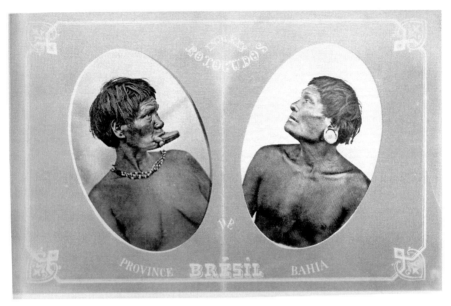

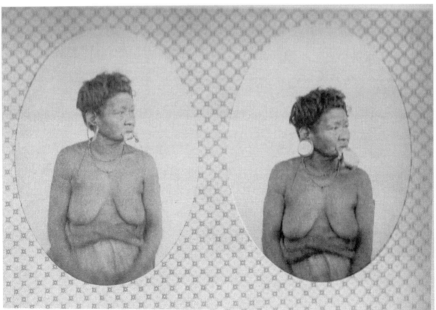

Figuras 56 e 57 – Índios Botocudos, Fotografias de Marc Ferrez, 1876.

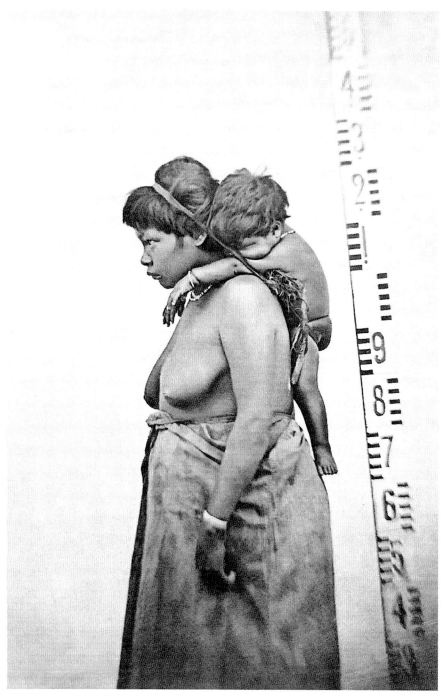

Figuras 58 – Índias Botocudos, Fotografia de Marc Ferrez, 1876.

BRASIL EM IMAGENS 185

Figuras 59 a 62 – Imagens dos trabalhos da Comissão Geológica do Brasil, procedentes de fotografias de Marc Ferrez, são publicadas na *Ilustração Brasileira*.

Figura 59 – *Ilustração Brasileira*, n.3, 1876.

Figura 60 – Fotografia de Marc Ferrez sobre Paulo Afonso, 1875.

BRASIL EM IMAGENS 187

Figura 61– Fotografia de August Riedel sobre a Cachoeira de Paulo Afonso, 1868.

Figura 62 – *Ilustração Brasileira*, n.29, 1877.

6
O BRASIL DE MARC FERREZ[1]

Enquanto os desenhos do engenheiro Franz Keller-Leuzinger inscrevem-se na extensa tradição de "pintores-etnógrafos", constituída por artistas estrangeiros que visitaram o Brasil no século XIX, as fotografias de Marc Ferrez fazem parte da chamada "civilização da imagem", que começa a se delinear de fato, segundo Boris Kossoy (2001, p.134), "no momento em que a litografia, ao reproduzir em série as obras criadas pelos artistas do Oitocentos, inaugura o fenômeno do consumo da imagem enquanto produto estético de interesse artístico e documental", situação que irá se acentuar com o advento da fotografia, na segunda metade do século XIX. Em vez do desenho e da pintura, era a fotografia a expressão da modernidade de um país que tinha em D. Pedro II, praticante amador da nova tecnologia, a sua mais expressiva representação simbólica. Finalmente, tendo em vista a natureza testemunhal da fotografia, à subjetividade dos desenhos de Keller-Leuzinger contrapor-se-iam os atributos de "verdade", "imparcialidade", "objetividade" das imagens fotográficas de Ferrez, em consonância com o espírito realista que vem marcar a segunda metade do século XIX, representado, entre outras expressões, pela produção literária dos escritores do Norte, entre eles, Franklin Távora, presença marcante nas páginas da *Ilustração Brasileira*.

A oposição entre Franz Keller-Leuzinger e Marc Ferrez não estaria circunscrita apenas aos aspectos técnicos decorrentes das respectivas representações

---

1 Ainda que as xilogravuras da *Ilustração Brasileira* referentes a paisagens e espaços urbanos brasileiros procedam não apenas das fotografias de Marc Ferrez, optou-se pelo referido título, que remete a publicação recente de mesmo nome, uma vez que Ferrez comparece com número superior de imagens-matrizes em relação aos demais fotógrafos.

iconográficas, mas compreenderia igualmente a trajetória de ambos pelo Brasil: o primeiro, viajante estrangeiro que, tendo vivido entre nós, casando-se com a filha de George Leuzinger, retornará ao país de origem, a Alemanha, onde vem a falecer; o segundo, brasileiro de família francesa – o pai, Zépherin Ferrez, e o tio, Marc Ferrez, escultores integrantes da Missão Artística Francesa, chegam ao Brasil, em 1817 –, viajante também como o outro, com frequência visitou a França para aprimorar seus conhecimentos com a fotografia, mas sempre voltou ao Rio de Janeiro, onde fincou raízes e morreu, em 1928, cercado de glória. Anos antes, seus parentes também tinham escolhido a corte carioca como residência definitiva, Zépherin vindo a se casar em 1821 com Alexandrine Caroline Chevalier, mãe do fotógrafo.

Enquanto Keller é um misto de engenheiro, pintor e desenhista, Ferrez é o profissional da fotografia, cuja vida esteve inteiramente relacionada ao novo invento, pois que, como vão lembrar Burgi & Kohl (2005, p.58), "nasceu [em 1843] quatro anos após a apresentação oficial da daguerreotipia ao mundo e três anos após a chegada da nova tecnologia ao Rio de Janeiro, no começo de 1840". Órfão dos pais, em 1851, tendo também perdido o tio e padrinho, no ano anterior, todos vítimas da febre amarela, que então grassava na corte, o menino Ferrez foi enviado a Paris,[2] onde passa a viver com a família Dubois até 1860, quando regressa ao Brasil. Aqui chegando, inicia-se como fotógrafo, inaugurando seu ateliê em 1867, sob o nome de Marc Ferrez & Cia (Turazzi, 1995, p.113), o que compreenderia sociedade com Paul Théodore Robin, Revert Henry Klumb e Oscar Delaporte, proprietários da *Photographia Brazileira* (Burgi & Kohl, 2005, p.59-60).

Até bem pouco tempo dizia-se que Marc Ferrez teria trabalhado na Casa Leuzinger como aprendiz de fotógrafo, mas a informação não encontra respaldo em pesquisas mais recentes realizadas junto ao acervo do Instituto Moreira Salles, em particular as inúmeras cartas escritas por George Leuzinger aos seus familiares no período (Burgi & Kohl, 2005, p.60-61). Maria Ignez Turazzi (2005a, p.301), por seu lado, levanta a hipótese de que Ferrez pode ter aprendido a fotografar ainda em Paris, e não como assistente de Franz Keller na Casa Leuzinger, como acreditava Gilberto Ferrez. O que permite supor, segundo os pesquisadores Burgi & Kohl (2005, p.81), que "algumas das vistas urbanas do Rio de Janeiro

---

2 Maria Ignez Turazzi (2005a, p.39) levanta a hipótese de que Ferrez teria estado em Paris, possivelmente em 1847, na companhia do pai.

do período inicial da Casa Leuzinger possam ser de autoria de Ferrez, e não de Keller ou do próprio Georges Leuzinger". É provável também que Ferrez tenha prestado serviços à Marinha Imperial durante a Guerra do Paraguai, em vista do anúncio veiculado no *Almanack Laemmert*, em 1872, em que ele se apresenta como "Marc Ferrez. Fotógrafo da Marinha Imperial e das Construções Navaes do Rio de Janeiro, tendo como especialidade vistas do Rio e arredores, com todas as dimensões e a preços acessíveis" (ibidem, p.61). A partir dos anúncios de Ferrez no *Almanack Laemmert* quanto à área preferencial de atuação do fotógrafo – "especialidade de vistas do Brasil" (1872) e "especialidade de vistas do Rio de Janeiro" (1878) (Turazzi, 2002, p.35) –, o nome do fotógrafo passará a estar associado, no Brasil e no exterior, em particular àquelas últimas vistas.

O fascínio de Ferrez pela natureza do Rio de Janeiro, quando inicia suas atividades de fotógrafo, na década de 1860, também já havia sido experimentado, desde tempos mais remotos, por outros tantos viajantes e artistas, motivando-os a se aventurarem por caminhos, elevações e florestas em busca de belos panoramas. Por isso, se o Rio, como quer Maria Ignez Turazzi (2005a, p.17), "parece ter sido uma escolha natural para alguém que, nascido na cidade, devotou boa parte de sua produção à fotografia de paisagem", não é possível deixar de considerar, igualmente, a tradição de imagens produzidas por pintores estrangeiros que visitaram a corte, em relação à qual a fotografia de Marc Ferrez mostra extraordinária semelhança. Um desses pintores, o italiano Nicolò Facchinetti (1824-1900), chegou ao Rio de Janeiro no final de 1849, passando a produzir extensa coleção de paisagens, entre elas, o Pão de Açúcar, conforme a tela "Praia da Saudade na Enseada de Botagogo", de 1868, vista que recebe enquadramento muito semelhante à fotografia de Marc Ferrez, de 1880. O pesquisador Antonio Fernando De Franceschi (2005, p.103) supõe que ambos os artistas teriam se conhecido a partir de 1860, quando Ferrez retorna de Paris e pede o registro de sua firma, em 1867, passando a anunciá-la um ano depois no *Almanack Laemmert*.

A opção pela fotografia de paisagem pode ter sido estimulada pelo encantamento de Ferrez pela cidade, sem ser esquecida a relação do fotógrafo com os pintores que, antes dele, também retrataram o Rio de Janeiro, e foi talvez por intermédio da linguagem da pintura que o então jovem fotógrafo, depois de uma longa temporada na França, passou a olhar para a natureza carioca. Nesse sentido, era um Marc Ferrez ainda afrancesado, que (re)descobria a cidade onde nascera e de onde saiu quando criança. Se, por um lado, o Rio de Janeiro – "cidade tropical, marítima e montanhosa" – oferecia "um grande desafio à realização de panoramas fotográficos, sobretudo de grande formato" (Turazzi, 2005a, p.17); por outro, era sob aquela óptica, exótica, que o estrangeiro veria a capital carioca, muito embora a imagem procedesse da tecnologia e de um novo tipo de artista.

Vistas do Rio de Janeiro

Assim como a pintura teria influenciado a atividade fotográfica de Marc Ferrez, pelo menos em sua fase inicial, o mesmo vai acontecer em relação à própria fotografia, em particular aqueles fotógrafos que, de passagem pelo Rio de Janeiro, realizaram seus panoramas "combinando a visão prospectiva, que descortinava o horizonte de um ponto mais alto, com a visão pan-óptica ou circular, que alcançava os 360° do campo visual" (ibidem, p.27). Coube também à fotografia (como à pintura) eleger certos pontos elevados existentes na cidade, alguns dos quais vão se fazer representar na série de três "vistas do Rio de Janeiro" de Marc Ferrez, publicada pela *Ilustração Brasileira*: "Morro da Glória, Pão-de-Açúcar e Entrada da Baía do Rio de Janeiro",[3] "Rio de Janeiro, Vista da Cascata da Tijuca"[4] e "Vista da Pitoresca Baía do Rio de Janeiro".[5] A primeira e a terceira, gravuras de capa – lugar de destaque em sintonia com a visão panorâmica da paisagem –, são acompanhadas de legenda, afastada e próxima da imagem, respectivamente. A segunda gravura, página de fechamento do número do periódico, vem desacompanhada de texto explicativo, dando a impressão, como no primeiro caso, de que as fotografias, ou antes, as xilogravuras, se ofereciam como imagens que falavam por si mesmas.

É possível entender fosse intenção dos editores publicar a primeira xilogravura referida na capa do periódico, em consonância com a leitura da legenda, qual seja, a baía do Rio de Janeiro, porta de entrada dos viajantes que chegam ao Brasil, e se extasiam com "a fertilidade deste país imenso e os seus prodígios naturais", texto que prossegue no mesmo tom:

---

3 "Morro da Glória, Pão-de-Açúcar e Entrada da Baía do Rio de Janeiro. Fotografia do Sr. Marc Ferrez". *Ilustração Brasileira*, n.18, 15 de março de 1877, p.273 [gravura]; "A Baía de Guanabara" [legenda sem assinatura], p.287.

4 "Rio de Janeiro, Vista da Cascata da Tijuca. De uma Fotografia de Marc Ferrez". *Ilustração Brasileira*, n.25, 1º de julho de 1877, p.16.

5 "Vista da Pitoresca Baía do Rio de Janeiro. Tirada de Itapuca em S. Domingos". *Ilustração Brasileira*, n.12, 15 de dezembro de 1876, p.177.

Quem, após longa travessia, chega ao porto do Rio de Janeiro, exausto muitas vezes de ânimo e de forças, e depara com esse quadro, sem rival no mundo, sente-se outro; e por mais cético e cínico que seja não pode deixar de elevar os olhos para o céu, e, mentalmente mesmo, render ao Onipotente um preito de profunda homenagem, por ser esse magnífico panorama obra Sua. (n.18, p.287)

Em época que vive a sedução dos panoramas – "formato que convida a uma estruturação do espaço bem definida, com grandes planos e horizontes desimpedidos, parecendo romper os limites entre paisagem natural e sua representação por força da presença de um observador que se exprime pelo movimento e pelo alcance do olhar" (Turazzi, 2002, p.31) –, não é de estranhar a palavra vir mencionada na abertura do texto: "Entre os panoramas mais lindos, que pode oferecer uma natureza tão esplêndida como a nossa, onde a mão do homem quase nada tem a aperfeiçoar, e onde tudo é grande..." (n.18, p.272).

Observa-se, no entanto, que panorama, aqui, refere-se à imagem "desenhada" pela própria natureza e, como tal, expressão da criação divina, e não aquela que provém da nova tecnologia, mais exatamente a fotografia panorâmica, visão que refletia "a vocação das novas ciências da natureza e do homem para o levantamento abrangente e minucioso das riquezas vegetais, animais e minerais do planeta" (Turazzi, 2002, p.24).

Nesse sentido, se, por um lado, o panorama funcionaria para que, por seu intermédio, o fotógrafo, espécie de guia do olhar, educasse a visão de moradores e viajantes, que viam pessoalmente aquela "natureza tão esplêndida" (n.18, p.272), por outro, a reprodução da fotografia na forma da xilogravura, nas páginas da *Ilustração Brasileira*, leva o leitor a interpretar aquele conjunto granítico que se localiza na entrada da Baía de Guanabara – o Morro da Glória, o Pão de Açúcar, o Corcovado – a partir da legenda, por meio da qual o comentarista, ao se colocar no lugar do viajante, exprime o encantamento vivido por este, convertendo em palavras aquilo que é imagem, quando então se reitera a perspectiva idílica em relação à paisagem brasileira, particularmente abençoada por Deus.

O confronto entre o texto explicativo e a cópia xilográfica permite observar, no entanto, que a fotografia mostra, senão outra imagem, um ângulo da paisagem em que a massa de construções urbanas, em primeiro plano, se sobrepõe àquela "massa granítica", didaticamente identificada pela legenda, abaixo da foto. A leitura do comentarista limitou-se a identificar aqueles pontos geográficos mostrados pela fotografia, só faltando o acréscimo das respectivas setas indicativas, o que faz pensar fosse ao leitor estrangeiro a quem as informações se dirigiam, como se depreende da seguinte observação: "Para aqueles que não tiveram ainda a felicidade de admirar a baía de Guanabara, aqui damos parte dela no presente número da *ILUSTRAÇÃO BRASILEIRA...*" (n.18, p.257; maiúsculas no original).

Para o olhar interessado não apenas em catalogar a paisagem, mas explorar sua potencialidade simbólica, seria possível interpretar a composição fotográfica do ponto de vista da cidade que contempla, talvez, com o mesmo arrebatamento do viajante estrangeiro, aquele conjunto de elevações do Rio de Janeiro. Sob esse ângulo, a paisagem era vista com olhos modernos, o olhar da cidade, símbolo de civilização dos mais expressivos, no contexto do século XIX. No *vis a vis* fotográfico, natureza e civilização configuram um conjunto harmônio, integrado, enquanto a legenda, como se viu, não faz referência à obra do homem em relação àquela. O que é de estranhar, uma vez que era do interesse da *Ilustração Brasileira* promover a difusão da imagem de Brasil desenvolvido no exterior, identificando o país a núcleos urbanos como o Rio de Janeiro, conforme é mostrado na fotografia de Marc Ferrez.

Por vezes, tão somente o comentarista é incapaz de representar o esplendor da paisagem. O poeta, então, é chamado a traduzir em poesia a magnitude do panorama, tal a "Vista da Pitoresca Baía do Rio de Janeiro", tirada de Itapuca, em Niterói, na qual Gonçalves Dias ter-se-ia inspirado para a criação do poema "O Gigante de Pedra",[6] que a legenda identifica erroneamente como fazendo parte dos *Primeiros cantos*, quando o poema pertence aos *Últimos cantos*. A legenda, no entanto, não transcreve um verso sequer dos cinco cantos de que se compõe o referido poema, o que contraria prática comum entre os comentaristas de imagens da *Ilustração Brasileira*, que muitas vezes recorreram à poesia. Em continuidade à nota informativa, é lembrado que o cônego Januário da Cunha Barbosa compôs o poema "Niterói" (1823) em homenagem à Baía de Guanabara, e que a respeito dela Agassiz teria dito que "causa sobre o espírito impressão que jamais se apaga" (n.12, p.177).

Assim, não apenas a iconografia representada pela pintura e a fotografia haviam empreendido a cartografia visual dos principais pontos "pitorescos" da paisagem

---

6 Em nota do autor, Gonçalves Dias (2001, p.484) faz a seguinte observação em relação ao poema: "Alguns dos principais montes da enseada do Rio de Janeiro parecem aos que vêm do Norte ou do Sul representar uma figura humana de colossal grandeza: este capricho da natureza foi conhecido dos primeiros navegantes portugueses com a denominação de 'frade de pedra', que agora se chama o 'gigante de pedra'. Àquele objeto se fez esta poesia".

carioca, a poesia romântica, na companhia de cientistas-viajantes de passagem pela "cidade maravilhosa", também compusera a cartografia poética do lugar.

A imagem do gigante imenso que descansa – qual a cadeia de montanhas formada pelo Corcovado, Gávea e Pão de Açúcar – equivaleria à "personificação das riquezas físicas, culturais, étnicas do Brasil", também podendo ser interpretada como "símbolo que metaforiza a consciência da soberania e unidade do nosso povo" (Pasoni, 1998, p.113). Ao mesmo tempo que sobrevive à marcha da história – "Mudaram-se os tempos e a face da terra, / Cidades alastram o antigo paul; / Mas inda o gigante, que dorme na serra, / Se abraça ao imenso cruzeiro do sul" (Dias, 2001, p.299) –, o gigante mostra-se petrificado ("duro granito"), tristemente indolente, e por ora dorme, em completo alheamento: "Nem vê que duras desgraças, [...] Se lhe atropelam aos pés!" (ibidem, p.296).

Enquanto a fotografia, que se está atribuindo a Marc Ferrez,[7] a partir da hipótese de Burgi e Kohl, mantém contato com a pintura que empreendeu a cartografia da geografia carioca, no registro de imagens já canonizadas pelo pincel do pintor, o comentarista o faz com a poesia romântica, pois que continua a interpretar a natureza na leitura daquela, incapaz, talvez, de imprimir leitura nova à paisagem fotográfica, como veio mostrar a legenda da fotografia anterior. Ao mesmo tempo, a remissão à obra de Gonçalves Dias vem mostrar que a tradição romântica (poesia e pintura) – muito embora o País tivesse sido tomado pela onda realista – era ainda referência forte, entre nós, o que permite supor a fotografia da baía do Rio de Janeiro (seja de Leuzinger ou de Ferrez) tivesse sido "inspirada" pelo "Gigante de Pedra".

Por sua vez, identificar o Brasil à imagem de gigante adormecido, na interpretação do poema de Gonçalves Dias, contrariava o projeto de país ilustrado e progressista, conforme era pensado pelos homens de ciências de 1870, e que a *Ilustração Brasileira* assumiu difundir, em particular no exterior, como vem sendo observado reiteradas vezes. Compreende-se, portanto, o alcance da observação do comentarista em relação à "Vista da Pitoresca Baía do Rio de Janeiro", alertando para o fato de que o "panorama que ora se apresenta pouca ideia dá do desenvolvimento das habitações hoje estendidas pelo litoral de ambos os lados da cidade do Rio de Janeiro e da de

---

7   A fotografia, segundo Pedro Vasquez (2003, p.148-9), seria de George Leuzinger, assim identificada: "Pedra de Itapuca. Niterói, Província do Rio de Janeiro, 1867, Albúmen, 19,1 x 24,3cm". Marc Ferrez fotografou a Pedra de Itapuca em 1876 (cf. Freitas, 2001, p.183).

196 SÍLVIA MARIA AZEVEDO

Niterói..." (n.12, p.177), ou seja, o "gigante de pedra Brasil" despertou do torpor em que vivia imerso.

A aproximação, dessa vez, entre a fotografia e a xilogravura publicada na *Ilustração Brasileira* permite observar que, na primeira, o "gigante de pedra", a Pedra de Itapuca, na identificação geográfica, domina soberano, em meio à baía, emergindo das águas. Já na segunda, as elevações em volta, afastadas na matriz fotográfica, foram aproximadas do "gigante", o que reduziu a amplitude da vista panorâmica, o vazio da imagem fotográfica, preenchido (ou poluído) por uma série de "enfeites", até mesmo algumas velas ao fundo, que inexistem no original. Os acréscimos introduzidos, em particular a redução da escala de grandeza da paisagem, permitem entender que o gravador leu a imagem fotográfica no intuito de imprimir-lhe uma ordem, criar uma composição "harmônica", mais próxima do desenho acadêmico, e também porque aquela, registrada em 1867, não condizia mais com a situação atual do lugar, hoje bastante desenvolvido, no comentário acima transcrito.

A terceira "vista do Rio de Janeiro" publicada na *Ilustração Brasileira* – "Cascata da Tijuca" –, por demais conhecida,[8] como o eram o Morro da Glória, o Pão de Açúcar e o Corcovado, por isso, talvez, veio sem legenda. Nesse caso, o panorama se concentra na famosa queda d'água, que a leitora carioca, possível frequentadora da floresta da Tijuca, reconheceria no periódico. Não por acaso, a paisagem é animada pela presença de duas mulheres que, elegantemente vestidas, aparecem, ao abrigo das águas, na saliência de uma rocha – espécie de plataforma natural a cortar a cascata ao meio. Marc Ferrez vai voltar ao tema, em 1885,[9] introduzindo pequena, mas significativa, modificação em relação à fotografia, reproduzida em cópia xilográfica no periódico de Fleiuss: nesta última, o próprio Ferrez, segundo Pedro Corrêa do Lago (in Marc Ferrez, 2001, p.17), "escolheu posar abaixo da queda d'água para dar uma ideia da altura da Cascatinha da Tijuca ou Cascatinha Taunay, como era conhecida anteriormente". É possível pensar, igualmente, que o profissional da fotografia, então personalidade de destaque da corte carioca – fotógrafo da Marinha Imperial e da Comissão Ge-

---

8 Georges Leuzinger fotografou a "Cascatinha da Tijuca", imagem que faz parte do álbum *Rio de Janeiro et Ses Environs*. Rio de Janeiro, 1867 (cf. Vasquez, 1985, p.128-9). Mais uma vez deve-se lembrar a hipótese de Sérgio Burgi e Frank Kohl de que algumas fotografias atribuídas a Leuzinger, como essa da Cascatinha da Tijuca, podem ser de Marc Ferrez.

9 Em outro ensaio fotográfico da Cascata da Tijuca, também de 1885, duas mulheres aparecem em uma saliência de rocha, na parte de baixo da queda d'água (cf. Turazzi,2005a, p.193).

BRASIL EM IMAGENS **197**

ológica do Império, Ferrez havia conquistado vários prêmios e medalhas, além do título de Cavaleiro da Ordem da Rosa, conferido por D. Pedro II, em 1885 – não resistisse à tentação de perpetuar a própria imagem, sentido-se autorizado a posar na fotografia, reforçando-lhe o sentido autoral.

Já a fotografia, reproduzida em xilogravura na *Ilustração Brasileira*, tem o sentido de deleite, convivência harmoniosa com a natureza, representada pela presença das duas mulheres (se é que elas existem no original),[10] que desfrutam os prazeres daquele recanto do Rio de Janeiro, convite ao passeio, ao repouso, à leitura. Há que observar que nas fotografias de outros fotógrafos, que também exploraram o tema "passeio na floresta da Tijuca", ou em qualquer outro jardim público carioca, como aquela de Revert Henrique Klumb (1852 - ?) – "Senhoras no Passeio Público do Rio de Janeiro" –, de 1860 (Vasquez, 2003, p.212-13), a figura feminina domina a composição fotográfica, dando a entender que a mulher passava a ser presença constante em espaços públicos como aqueles, não vivendo mais reclusa em casa, como no passado, conforme a leitura dos viajantes estrangeiros que estiveram no Rio de Janeiro de 1800 a 1850.[11]

Voltando à cascata da Tijuca, aqui a queda d'água não domina sozinha a imagem fotográfica, à qual o leitor tem acesso por intermédio da xilogravura da *Ilustração Brasileira*, mas divide a cena com outras personagens, tão importantes, ou até mais, do que ela. Nesse sentido, fotógrafo e desenhista, este (talvez) guiado por aquele, sinalizam por intermédio daquelas duas mulheres as transformações introduzidas no traçado urbano do Rio de Janeiro, o Jardim da Tijuca tornando-se lugar de visitação pública, símbolo, ao mesmo tempo, da floresta transformada pela mão do homem,[12] a floresta dentro da cidade, e não como aquela, no distante Amazonas, indomável e cheia de perigos.

Por fim, outra possível razão de Fleiuss ter escolhido a fotografia de Ferrez como inspiração da xilogravura publicada na *Ilustração Brasileira* estaria no diálogo entre a "Vista da Cascata da Tijuca" e os desenhos dos "Passeios Públicos em Paris": "Os Champs Elysées e O Bois de Boulogne";[13] "O Bois de

---

10 Não foi possível ainda localizar essa fotografia de Marc Ferrez da Cascata da Tijuca, reproduzida na *Ilustração Brasileira*, nos álbuns fotográficos até agora pesquisados.

11 Míriam Moreira Leite (1997, p.29) mostrou, no entanto, que a mulher brasileira desse período encontrou inúmeras formas socialmente válidas de burlar aquela reclusão, por intermédio de festas e celebrações organizadas no âmbito da Igreja e mesmo da família..

12 De fato, a floresta da Tijuca foi replantada artificialmente durante o século XIX.

13 "Passeios Públicos em Paris. Os Champs Elysées, O Bois de Boulogne". *Ilustração Brasileira*, n.10, 15 de novembro de 1876, p.147-8.

Vincennes e O Parque de Monceaux",[14] jardins que traduzem aquilo que Paris representa para o mundo, conforme a legenda ao lado das imagens, "capital do mundo intelectual, artístico, civilizado" (n.10, p.147), modelos – quer no plano da relação harmoniosa do homem com a natureza, quer no da sociabilidade em espaços públicos – para o Brasil que se queria civilizado.

O Rio de Janeiro não era, porém, apenas a cidade das belas paisagens, imortalizadas por artistas e fotógrafos. Era também a capital cultural do Império, motivo, talvez, da inserção da xilogravura "A Tipografia Nacional"[15] nas páginas da *Ilustração Brasileira*. A imagem provém, originalmente, da fotografia tirada por Marc Ferrez do novo edifício, por volta de 1877, depois litografada por Ad. Hirsch. Segundo Orlando Ferreira (1994, p.193), Hirsch pode ter sido aluno do Imperial Instituto Artístico, ou então fosse o gravador que Fleiuss teria feito vir dos Estados Unidos, conforme anunciado no número de abril de 1878 do periódico. Sabe-se que Hirsch valeu-se da fotografia de Ferrez para gravar litografias que integraram a publicação com o memorial descritivo do projeto, assinado pelo engenheiro Antônio de Paula Freitas (1845-1906) (Turazzi, 2002, p.115), esse devidamente identificado, assim como Ferrez, nos créditos da imagem xilogravada, que, no periódico, se faz acompanhar, ainda, do nome do estabelecimento em que foi impressa: o Imperial Instituto Artístico.

Depreende-se, por essas informações, que a fotografia de Ferrez serviu a dupla destinação: às litografias de Hisch e à xilogravura da *Ilustração Brasileira*. A parceria entre o fotógrafo e o litógrafo aponta um expediente fundamental na realização dos dois tipos de imagens: trata-se de trabalhos de encomendas, e, como tais, representam o cliente que as encomendou, no caso, o governo imperial, responsável pelos melhoramentos introduzidos na capital do Império, em ritmo acelerado, a partir dos anos de 1850. Essas encomendas, por sua vez, segundo Maria Ignez Turazzi (2005a, p.24), "orientavam a execução dos serviços, definiam a edição das imagens, determinavam o destino dos trabalhos". Nesse caso, a revista ilustrada de Fleiuss, veículo de propagação dos símbolos mais expressivos no setor de obras públicas, referente ao desenvolvimento cultural e urbanístico da capital do Império – a Tipografia Nacional –, levantada em 1874 pelo governo do Visconde do Rio Branco, então ministro da Fazenda,

---

14 "Passeios Públicos em Paris. O Bois de Vincennes, O Parque Morceaux". *Ilustração Brasileira*, n.11, 1º de dezembro de 1876, p.163-4.

15 "A Tipografia Nacional" [legenda sem assinatura]. *Ilustração Brasileira*, n. 40, abril de 1878, p.263.

BRASIL EM IMAGENS **199**

segundo o projeto de Paula Freitas, que o concebeu ao estilo gótico inglês, preponderante na Europa, no dizer de Brasil Gerson (2000, p.102), "no tempo em que o alemão Gutemberg inventou os tipos e o prelo de imprimir".

Para o engenheiro-arquiteto que construiu o edifício novo, bem como para o cliente que o encomendou, pouco importava que o "gótico inglês" fosse estilo arquitetônico "antigo", talvez por isso mesmo ele tivesse sido empregado. Tanto que encontrou aprovação do comentarista da xilogravura, que exalta a imponência da obra – "sólida, elegante e recomendável sob todos os aspectos" (n.40, p.263) –, dando a entender que a escolha do estilo gótico inglês correspondia ao significado simbólico do prédio, templo de propagação do saber, na forma da impressão de todo tipo de obra escrita. O novo prédio da imprensa do governo remetia, por sua vez, à atmosfera de liberalismo e cientificismo que passara a vigorar no Brasil, quando a Imprensa Régia[16] foi instalada por D. João VI no Rio de Janeiro, em 1808, dando início à vida editorial brasileira, que culminava, agora, na Tipografia Nacional, edificada "segundo as regras da ciência" (n.40, p.263), o que condizia com a atmosfera espiritual do reinado de D. Pedro II, monarca ilustrado, amante dos livros.

A imponência da obra, ainda, estava em sintonia com o local escolhido para a nova sede da casa impressora – a Rua da Guarda (não identificada pelo comentarista) –, endereço no qual se localizava outro vizinho famoso, igualmente imponente: o Teatro D. Pedro II, construído em 1871 no lugar de um antigo circo e por iniciativa de quem com ele enriquecera, o empresário Bartolomeu Silva (Gerson, 2000, p.101). A localização da nova tipografia, assim também as formas geométricas do edifício público sinalizavam as intervenções urbanísticas em curso no Rio de Janeiro dos anos de 1870.

A carga simbólica da Tipografia Nacional incluía da mesma forma o reconhecimento social do ofício de engenheiros e arquitetos, profissionais diretamente envolvidos na implantação dos melhoramentos introduzidos na capital do Império brasileiro, de modo que o Rio pudesse ser equiparado às mais desenvolvidas cidades europeias e norte-americanas. Não por acaso, a *Ilustração Brasileira* vai publicar algumas matérias relativas à situação da en-

---

16 "Até fevereiro de 1817, a imprensa do governo tinha o nome de Impressão Régia, quando então ela se tornou Régia Typographia no começo de 1821. Um pouco mais tarde, no mesmo ano, os liberais que haviam chegado recentemente ao poder em Portugal decretaram uma substituição geral de 'real' por 'nacional', e assim ela se tornou Typographia Nacional" (Laurence Hallewell, 1985, p.44).

genharia no Brasil, bem como dar a conhecer trabalhos prestados na área.[17] O próprio Paula Freitas, ao lado de Pereira Passos, esteve à frente do projeto de ligar a chamada de "Cidade Nova" (Gerson, 2000, p.138) ao mar, por intermédio da Rua Visconde de Inhaúma, proposta só levada a efeito quando Passos tornou-se prefeito do Rio de Janeiro. Outra iniciativa de Paula Freitas, dessa vez quando fez parte da Companhia de Construções Civis, foi lotear terrenos e abrir logradouros entre o Leme e a Igrejinha (ibidem, p.320).

As intervenções no traçado urbano carioca, conforme os mencionados projetos de Paula Freitas, permitem depreender que a cidade obedecia a um novo ordenamento do território, onde a circulação pelos espaços, tornados mais amplos e distantes, requeria a inestimável colaboração dos serviços de bonde.[18] Compreende-se, portanto, que essa importante personagem da "Cidade Nova" componha a cenografia fotográfica de Marc Ferrez, igualmente presente na xilogravura da *Ilustração Brasileira*, fiel à matriz de onde foi originada. Por isso, a escolha da imagem da Tipografia Nacional era das mais felizes, pois que, do ponto de vista da fotografia, era criada uma paisagem animada, diálogo entre o móvel e o imóvel, no qual o bonde comparecia, emprestando à cena ideia de movimento e progresso. A gravura da Tipografia funcionava ainda para veicular a imagem do imperador, homem que amava livros e impressos em geral, assim como a do adiantamento do Império no campo da atividade gráfica.

Guia do olhar sobre o Norte[19]

O olhar da *Ilustração Brasileira*, no entanto, não estava concentrado tão somente nas belezas naturais e nos melhoramentos do Sul (leia-se, Rio de Ja-

---

17 "Um Grande Melhoramento no Porto de Santos" [sem assinatura]. *Ilustração Brasileira*, n.5, 1º de setembro de 1876, p.78; "As Obras Públicas no Brasil". A. R., *Ilustração Brasileira*, n.39, março de 1878, p.244-5; "Necessidade de uma Revista de Engenharia no Brasil". A. R. *Ilustração Brasileira*, n.37, janeiro de 1878, p.220; "Associação de Engenheiros Civis Brasileiros" [sem assinatura]. *Ilustração Brasileira*, n.40, abril de 1878, p.280.

18 "O Rio de Janeiro foi a primeira cidade da América do Sul a organizar um serviço de transportes coletivos sobre trilhos. A ideia tinha surgido na década de 1830, nos Estados Unidos, e o sistema se espalhou por diversas cidades antes de passar a outros países. As primeiras concessões desse serviço no Rio de Janeiro foram contemporâneas das experiências europeias, mas o estabelecimento definitivo do sistema na cidade levou algum tempo para se implementar" (Weid, 1994, p.5).

19 Na época, a região que hoje compreende os estados do Nordeste e Norte era chamada de Norte, a justificar o emprego de "províncias do Norte" (p.194), "desenvolvimento do Norte" (p.200), dentre outras denominações.

neiro). Algumas províncias do Nordeste, em particular Pernambuco e Bahia, cujas paisagens foram objeto das fotografias de Marc Ferrez, como também as de outros fotógrafos estrangeiros serão publicadas no periódico de Fleiuss, em cópias xilográficas. Há que acrescentar que, fora do Rio, foi em Recife e em Salvador que a fotografia encontrou terreno mais fértil (Vasquez, 1985, p.23), contribuindo para que o desenvolvimento alcançado por essas cidades seja conhecido em outras partes do Brasil, como também no exterior.

Uma dessas fotografias procedentes do Nordeste mostra o "Jardim do Campo das Princesas, na Capital de Pernambuco",[20] identificação necessária, pode-se pensar, tendo em vista o leitor estrangeiro e também o brasileiro, de outras localidades do Império, ainda que o nome do fotógrafo não seja identificado. Lugar de recreio – [que] "rivaliza com os mais decantados do velho continente" -, o Jardim do Campo das Princesas é símbolo dos "muitos melhoramentos materiais" (n.27, p.48) implementados em Pernambuco, o nome da província como título do texto que acompanha a xilogravura, fazendo entender que aquela que é apresentada como das mais adiantadas do Império tem na capital pernambucana (não denominada) a sua representação metonímica.

Contrariamente ao que acontecia em relação à cópia xilográfica da Cascata da Tijuca, cuja legenda encontrava-se afastada da gravura, no caso do Jardim das Princesas, o texto ao lado da imagem teria por objetivo orientar o olhar do leitor. "Ponto de reunião das famílias nas tardes de verão e noites de luar" (n.27, p.48), a xilogravura, no entanto, contradizia a legenda, ao mostrar deserto aquele espaço público, prolongamento decorativo do Palácio do Governo e do Teatro Princesa Isabel, enfatizados os detalhes da grade que veio da Inglaterra e das estátuas e dos candelabros, encomendados na França. O jardim, por sua vez, carregava também no nome ligação com o poder imperial, homenagem às princesas Isabel e Leopoldina. Inaugurado em 25 de março de 1872, quando da visita de D. Pedro II, na volta da primeira viagem ao exterior, o jardim foi obra do Conselheiro João José de Oliveira Junqueira, ao tempo da presidência de Pernambuco. Essas informações, ao lado de outras a respeito da província, como o grau de progresso, de que dão prova o número de escolas, assim como a famosa Faculdade de Direito, contemplavam o intuito da *Ilustração Brasileira* "de tornar conhecidas entre nós e no estrangeiro as magnificências que possui o Império" (n.27, p.48).

---

20 "Jardim do Campo das Princesas, na Capital de Pernambuco". [legenda sem assinatura]. *Ilustração Brasileira*, n.27, 1º de agosto de 1877, p.48.

A menção à Faculdade de Direito (que não aparece na imagem) implica voltar a fazer referência ao famoso grupo de Recife, com o qual a *Ilustração Brasileira* irá manter estreitas ligações, tendo em vista expressivo número de colaboradores pernambucanos, filiados ao grupo, entre eles Franklin Távora, fundador da "literatura do Norte", conforme se apresenta na carta-programa de *O Cabeleira*, de 1876, romance que terá recepção favorável no periódico, conforme será comentado no próximo capítulo.

A referência à presença do imperador na inauguração do Jardim do Campo das Princesas, por um lado, dignificava o espaço público pernambucano, por outro, teria o propósito de desautorizar as críticas que então se fazia ao monarca brasileiro, acusado de privilegiar o Sul, em particular a corte, deixando ao abandono as províncias do Norte. Mas se Recife e Salvador foram as capitais que tiveram o privilégio de receber a visita de D. Pedro II, em 1872, depois de dez meses de ausência do Brasil, sabe-se, no entanto, que a passagem do monarca por Recife foi rápida, além de marcada pela decepção da população: a imperatriz Teresa Cristina não desembarcou, por sentir-se cansada, enquanto o imperador, impregnado talvez de ares cosmopolitas, não se preocupou em se apresentar como rei que era do Brasil, isto é, envergando as vestes reais. Camaragibe, em carta a João Alfredo, traz detalhes da passagem de D. Pedro II por Recife:

> por aqui passou de carreira, e apenas demorou-se em terra quatro ou cinco horas. Saltou aqui de paletó, ou sobrecasaca, e boné. Ele não podia vir à terra de outro modo por tão pouco tempo, e com o mar agitado que estava. Mas muita gente tem levado a mal este proceder. Parece que queriam o Imperador de farda dando o beija-mão. (apud Calmon, 1938, p.993)

Aquilo, porém, que os pernambucanos tomavam como descaso proviria do estado de espírito do imperador, profundamente deprimido pela morte da filha, a princesa Leopoldina. Pode-se imaginar que comparecer à inauguração de um jardim público que homenageava suas filhas, uma delas agora morta, demandaria considerável esforço desse pai em luto, que trazia em sua companhia o genro viúvo, o duque de Saxe, e seus dois filhos, Pedro Augusto e Augusto Leopoldo. Ao mesmo tempo, a presença do monarca brasileiro, naquelas circunstâncias, mostrava que, mesmo nas horas mais difíceis, ele cumpria com os deveres implícitos ao cargo que ocupava.

O ano da inauguração do Jardim do Campo das Princesas remetia não apenas à esfera da vida privada do imperador, mas também à sua atuação como governante, pois que o monarca brasileiro enfrentará a chamada "questão religiosa",[21] ou mais propriamente "questão dos bispos", como querem alguns historiadores, que irá explodir pouco depois de seu regresso ao Brasil. Embora o desfecho da polêmica, na qual estiveram envolvidos a Igreja e o Estado, tenha ocorrido em setembro de 1875, com a anistia dos bispos dom Vital Maria de Oliveira e dom Antônio Macedo Costa, os ecos da rumorosa questão irão repercutir nas páginas da *Ilustração Brasileira* dois anos depois. O endosso à atuação do imperador na "questão religiosa" seria motivo, e não menor, para a inclusão daquele tema na pauta da revista de Fleiuss, quando os ânimos iam arrefecidos, mas não inteiramente pacificados.[22]

Finalmente, há que lembrar que o ano em que o imperador chegava ao País, simbolizado, como quer o comentarista da xilogravura da *Ilustração Brasileira*, pela inauguração do jardim público da capital de Pernambuco – ato que fazia parte da série de comemorações programadas para saudar a volta de D. Pedro II

---

21 "Durante o Império o catolicismo era a religião oficial, tendo o monarca o poder do *placet*, isto é, o consinto na correspondência entre os bispos brasileiros e o papa e na administração eclesiástica. A maçonaria brasileira compartilhava do anticlericalismo. Quando o Pe. José Luís de Almeida Martins proferiu discurso no Grande Oriente do Brasil, em 3.3.1872, foi suspenso pelo bispo do Rio de Janeiro, D. Pedro Maria de Lacerda. O bispo D. Vital Maria Gonçalves, de Pernambuco, proibiu a realização de missa em 29.6.1872 pelo aniversário de loja maçônica. Os maçons publicaram a lista de clérigos e leigos que pertenciam a irmandades religiosas e estavam filiados às lojas maçônicas. Usando a lei canônica, D. Vital interditou as irmandades, que na época eram proprietárias da igreja ou capela. O bispo do Pará, D. Antônio de Macedo Costa, também interditou os templos cujos membros da irmandade pertenciam à maçonaria. Em 10.5.1873 as irmandades pernambucanas recorreram ao ministro do Império, Conselheiro João Alfredo Corrêa de Oliveira, para interferir junto ao bispo D. Vital. Este não aceitou a interferência. D. Pedro II convocou o Conselho de Estado que atribuiu a D. Vital e D. Antônio toda a responsabilidade, pedindo a intervenção de Roma. O Papa Pio IX desaprovou o procedimento dos bispos. A seguir D. Vital de D. Antônio foram condenados a quatro anos de trabalhos forçados. O Papa voltou atrás em seu pronunciamento e protestou ante o governo imperial, solicitando perdão aos bispos. D. Pedro II, antes de ouvir o Conselho de Estado se manifestou: 'O Poder Moderador não transige'. Caiu o Gabinete Liberal e subiu o Conservador, presidido pelo duque de Caxias, que queria a anistia dos bispos ou se demitia. A anistia foi concedida em 17.9.1875. A questão religiosa abalou o trono, mas manteve o altar de pé, no dizer de D. Antônio da Costa" (Flores, 2001, p.500-1).

22 "Revista Cosmopolita" [sem assinatura]. *Ilustração Brasileira*, n.4, 15 de agosto de 1876, p.54; "O Debate Político-Religioso (resumo)" [sem assinatura]. *Ilustração Brasileira*, n.14, 15 de janeiro de 1877, p.219; "Sé Fluminense. Um Temente a Deus". *Ilustração Brasileira*, n.38, fevereiro de 1878, p.239-41; n.39, março de 1878, p.258-9; n.40, abril de 1878, p.280-1.

ao Brasil –, foi marcado pela "dúvida", na interpretação de Lilia Moritz Schwarcz (1998a, p.370): "De um lado, a imponência das imagens fala da popularidade de d. Pedro. De outro, ficava a tensão nas relações com setores das elites dirigentes, que discordavam dos motivos da viagem prolongada de seu imperador".

Na corte, as homenagens a D. Pedro II e à imperatriz Teresa Cristina incluíam, dentre tantas, o poema que Machado de Assis compôs em 1860, mas reapresentado na ocasião – "Ao Feliz Regresso" –, emoldurado por imagem litográfica de Suas Majestades, de autoria de Luide Carlos (ibidem), e as fotografias de Marc Ferrez registrando as cerimônias que aclamavam a volta da família imperial (Turazzi, 2002, p.113).[23]

Retomando a xilogravura do "Jardim do Campo das Princesas", publicada na *Ilustração Brasileira*, é pouco provável que ela proviesse de fotografia de Marc Ferrez, pois que em 1872, data provável em foi tirada aquela que homenageia a inauguração do espaço público pernambucano, Ferrez encontrava-se no Rio de Janeiro. Outro fotógrafo, Augusto Stahl, de grande destaque em Recife, vai transferir-se para o Rio de Janeiro no princípio de 1862. Restam outros tantos em atuação na capital de Pernambuco durante o período de 1870 e 1879,[24] dentre os quais, João Ferreira Villela, autor de várias fotografias sobre espaços públicos recifenses (Vasquez, 2003, p.126-7), nome que comparece como forte candidato. Por ora, essa é apenas uma hipótese a ser confirmada em pesquisas posteriores. De qualquer forma, é a fotografia, e não a litogravura, a matriz da imagem "Jardim do Campo das Princesas" – a legenda poderia também identificá-la pelo título "Teatro Santa Isabel", que representa o primeiro e mais expressivo exemplar da arquitetura neoclássica em Pernambuco –, uma vez que nesta há pessoas no interior do jardim e imediações, que não aparecem naquela, como também ocorre na cópia xilográfica.

A capital de Pernambuco voltará a ser objeto de outra xilogravura da *Ilustração Brasileira* – "Vista do Recife"[25] –, dessa vez a ocupar a página de abertura, lugar de destaque compatível com os níveis simbólicos da famosa fotografia de

---

23 As fotografias de Marc Ferrez a respeito da volta de D. Pedro II ao Brasil não constam do referido catálogo organizado por Maria Ignez Turazzi.

24 A relação inclui o nome dos seguintes fotógrafos: Manoel Inocencio Menna da Costa, Alfredo Ducasble, Alberto Henschel, Francisco Labadie, Lopes, Jorge Augusto Roth, João Ferreira Villela (cf. Kossoy, 2002a, p.349).

25 "Vista do Recife. Porto e Parte da Cidade do Recife (Pernambuco) com a Fortaleza do Picão, no primeiro plano. De uma Fotografia da Comissão Geológica". *Ilustração Brasileira*, n.16, 15 de fevereiro de 1877, gravura, p.241; legenda sem identificação, p.247.

Marc Ferrez, tirada em 1875: ao nível da imagem, a imortalizar o mais espetacular ponto de vista da cidade do Recife; ao nível da história, na referência à presença dos holandeses, construtores da fortaleza, em passado remoto, assim como à Comissão Geológica do Império, em passado próximo.

É possível conceber a "vista do Recife" oferecendo-se ao desfrute do olhar, uma vez que as informações a seu respeito, oferecidas pelo texto que a acompanha, só vão aparecer no periódico muitas páginas à frente. Os créditos da fotografia, no entanto, logo abaixo, priorizam a situação em que ela foi tirada, a Comissão Geológica, assim como os acidentes geográficos que, segundo o gravador da imagem, estariam na mira do fotógrafo, relativamente àquele contexto científico. Se a função da legenda é identificar as personagens da paisagem recifense – o porto, a fortaleza, a cidade –, a identificação, por sua vez, reitera aquelas presenças, figuras dominantes da cena fotográfica e, por extensão, da xilogravura, bastante fiel ao original.[26] Construções do homem, cada ponto do mapa fotográfico compareceria investido de função em relação à história do lugar, ao movimento marítimo, ao desenvolvimento urbano, representado, respectivamente, pela Fortaleza do Picão, pelo porto, pela cidade do Recife. É possível entender, igualmente, que entre a fortaleza e a cidade possa existir relação ao mesmo tempo de antagonismo e complementaridade, graças à situação que ocupam na paisagem: a primeira, posto avançado da cidade, esta, na retaguarda, ao abrigo daquela.

Muito embora seja possível identificar as marcas do homem na "Vista do Recife", o panorama, no entanto, não é animado pela presença humana, o que talvez viesse imprimir subjetividade à imagem, caso aparecesse, quando o que se exigia era a objetividade (uma quase redundância, posto que ao registro fotográfico costuma-se atribuir aquela característica, posto que relativa), dada a procedência da fotografia de Marc Ferrez.

Em razão dos aspectos analisados, uma operação final, o confronto entre as imagens da natureza, a do Rio de Janeiro, em particular, a Cascata da Tijuca, e essa do Recife, permitiria conferir, à primeira, atributos femininos, na simbologia da queda d'água; à segunda, masculinos, na representação do mar.

---

26 Álbuns fotográficos de Marc Ferrez, recentemente publicados, mostram duas fotografias tiradas do farol da barra do Recife, em 1875, com diferenças uma da outra: em uma, o farol, um tanto deteriorado, é aquele copiado na xilogravura da *Ilustração Brasileira*, na outra, ele parece já ter sido restaurado, com algumas pessoas encostadas à mureta (cf. Turazzi, 2002, p.85; 2005a, p.294).

206 SÍLVIA MARIA AZEVEDO

Em outro número da *Ilustração Brasileira*, será a vez da capital da Bahia[27] ocupar a capa do periódico, fotografada por Marc Ferrez, tal como Recife, em perspectiva privilegiada e panorâmica, de onde se avista, ao longe, o farol da barra de São Salvador, edificado sobre a antiga fortaleza de Santo Antônio. A legenda, escrita talvez por alguém ligado à expedição Hartt ou então à pessoa que dela participou, particulariza aspecto da paisagem, em razão de a fotografia proceder da Comissão Geológica do Império: "os curiosos recifes ou praias consolidadas", "formadas [sic] pela consolidação de areias da praia, por efeito da infiltração e deposição de carbonato de cal introduzido pela água do mar" (n.14, p.214), explicação que retira a carga poética, possivelmente relacionada à vista da praia, embora a distância entre a legenda e a xilogravura autorize essa leitura.

O comentarista ignora, no entanto, o homem negro que, à meia distância, entre o farol e o fotógrafo, sentado na praia calcária, olha para a câmera. Presença solitária da paisagem, convertida em escala de grandeza do entorno natural, o homem parece como que tragado pela praia, o "território do vazio", na feliz expressão de Alain Corbain (1989). Pés descalços, roupas humildes, aquele talvez fosse algum escravo, por intermédio do qual Marc Ferrez homenageava a Bahia negra. Não era do interesse da *Ilustração Brasileira* dar destaque a essa possível homenagem do fotógrafo, uma vez o periódico estava empenhado em exportar imagem de um Brasil branco e empreendedor, mesmo quando a capital da província tomada para fazer coro a essa apologia fosse aquela em que grande parte da população era constituída de negros escravos.

Nem sempre a fotografia de Marc Ferrez, em que pese ser encomenda da expedição científica chefiada por Charles Frederick Hartt, se presta a ser iden-tificada em razão dos aspectos geológicos do sítio fotografado, como acontece em outra "vista da Bahia"[28] publicada na *Ilustração Brasileira*, dessa vez, na última página do periódico, a legenda antecipando-se à imagem. Nessa foto-grafia de Ferrez, o mar perde espaço para o casario que, aboletado nas escarpas do morro, domina a paisagem, as casas parecendo contemplar a pequena faixa

---

27 "Farol, Fortaleza e Barra de S. Salvador da Bahia de Todos os Santos. De uma Fotografia da Comissão Geológica". *Ilustração Brasileira*, n.14, 15 de janeiro de 1877, gravura, p.209; legenda sem assinatura, p.214. Não foi possível, ainda, localizar esta fotografia de Ferrez para confrontá-la com a cópia xilográfica, no propósito de identificar possíveis alterações.

28 "Vista de uma Parte da Cidade da Bahia. De uma Fotografia da Comissão Geológica". *Ilustração Brasileira*, n.20, 15 de abril de 1877, legenda sem assinatura, p.319; gravura, p.320.

d'água, ao longe. Inscrita nas pedras das construções, a memória da "cidade da Bahia" (observe-se de novo o nome da província tomado como o da capital) testemunha o passado glorioso de São Salvador da Bahia de Todos os Santos, a primeira capital da América portuguesa, desde que foi fundada, em 29 de março de 1549, até 1763, quando a sede do vice-reino foi transferida para o Rio de Janeiro. Exposta a invasões estrangeiras,[29] o governo da metrópole resolveu transferir a corte para a cidade de São Sebastião, quando o Brasil foi declarado Reino Unido de Portugal e Algarves, em 1815. Como capital da província da Bahia, a cidade manteve sua importância política e econômica e, em 1808, recebeu a família real portuguesa (em fuga das tropas de Napoleão). Na ocasião, como se sabe, o príncipe regente D. João VI assinou a Carta Régia, determinando a abertura dos portos brasileiros às nações amigas e a fundação da Escola Médico-Cirúrgica da Bahia, no Terreiro de Jesus (Pelourinho), que viria a ser a primeira faculdade de medicina do Brasil.

Mesmo tendo cedido a coroa para o Rio de Janeiro, Salvador não perdeu a majestade, como comprovam, nas palavras do comentador da imagem xilográfica, as "belezas naturais da capital da província da Bahia", "a salubridade de seu solo", "os lindos panoramas que apresentam os arrabaldes da cidade alta" (detalhe significativo, dado que na cidade baixa concentrava-se a população pobre), "acrescendo a estes predicados a notável circunstância de ter sido e ser a província da Bahia a pátria de homens eminentíssimos nas letras e na política do país" (n.20, p.319).[30] No campo das letras, poderia ter mencionado o nome de Castro Alves, o saudoso "poeta dos escravos", como ficará conhecido o autor de poemas como "Os Escravos", que a *Ilustração Brasileira*, por intermédio da seção "Boletim Bibliográfico",[31] espera ver publicado integralmente muito em breve.

Seria o caso de observar, ainda em relação à "Vista da Cidade da Bahia", proveniente da fotografia de Marc Ferrez que, antes desse, Guilherme Gaensly (1843-1928), fotógrafo que atuou em Salvador, durante o período de fins de 1860 até os primeiros anos de 1890, quando se transfere para São Paulo (Kossoy, 2002, p.155), elegeu igualmente esse mesmo ângulo de visão para fotografar uma das encostas de Salvador. A fotografia que faz parte do álbum

---

29 A cidade de Salvador foi invadida pelos holandeses em 1598, 1624-1625 e 1638.
30 Na área da política, poderiam ser lembrados Saraiva, Rio Branco, Dantas e Zacarias, que atuaram como ministros de Gabinete, durante o II Reinado.
31 "Boletim Bibliográfico" [sem assinatura]. *Ilustração Brasileira*, n.5, 1º de setembro de 1876, p.79.

Vues de Bahia, publicado em 1870, foi objeto da leitura, a uma só vez técnica e poética, de Pedro Vasquez (2002, p.168):

> Verdadeiro deleite para o observador, esta fotografia, em impecável *plongé*, vem atestar a sensibilidade estética de Gaensly. Composta para conduzir maciamente o olhar para os barcos ancorados no porto, esta imagem se desloca em planos sucessivos que fazem os olhos deslizarem sobre ela de forma muito agradável, sem trancos, como o funcionamento das engrenagens de uma máquina bem azeitada.

Ainda que se possa dizer que o olhar do observador da fotografia de Ferrez também "desliza", "sem trancos", pela paisagem, o fotógrafo, aqui, optou por se posicionar mais no alto, ampliando o raio de visão, de modo a compor quadro harmônico do qual participam céu, mar, cidade e natureza. Elementos, por sua vez, representativos da harmonia entre civilização e natureza, imagem que a *Ilustração Brasileira* estava empenhada em construir da Bahia, província-símbolo, ao lado de Pernambuco, do desenvolvimento do Norte do Brasil.

A última imagem da Bahia a aparecer na *Ilustração Brasileira* será a da igreja do Mosteiro de São Bento,[32] em Salvador, desacompanhada de legenda. O templo religioso, fotografado, entre outros, por Guilherme Gaensly (1985, p.173), em 1870, e por Marc Ferrez (Turazzi, 2002, p.82), em 1885 – em ambas, a "escadinha" dos portais e as caixas das jovens árvores, juntamente com os trilhos da linha do bonde, conduzindo o olhar para o tema central da composição: a massa imponente da igreja, no alto –, estaria representando a hegemonia da religião católica (de origem europeia) entre a população baiana, quando desde o século XVII o candomblé (de origem africana) passa a fazer frente ao catolicismo. Observe-se ainda que a chegada de africanos vindos do Golfo de Beni e do Sudão, no século XVIII, foi decisiva para o desenvolvimento da cultura da Bahia, nos aspectos da religião, música (chula, lundu), dança (samba de roda), culinária (pratos à base de azeite de dendê e leite de coco), lutas (capoeira, maculelê), vestimenta, língua (mistura do ioruba com o português). É de supor que toda essa contribuição tão tivesse nenhuma relevância aos olhos do fotógrafo do mosteiro de São Bento, escolhido como símbolo da religião e da cultura branca de Salvador, tal a imagem que interessava à *Ilustração Brasileira* exportar da capital da Bahia.

---

32 "Igreja de S. Bento na Bahia". *Ilustração Brasileira*, n.40, abril de 1878, p.278.

A revista não vai identificar a procedência da gravura, nem lhe reservar lugar de destaque, cabendo àquela lacuna a hipótese de que a matriz da cópia xilográfica de 1878 proceda da fotografia de Gaensly, reproduzida no álbum *Vues de Bahia*, de 1870. No entanto, há certos detalhes da xilogravura a estabelecer maior aproximação com a fotografia de Ferrez do que com a de Gaensly, a começar pela direção dos trilhos, à esquerda da rua, na foto deste, à direita, na daquele. Outro aspecto a chamar a atenção é que na composição fotográfica de Ferrez o mosteiro de São Bento não "encosta" ao casario, à direita, como acontece na de Gaensly, entre eles há uma nesga de céu, intervalo a separar o sagrado do profano. O movimento de o passante entrar na rua do monumento religioso, dando com ele, lá no alto, em lugar de estar instalado nela, igualmente diferencia a tomada de Ferrez da de Gaensly. Não é intenção o confronto exaustivo entre as fotografias de Ferrez e de Gaensly, tendo em vista a cópia da *Ilustração Brasileira* apenas chamar a atenção para o fato de a imagem xilográfica do mosteiro de São Bento, publicada em 1878 na revista de Fleiuss, parece provir da fotografia de Ferrez, de data supostamente posterior, questão a aguardar pesquisas mais aprofundadas.

Como símbolo religioso da população de Salvador, o Mosteiro de São Bento merecia que sua imagem fosse publicada em página de destaque na *Ilustração Brasileira*. Em vez disso, o editor colocou-a dividindo espaço com outra – "Engodo para a Caçada de Crocodilos" –,[33] com a qual (aparentemente) não tem nenhuma relação, esta, aliás, posta no alto da página invertendo o sentido das fotografias de Gaensly e Ferrez. O motivo de a imagem do mosteiro de Salvador vir deslocada no periódico pode ter relação com o aviso aos assinantes da *Ilustração Brasileira*:[34]

Em consequência de terem sido abertas no nosso estabelecimento as gravuras que oferecemos neste número, representando os dois edifícios, "A Tipografia Nacional", nesta corte, e a "Igreja de São Bento", na capital da província da Bahia, retardamos a distribuição deste número pertencente ao mês de abril; do que pedimos desculpa e julgamos que a mereceremos por apresentarmos dois trabalhos primorosamente feitos. (n.40, p.281)

A chamada dirigida aos assinantes justifica não apenas o atraso na distribuição do periódico, em decorrência de problemas técnicos (o que explicaria a insólita

---

33 "Engodo para a Caçada de Crocodilos". *Ilustração Brasileira*, n.40, abril de 1878, p.278.
34 "Aos Nossos Assinantes". *Ilustração Brasileira*, n.40, abril de 1878, p.281.

composição das imagens feita às pressas na revista) e, possivelmente, de carência de mão de obra qualificada, mesmo aquela que trabalhava no Imperial Instituto Artístico. Sinaliza também, ao lado das mudanças introduzidas – a periodicidade, de quinzenal, para mensal, e a redução do preço da assinatura –, o encerramento da *Ilustração Brasileira*. Em retrospecto, a justificativa permite entender que seriam problemas dessa natureza o motivo de a Cascata do Pinel,[35] em Nova Friburgo – "que apenas cede em beleza às do Niágara ou Paulo Afonso, e merece nomeada entre as coisas raras da natureza" (n.20, p.315) –, ser "mostrada" por intermédio da palavra, e não da imagem, embora o local tenha atraído alguns fotógrafos, como a dupla Alberto Henschel (1827-1882) e Francisco Benque, em fotografia de 1870 (Vasquez, 1985, p.176-7). Possíveis dificuldades de impressão da xilogravura, procedente de fotografia, encontrariam correspondência na dificuldade de acesso à Cascata do Pinel, no depoimento de quem lá esteve ou obteve de outro a informação: "O trajeto para ali é difícil, por se ter de andar quase duas léguas por entre mato fechado e alto, e por vereda estreitíssima, algumas vezes apagada, e quase sempre tão sinuosa, que mais parece levar a enredado labirinto do que a um primor" (n.20, p.315).

O leitor, no entanto, ao contrário daqueles – fotógrafos, viajantes, exploradores – que, a custo, conseguiram chegar até a cascata, não é compensado pela "contemplação dessa maravilha, perante a qual se eleva o espírito e reconhece e admira o homem o poderio do Criador" (n.20, p.315), devendo contentar-se em admirar – em estado de êxtase, talvez, como aconteceria àqueles – outra "maravilha" da natureza, a Cascata de Paulo Afonso, para isso, folheando números anteriores da *Ilustração Brasileira*.

Mesmo que as fotografias de Marc Ferrez se prestassem a divulgar imagem de um Brasil que se desenvolvia, de norte a sul, de maneira homogênea, em termos de progresso e melhoramentos, a colaboração na *Ilustração Brasileira* de "homens de letras do Norte", como alguns integrantes da escola de Recife, entre eles, Franklin Távora, e de "homens de letras do Sul", como Machado de Assis, vem mostrar que, naquela década de 1870, havia não apenas um, mas dois Brasis, empenhados na "construção do nacional" (Kossoy, 2000, p.73), discussão do próximo capítulo.

---

35 "Cascata do Pinel" [sem assinatura]. *Ilustração Brasileira*, n.20, 15 de abril de 1877, p.315.

Figuras 63 a 69 – "Vistas" do Brasil do Sul nas imagens das belezas naturais e dos melhoramentos na capital do Império.

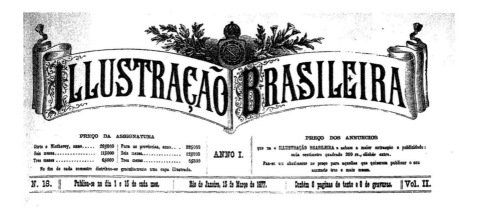

Figura 63 – *Ilustração Brasileira*, n.18, 1877.

Figura 64 – *Ilustração Brasileira*, n.12, 1876.

Figura 65 – Pedra de Itapuca, Fotografia de Leuzinger, 1876

Figura 66 – Pedra de Itapuca, Fotografia de Marc Ferrez, 1876

BRASIL EM IMAGENS 215

Figura 67 – *Ilustração Brasileira*, n.25, 1877.

Figura 68 – Cascatinha da Tijuca, Fotografia de George Leuzinger, 1867.

Figura 69 – Ilustração Brasileira, n.40, 1878.

Figuras 70 a 79 – "Vistas" do Brasil do Norte pelas lentes da fotografia.

JARDIM DO CAMPO DAS PRINCEZAS, NA CAPITAL DE PERNAMBUCO

Figura 70 – *Ilustração Brasileira*, n.27, 1877.

Figura 71 – *Ilustração Brasileira*, n.16, 1877.

Figura 72 – Vista do Recife, Fotografia de Marc Ferrez, 1875.

BRASIL EM IMAGENS 221

Figura 73 – Vista do Recife, Fotografia de Marc Ferrez, 1865.

Figura 74 – *Ilustração Brasileira*, n.20, 1877.

Figuras 75 e 76 – *Ilustração Brasileira*, n.40, 1878.

Figura 77 – Igreja de São Bento, Fotografia de Marc Ferrez, 1885.

Figura 78 – Igreja de São Bento, Fotografia de Gaensly, 1870.

Figura 79 – Cascata do Pinel, Fotografia de Henschel e Benque, 1870.

7
Os dois Brasis[1]

Norte: a voz do sertão[2]

Na opinião de várias gerações de historiadores, a importância da Guerra do Paraguai dentro do contexto cultural brasileiro deve-se, entre outros aspectos, ao fato de ter contribuído para aproximar brasileiros de várias províncias e de diversas origens sociais, com repercussão, até mesmo, na produção literária nacional, sendo este o posicionamento de José Veríssimo (1905, p.220):

> Pela primeira vez depois da Independência (pois a guerra do Prata de 1851 mal durou um ano e não chegou a interessar a nação) sentiu o povo brasileiro praticamente a responsabilidade que aos seus membros impõem estas coletividades chamadas nações. Ele, que até então vivia segregado nas suas províncias, ignorando-se mutuamente, encontra-se agora fora das estreitas preocupações bairristas do campanário, num campo propício para estreitar a confraternidade de um povo, o campo da batalha. De província a província trocam-se ideias e sentimentos; prolongam-se após a guerra as relações de acampamento. Houve enfim uma vasta comunicação interprovincial do Norte ao Sul, um intercâmbio nacional de emoções, cujos efeitos se fariam forçosamente sentir na mentalidade nacional.

Se houve uma comunicação entre Norte e Sul, propiciada pela Guerra do Paraguai, mais evidentes ficaram também as diferenças entre os dois extremos

---

1 O título do capítulo remete ao da obra de Jacques Lambert, publicada no Rio de Janeiro, pelo Instituto Nacional de Estudos Pedagógicos (Inep) e Ministério da Educação e Cultura, em 1959, sem que se pretenda analisar a questão dos dois Brasis do ponto de vista demográfico, conforme é proposto pelo estudioso francês.
2 Consultar nota 19, p.200.

do Brasil quanto aos melhoramentos introduzidos pelo governo imperial com prioridade para as províncias do Sul, em detrimento das províncias do Norte. As queixas partem, sobretudo, de "homens do Norte", como mostram alguns artigos publicados na *Ilustração Brasileira*. Um desses "homens do Norte", Fábio Alexandrino de Carvalho Reis (1815-1890),[3] autor do *Ligeiro estudo sobre o estado econômico e industrial do Maranhão*, opúsculo de 1877, critica o abandono em que a província vivia mergulhada, apontando a extinção dos escravos e a imigração de colonos europeus para o Sul como causas do estado de decadência da lavoura maranhense. O comentário de A. Bandeira, na apresentação da obra na seção "Bibliografia",[4] vem endossar os reparos de Fábio Alexandrino em relação à política econômica do Império:

> O Norte tem ficado sempre menos beneficiado quando se trata de promover os grandes melhoramentos sociais; e se, como cremos, não há desígnio especial nessa espécie de abandono, a coincidência de se encontrarem sempre obstáculos a qualquer grande empreendimento para aquela parte do Império, quando para o sul caminha o Governo à frente dos seus desejos, dá muito que pensar aos homens do Norte, e quase que os faz persuadir de que há, na nossa política duas bitolas: a da progressão geométrica para o Sul, e da progressão aritmética para o Norte. (n.37, p.192)

Como o Maranhão, outras regiões do Norte do Brasil também se sentiam esquecidas do imperador, justificativa para a criação da província de São Francisco, proposta apresentada no senado em 1873, mas que acabou não sendo aprovada. Publicado na *Ilustração Brasileira* com o título "O Ocidente do Brasil",[5] o texto sem assinatura defende o projeto com o argumento de que o Vale do São Francisco estava destinado a ser "um grande empório de riqueza, de indústria, de civilização", por conta da fertilidade das terras às margens do extenso e caudaloso rio. Apesar disso, o "Oeste" vivia ao desamparo dos melhoramentos da civilização. A grande distância em relação ao litoral – lugar

---

3 Fábio Alexandrino de Carvalho Reis nasceu em Itapicuru-Mirim, no atual estado do Maranhão, e faleceu no Rio de Janeiro. Bacharel em direito pela Faculdade de Olinda, foi coletor das rendas do Maranhão, procurador fiscal e inspetor da alfândega do Pará, de Pernambuco, do Rio de Janeiro e Bahia. Foi fundador do colégio Perseverança, no Rio de Janeiro, e autor de muitos pareceres que constam de relatórios do Ministério da Fazenda. Colaborou no *Arquivo Maranhense* e redigiu os seguintes jornais: *O Argos Maranhense* (PE, 1838), *O Dissidente* (MA, 1842), *O Progresso* (MA, 1847-1856).

4 "Bibliografia". A. Bandeira. *Ilustração Brasileira*, n.36, 15 de dezembro de 1877, p.192.

5 "O Ocidente do Brasil" [sem assinatura]. *Ilustração Brasileira*, n.14, 15 de janeiro de 1877, p.211.

de concentração das "comodidades da vida, frutos da civilização, [e] onde [...]
o cidadão pode educar seus filhos e acomodar sua família, como permitem
os recursos de um país civilizado" – sendo em grande parte responsável pelo
estado de "barbárie" em que permanecia o "Ocidente do Brasil":

> É mister levar a riqueza, a civilização, que aparece na orla marítima, para o
> interior desses sertões com o silvo da locomotiva, mas antes disto, é preciso pre-
> parar naquelas regiões remotas núcleos para receberem essa civilização que vai
> transbordando da beira-mar para o ocidente. (n.14, p.211)

Não somente políticos e fazendeiros clamavam contra o estado de decadência das províncias do Norte, postas à margem da modernização do País,
que o café trouxera para o Rio de Janeiro e São Paulo, mas também homens
de letras, como Franklin Távora. No prefácio de *O Cabeleira* (1876), o escritor
queixa-se do abandono em que vivia o Amazonas, imaginando os avanços que
a civilização material poderia trazer para a região:

> Que não seria desse mundo [...] se nestas margens se sentassem cidades, se a
> agricultura liberalizasse nestas planícies os seus tesouros; se as fábricas enchessem
> os ares com seu fumo, e neles repercutisse o ruído das suas máquinas? Desta beleza,
> ora a modo de estática, ora violenta, que fontes de rendas não haviam de rebentar?
> Mobilizados os capitais e o crédito; animados os mercados agrícolas, industriais,
> artísticos, veríamos aqui a cada passo uma Manchester ou uma New York [...] O
> trabalho, o capital, a economia, a fartura, a riqueza, agentes indispensáveis da civi-
> lização e grandeza dos povos, teriam lugar eminente nesta imensidade onde vemos
> unicamente águas, ilhas, planícies, seringais sem-fim. (Távora, 1988, p.10)

Não havia como negar, o passado glorioso do Norte (ou antes, Nordeste),
em particular o da zona canavieira – centro econômico e cultural do Brasil até
o século XVIII, quando Olinda e (mais tarde) Recife, de um lado, e Salvador,
do outro, ocupam a posição de centros urbanos mais desenvolvidos –, estava
sepultado, ao menos do ponto de vista político-econômico. Ante essa realidade,
a estratégia de Távora, como a tantos outros regionalistas, foi de reverter o ne-
gativo em positivo, a decadência das províncias do Norte transformando-se em
expressão de um Brasil "mais verdadeiro", porque intocado pelos malefícios
da civilização destruidora das tradições locais, na transcrição de conhecida
passagem do prefácio de *O Cabeleira*:

As letras têm, como a política, um certo caráter geográfico; mais ao Norte, porém, do que ao Sul abundam os elementos para a formação de uma literatura propriamente brasileira, filha da terra.

A razão é óbvia: o Norte ainda não foi invadido como está sendo o Sul de dia em dia pelo estrangeiro.

A feição primitiva, unicamente modificada pela cultura que as raças, as índoles, e os costumes recebem dos tempos ou do progresso, pode-se afirmar que ainda se conserva ali em sua pureza, em sua genuína expressão. (ibidem, p.10)

As teses centrais do prefácio do romance serão retomadas por Flávio de Aguiar, na crítica em forma de carta dirigida a Franklin Távora, "A Propósito do *Cabeleira*",[6] publicada na *Ilustração Brasileira* – "o Norte [...] pode muito bem ter uma literatura sua"; "a observação sem esforço marca a diferença entre norte e sul, diferenças tanto materiais como morais" –, o crítico "nortista", como ele se chama, interpretando essas diferenças como positivas para a literatura do Norte e negativas para a do Sul. Enquanto naquela são "descritos nossos campos, nossas matas, nossas lavouras, nossos rios, nossas florestas, nossas cidades", nesta, "a descrição se cansa com os salões, as *toilettes*, os bailes e tantos outros assuntos cosmopolitas como estes". Considerações a fundamentar o julgamento taxativo de Flávio de Aguiar: "A literatura do norte é mais brasileira do que a do sul" (n.9, p.135).

Se não havia na proposta de criação de uma "literatura do Norte" intenção separatista, "a posição de Távora", na interpretação de Antônio Cândido (2002, p.82), "contradizia o esforço unificador da literatura romântica, um de cujos pressupostos [...] era a afirmação de uma unidade nacional, embora sem prejuízo de reconhecer a diversidade física e social do país". Além disso, é bom lembrar, segundo Cláudio de Aguiar (1997, p.247), "que no Nordeste e, de forma particular, em Pernambuco, desde o século anterior falavam alto os sentimentos nativistas de movimentos sociais como a Revolução dos Mascates (1710) e as três explosões do século XIX – as Revoluções de 1817, 24 e 48". Por sua vez, o ano do lançamento do "primeiro manifesto da literatura regionalista" (Almeida, 1980, p.80), isto é, o prefácio de *O Cabeleira* no qual é exposto o programa da "Literatura do Norte", coincide com o da publicação de artigos na *Ilustração Brasileira*, como aqueles comentados, que não deixam

---

6 "A Propósito do Cabeleira. Carta a Franklin Távora". F. d'Aguiar. *Ilustração Brasileira*, n.9, 1º de novembro de 1876, p.135.

dúvida quanto ao ambiente de descontentamento entre alguns "homens do Norte" em relação à política do governo imperial.

Esse descontentamento reflete a crise do regime monárquico, iniciada com a promulgação da Lei do Ventre Livre, em 28 de setembro de 1871, e agravada com o progressivo desligamento do imperador na tarefa de governar o Brasil (lembre-se de que na segunda viagem ao exterior, D. Pedro II estivera ausente do País entre maio de 1876 a setembro de 1877), sem deixar de mencionar a chamada "questão religiosa" e os acirrados ataques ao sistema, com a formação do Partido Republicano, que inicia a publicação do jornal *A República* e lança em dezembro de 1870 o Manifesto Republicano.

O perigo do Norte

O herói do romance de Távora, "célebre valentão", não era o que se poderia chamar de modelo de retidão moral. "Ladrão mui astuto", o Cabeleira e seu bando horrorizaram a província de Pernambuco no século XVIII, no relato de José Bernardes Fernandes Gama, autor das *Memórias históricas da província de Pernambuco*, obra publicada em Pernambuco em 1848, de que se valeu Franklin Távora para compor o perfil da personagem.[7] As "trovas matutas e sertanejas" que o escritor "entremeou", em rodapé, à narrativa ficcional, sem "mudar-lhe uma só palavra", resultado de intensas pesquisas junto ao folclore popular, colaboraram igualmente para notabilizar o Cabeleira como figura que vivia aterrorizando a população pernambucana:

> Corram, minha gente
> Cabeleira aí vem;
> Ele não vem só,
> Vem seu pai também. (Távora, 1988, p.19)

---

7 "Chefe de malta, ladrão, tornado famoso pela sua coragem e destemor. forte, bonito, com farta cabeleira, que lhe deu o apelido, José Gomes [que nasceu em Glória de Goitá, em 1751], com o pai, Joaquim Gomes, e em companhia do mameluco Teodósio, espalhou o terror nos arredores do Recife, durante anos e anos, despovoando zonas inteiras e constituindo um pavor coletivo. (...) / Preso e enforcado [no Largo das Cinco Pontas, na cidade do Recife, em 1776], logo a musa popular elevou-o à plana de herói e os versos correram mundo. Era comum, por todo o século XIX, chamar-se cabeleira ao homem valente, destemido, audaz" (Cascudo, 2001, p.87).

232 SÍLVIA MARIA AZEVEDO

Os trovadores pernambucanos da época, que compuseram cantigas alusivas à vida e morte do Cabeleira, vão cantar também a vítima que pagou com a forca "os crimes que a bem dizer pertenciam menos a ele do que a outrem", na interpretação de Távora, ao apontar a falta de "instrução e da educação" como responsáveis pela conversão de um indivíduo, que poderia ser útil à sociedade, em facínora de "memória execrada, ou lamentável" (ibidem, p.138). "Estas verdades", segundo o escritor, estão registradas em quadras como estas:

> Minha mãe me deu
> Contas pra rezar;
> Meu pai deu-me faca,
> Para eu matar.

> Quem tiver seus filhos
> Saiba-os ensinar;
> Veja Cabeleira
> Que vai a enforcar. (ibidem, p.139)[8]

Ainda assim, Flávio de Aguiar vai fazer reparos à "psicologia" do Cabeleira – matador e ladrão –, posto que o roubo não constituía a "generalidade" do caráter do matuto:

> O matuto no Norte [...] em geral, não mata para roubar. Princípios de honra exagerados, brios à vezes entendidos, bazófias de valentia, maior confiança na vindita privada do que na ação da lei, e, principalmente, a defesa da reputação e da honra da família, são os móveis que levam os matutos à perpetuação de grandes crimes. (n.9, p.138)

Já o poeta Ângelo de S. Paio[9] pensa que a maldade faz parte do comportamento do bandido, conforme vai dizer no "Canto do Cabeleira",[10] dedi-

---

8 Sílvio Romero registrou fragmentos da cantiga do Cabeleira em *Cantos populares do Brasil*: 1.ed., Lisboa, 1883, 2v.; 2.ed., Rio de Janeiro, 1897, 2v.; 3.ed., anotada por Luís da Câmara Cascudo e ilustrada por Santa Rosa, Rio de Janeiro 1954, 2v. A versão integral da "Cantiga do Cabeleira" foi publicada por Luís da Câmara Cascudo (1999, p.182-5).

9 Os dicionários biobibliográficos consultados não fazem referência a Ângelo de S. Paio. É provável que seja João Zeferino Rangel de S. Paio, amigo de Franklin Távora. Ao final do poema, aparece o lugar em que este teria sido escrito: "Rio de Janeiro, 1878".

10 "Canto do Cabeleira". (A Franklin Távora). Ângelo de S. Paio *Ilustração Brasileira*, n.40, abril de 1878, p.276.

cado a Franklin Távora. Segundo Paio, não há causa nobre, não há honra a ser lavada com sangue a justificar os crimes cometidos pelo Cabeleira e seu bando, tão somente o prazer de matar. Incitado pelos "valentes camaradas", o valentão inicia sua "infame cantata" em louvor à liberdade de que gozam tipos como ele:

Que vida que temos nós, que f'licidade!...
Ornada dos festões da poesia;
Isenta da moral... a hipocrisia
Livre como no mar a tempestade!

Em seguida, o bandido assume a crueldade como conduta de vida:

Se o tédio nos busca,
Se temos tristezas,
Buscamos torpezas,
P'ra nos consolar;
Corremos ao estupro,
Orgias, incestos;
E após, eis-nos lestos
Buscamos outro lar!

Se a calma sufoca,
Nas vilas entramos,
Mil peitos rasgamos
Co'agudos punhais;
Nas preces das vítimas,
No sangue, os prantos,
Achamos encantos,
Que não têm iguais.

À luz dos incêndios,
Nos roubos deitados,
De vinhos manchados
E sangue também;
A par de perdidas,
As nossas amantes,
Fruímos instantes
Que não frui ninguém.

As nossas cobiças,
Com percas de vidas,
As vemos compridas,
Brade embora o céu
Quer sofra o monarca,
Feliz, bajulando,
Quer o potentado,
Quer o vil plebeu.

Que vida tão bela,
Gozamos no mundo,
Que gozo profundo,
Que grata emoção;
Quem há que despreze
Gozar uma vida
De crença despida,
Sem religião?

Por Deus temos *ouro*,
Rei, *o mais valente*,
Por pátria, somente
A mata e só nós;
Imigos – os ricos,
Por causa um prostíbulo,
Por eça – o patíbulo,
Por parca o algoz! (n.40, p.276; grifos no original)

Representado pelo Cabeleira, o "herói do mal" (Campedelli, 1988, p.6) – em quem é possível reconhecer as franquezas moral, física e mental,[11] atribuídas aos mestiços por vários poligenistas do século XIX, entre eles, Paul Broca – (Luca, 1999, p.142), esse outro Brasil, o do Norte, poderia vir a se constituir em ameaça à unidade política do Império, conquistada na década

---

11 No Recôncavo Baiano, o negro Lucas da Feira, réplica de Cabeleira, também manteve aterrorizada a população de Feira de Santana, até ser levado à forca em 26 de setembro de 1849, acusado de 150 mortes, algumas com requintes de crueldade, como no caso da "virgem crucificada" em um tronco de mandarucu. Pedro Calmon (1973, p.52), que traz a informação, levanta a hipótese de que "o escravo lenhador" (Lucas) do poema "Sangue Africano", pertencente à epopeia *A Cachoeira de Paulo Afonso*, de Castro Alves, seja o Lucas da Feira, "de quem na infância o poeta teria ouvido a história feroz".

de 1850, depois de debeladas as rebeliões regenciais. Por aquela época mesmo, serpente igualmente perigosa vinha sendo gerada nas entranhas do sistema. Da província da Bahia chegavam rumores, em telegrama divulgado pelo *Diário do Rio de Janeiro*, de 11 de julho de 1876, de que um indivíduo de nome Antônio Vicente Mendes Maciel (1829-1897), vulgo Antônio Conselheiro, que arrastava atrás de si multidão de seguidores, tinha sido preso porque pregava contra o governo.[12]

Como explicar, então, a publicação do "Canto ao *Cabeleira*" – símbolo de fratura da imagem de um Brasil, de norte a sul, moderno e civilizado –, na *Ilustração Brasileira*, periódico empenhado na manutenção da unidade nacional? É bem verdade que na segunda metade do século XIX os romances – "poemas em versos simples com canções de gesta, que registram façanhas guerreiras" (Cascudo, 2001, p.599) – começaram a ser registrados no norte brasileiro. A primeira coleção foi publicada em 1873, por Celso Magalhães, no jornal *O Trabalho*, no Recife. No Rio de Janeiro, José de Alencar (1993) divulgou as gestas do gado, histórias de novilhos e bois valorosos, na série de cartas dirigidas ao amigo Joaquim Serra, em *O Globo*, em 1874, sob o título de *O nosso cancioneiro*. Sílvio Romero, por seu lado, vai ser autor da primeira grande coleção de romances portugueses encontrados no País, já diferenciados pelo mestiço, fiel à psicologia ambiental e outros modelos nacionais: a já mencionada obra *Cantos populares do Brasil*, publicada em Lisboa, em 1883. Anteriormente, Romero havia trazido a público por intermédio da *Revista Brasileira* (2ª fase) os capítulos dos *Estudos sobre a poesia popular no Brasil* (1870-1880), depois reunidos em livro, em 1888 (Cândido, 1988, p.57).

O culto das tradições populares, como se sabe, fora praticado durante o romantismo, por influência dos alemães, com o intuito de valorização nacionalista do povo e do passado. Para os homens da geração de 1870, como Sílvio Romero, "o tabu nacionalista", segundo Antônio Cândido (1988, p.58), "é coisa superada nos estudos folclóricos, que interessam dentro de um critério de análise objetiva dos fatos, na medida em que o povo constitui fator de poesia".

---

12 A maior autoridade a respeito de Antonio Conselheiro e Canudos é José Calasans (1959). O correspondente de guerra, Manoel Benício, escreveu uma crônica romanceada a respeito do episódio do sertão baiano, *O rei dos jagunços*, publicada em 1889, e reeditada em 2.ed., com o título: *"O rei dos jagunços de Manuel Benício": entre a ficção e a história* (Azevedo, 2003).

Ao recorrer ao folclore, Romero[13] busca nele a expressão do povo brasileiro no domínio das criações espirituais, compreendendo a poesia popular como o repositório onde mais evidente se faz a influência da mestiçagem, por intermédio da qual o Brasil viria a se tornar um país de brancos em futuro próximo: "O mestiço é a condição desta vitória do branco, fortificando-lhe o sangue para habilitá-lo aos rigores do clima" (apud Cândido, 1988, p.60).

O Cabeleira representaria esse Brasil mestiço – "temido por boa parte das elites pensantes locais" (Schwarcz, 1993, p.13) –, cuja população tendia a progressivamente aumentar com a desmontagem da escravidão. Era do interesse que esse Brasil mestiço desaparecesse, como resultado de vários cruzamentos – a miscigenação sendo vista entre nós como solução salvadora para o País, em vez de assumir o caráter ameaçador, capaz de colocar em risco o futuro da humanidade, na interpretação dos poligenistas (Luca, 1999, p.142) –, quando muito permanecendo no registro da memória popular do Norte. Nem por isso a tensão e a ambiguidade deixarão de marcar as produções regionalistas do Norte, publicadas na *Ilustração Brasileira*, que, por um lado, representam as tradições, os usos e costumes locais, por outro, mostram um outro Brasil – o do sertão, o do jagunço –, que vinha pôr em risco a imagem de país por inteiro civilizado que a revista de Fleiuss queria mostrar aos brasileiros e aos estrangeiros.

É possível compreender, ainda, que a *Ilustração Brasileira* abrisse espaço para a publicação de artigos que faziam críticas à política econômico-social do governo imperial, como aqueles comentados, porque o editor entendia a prática jornalística como exercício democrático, no que seguia o exemplo do imperador, ele mesmo objeto de inúmeras críticas durante todo o seu governo, na forma de charges e caricaturas, muitas vezes, bastante ácidas. É certo que o contexto político-social dos anos 1870 vinha mostrar que as coisas haviam mudado, não sendo possível o imperador enfrentar as críticas que partiam de setores descontentes com o regime com a mesma tranquilidade de antes. A *Ilustração Brasileira*, por seu lado, não apenas teria detectado os novos rumos da política nacional, como também adotara estratégia de defesa e manutenção do regime monárquico, para tanto selecionando cuidadosamente a equipe de

---

13 Os estudos folclóricos de Sílvio Romero são contemporâneos de dois grandes modelos teóricos explicativos de sucesso no Brasil e no entanto contraditórios: o liberalismo e o racismo, "o primeiro fundava-se no indivíduo em sua responsabilidade pessoal; o segundo retirava a atenção colocada no sujeito para centrá-la na atuação do grupo entendido enquanto resultado de uma estrutura biológica singular" (Schwarcz, 1993 p.14).

BRASIL EM IMAGENS **237**

colaboradores, entre eles, personalidades de destaque do cenário pernambucano, como Franklin Távora.

A literatura regional

O principal motivo da participação de Távora na *Ilustração Brasileira*
deveu-se, talvez, ao fato de o escritor ter pertencido à famosa "Escola do
Recife",[14] centro irradiador daquele "bando de ideias novas", na expressão de
Sílvio Romero – as doutrinas de Comte e Littré, o biologismo de Darwin, o
evolucionismo de Spencer, o determinismo de Taine, entre outras –, que entra-
ram no Brasil durante os anos 70 do século XIX, indo se alojar na Faculdade de
Direito de Recife,[15] cujos intelectuais assumiram a missão de inaugurar "uma
nova idade no pensamento brasileiro". Interpretação que Wilson Martins
(1977, v.III, p.501) irá completar, dizendo: "Se a [idade] precedente pode ser
denominada de 'romântica', não apenas no sentido restritamente literário da
palavra, mas também na visão idealizante e arcaizante do mundo, agora estamos
entrando, sem dúvida nenhuma, numa época 'realista'".

A trajetória de Franklin Távora, antes de chegar ao Rio de Janeiro, em 1874,
incluía, além da passagem pela faculdade de Pernambuco, participação em grê-
mios e associações acadêmicas, com destaque para a colaboração, quando ainda
estudante, em jornais como *O monitor das famílias* (1859) e *O Ateneu Pernambucano* (1862). Mais tarde, já bacharel em direito, é convidado por José de Vasconcelos, em 1866, para atuar como revisor do *Jornal do Recife*. Finalmente, entre
1872 e 1874, Távora fundou *A Verdade*, jornal ligado à maçonaria que combateu
a imprensa católica, representada pelos jornais *O Liberal* e, logo depois, *A
União*. Outra célebre polêmica na qual o escritor cearense, sob o pseudônimo
de Semprônio, esteve envolvido –, conhecida como *Cartas a Cincinato* (1870)
– refere-se às críticas aos romances *O gaúcho* e *Iracema*, de José de Alencar.

---

14 Denominação imprópria, segundo Afrânio Coutinho (1967, p.56-7), tendo em vista a expressiva
    participação de cearenses, e não apenas pernambucanos, entre os que frequentavam a referida
    "escola", e também porque não havia unidade de pensamento e de produções, tal como acontece
    nas escolas literárias e filosóficas.

15 Além de Pernambuco, também São Paulo teve sua Faculdade de Direito, segundo projeto de
    31 de agosto de 1826 (convertido em lei em 11 de agosto de 1827), que versava sobre a criação
    dos dois centros dedicados ao estudo do direito no País (cf. Schwarcz, 1993, p.142).

Além de compor o perfil de intelectual, que começava a se delinear a partir de então, que elege o jornalismo como o mais eficaz instrumento de luta, Távora, ainda no Recife, atuou igualmente na esfera política: em 1867 foi nomeado para a função de diretor-geral da Instrução Pública de Pernambuco, durante o governo do conselheiro Francisco de Paula da Silveira Lobo, pertencente ao Partido dos Progressistas Liberais; no ano seguinte, foi eleito deputado da Assembleia Provincial de Pernambuco pelo Partido Progressista.

Outros créditos a recomendar o convite de Henrique Fleiuss, em 1875, para que Franklin Távora viesse trabalhar na *Ilustração Brasileira*, convite que, segundo Cláudio Aguiar (1997, p.227), teria acontecido por ocasião da reunião da Sociedade Brasileira de Ensaios Literários, que comemorava 15 anos de fundação,[16] era também a sua atuação como literato e dramaturgo. Na área do conto, havia escrito *A trindade maldita, contos no botequim*, publicados no transcorrer de 1861 no *Diário de Pernambuco*; na do teatro, *Um mistério de família*, drama em três atos encenado no teatro Princesa Isabel de Recife, em 1862, e publicado no ano seguinte; na do romance, nada menos do que três narrativas: *Os índios do Jaguaribe, história do século XVII*, em 1862, e *A casa de palha*, em 1866, ambos publicados em folhetim no *Jornal do Recife*, em 1866, e *Um casamento do arrabalde, história do tempo em estilo de casa*, em 1869.

Como se vê, não eram poucas as credenciais a indicar o nome de Franklin Távora como destacado colaborador da *Ilustração Brasileira*, devendo também ter pesado, talvez, o fato de as duas polêmicas em que esteve envolvido, identificarem-no, de um lado, às forças progressistas (questão dos bispos), de outro, ao imperador (*Cartas a Cincinato*), embora o autor de *O cangaceiro*, segundo consta, não soubesse que os ataques a Alencar, liderados por Castilho, faziam parte de um complô contra o conterrâneo cearense, antigo desafeto do imperador.[17] Nem por isso o periódico de Fleiuss deixará de prestar homenagem quando do falecimento de José de Alencar, em editorial de 1877, o que irá fazer também Manassés em crônica na qual manifesta pesar, repassado

---

16 Cláudio Aguiar, no entanto, não informa a fonte de onde extraiu a informação a respeito do encontro entre Fleiuss e Távora, no transcorrer da referida reunião literária, quando o escritor cearense já se encontrava no Rio de Janeiro.

17 Segundo Aguiar, Távora passou a atacar Alencar, na época, o mais famoso escritor brasileiro, como forma de chamar a atenção sobre si, e também porque teria ficado magoado com o fato de o autor de *O guarani* não se ter pronunciado a respeito do romance *Os índios do Jaguaribe*, que ele lhe havia enviado.

de respeito e admiração, pela morte do grande romancista brasileiro, textos a serem comentados na segunda parte deste capítulo.

Quando passa a colaborar na *Ilustração Brasileira*, Franklin Távora, segundo Cláudio Aguiar, vai responder pela seção "Boletim Bibliográfico",[18] encarregando-se de apresentar as últimas publicações em áreas que compreendiam não apenas a literatura. Mais uma vez, o biógrafo não informa a fonte de onde extraiu essa informação. No entanto, as críticas a respeito de dois romances publicados em 1876, que saíram no "Boletim Bibliográfico" – *Miguel Strogoff*, de Júlio Verne, pela editora Garnier, e *O Cabeleira, história Pernambucana*, pela Tipografia Nacional – , deixam dúvida de que, se não toda a série dos boletins, pelo menos este, de 15 de outubro de 1876, fosse de autoria de Távora.

Diz o comentarista a respeito do romance de Júlio Verne:

> É possível, conforme pensa um crítico muito pessimista, que a ciência, ensinada nos romances de Verne, seja tão verdadeira como a história dos romances de Alexandre Dumas, mas é inegável que, afora as exagerações de um e de outro, nesses livros lucra-se mais do que nos romances realistas de Flaubert, e do que em outras leituras que nem são tão agradáveis, nem tão úteis. (n.8, p.127)

O "crítico pessimista" em questão era Franklin Távora, que irá criticar o autor de *A dama das camélias*, como se verá mais à frente, de não ter contado a "verdadeira" história da prostituta que lhe inspirou o romance. É bem verdade que, como era comum no jornalismo do século XIX, um mesmo escritor podia colaborar em vários jornais ao mesmo tempo, sob o disfarce de iniciais e pseudônimos (de resto, conhecidos de boa parte dos leitores da época, especialmente dos colegas de redação), assumindo por vezes posições contrárias, como se não fosse a mesma pessoa que assinava as réplicas e tréplicas. O que tornaria

---

18 Eis algumas afirmações do crítico: "A ele [Távora] coube a responsabilidade de resenhar livros, além de cuidar de vários outros assuntos ligados à literatura" (p.127); "A sua [de Távora] colaboração na *Ilustração Brasileira* foi intensa. Ele não se limitou a preparar, a cada número resenhas críticas dos livros" (p.229); "Por aquela época [1877] as suas [de Távora] mais importantes e urgentes tarefas resumiam-se na realização de projetos individuais, como o preparo dos Boletins Bibliográficos que, quinzenalmente, eram publicados na revista *Ilustração Brasileira*" (op. cit, p.258). O biógrafo não faz menção ao fato de a seção de resenhas de livros vir assinada, ao menos no primeiro número da revista, pelo pseudônimo "Nemo", motivo por que sua autoria foi atribuída ao escritor Manuel Ferreira Garcia Redondo, na identificação dos dicionários de pseudônimos.

possível conceber que ao comentar o romance de Júlio Verne, fosse Távora quem se pronunciava, criticando aquele "crítico pessimista" (ele mesmo) que fazia ressalvas ao romance de Dumas Filho.

Acontece que nesse mesmo boletim sai a notícia da publicação do romance *O Cabeleira* que, calorosamente acolhido, não poderia ter sido assinada pelo autor do romance, em razão da observação que se segue: "*Estreando-se no romance, e dando-nos O Cabeleira* veio o Sr. Dr. Távora mostrar que tem capacidade para todas as empresas literárias" (n.8, p.127; grifo meu).

Ora, somente quem desconhecesse que o autor de *O Cabeleira* já havia publicado quatro narrativas literárias no Recife, mencionadas antes, poderia dizer que ele "estreava" no romance, o que fica impossível atribuir a Franklin Távora o comentário em questão.

Em vista dessas considerações, tornam-se necessárias pesquisas mais aprofundadas que venham confirmar se, de fato, o escritor cearense foi responsável pela seção "Boletim Bibliográfico" da *Ilustração Brasileira*.

Em que pese fazer a resenha das obras que eram publicadas no Brasil, e também fora do país, fosse tarefa da maior importância, dentro do periódico – e se era realmente Távora quem respondia pela tarefa, isso mostra o reconhecimento de Fleiuss quanto a sua capacidade de crítico –, a colaboração do escritor, no entanto, irá compreender textos assinados com o próprio nome, e por intermédio dos quais assumia claro alinhamento junto às fileiras da estética realista, tal como acontece no ensaio "*A Dama das Camélias*",[19] assim também a defesa do ideário da "Literatura do Norte", em particular, as tradições populares, como no caso da crítica à obra *Diversões*, de João Gabriel de Morais Navarro.[20]

Tal como no passado, quando as críticas de Távora, sob o pseudônimo de Semprônio, dirigidas contra *O gaúcho* e *Iracema*, de José de Alencar, visavam criticar o romantismo, mas também (ou sobretudo) chamar a atenção sobre si, no ataque ao mais importante romancista brasileiro, o mesmo vai acontecer, seis anos mais tarde, em relação ao célebre romance de Alexandre Dumas Filho. A

---

19 "*A Dama das Camélias*". Franklin Távora. *Ilustração Brasileira*, n.7, 10 de outubro de 1876, p.99-100.

20 "*Diversões*. Obra de Gabriel de Morais Navarro". Franklin Távora. *Ilustração Brasileira*, n.21, 1º de maio de 1877, p.323. Gabriel Navarro nasceu em São Paulo em 1832 e aí faleceu bacharel em Ciências Sociais e Jurídicas, formado em 1857. A obra *Diversões* foi publicada em Campinas, em 1877.

argumentação também continua a mesma: Alencar fora criticado por não ter ido ao Rio Grande do Sul antes de escrever um romance cujo protagonista provinha dos pampas, Dumas Filho, porque, em vez de contar a "verdadeira" história da cortesã Marguerite Gauthier, deixou-se levar, igualmente, pela imaginação.

Como se sabe, o jovem Alexandre Dumas, então em início da carreira de escritor, conheceu, em 1845, a cortesã – Marie Duplessis –, com quem viveu curta, mas intensa, relação amorosa, na qual se inspirou para escrever *A dama das camélias*, romance publicado em 1848, depois adaptado ao teatro, em 1862. Transformada em personagem de romance, Marie Duplessis[21] passou a se chamar Marguerite Gauthier, e como tal, surge transfigurada, encarnando o papel da heroína romântica, capaz de se desfazer de bens materiais para levar às últimas consequências o amor puro e sincero que dedicava a Armand Duval.

Na opinião de Távora, em vez de Alexandre Dumas ter se deixado levar pela imaginação, inventando a história de uma prostituta que se regenera pelo amor, o correto era que o romance contasse "a história fiel de Alphonsine Plessis" (n.40, p.100). Essa a missão que ele assumiu levar a cabo. Para tanto, a estratégia de que se valeu foi trazer ao conhecimento do leitor o manuscrito, que um amigo lhe fez chegar às mãos:

> Eu a entrego [a história], sem reflexões por ora, ao exame dos curiosos e competentes. Ela me foi dada de presente em Pernambuco, há bem oito anos pelo Dr. J. de A. F., bem conhecido ali e até em Paris, por seu grande talento, e por seu espírito crítico, e tenacíssimo no descobrimento da verdade.
> Ele autorizou-me a servir-me do seu presente segundo me aprouvesse, e a usar do seu nome, se tanto fosse preciso para crédito das suas afirmações. (n.7, p.99)

O fato de Távora não declinar o nome do amigo que vinha trazer tão importantes revelações sobre a dama das camélias, mas tão somente referir-se a ele pelas iniciais, mostra que o crítico brasileiro tomava o mesmo cuidado do romancista francês que, segundo o coveiro que serviu de informante ao Dr. J. de A. F., não havia contado a "verdadeira" história de Alphonsine Plessis, não porque quisesse protegê-la, mas para "não expor a algum desar o nome de uma família, a do conde de Perig..." (n.7, p.99).

---

21 Ao tempo em que era colaborador do *Diário do Rio de* Janeiro, Machado de Assis foi autor de uma "imitação" em verso da obra de Alexandre Dumas Filho, publicada com o título de *Maria Duplessis (A dama das camélias)*, em 15 de abril de 1860 (cf. Sousa, 1955, p.234).

Outro procedimento empregado por Franklin Távora, o de revelar a "verdade" a respeito da jovem Alphonsine, valendo-se das mediações do amigo e do coveiro, remete mais uma vez ao romance de Alexandre Dumas Filho, cujo narrador, pode-se lembrar, conta a história de Marguerite Gauthier, baseando-se no relato de Armand Duval, amante da famosa cortesã de Paris, então falecida, e também nas cartas que essa remeteu àquele. Com isso, a trama narrativa é composta por um coro de vozes, cada qual contando a história por um ângulo, todas igualmente verdadeiras, quanto falsas.

Para Távora, no entanto, existe tão somente uma única verdade, irrefutável, graças às credencias dos informantes: o amigo, cientista que, interessado em estudar a influência dos solos dos cemitérios na decomposição dos cadáveres, esteve em Montmartre; o coveiro, peça chave na revelação da história real da cortesã. Conhecedor do solo calcário do cemitério, ele informa que a decomposição dos corpos, ali, era mais lenta, sobretudo se o defunto tinha morrido asfixiado pelos vapores do carvão em combustão, como aconteceu com a dama das camélias. Ou seja, a moça suicidou-se, e não morreu tuberculosa, como se lê no romance. A partir daí, vêm à tona outras "mentiras" praticadas por Dumas Filho: em primeiro lugar, o nome de batismo da cortesã era, como se disse, Alphonsine Plessis, comprovado pelo epitáfio em seu túmulo, e não Marguerite Gauthier; em segundo lugar, ela não morreu pobre, como na versão literária, mas financeiramente estava bem de vida, senão não teria condições de pagar a sepultura temporária, que custava caro, antes de o seu corpo ser trasladado para o jazigo definitivo; finalmente, a "verdadeira" história de amor de Alphonsine, que, aliás, não difere muito daquela do romance, compreende o relacionamento amoroso com o conde de Perrègoux (este o sobrenome mantido em segredo), ao qual a família se opõe, obrigando o rapaz a se afastar, motivo do suicídio de sua bem-amada.

"Eis a verdade a respeito da *Dama das camélias*" (7:99) – o nome em itálico, no original, remete não somente à personagem, mas a todo o romance –, vai concluir triunfante o amigo, o Dr. J. de A. F., e com ele, Franklin Távora. Pode-se pensar que a *Ilustração Brasileira* tenha acolhido com entusiasmo a matéria, expressão da crítica de caráter cientificista, com sua postura de verdade, neutralidade e objetividade na análise literária. É dominante, igualmente, a obsessão pela "visibilidade" do literário, contida nas ações do crítico que anseia por "ver", "olhar", "enxergar", o que lança a literatura no campo da óptica, da fotografia, da visão. (Süssekind, 1984, p.99)

"Intelectuais combatentes" (Ventura, 1991, p.71), como Távora, compreendiam que a crítica significava não apenas a descoberta de verdades, que viam como universais, mas também a abordagem de temas, entre outros, a poesia popular, desdobramento do projeto de "Literatura do Norte". Na resenha da obra *Diversões*, de João Gabriel de Morais Navarro, o colaborador da *Ilustração Brasileira* terá oportunidade de se manifestar sobre o assunto, respondendo por um texto, ao final do qual aparecia o seu nome e o lugar de redação daquele: "Rio, 23 de abril de 1877" (n.21, p.323).

Da mesma forma que Távora recorrera a Alencar, no passado, para ter entrada, por intermédio do famoso romancista, no fechado mundo das letras nacionais, agora era ele procurado por um desconhecido escritor paulistano que contava com o aval do autor de *O Cabeleira* para ser apresentado ao público carioca. Uma vez que alguns contos do livro de Morais Navarro foram inspirados em tradições da província de São Paulo, com destaque para a piracema no Rio Mogi-Guaçu e a lenda do macaco branco, Franklin Távora aproveita a ocasião para fazer a defesa da literatura nacional, que deveria se basear "nas nossas tradições populares", em vez de se inspirar nas "cansadas letras nacionais". Embora reconheça que, nas suas palavras, "há no estrangeiro obras-primas que serão sempre modelos de beleza, fontes de valioso estudo para o escritor de gosto", o crítico é de opinião que "em uma terra que não tem ainda feita a sua literatura", o "gênio nacional" deve se formar por si mesmo, "inspirando-se em sua própria originalidade, dando frutos em que reflita a sua grandeza, tenham ou não tenham estes frutos semelhantes nas velhas literaturas" (n.21, p.323).

O resgate das lendas e tradições populares era igualmente tarefa urgente, segundo Távora, haja vista os perigos que rondavam a "musa popular do norte", exposta à "invasão estrangeira", que se valendo da "indiferença nacional", "vai levando por diante impunemente a sua obra de alteração do nosso caráter" (n.35, p.173), conforme escreveu no pequeno ensaio, "Um Verso Popular",[22] publicado na *Ilustração Brasileira*, em lugar de destaque, à página 2. Com a intenção de "gratificar" os leitores da corte, o crítico transcreve uma quadra popular, que teria ouvido de um *cargueiro* do Ceará (itálico no original):

---

22 "Um Verso Popular". Franklin Távora. *Ilustração Brasileira*, n.35, 1º de dezembro de 1877, p.173.

Vou-me embora, vou-me embora;
Faço como a jaçanã;
Vou subindo serra acima,
Na cerração da manhã. (ibidem)

As circunstâncias em que essa "formosíssima endecha" teria sido colhida, e que Távora faz questão de informar – "em uma das estradas por onde vão caindo, afogadas pela manopla que de tempos em tempos açoita impiedosamente aquelas regiões soberbas, mulheres e crianças, seminuas e sem lar" (ibidem) –, remetem à terrível seca que irá castigar grande parte dos estados nordestinos e, em particular, o Ceará, de 1877 a 1878. Os sertanejos, acostumados com o ritual imposto pela seca, invadiram Fortaleza que, em 1878, contabilizou aumento vertiginoso da população, em razão da vinda dos retirantes. Inúmeros jornais cearenses (*O Cearense, O Retirante*) e da capital (*Gazeta de Notícias, O Besouro*) começam a protestar contra aquele quadro de calamidade, clamando por recursos e providências do governo imperial. O texto transcrito a seguir, extraído de *O Retirante, Órgão da Vítima das Secas*, de 16 de setembro de 1877, dá uma ideia do sentimento de revolta entre os nordestinos:

> Constou que o imperador, de volta para a sua fazenda, pretendia vir a esta infeliz província assistir ao horroroso espetáculo da seca. [...] A notícia foi, porém, desmentida. [...] Se no Egito houvesse seca, estamos certos de que teria lá estado e comunicaria à academia francesa o resultado de seus estudos, mas a seca é no Ceará, onde só se sabe por ouvir dizer que o excelso monarca fala todas as línguas vivas, mortas e moribundas e conhece a fundo ciências exatas e inexatas. Analisa na Europa a batata-doce e traz para o Brasil, os frutos apodrecidos do poder pessoal. [...] Dia virá em que este povo de cordeiros, que o despotismo disfarçado condena às trevas da ignorância, cônscio dos seus direitos, erguerá o colo e bradará: Acima de nós, só Deus. (apud Andrade, 2004, p.187-8)

Na corte, a *Gazeta de Notícias*, por sua vez, narrava o espetáculo daquelas que eram vítimas indefesas da seca – as crianças –, em termos que fazem lembrar a descrição de Franklin Távora:

> criancinhas nuas e seminuas, com os rostos encaveirados, cabelos emaranhados sobre crânios enegrecidos pelo pé das longas jornadas, com as omoplatas e vértebras cobertas apenas por pele ressequida, ventres desmesurados, pés inchados, cujos dedos e calcanhares foram disformados por parasitas animais, vagam sozinhas ou

em grupos, tossindo a sua anemia e invocando, com voz fraquíssima, o nome de Deus em socorro da orfandade. (apud Andrade, 2004, p.187-91)[23]

Denúncia mais contundente são as duas litografias, a partir de fotos remetidas por José do Patrocínio, ao jornal *O Besouro*, que irá reproduzi-las na primeira página do número de 20 de julho de 1878: a mão de um esqueleto humano, trajando camisa social com abotoadura e paletó, segura duas *cartes-de-visite* que retratam crianças vítimas da seca, litografia encimada pelo título "Páginas tristes – Scenas e aspectos do Ceará (para S. Majestade, o Sr. Governador e os Senhores Fornecedores verem)" (Andrade, 2004, p.191).

Diante desse quadro de denúncias e revolta, em que o governo imperial era acusado abertamente pela imprensa de não amparar a província do Ceará, que passava por uma das piores estiagens, fica difícil imaginar que a endecha transcrita por Franklin Távora em "Um Verso Popular" viesse em apoio tão somente à tese literária exposta no prefácio de *O Cabeleira*, sem nenhuma relação com o contexto social. Ao contrário, o fecho do texto mostra que o escritor compactuava com as críticas dirigidas ao imperador quanto ao abandono em que vivia o Ceará. Impossibilitado, no entanto, de assumir qualquer posicionamento mais explícito contra o monarca brasileiro, uma vez que colaborava em um periódico que era o braço direito da Monarquia, a estratégia do escritor foi fazer a defesa, enfática, da "poesia sertaneja" que, para vicejar, carecia de condições favoráveis, a começar aquelas do plano material:

> Não se vos afigura, leitor, que nas regiões que inspiraram à poesia sertaneja esta formosíssima endecha, só se pode viver entre prazeres inocentes e duradouros, e nunca jamais se poderá morrer de fome, de nudez, de desamparo?
> Não parece que donde se transmite às harpas campesinas, tanta doçura, tão elegante naturalidade, tão suave e graciosa harmonia, não se levantarão jamais vozes de desespero, gritos de angústia sem consolação e sem fé?
> Não parece que aí onde existe musa tão risonha e louçã, qual a que concebeu esta originalíssima toada, uma lei natural tem imposto à humanidade não derramar lágrimas que não tenham por únicos fundamentos a contemplação da natureza e o amor feliz? (n.35, p.173)

---

23 O baiano Rodolfo Marcos Teófilo (1853-1923) presenciou a seca de 1877, a respeito da qual escreveu os romances: *História da seca do Ceará, 1878-1880*, Fortaleza: Gualter R. Silva editor, 1884; e *A fome: cenas da seca do Ceará*, Porto, 1890.

A crítica velada justificar-se-ia, entre outros motivos, porque Távora ocupava o cargo de oficial de gabinete do conselheiro João Alfredo, ministro da Secretaria do Império, desde que chegou à corte. Outros privilégios colhidos no Rio de Janeiro incluem, conforme foi falado, a publicação de *O Cabeleira* pela imprensa do governo, a Tipografia Nacional, em 1876, a segunda edição da peça *O mistério em família* pelas oficinas do Imperial Instituto Artístico, em 1877, o convite para colaborar na *Ilustração Brasileira*, assim como o prestígio que Távora passou a usufruir na corte, e do qual são exemplos a crítica favorável de Flávio de Aguiar ao *Cabeleira* e os poemas de Pelino Joaquim da Costa Guedes (1858-1919)[24] e Ângelo de S. Paio dedicados ao escritor, publicados no periódico de Fleiuss. Está claro que essas benesses, por representarem o reconhecimento almejado pelo escritor de província na corte, tinham por contrapartida o alinhamento do escritor cearense à política imperial. O que permite compreender a tensão que irá marcar a produção regionalista de Távora, tanto em *O Cabeleira* quanto nas *Lendas e tradições populares*, para ficarmos apenas nesses exemplos, na medida em que são produções literário-culturais que não deixam de ter vínculo com a realidade política brasileira daquele momento.

Se ao tempo em que vivia no Recife, estudante do curso de direito, amigo de Tobias Barreto e Castro Alves, seguidor da Igreja Maçônica, Távora fazia questão de ser conhecido pela veia de polemista, uma vez no Rio de Janeiro, preferia, talvez, ser reverenciado como um dos líderes da escola realista, aquele que conclamava seus pares a virem enriquecer com suas obras a "musa do Norte".

Mesmo porque tudo estava por se fazer, a "Literatura do Norte" ainda não existia, era necessário criá-la, tarefa possível de ser realizada se houvesse um grupo de escritores, congregados em torno da ideia de fixar sistematicamente, em uma série de romances, como Távora e Inglês de Sousa planejaram, os costumes e a psicologia das províncias setentrionais, a modo de uma cartografia etnográfico-literária do Brasil. No caso do colaborador da *Ilustração Brasileira*,

---

24 "Saudades do Sertão do Norte". Ao Dr. Franklin Távora. Pelino Guedes. *Ilustração Brasileira*, n.37, 1º de janeiro de 1878, p.216-17. Nascido em Pernambuco, Pelino Guedes formou-se em Direito pela Faculdade de São Paulo. Foi professor de português da Escola Normal de São Paulo e de pedagogia da Escola Normal do Rio de Janeiro. Exerceu o cargo de primeiro oficial da Secretaria de Negócios do Interior e Justiça, que foi obrigado a abandonar no governo de Floriano Peixoto, voltando a ocupá-lo de novo com Prudente de Morais na presidência. Redator do jornal *A República*, de São Paulo, de 1878-1879, proprietário de *O Ipiranga*, também da capital paulista, entre 1882-1883, colaborou na *Gazeta da Tarde* (SP, 1881). Sua obra literária compreende alguns títulos, como: *Sombras* (1870), poesias; *Saudades do sertão* (1899), poesia e prosa.

o projeto, na área da literatura, compreendia a série de romances históricos: *O Cabeleira*, em 1876, *O matuto*, que o escritor vai publicar por conta própria na Tipografia Perseverança, em 1878 (a *Ilustração Brasileira* já havia deixado de circular e, com ela, o Imperial Instituto Artístico), e *Lourenço*, que virá a público alguns anos mais tarde, em 1881. Além da área da criação ficcional, o projeto incluía também a do ensaio, a exemplo do livro chamado de *O Norte* (tido até pouco tempo como perdido, mas localizado pelo biógrafo de Franklin Távora, Cláudio de Aguiar), em que a obra de vinte escritores seria apresentada como expressiva do talento nortista.

Estudante de direito em Recife, fundador da *Tribuna Liberal*, diretor da *Revista Nacional de Ciências e Artes*, ambos jornais paulistas, e redator-chefe do *Diário de Santos*, Inglês de Sousa (1853-1918)[25] vai ter entrada na *Ilustração Brasileira* por intermédio do "Boletim Bibliográfico",[26] logo no segundo número da série, quando o comentarista acolhe com entusiasmo a coleção de histórias intituladas *Contos amazônicos*, que o escritor paraense escrevia com o pseudônimo de Luís Dalzoni. O destaque fica por conta da cor local, as "paisagens amazônicas", tão bem reproduzidas nos contos:

> As descrições de lugares, de costumes, e de fisiognomias são tão apropriadas, há tanta verdade no colorido, tanta abundância de seiva em todos aqueles quadros, que, além de revelarem um belo e prometedor talento, formam um lindo álbum de paisagens amazônicas, com toda a cor e sabor local. (n.2, p.30)

Os próximos romances de Inglês de Sousa, aliás, Luís Dalzoni, *História de um pescador* e *O cacaulista*, ambos de 1876, tão logo publicados em São Paulo – o segundo foi impresso em Santos, na tipografia do *Diário de Santos* –, eram no mesmo ano comentados no periódico de Fleiuss. O subtítulo, "Cenas da vida do Amazonas", aposto às duas obras, dava a entender que o

---

25 Herculano Marcos Inglês de Sousa nasceu em Óbidos, no Pará, e morreu no Rio de Janeiro. Fez os primeiros estudos no Pará, no Maranhão e no Rio de Janeiro. Formou-se em Ciências Sociais e Jurídicas pela Faculdade de Direito em São Paulo (1876). Exerceu a advocacia e o jornalismo em São Paulo. Foi governador de Sergipe e do Espírito Santo, professor de Direito e fundador da Academia Brasileira de Letras. Seu romance mais conhecido é *O missionário*, mas também escreveu contos, reunidos no livro *Contos amazônicos* (1892) (cf. Coutinho & Sousa, 2001, v.II, p.1530; Sacramento Blake, 1899, v.3, p.237).

26 "Boletim Bibliográfico" [sem assinatura]. *Ilustração Brasileira*, n.2, 15 de julho de 1876, p.30; n.16, 15 de fevereiro de 1877, p.247; n.28, 15 de agosto de 1877, p.63. "Publicações da Quinzena" [sem assinatura], n.35, 1º de dezembro de 1877, p.181.

autor pretendia escrever uma série de romances, desdobramento um do outro, embora correspondendo a uma narração completa. O comentarista do "Boletim Bibliográfico" exalta as qualidades de *O cacaulista* e o talento de Luís Dalzoni, por ter sabido tratar, "sob a forma amena do romance, as coisas do norte do Brasil" (n.16, p.247).

Assim como tantos outros escritores do Norte que, vindos para o Sul completar a formação intelectual, traziam projetos literários com a intenção de representar a musa setentrional, Inglês de Sousa fundou em parceria com Antônio Carlos Ribeiro de Andrada Machado e Silva, professor da Faculdade de Direito de São Paulo, a *Revista Nacional de Ciências e Artes*, canal de difusão da "Literatura do Norte", entre outras produções, o romance *O coronel Sangrado* (assinado com o nome do autor), publicado em 1877. A estratégia se completava com o envio dos números da revista à redação da *Ilustração Brasileira*, onde os redatores da publicação paulista esperavam encontrar escritores envolvidos como eles com a causa literária nortista. O que de fato aconteceu: tanto a *Revista Nacional de Ciências e Artes* quanto *O coronel Sangrado* tiveram recepção calorosa no periódico de Fleiuss. No propósito de exaltar a descrição da natureza amazônica no romance de Inglês de Sousa, o comentarista das "Publicações Quinzenais" transcreve trecho da carta que Miguel Fernandes – personagem que está de volta a Óbidos anos depois de ter sido obrigado a abandoná-la – escreve ao amigo Júlio, a bordo do vapor Madeira, a caminho da cidade natal.

Ora, a "amostra" dá a entender que as descrições da natureza são a tônica dominante em *O coronel Sangrado*, quando o romance, apesar de ter por cenário a Amazônia, fixa mais o homem do que a selva, como se esta, com a sua opulência, não interessasse ao romancista, mais preocupado com o elemento humano, naquilo que ele tem de particular, mas também de universal. Mais valia destacar, talvez, os capítulos que tratavam da votação pelo sistema de "cabala", entre conservadores e liberais de Óbidos, em que aqueles são traiçoeiramente derrotados, perda que reproduz, no universo da ficção, aquilo que acontecia nos quadros da vida política nacional.

Um dos aspectos da problemática contemporânea que reaparecerá cada vez com maior insistência na obra de escritores, não apenas do Norte, era o anticlericalismo, estado de espírito e de opinião que não se restringia às grandes cidades do País. Nesse particular, observa Wilson Martins (1977, v.III, p.509), "não será por acaso que *O Cacaulista* tenha sido impresso em Santos, no *Diário de Santos*, no mesmo ano em que se imprimia nas oficinas da *Gazeta de Campinas* o 'romance histórico social' de Júlio Ribeiro (1854-1890)[27], *Padre Belchior de Pontes*".

Se, de fato, era Franklin Távora quem respondia pelos boletins da *Ilustração Brasileira*, a recepção favorável ao romance de Júlio Ribeiro encontrava justificativa, por um lado, em razão da índole polêmica do escritor mineiro, com a qual o escritor cearense se identificaria. Mais do que como ficcionista, o autor de *Padre Belchior de Pontes*, como se sabe, deixará marca dos rumorosos envolvimentos em questões sociais as mais candentes de sua época, como irá lembrar Antonio Celso Ferreira (2002, p.193):

> *Padre Belchior de Pontes* é, acima de tudo, romance que se enquadra no debate de ideias filosóficas e científicas do final do Império, trazendo as formulações literárias do republicanismo e do abolicionismo. Sua distinção está, no entanto, em abordar a história regional e nacional, de um ponto de vista radicalmente crítico em relação ao papel nela desempenhado pelos jesuítas, preparando terreno para que o autor, na década seguinte, assumisse a defesa incondicional do anticlericalismo e do cientificismo.

Por outro lado, a acolhida favorável à obra de Júlio Ribeiro devia-se ao fato de *Padre Belchior de Pontes*, segundo o responsável pelo "Boletim Bibliográfico"[28] (a obra é comentada no mesmo número em que se noticiava a publicação de *O cacaulista*), pertencer ao "gênero mais importante" (n.15, p.230) – o romance histórico[29] –, pouco cultivado entre os romancistas brasileiros, lamenta o crítico, talvez por isso, aquele que Távora irá escolher para escrever os seus romances.

---

27 Júlio César Ribeiro nasceu em Sabará, Minas Gerais, e faleceu em Santos (SP). Estudou na Escola Militar até 1865, sem chegar a concluir o curso. Em São Paulo, foi professor de latim no curso anexo à Faculdade de Direito. Jornalista combativo, era temido por seus adversários. Batalhou pela República e escreveu para várias folhas, entre elas *Província de S. Paulo*, *O Sorocabano* (1870-1872), *Gazeta do Povo* (SP, 1880), *O Rebate*, *A Procelária*, *Gazeta de Campinas*. Júlio Ribeiro ficou mais conhecido pelo romance *A carne*, de 1888. Segundo Raimundo de Meneses (1978, p.579), o romance *O Padre Belchior Pontes* foi publicado no jornal de Sorocaba, do qual o escritor foi redator, "com o intuito de preencher espaço" (cf. Sacramento Blake, 1899. v.5, p.254-5; Coutinho & Sousa, 2001, v.II, p.1374).

28 "Boletim Bibliográfico" [sem assinatura]. *Ilustração Brasileira*, n.15, 1º de janeiro de 1877, p.230.

29 "No preâmbulo do livro, o escritor dá notícia dos procedimentos historiográficos utilizados, fornecendo uma extensa lista das fontes consultadas, no propósito de trazer uma história 'verídica', malgrado a ficção necessária para entreter o leitor" (Ferreira, 2002, p.181).

Contos e lendas populares do Norte

Dentre os escritores nortistas que, em resposta ao chamamento de Franklin Távora para que viessem enriquecer com suas produções a musa do Norte, irão colaborar nas páginas da *Ilustração Brasileira*, cabe destaque a Flávio de Aguiar.[30] Conforme foi comentado, Aguiar criticara *O Cabeleira*, levantando como questionável o perfil psicológico da personagem, bandido que no romance de Távora mata para roubar, o que não correspondia à realidade sertaneja. Além desse aspecto, o crítico pernambucano considerava também inverossímil o imediato arrependimento do cangaceiro ao saber que matara a mãe de Luisinha, antiga companheira de infância, e que ele, pouco antes, pretendia raptar. A colaboração de Flávio de Aguiar no periódico de Fleiuss compreende também vários contos,[31] como são identificados os textos, inspirados nas tradições populares de Pernambuco (em maior número) e do Ceará.

A classificação das narrativas recupera a origem destas, isto é, o conto popular, na definição de Câmara Cascudo (2001, p.156): "É o relato produzido pelo povo e transmitido por linguagem oral. É o conto folclórico, a *estória*, o causo como diz o caipira paulista, e que ocorre no contexto do maravilhoso e até do sobrenatural".

Diz ainda o folclorista que o conto popular é de "importância capital como expressão de psicologia coletiva no quadro da literatura oral de um país", acrescentando, na sequência:

> As várias modalidades do conto, os processos de transmissão, adaptação, narração, os auxílios da mímica, entonação, o nível intelectual do auditório, sua recepção, reação e projeção determinam valor supremo como um dos mais expressivos índices intelectuais populares. O conto ainda documenta a sobrevivência, o registro de usos,

---

30 Não foi possível identificar os dados biográficos de Flávio de Aguiar nos dicionários biobibliográficos até agora consultados.

31 "O Grande Vaso Chinês". Flávio. *Ilustração Brasileira*, n.16, 15 de fevereiro de 877, p.251; p.254; "A Cruz da Encruzilhada" (conto), F. de Aguiar, n.25, 1º de julho de 1877, p.7; n.26, 15 de julho de 1877, p.22-3; n.27, 1º de agosto de 1877, p.35; "O Cabeça Pelada" (conto). F. de Aguiar, n.30, 15 de setembro de 1877, p.86; n.31, 1º de outubro de 1877, p.107; n.32, 15 de outubro de 1877, p.118-19; n.33, 1º de novembro de 1877, p.138-9; "A Visão do Rio de cima" (lenda). F. de Aguiar, n.34, 1º de novembro de 1877, p.147; p.150; "A Botija do Dinheiro" (conto), F. de Aguiar, n.35, 1º de dezembro de 1877, p.177; p.180-1; "O Rosário de Orelhas" (conto). F. de Aguiar, n.36, 15 de dezembro de 1877, p.192-3; n.37, janeiro de 1878, p.208-9; "O Espirro" (conto). F. de Aguiar, n.38, fevereiro de 1878, p.225; p.228; "Há Males que Vêm para Bem" (conto). F. de Aguiar, n.39, março de 1878, p.249-50.

costumes, fórmulas jurídicas, esquecidas mortas. A moral de uma época distanciada continua imóvel no conto que ouvimos nos nossos dias. (ibidem)

O resgate do conto popular, transmitido oralmente, de autoria desconhecida e perspectiva moralizante, que se perde na memória dos tempos, remete como se disse ao movimento liderado por alguns estudiosos românticos (dentre eles, Garret, Alexandre Herculano, Teófilo Braga), no início do século XIX, que começaram a valorizar certas criações populares como a poesia, na qual encontravam um frescor e uma profundidade que contrastava com o formalismo e a rigidez da arte acadêmica. Essa atitude, por sua vez, contrapunha-se à mentalidade das elites cultas do século XVIII que consideravam as expressões da cultura popular, fossem elas danças, contos, sagas ou peças de artesanato, como produto da ignorância e do desconhecimento das ciências e das artes, patrimônio das classes superiores.

O que vai diferenciar a pesquisa etnológica realizada pelos românticos daquela levada a efeito nos anos 1870, em particular, a relativa à região Norte do Brasil, como é o caso dos contos de Flávio de Aguiar e a série de *Lendas e tradições populares do Norte*, de Franklin Távora, publicados na *Ilustração Brasileira*, é que estes últimos, conforme está sendo interpretado, respondem por um certo espírito de revanche das províncias do Norte, queixosas de viver ao desamparo do governo imperial, que privilegiava as províncias do Sul. Nesse sentido, aplicam-se aqui as observações de Antônio Cândido (1969, v.II, p.299) a respeito do regionalismo de Távora, "programa, quase culto, acentuado com a decadência do Nordeste e a supremacia política do Sul". O que explicaria "a disposição polêmica de reivindicar a preeminência do Norte, reputado mais brasileiro" (ibidem), com o argumento, como se viu, de que o Norte não foi invadido, como o Sul, pelas modas estrangeiras.

Em que pese os regionalistas do Norte compactuarem com os românticos do espírito de valorização das origens da nacionalidade e da tradição popular, aqueles vão acentuar a perspectiva científica de suas pesquisas, como marca da produção intelectual da geração de 1870, ao deixar claro que não participam das crenças e superstições que permeiam as histórias contadas pelo povo. Assim, por exemplo, o narrador de "O Cabeça Pelada" – porta-voz das ideias de Flávio de Aguiar – não acredita que seja o "fatalismo" a reger a vida das pessoas, conforme vai dizer na "introdução" do texto:

É crença para muitos indivíduos o fatalismo, essa mentira arvorada em doutrina, que faz tudo depender da influência do fado, exclui a razão humana dos atos da vida, e vai até, por força da lógica, à impecabilidade e à negação da liberdade, porque, a ser ele verdadeiro, segue a humanidade um caminho de antemão traçado, sem hipótese de desvios, e nasce, vive, goza, sofre e morre a criatura conforme decretou o fado que ela nascesse, vivesse, sofresse e morresse.

Não creio, porém, na sinceridade dos fadistas.

Sofismam a cada instante os movimentos da vontade, os atos da liberdade, dando-nos como filhos de um poder estranho, como execução de uma lei fatal.

[...]

Pela última vez, o fatalismo é uma mentira, é uma crença falsa e errônea, contrária à natureza humana, e ofensiva até dos preceitos de qualquer religião que não seja visionária como a de Maomé e estúpida como algumas outras.

É por isso que desde criança fui averso ao fatalismo, e tive ocasião nesse tempo de discutir o assunto com uma velha que me contava histórias, e que, para provar que – *não se morrer senão quando a hora é chegada, e que não há meio de fugir a essa lei*, referiu-me o seguinte conto, que passo a referir aos leitores, respeitando, quanto me permitir a memória, os detalhes e a singeleza com que me foi contado. (n.30, p.86; itálico no original)

Ainda com o propósito de delimitar fronteiras entre aquilo que pertence ao folclore popular – valores, crenças, superstições – e o território do etnólogo – que se quer tão somente ouvinte e transcritor de histórias –, o narrador de "A Visão do Rio de Cima" relata, entre aspas, a lenda que lhe foi contada. O gritante erro de português, logo de cara, talvez esteja ali em respeito ao modo de falar do informante: "Fazem já muitos anos, foi ainda no tempo em que o mar se quebrava tão longe, que mal se ouvia o gemido de suas vagas, quando aqui se estabeleceram os primeiros povoadores" (n.34, p.150).

Ao lado do empenho em proceder à recolha dos mitos e lendas populares, escritores-etnólogos, como Flávio de Aguiar, não perdem ocasião de remeter ao eterno problema da seca no Norte, tal como no conto "A Cruz da Encruzilhada", aqui, recuada para o ano de 1845 e deslocada para Pernambuco, em vez de para o Ceará, como acontecia no biênio 1877-1878. Por longos meses, "os pobres filhos da vila de Ingazeira erraram por vilas e aldeias estranhas, onde mais ou menos eram sentidos também os efeitos do terrível flagelo da seca". Só depois de um ano, os moradores puderam "rever o cantinho de terra natal":

As caravanas que haviam partido meses antes famintas e tristes, sucediam-se na estrada em busca da vila, mas agora alegres e satisfeitas, porque [...] os castigos de Deus não são eternos, e a chuva caía do céu, os campos se enchiam de verdura, as árvores de frutos, as campinas de flores, as fontes d'água, os corações de esperança e as almas de alegria. (n.27, p.35)

E nenhuma palavra em relação ao governo. O silêncio faz supor que qualquer providência tenha sido tomada para ajudar as vítimas da seca de 1845, que contavam tão somente com a ajuda divina.

Não apenas o Sul, isto é, a corte imperial, não se importava com o que acontecia no Norte, como o próprio contato entre os dois extremos do Brasil acabava sendo prejudicial ao Norte, conforme se lê em *O rosário de orelhas*.[32] Recriação de *O Cabeleira*, o conto de Flávio de Aguiar se faz acompanhar, a exemplo de outros do autor, de longa "introdução" em que o narrador discorre a respeito das vinditas entre famílias dos sertões do Ceará, resultado na ignorância da população e da ação frouxa das autoridades:

> Muitas vezes uma insignificante pendência dava causa a um grande crime, e originava a rivalidade de duas famílias, as quais se atiravam cheias de ódio na luta cobarde das emboscadas e assassinatos, e chegavam até a verdadeiros combates, em que se empenhavam engrossadas e reforçadas por tantos apaniguados e *guarda-costas*, quantos lhes permitiam suas posses e influência. (n.36, p.192; itálico no original)

As lutas sangrentas que levavam o matuto e o sertanejo do Norte à prática do crime obedeciam, porém, a uma espécie de código de honra – a proibição de matar para roubar –, código que passou a não ser respeitado a partir do momento que o Norte entrou em contato com o Sul: "Felizmente, lá para aquelas bandas, nesse tempo, como hoje, o assassinato nunca foi um meio para o roubo, como já vai acontecendo à proporção que o Império se avizinha de seus limites no sul, de onde vêm nesse sentido maus e funestos exemplos" (n.36, p.192).

A partir desses exemplos de contos populares, fica claro que escritores nortistas, como Flávio de Aguiar, não estavam empenhados apenas em escrever a

---

32 Joaquim Norberto de Sousa Silva escreveu o "romance" "Januário Garcia ou O sete orelhas", publicado em junho de 1843, no *Espelho Fluminense*, e, entre maio e julho de 1844, na *Gazeta Universal*, aqui, com o título de "Mateus Garcia", sendo chamado de "crônica brasiliense". Em 1852, o texto fará parte dos *Romances e novelas*, antologia organizada por Norberto e publicada em Niterói, pela Tipografia Fluminense de Cândido Martins Lopes. A obra foi reedita em São Paulo, pela editora Landy, em 2002, com organização, apresentação e notas de Sílvia Maria Azevedo.

história das lendas e tradições dos povos do Norte, mas também aproveitar a ocasião para criticar o governo central, indiferente aos problemas enfrentados por aquele sofrido povo. O que traz de volta a tensão e a ambiguidade como marcas da produção popular nortista publicada na *Ilustração Brasileira*. Não por um acaso, certamente, tão logo se encerram as séries dos contos populares de Flávio de Aguiar e das *Lendas e tradições populares do Norte*, de Franklin Távora, vem a público o texto "A Poesia Popular",[33] na forma de editorial.

O editorial, como se sabe, é o artigo principal e inicial de um periódico. Ele responde também pela opinião dos editores, que pode não ser a mesma dos demais colaboradores. Sendo assim, é possível interpretar o editorial "A Poesia Popular", onde se destaca a importância das pesquisas de etnologia popular como instrumento de preservação da memória nacional, ainda que esse tipo de trabalho seja pouco valorizado no Brasil, enquanto estratégia dos editores da *Ilustração Brasileira* de deixar claro seu posicionamento em relação ao tema. Não por acaso, também, a palavra "indiferença", que já aparecera no artigo "Um Verso Popular", retorna em "A Poesia Popular", com o significado de desvalorização da lírica popular, motivo da perda de tesouros preciosos:

> Pretendemos unicamente lavrar nestas páginas um protesto contra a indiferença que entre nós se vota aos monumentos deste gênero que nos deixaram nossos antepassados.
>
> Quantos não se perderam já, quantos não se perdem dia a dia, à míngua de quem os enfeixe, e lhe dê forma e organização perdurável. (n.38, p.224)

Era o que Franklin Távora (autor, talvez, do editorial) se propôs fazer, trazendo a público no periódico de Fleiuss o resultado de suas pesquisas junto à "musa popular do Norte", oito contos reunidos sob o título de *Lendas e tradições populares do Norte*,[34] "pálido aceno diante da grandeza do cancioneiro popular que se encontrava espalhado pelo Brasil", na avaliação de Cláudio de Aguiar

---

33 "A Poesia Popular" [sem assinatura]. *Ilustração Brasileira*, n.38, fevereiro de 1878, p.224.

34 A relação compreende as seguintes lendas e tradições, publicadas na *Ilustração Brasileira*: "O Sino Encantado", n.13, 1º de janeiro de 1877, p.202-3; "A Visão da Serra Aguda", n.14, 15 de janeiro de 1877, p.215-18; "O Tesouro do Rio", n.15, 1º de fevereiro de 1877, p.230; "A Cruz do Patrão", n.17, 1º de março de 1877, p.268-9; "Cora-menino", n.18, 15 de março de 1877, p.282; "As Mãos do Padre Pedro Tenório", n.20, 15 de abril de 1877, p.310; "O Cajueiro do Frade", n.21, 1º de maio de 1877, p.334-5; "As Mangas do Jasmim", n.23, 1º de junho de 1877, p.359; p.363.

(1997, p.261). Talvez por isso Távora tenha se concentrado nas lendas populares pernambucanas, em sua maioria relacionadas ao tempo da invasão dos holandeses em Pernambuco, no século XVII. Essas são lendas que, "resistindo à ação destruidora do tempo, puderam chegar até nossos dias", uma vez que a "poesia dos selvagens [...] correu a refugiar-se nas selvas interiores, onde dia a dia se foi extinguindo até que de todo desapareceu com o último da última horda" (n.17, p.268). Esse lamento do narrador do conto *A cruz do patrão* não impede de se interpretar o repertório de lendas populares organizado por Távora como expressão da dívida do Brasil para com o Norte, pois foram bravos nortistas como Matias de Albuquerque, Felipe Camarão, André de Negreiros que, lutando ao lado dos portugueses, contra os batavos, chamados de "hereges", no conto *O sino encantado*, que livraram o País de cair em poder da Holanda.

A história do domínio holandês nas províncias do Norte do Brasil justifica a musa do Norte não cantar a "poesia do lar", tão somente a poesia da guerra, na qual repercutiam "a voz dos trabucos e arcabuzes, o som dos clarins, o retintim dos terçados e adagas dos conquistadores e conquistados, dignos uns dos outros" (n.17, p.268). O passado épico de Pernambuco nobilita a história da província, o mesmo acontecendo com as lendas ligadas ao período da dominação batava, ou antes, por contiguidade, a história enobrece a lenda e esta se transforma na memória popular da história. Assim, o que ficou na lembrança do povo da passagem dos holandeses por Porto de Pedras ficou conhecido como o caso do sino encantado, que uma velha do lugarejo vai contar ao narrador:

> Contam os antigos que antes de se render esta vila àqueles excomungados, os cristãos, sabendo que eles tinham por costume fazer das igrejas de Deus casas de malefícios, tiraram dos altares todas as imagens, e da torre o sino; as imagens foram repartidas por entre o povo batizado, e o sino foi trazido ao rio e afundado no lugar, que lhe mostrei. Meu dito, meu feito. Os *pés-de-pato*, assim que tomaram conta da terra fizeram da igreja fortaleza, para guerrearem contra a cristandade. Mas depois foram batidos, e tiveram de fugir. (n.13, p.202; itálico no original)

Igualmente contíguos estão a lenda e o conto moral, que ainda a história do sino encantado permite ilustrar: quando os holandeses foram embora, o vigário do local prometeu tirar o sino do rio, mas nunca que o fazia. Um dia, um menino tomava banho no Manguaba e deu com o sino, que a muito custo foi retirado da água. O padre e o juiz começaram a discutir quanto ao local em que devia ser colocado. Nisso, as cordas se romperam e o sino caiu de novo na água, afundou na lama e nunca mais ninguém o viu. A partir de então, as pessoas de Porto de Pedras passaram a ouvir badaladas que vinham de dentro do Manguaba, sempre ao meio-dia e à meia-noite, a lembrar não mais a passagem dos holandeses pelo local, mas a vaidade dos homens.

O fato de ter colhido essa história diretamente da fonte, isto é, junto à moradora do lugarejo, é garantia para o narrador de que a história contada ao leitor não foi inventada, nem por ele, nem pela velha, como vai dizer no fecho do conto: "Assim se despediu a velha, a quem devo este conto, que não é invenção minha, e que depois de me ter sido narrado, eu verifiquei não ser também invenção da velha, mas uma tradição alagoana, que tem consagração de muitos anos" (n.13, p.203).

Compreendem-se as suspeitas em relação à invenção, pois que refletem o rebaixamento da imaginação como princípio maior da atividade criadora, segundo a estética romântica, a observação da realidade tornando-se o principal fator da criação romanesca durante a década de 1870 no Brasil.

A exemplo dos romances de Távora, baseados em personagens e episódios tomados da história, a garantir "exatidão daguerreotípica", na interpretação que o escritor vai fazer da obra de Cooper, os contos populares recriados também têm ancoragem, primeiramente na história, para depois migrarem para a lenda em diálogo com o conto moral, como acontece em *Chora-menino*. A história se passa em 1635, em uma tarde de junho em que uma "multidão, de velhos trôpegos, mulheres desgrenhadas, crianças seminuas" chega ao Recife, vinda do Forte Real do Bom Jesus. Sitiado durante três meses, o forte acabou por cair em poder das tropas holandesas. Tendo passado por muitas privações, aquela multidão mais parecia "múmias repugnantes" do que seres humanos. Dentre elas, duas mulheres se destacavam: Ana e Lourença de Sousa, ambas trazendo nos braços os filhos que choravam de fome e de sede. Não resistindo ao cansaço, as duas irmãs morrem, e também as crianças. A partir de então, o lugar passou a se chamar Chora-menino, sendo tido por mal-assombrado: "Dizia o povo, harpa sonora em que vibram os mistérios da noite e da solidão, que quem passava por ali ouvia chorar menino" (n.18, p.282).

As marcas do passado heróico de Pernambuco estão por toda parte, tanto no mundo da natureza, árvores, rios, mangues, quanto no mundo da cultura, logradouros públicos e monumentos, registrando histórias de levantes e superstições, no relato de contos como *O tesouro do rio* e *As mãos do padre Pedro Tenório*. O primeiro narra um fato que se deu no Recife, ao tempo do Brasil

Colônia, quando morava na cidade um bando de negociantes ricos, que não sabiam o que fazer com tanto dinheiro. Enquanto isso, os soldados morriam de fome, motivo da insurreição a levar para as ruas "mangas de homens famintos de pão, sedentos de justiça". As vítimas eram os moradores mais afamados, que da noite para o dia ficaram pobres: "Tesouros infinitos passaram dos seios e mãos das filhas e mães, com os que foram arrancados dos cofres dos pais de famílias, para o poder das turbas desenfreadas" (n.15, p.230). Alguns dos tesouros foram enterrados em uma das ilhotas do Rio Beberibe, que muitos anos mais tarde atraiu um canoeiro que em sonho vislumbrou os cofres enterrados. Acontecia, porém, que todas as vezes que o canoeiro começava a cavar, um vento forte obrigava-o a parar, até que ele se deu conta de que era a Providência que procurava afastá-lo de alguma desgraça, pois que o tesouro enterrado no mangue era amaldiçoado.

Já *As mãos do padre Pedro Tenório* tem localização histórica mais precisa, pois que se refere ao envolvimento do padre Pedro de Sousa Tenório no movimento da proclamação da República, em Pernambuco, em 6 de março de 1817. Debelada a insurreição, o vigário foi condenado ao suplício capital, forca e esquartejamento, o governo português tendo mandado colocar em praça pública o poste onde se fixaram as mãos do padre Tenório, e na Ilha de Itamaracá, um outro, onde ficou exposta a sua cabeça, "para exemplo e lição de todos os que a ele se sentissem presos por laços que os pudessem arrastar a crime igual ao seu". Um dia, duas crianças que brincavam perto do lugar em que o vigário de Itamaracá foi enforcado viram que uma luz azul emanava de suas mãos, do tamanho e no formato de uma hóstia consagrada. A partir daí, os moradores do local compreenderam que aquela luz significava a alma do padre Tenório que, depois da morte, foi considerado santo milagreiro: "– Queres achar o teu objeto perdido? Pega-te com a alma do padre Tenório. Promete-lhe um Padre-Nosso e uma Ave-Maria" (n.20, p.310).

Da mesma forma que o povo escolhia os seus heróis, dentre os quais o Cabeleira, cujas façanhas eram cantadas pela "musa popular do Norte", ele escolhia também os seus santos, e com ambos se identificava, posto representarem, conforme Franklin Távora (1988, p.138) vai dizer no posfácio do romance, "alguma virtude grande, a que o sentimento do justo, inato no coração do povo, não é indiferente". Na medida, porém, em que esses contos populares são expressão do passado de luta de Pernambuco, talvez se pudesse dizer que eles vinham alertar o Sul de que as províncias do Norte poderiam vir a se rebelar novamente, agora contra o governo imperial, caso este continuasse a mantê-las à margem dos melhoramentos da civilização.

Na recriação das lendas populares do Norte, tal como acontece em *O cajueiro do frade*, é possível ouvir também ecos do envolvimento de Franklin Távora na "questão dos bispos", ao tempo em que dirigia o jornal *A Verdade*, do Recife. Na longa introdução que precede a narrativa, o narrador diz ter conhecido na Praia de São José da Coroa Grande o "cajueiro do frade", e um outro, na capital pernambucana, de nome "cajueiro do bispo", experiência a fundamentar suas reflexões em torno da hierarquia católico-eclesiástica, que vê inscrita na "mesma família vegetal". O "cajueiro do frade" representa o humilde servo de Deus, que percorre "solidões infinitas", "lugares inóspitos", "regiões havidas por intransponíveis", a levar a "palavra singela do Evangelho". O "cajueiro do bispo" simboliza o "aristocrático funcionário" da Igreja, aquele que "pertenceu quase sempre à cidade", o prelado envolvido em concílios, na administração das dioceses, quando não em questões mais políticas do que religiosas. Estabelecido o confronto entre o "plebeu", o frade, e o "patrício", o bispo, tem início a história que dá nome ao conto. Designado para servir no interior de Pernambuco, frei José decidiu que sua casa seria debaixo de um cajueiro. Em pouco tempo, outras casas humildes começaram a ser construídas no lugar, dando origem a uma pequena comunidade. Um dia, o frade é chamado de volta ao seu convento, para tristeza do povo, que começa a vê-lo passeando e rezando ao anoitecer, como aquele sempre fazia. Alguns anos depois, frei José morre, e tem início a lenda do "cajueiro do frade": o vulto do saudoso sacerdote começou a ser visto pelos moradores, rondando o lugar, que passou a ser mal-assombrado, poucas pessoas tendo coragem de chegar perto: "Para fazerem medo às crianças falam-lhes muito as velhas do *frade sem cabeça* e da manga onde costuma meter os meninos chorões ou mal ouvidos" (n.21, p.334; itálico no original).

A cruz do patrão é outro conto que leva no título o nome de um lugar maldito, a cruz de pedra colocada no alto de elevada coluna, entre Recife e Olinda, para orientar os navegantes. Com o tempo, o marco histórico ficou associado a "tradições de espíritos infernais e bruxarias", representadas pelos congressos anuais dos feiticeiros negros do Recife, celebrados nas noites de São João. Como de praxe, à meia-noite, "o rei das trevas" baixou entre os mandingueiros, na descrição do narrador, que conseguiu construir um ser realmente assustador: "Tinha a forma de um animal desconhecido. Era preto como carvão. Os olhos acessos despediam chispas azuis. Brasas vivas caíam-lhe da boca escancarada e ameaçadora. Pela garganta se lhe viam as entranhas, onde o fogo fervia. A visão horripilante a todos meteu medo" (n.17, p. 268).

Entre as pessoas que tinham ido tomar *mandinga* [itálico no original], encontrava-se uma negra "de grosso toutiço e largas ancas, que lhe davam a forma de *tanajura*" [itálico no original]. Foi a vítima escolhida pelo espírito do mal, que se atirou sobre ela. A duras penas, a mulher conseguiu escapar e correu pela praia, até a Cruz do Patrão. O diabo, no entanto, não lhe deu trégua, obrigando a negra a meter-se pelos mangues. No dia seguinte, no lugar do corpo da mulher foi encontrada a *Coroa preta* [itálico no original], a indicar a vingança do espírito das trevas: "Dizia o povo que, quando houvesse desaparecido de todo a Coroa preta, teria cessado também o encanto da Cruz do Patrão" (n.17, p.268).

Hoje já não se fala mais nem na coroa, nem na cruz, mesmo porque, naqueles tempos em que as superstições davam lugar a mentes ilustradas, esclarecidas pela ciência, ninguém mais tinha medo do lugar, frequentado apenas pelos soldados que vigiavam as fortalezas. Também não era mais necessário, para ir de Recife e Olinda, usar aquele caminho. A estrada de ferro de Santo Amaro viera ligar as duas cidades, "as locomotivas enchendo [...] a margem direita do Beberibe de fumos e ruídos que indicam o percurso da civilização por aquelas solidões pitorescas" (ibidem).

Pobre "musa popular do Norte"! O que será de ti quando os teus bandidos e assombrações não meterem medo a mais ninguém? Só te restará migrar para o Sul, enverga luxuosa *toilette*, tomar um tílburi e entrar no Alcazar para assistir a uma opereta de Offenbach, tão em moda nos palcos da corte carioca naquela época.

Sul: a voz da civilização

"Organize-se o Centro"

Ainda que José Veríssimo (1905, p.129s) reconheça que com Franklin Távora a literatura brasileira começava a abandonar o caminho do idealismo romântico, inspirado na temática do indianismo, e passava a caminhar em direção a novas ideias, nem por isso o crítico paraense deixará de refutar os dois postulados básicos da "Literatura do Norte", quais sejam: o de que existiam duas literaturas, a do Norte e a do Sul, que constituíam dois tipos étnicos diferentes, com feições físicas e morais diferentes; o de que o Brasil mais brasileiro, o do Norte, derivava da mestiçagem, física e moral, do português com o índio e com o negro.

Em carta de 18 de fevereiro de 1902 a José Veríssimo, Machado de Assis não apenas endossa as posições do amigo, como irá explicitar sua discordância em relação ao projeto regionalista de Távora:

> Toda aquela questão da literatura do Norte está tratada com mão de mestre. Tocou-me o assunto, ainda mais, porque eu, que também admirava os dotes do nosso Franklin Távora, tive com ele discussões a tal respeito, freqüentes e calorosas, sem chegarmos jamais a um acordo. A razão que me levava não era somente a convicção de ser errado o conceito no nosso finado amigo, mas também o amor de uma pátria intelectual una, que me parecia diminuir com as literaturas regionais. Você sabe se eu temo ou não a desarticulação deste organismo; sabe também que, em meu conceito, o nosso mal vem do tamanho, justamente o contrário do que parece a tantos outros espíritos. Mas, em suma, fiquemos na literatura do Norte, e no seu artigo. Consinta-me chamar-lhe suculento, lógico, verdadeiro, claramente exposto... (apud Martins, 1977, p.504)

As reservas de Machado à proposta literária de Franklin Távora, como se sabe, não eram recentes, posto que já haviam sido apresentadas, entre outras ocasiões, em artigo de 1873, "Notícia da atual literatura brasileira. Instinto de nacionalidade", no qual o crítico recusava as polarizações como a então existentes entre os que exaltavam a "cor local" (Norte) e os que imitavam os modelos estrangeiros (Sul). O elemento novo, talvez, exposto na carta de 1902 – "o amor de uma pátria intelectual una, que parecia diminuir com as literaturas regionais" –, exprime o receio da desagregação literária à maneira da que poderia acontecer no âmbito da federação política.

Na verdade, a ideia da "pátria intelectual una" também não era nova, tendo sido exposta no discurso de Machado de Assis, em sessão de abertura da Academia Brasileira de Letras, em 20 de julho de 1897, do qual se destaca a seguinte passagem: "O vosso [dos acadêmicos] desejo é conservar, no meio da federação política, a unidade literária" (apud, Piza, 2003, p.31).

Ao estabelecer oposição entre federação política e unidade literária, Machado deixa clara sua vontade de que a reunião dos literatos da Academia não

BRASIL EM IMAGENS 261

seguisse os tortuosos caminhos tomados pelo federalismo, e que aquele fosse um espaço livre das tensões partidárias.

O argumento de que cabia à literatura – elemento de união, independência e neutralidade do artista e de sua criação –, a missão patriótica de garantir a unidade da nação, em prol do progresso intelectual, vai ser exposto, anos antes, na série de artigos publicados na *Ilustração Brasileira*. O primeiro deles, "Novos horizontes literários do Brasil",[35] na forma de editorial, vem a público por ocasião do segundo ano de circulação do periódico de Carlos & Henrique Fleiuss. A data é comemorada em associação com a trajetória recente da literatura brasileira, em que se lamenta, num primeiro momento, a obscuridade que desceu sobre as letras nacionais, quer porque a "lei do silêncio eterno" nos roubou Gonçalves Dias, Fagundes Varela, Álvares de Azevedo, Castro Alves, entre outros, quer porque grandes vates brasileiros foram "pousar em regiões estrangeiras", no caso de Magalhães, Porto-Alegre, Odorico Mendes, quer porque só espaçadamente a literatura pátria era iluminada por talentos como Alencar, Macedo, Bernardo Guimarães, Quintino Bocaiúva, Zaluar, Francisco Otaviano, o silêncio deste último particularmente lastimado, em razão de a política ter arrebatado aquele de talvez viesse a ser "o nosso primeiro e mais laureado escritor" (n.25, p.1).

O tom de pesar da primeira parte do editorial dá lugar, na segunda, à interrogação exultante – "Quem nos diz, porém, que esses tempos não passaram, que o eclipse não teve o seu termo, que sereno e risonho arrebol não se levanta nos horizontes desanuviados?" – a saudar a "mocidade crente e ativa" – Machado de Assis, Joaquim Serra, Guimarães Júnior, Taunay, Celso de Magalhães, Rosendo Barreto Muniz – que vem abrir novos horizontes literários no Brasil, com os quais a *Ilustração Brasileira* pretende ser identificada:

> Entrando em seu segundo ano, esta folha, que venceu o primeiro não sem esforço, posto que amparada na penosa travessia por alguns valentes lutadores, afirma só por isso um progresso e fixa uma esperança nas raias do mundo de onde parecia terem revoado para longe as forças da fantasia. (n.25, p.1)

Como se percebe, o editorial reitera, primeiramente, aquela que passou a ser uma das funções da imprensa brasileira, no final dos anos 1870: espaço primor-

---

35 "Novos horizontes literários do Brasil" [sem assinatura]. Ilustração Brasileira, n.25, 1º de julho de 1877, p.1. As referências aos artigos serão retomadas pelo número da edição e pela página.

dial de consagração dos homens de letras que, em contrapartida, emprestavam os seus nomes em reconhecimento ao prestígio auferido nas colunas dos jornais do Rio de Janeiro que lhes divulgavam as obras. Em seguida, inscrevendo-se como jornal engajado no progresso intelectual do país, tal como aquela nova geração de literatos, a *Ilustração Brasileira* lança a ideia da criação de um "centro de vida intelectual", expressão tomada de empréstimo a Francisco Otaviano, tarefa a ser encabeçada pelas revistas de letras, ciências e artes, que em número cada vez maior eram lançadas de norte a sul do Brasil.

Um dos fins principais desse movimento é instituir a carreira das letras, o "mister do escritor", de modo a ser elevado "à categoria de uma profissão que o público aceite espontaneamente e para cujos gastos seja ele o único a contribuir como contribui para as representações teatrais, as corridas, as regatas e outras distrações que não valem tanto como as leituras" (n.25, p.1).

A referência ao público como o "único a contribuir" para a profissionalização do escritor pressupunha que essa "contribuição" fosse a compra da produção do homem de letras, condição para que esse consiga viver do próprio trabalho, libertando-se do patrocínio e dependência do mecenas. Por sua vez, em que pese o jornal contribuir para o prestígio social do escritor, esse ainda não conseguia viver da literatura, sendo obrigado a combinar a produção literária com uma intensa atuação jornalística, dentro da qual, até mesmo, enfrentava dificuldades de toda ordem, desde baixas remunerações, trabalho incerto, em razão da rapidez com que os periódicos abriam e fechavam suas portas. Ao rol de dificuldades juntavam-se escassas oportunidades de publicação no mercado editorial e o descaso dos editores, em geral, interessados em lucros fáceis (Machado Neto, 1973, p.77s).

Ainda assim, era dos mais nobres o "compromisso" assumido pela *Ilustração Brasileira* – a defesa da organização de um "centro" em torno do qual gravitasse a vida literária brasileira –, o que vinha ao encontro daquela que, de longa data, era a ambição maior de nossos homens de letras: viver da literatura, assumir a profissão de escritor, e não mais a de jornalista, como acontecia em muitos casos, e libertar-se da dependência do mecenato e do emprego público.

Por sua vez, o programa de defesa do "mister de escritor" lançado no periódico de Fleiuss, em 1877, que em linhas gerais remete ao da fundação de Academia Brasileira de Letras, em 1896, aspecto sobre o qual vai se falar mais adiante, coincide, no plano literário, com o momento em que os escritores nortistas, liderados por Franklin Távora, assumem o projeto da "Literatura do

Norte", e no plano político, com a crise do regime monárquico, quando mais altas vão se fazendo ouvir as vozes federativas. Compreende-se, portanto, que em oposição a essas vozes a *Ilustração Brasileira* saísse em defesa do centralismo, isto é, da Monarquia, sem cair, no entanto, abertamente, no terreno político. Deve-se lembrar que na carta-programa de lançamento do periódico, em 1° de julho de 1876, os editores declaravam explicitamente – "Não é política a nossa folha" –, dando a entender que, embora alinhados ao regime monárquico, não se envolveriam em questões político-partidárias.

Ora, qual a área do conhecimento em que a defesa do "centro" seria possível, sem que a ideia tivesse conotação política? Ou antes, em que a ambiguidade do termo permitisse mascarar o caráter político da proposta? A literatura, por certo, o principal veículo de transformação social, que pairaria, a exemplo de outras expressões artísticas, acima das "paixões políticas", na expressão comum à época, e que contaminavam grande parte da imprensa brasileira. Daí a estratégia do segundo editorial da *Ilustração Brasileira* – "Organize-se o Centro"[36] –, palavra de ordem à sugestão do anterior, que vai contrapor as "letras" à "imprensa política", aquelas vivendo momento de grande pujança no Brasil, esta representando os interesses de uns, os egoísmos de outros, as descrenças de quase todos. Não por acaso também, o público deixou de ampará-la, por haver perdido a confiança e o entusiasmo nos jornais políticos.

Apesar de as letras nacionais passarem por período dos mais férteis, o que faltava era a constituição de um "centro", a congregar os elementos dispersos, "quais se mostram ao Norte e ao Sul". Mais do que um "centro", a vida literária brasileira carecia da "mão hábil e amestrada" de um homem – Amaral (1813-1885),[37] Alencar, Macedo, Otaviano –, pouco importa, "contanto que o que for escolhido para dirigir o movimento literário sacuda para bem longe [...] o pó do egoísmo, como os apóstolos da Cristandade sacudiam a poeira das suas

---

36 "Organize-se o Centro" [sem assinatura]. Ilustração Brasileira, n.26, 15 de julho de 1877, p.18.

37 José Maria do Amaral nasceu no Rio de Janeiro e faleceu em Niterói. Cursou a Faculdade de Medicina do Rio de Janeiro até o quinto ano, quando abandonou o curso e foi à Europa como adido de segunda classe da Legação Brasileira em Paris. Aí, frequentou a Faculdade de Direito, concluiu o curso de medicina, mas não recebeu o grau de doutor por ter sido obrigado a partir para os Estados Unidos como secretário da Legação do Brasil. Era do conselho do imperador, cavaleiro da Ordem de Cristo, comendador da Ordem da Rosa, membro do Instituto Histórico e Geográfico Brasileiro. Colaborador de vários jornais: *Astrea, Patriota Brasileiro, República, Opinião Liberal*. Redigiu os seguintes: *O Nacional* (1831; 1872-1873), *O Sete de Setembro* (1833), *Mercantil* (1844-1847), *Estrela d'Alva* (1851), *O Espectador da América do Sul* (1863-1864), *Correio Mercantil* (cf. Blake, 1899, v.5, p.35-7).

sandálias" (n.26, p.18). Dos nomes sugeridos para chefia, o candidato mais cotado será Francisco Otaviano, mentor da proposta de se criar um "centro literário" no Brasil, conforme vai dizer:

> Se um dia nos reunirmos [...], sem regulamento oficial, sem intervenção do governo, procurando somente a direção de alguns dos nossos grandes vultos literários, por exemplo José Maria do Amaral, que nos inspira a todos respeito e admiração, podemos criar a associação e a revista. (n.26, p.18)

A passagem transcrita no interior do editorial, não identificada pelos editores quanto à procedência, foi retirada do prefácio escrito por Otaviano em 1873 ao livro de poesia *Vôos Icários,* de Rosendo Muniz Barreto (1845-1897),[38] em que aquela observação faz parte dos "conselhos" do senador do Império aos poetas e escritores brasileiros para que se organizassem em torno de um "centro de vida intelectual", embora lamente a falta de "jornais de letras e de boa crítica" (apud, Martins, 1977, v.III, p.416).

A *Ilustração Brasileira* não apenas encampa a ideia do autor de *Cantos de Selma* (1872), como vai transformá-la em programa, apresentando-se como órgão da imprensa que se punha a serviço da proposta: "A revista está criada; o que nos falta é a associação. Criemo-la" (n.26, p.18).

A proposta de criação de um "centro" – a ser instalado na corte, bem entendido, ao pé da sede político-administrativa do Brasil – correspondia à imagem de país civilizado que a *Ilustração Brasileira* tomou por missão exportar. Com isso, também, reitera-se a intenção de a revista manter-se (ao menos aparentemente) afastada da política, passando a assumir liderança intelectual em parceria com a atuação dos literatos aos quais cabia lançar as bases de uma associação que congregasse as letras no Brasil. Não por acaso, alguns anos mais tarde, após a Proclamação da República (1889), a ideia da criação da Academia

---

38 Rosendo Muniz Barreto nasceu na Bahia e faleceu no Rio de Janeiro. Era filho de Francisco Muniz Barreto, poeta e primeiro repentista brasileiro. Frequentou a Faculdade de Medicina da Bahia até o quarto ano, quando largou o curso para servir como médico na Guerra do Paraguai. Com o término da guerra, veio para o Rio de Janeiro, formando-se em medicina. Assumiu a função de chefe da Secretaria da Agricultura, mas foi exonerado do cargo por negligência. Em seguida, passou a atuar como professor de filosofia do colégio Pedro II. Foi primeiro cirurgião honorário da Armada, membro da Real Academia das Ciências de Lisboa, do Instituto Histórico e Geográfico Brasileiro. Algumas obras literárias de sua autoria: *O Combate de Riachuelo* (1865), *A Batalha de Tuiuti* (1866), *Cântico sobre as Ruínas de Humaitá* (1868), *A Mãe dos Brasileiros* (1876), *Favos e Travos, Vôos Icários* (1872), *Tributos e Crenças* (1891) (cf. Blake, 1899, v.7, p.167-9).

Brasileira de Letras (ABL) surge das redações de revistas literárias, como a *Revista Brasileira*, na fase em que esteve sob a direção de José Veríssimo.

A nova menção à ABL não é fortuita, ela aqui aparece em defesa da tese de que o "centro", nos termos dos editoriais publicados na *Ilustração Brasileira*, antecipa a ideia da fundação de uma agremiação literária, nos moldes daquela que Machado de Assis vai presidir, a ser abraçada por um periódico carioca. Tentativas anteriores, algumas delas como o Grêmio de Letras e Artes, em 1887, e a Sociedade dos Homens de Letras, em 1890 (El Far, 2000, p.42), vêm reforçar a hipótese aqui sugerida, uma vez que a criação da segunda já era ventilada em 1877, no interior do periódico de Fleiuss, como será comentado mais à frente. Ao mesmo tempo, a interpretação proposta confere bases mais sólidas à observação de alguns críticos de que durante o Império se chegara a pensar na criação de uma sociedade literária, D. Pedro II, até mesmo, partidário da ideia defendida por um grupo de escritores, entre eles Franklin Távora e José de Alencar (Piza, 2003, p.19).

Se, de fato, o medo da desagregação literária, tal como poderia ocorrer na federação política, foi a mais forte razão para a fundação da ABL (ibidem), deve-se lembrar, mais uma vez, que a ideia do "centro", na proposição da *Ilustração Brasileira*, surge em meio a um contexto de agitação e mudanças político-sociais no Brasil, conforme já foi comentado, entre outras: crise da Monarquia, manifestações pró-República, queixas das províncias do Norte quanto ao descaso do governo imperial, libertação do "elemento servil".

Além da institucionalização da profissão das letras, o perfil do futuro grêmio literário – "autorizado órgão", onde a mocidade brasileira receberia "os conselhos e lições da ancianidade abalizada e erudita" (n.28, p.50) –, palavras de "O sestro literário",[39] terceiro editorial publicado na *Ilustração Brasileira*, permite nova aproximação com a criação da ABL, em particular a seleção dos patronos pelos acadêmicos. Voltando mais uma vez ao discurso de Machado de Assis como presidente da ABL, na ocasião, o escritor expõe o propósito da nova instituição em cultuar os nomes consagrados do passado literário: "O batismo das suas cadeiras com os nomes preclaros e saudosos da ficção, da lírica e da eloquência nacionais é indício de que a tradição é o seu primeiro voto" (apud Piza, 2003, p.19).

Finalmente, um último aspecto a aproximar a ideia do "centro" lançada pela *Ilustração Brasileira* da que levou à fundação da ABL diz respeito à escolha do

---

39 "O Sestro Literário" [sem assinatura]. *Ilustração Brasileira*, n.28, 15 de agosto de 1877, p.50.

líder a quem caberia levar avante a proposta de fundação de uma congregação literária. Assim como Machado de Assis foi escolha de consenso para a presidência da academia de 1897, graças ao poder de liderança do escritor, um dos expoentes da literatura brasileira, o nome proposto pelos editoriais da revista ilustrada dos irmãos Fleiuss era também dos mais relevantes no contexto sóciopolítico-cultural brasileiro da década de 1870. Trata-se de Francisco Otaviano de Almeida Rosa (1825-1889), homem dos mais influentes do Império, que para tanto atuou nas três esferas de consagração intelectual no Brasil da época: imprensa, política, literatura. Bacharel em direto pela Faculdade de São Paulo (1841-1845), Otaviano principiou a vida profissional na advocacia e no jornalismo, passando a colaborar em jornais cariocas, dentre eles, o *Correio Mercantil* e *A Reforma*, dos quais foi diretor. Na política, atuou nas campanhas do Partido Liberal e na elaboração do Tratado da Tríplice Aliança. Homem de letras, sua obra poética compreende poucos títulos, *Cantos de Selma* (1872) e *Traduções e poesias* (1881), o que não impediu fosse reconhecido, entre outros, por Machado de Assis, como poeta que poderia fazer muito pela literatura brasileira.

Arrebatado à poesia pela política, Otaviano, na verdade, fará pouco pelas letras nacionais, como vai lamentar no prefácio de *Vôos Icários*:

> Assim foram os anos correndo e saiu-me ao encontro a política, a infecunda Messalina, que de seus braços convulsos pelo histerismo a ninguém deixa sair senão quebrantado e inútil; veio-me ao encontro, arrastou-me para suas orgias, e com as emoções e fadigas me arredou das boas letras, despenhando-me do céu da poesia na terra calcinada do jornalismo de partido. (apud Martins, 1977, v.III, p.416)

Ora, na medida em que Otaviano é sugerido para ser o "diretor do centro", importava recuperar o poeta do passado e trazê-lo para o presente, o que significava relativizar a confissão a respeito da interrupção da carreira das letras: "arrastado" embora pela política, a "infecunda Messalina" não conseguiu "arredá-lo" do convívio das "boas letras" – essa a tônica do artigo "O Conselheiro F. Otaviano. O escritor",[40] de Luís Francisco da Veiga (1834-1899).[41] A

---

40 "O Conselheiro F. Otaviano. O Escritor". Luís F. da Veiga. *Ilustração Brasileira*, n.26, 15 de julho de 1877, p.23.

41 Nascido no Rio de Janeiro, Luís Francisco de Veiga formou-se em Ciências Sociais e Jurídicas pela Faculdade de Direito do Recife. Foi promotor público em Niterói, oficial da Secretaria da Justiça, primeiro oficial da Secretaria da Agricultura, Comércio e Obras Públicas. Sócio do Instituto Científico de São Paulo e do Instituto Histórico e Geográfico. Colaborou em vários

BRASIL EM IMAGENS **267**

escolha recai sobre o poema "À esfinge", de Byron, na tradução de Francisco Otaviano, realizada em Paris, em 1867, nos "áureos dias de sua corrente maduridade [sic], prolongamento revigorado de sua iluminada juventude":

Esfinge, que me queres? por que vens de improviso
Quase ao fim da jornada, sondar os meus arcanos?
A idade do poeta envolve o seu segredo:
Amor aos dezenove, saudade aos quarenta anos.

Saudade! não há de haver, com pródiga loucura,
Aos ventos arrojado, qual cinza sem valor.
Ouro, ambição, triunfos, a voz, o riso, o pranto,
E a primavera humana que passa como a flor.

Mas, saudade pungente... de sentir pelas veias
Arder, como vulcão de neves coroado,
A chama inextinguível dos juvenis desejos...
E... de não poder mais, amando... ser amado!... (n.26, p.23)

Às qualidade de "elegantíssimo poeta", aqui, no exemplo de "inspirado tradutor", vêm se somar outras tantas, imprescindíveis a quem deveria ocupar o cargo de "diretor do centro", a começar pela notoriedade de que gozava o nome indicado:

Existirá, acaso, entre os nossos leitores, alguém para quem seja desconhecido o nome do conselheiro Otaviano? Pensamos que ninguém; porque esse nome simboliza inegavelmente uma das mais belas glórias da nossa civilização intelectual e política. (n.26, p.23)[42]

---

periódicos de São Paulo, Pernambuco e Rio de Janeiro. A produção de Luís da Veiga compreende trabalhos na área da história, podendo ser mencionados, *A Revolução de 7 de abril e Evaristo da Veiga por um Fluminense Amante da Constituição* (1862), *O Brasil tal qual é: projeto de um livro no interesse da emigração* (1872), *Livro do Estado Servil e Respectiva Libertação* (1876), *O Primeiro Reinado, estudado à Luz da Ciência* (1877), do teatro, *Os Impossíveis* (1863), comédia em dois atos, da literatura, *Cartas Chilenas* (1863), *Heroídes* (1863), *Hinos Patrióticos, compostos por Evaristo Ferreira da Veiga* (1877), e da biografia: João Pedro da Veiga (1866), Luís Carlos Martins Pena (1877), Antônio Francisco Dutra e Melo (cf. Blake, 1899, v.5, p.406-9).

42 Ironicamente, quando Visconde de Taunay indicou Francisco Otaviano para patrono, Graça Aranha, num de seus discursos da Academia Brasileira de Letras, vai definir o conselheiro do Império como "o feliz escritor que vós ignorais como eu". E acrescenta: "quem foi exatamente, pouco importa"; afinal, "para que a verdade na glória?" (*Revista da Academia Brasileira de*

Luís da Veiga recupera ainda outra faceta de Francisco Otaviano – a do aristocrata brilhante, que escolheu a imprensa como fórum privilegiado de atuação política – o que o inscreve no clã dos "*grands seigneurs*", expressão com a qual Joaquim Nabuco sugeria, em carta de 9 de dezembro de 1901 a Machado de Assis, devesse ser ampliado o conceito de homens de letras, elegendo para a ABL personalidades de todos os segmentos representativos da sociedade brasileira (El Far, 2000, p.82-3). Anos antes, a sugestão de Nabuco aparecia na *Ilustração Brasileira*, na forma da bajulação mais deslavada:

> o conselheiro Otaviano pertence a essa aristocracia brilhante, opulenta e popular do verdadeiro talento, que conquistou seus foros de nobreza e invejáveis cabedais, na introversão íntima do espírito, nos solilóquios do gabinete, Tebaida das meditações fecundas, em liça pública e honrosa e em prélios porfiados, muitas vezes perigosos, mas, sempre glorificadores e incruentos. (n.26, p.23)

Nem por isso Luís Francisco da Veiga deve ser criticado, posto que enaltecer um figurão do Império era estratégia empregada pelos escritores que, em fase de ascensão, pretendiam chamar atenção sobre si, tal como fizera Franklin Távora, pode-se lembrar, em relação a José de Alencar. Esse mesmo, muito antes de Francisco da Veiga, não deixou de reverenciar Otaviano ao enviar-lhe, logo após a estreia do *Demônio Familiar*, artigo em forma de carta, publicado no *Diário do Rio de Janeiro*, em 1857. Mas, então, eram amigáveis as relações entre o diretor do *Correio Mercantil* e o cronista que colaborava no jornal, assinando a coluna "Ao Correr da Pena", o travo do ressentimento ainda não afastara Alencar de seu antigo colega da Faculdade de Direito de São Paulo.

Ao redor de Alencar

Para além do encômio e da autopromoção de Luís Francisco da Veiga, havia na indicação do nome de Francisco Otaviano para que fosse o líder do "centro" uma razão de ordem concreta: a sugestão que partira do conselheiro, quando do sepultamento de José de Alencar, para que fosse criada a Associação dos Homens de Letras do Brasil, em homenagem ao escritor. A *Ilustração Bra-*

Letras,n.3, p.182, 1911, apud El Far, 2000, p.62). Machado de Assis, por sua vez, vai homenagear o autor do necrológio que escreveu na *Gazeta de Notícias*, em 29 de maio de 1889 (cf. Sousa, 1955, p.290).

sileira, mais uma vez, enfatiza a sua adesão à ideia, acolhendo-a na forma de editorial[43] em que se transcreve a notícia divulgada pelo *Jornal do Comércio*, em 14 de dezembro de 1877:

> Ontem, no cemitério de São Francisco Xavier, ao dar-se à sepultura o cadáver de José de Alencar, o Sr. conselheiro Otaviano, lamentando, em conversação com alguns outros homens de letras, a falta de uma associação que lhes servisse de nexo, idéia que preocupava também o espírito do ilustrado finado nestes últimos anos, propôs-lhes que ali mesmo, à beira da sepultura e como homenagem a José de Alencar, se obrigassem a regularizar no mais breve prazo a referida associação, dando-a logo como fundada.
>
> Os Srs. Taunay, Serra, Machado de Assis, conselheiro Almeida Pereira, Sousa Ferreira e mais outros que formavam o referido grupo, são os colaboradores da bela idéia do Sr. conselheiro Otaviano. (n.36, p.188)

Seis anos transcorreram desde a proposição de Otaviano, à beira da sepultura de José de Alencar, e a instalação da Associação dos Homens de Letras do Brasil, no Rio de Janeiro, em 30 de agosto de 1883, solenidade à qual compareceram o imperador, a princesa Isabel e o conde D'Eu, na presença dos quais Machado de Assis, Franklin Távora, Sílvio Romero, Homem de Melo e Artur Azevedo apresentaram os estatutos da corporação. Apesar da imponência da abertura e da assistência inicial de D. Pedro II, a Associação dos Homens de Letras dissolveu-se pouco depois (El Far, 2000, p.57).

Se, em 1877, Francisco Otaviano era apontado como pai da ideia do "centro", a verdadeira paternidade talvez coubesse a José de Alencar que, em 1854, lançou no *Correio Mercantil*, sob a direção do então amigo, a proposta de criação de uma ordem honorífica destinada a premiar o mérito literário – a Ordem da Estrela do Sul – e da qual D. Pedro II seria o grão-mestre, que era maneira de estreitar as relações entre o imperador e os literatos (ibidem, p.56). Desnecessário dizer que a proposta de Alencar não deu em nada, possivelmente em decorrência do espírito belicoso do escritor, como será salientado no editorial publicado na *Ilustração Brasileira*,[44] em lembrança do falecimento do autor de *O guarani*, em 13 de dezembro de 1877:

---

43 "Associação dos Homens de Letras do Brasil" [sem assinatura]. *Ilustração Brasileira*, n.36, 15 de dezembro de 1877, p.188.

44 "José de Alencar" [sem assinatura]. *Ilustração Brasileira*, n. 36, 15 de dezembro de 1877, p.188.

A morte de José de Alencar deixa saudosa e triste a geração que o teve em seu seio e o considerou sempre como um dos primeiros engenhos do seu tempo. [...]

Se ao talento grandioso com que o dotara a natureza, aliasse gênio brando e sentimento democrático, José de Alencar seria o homem político mais popular do Brasil. Ele era porém melindroso por extremo, e de seu natural altivo.

Entre ele e o povo havia um abismo. O povo não o conheceu.

Conheceram-no os grandes, e a muitos dos quais não raras vezes sua palavra fez empalidecer no parlamento, e sua pena humilhou na imprensa.

Conheceram-no, especialmente os homens de letras que, sem exceção de um só, fizeram sempre justiça aos sumos esplendores do seu espírito, e tiveram para ele gabos e palmas merecidas, ainda aqueles mesmos que apontaram os defeitos de suas obras. (n.36, p.188)

Muito longe de uma homenagem, o editorial mais parece um acerto de contas com Alencar, crítico feroz do imperador, desde que não foi nomeado senador, em 1869, apesar de figurar na lista tríplice em que D. Pedro II, de acordo com a Constituição, tinha o direito de escolher livremente (Martins, 1977, v.III, p.529). Por sua vez, o gesto do monarca brasileiro encontra justificativa nas duras palavras de José de Alencar à *Confederação dos Tamoios* (1857), de Domingos José Gonçalves de Magalhães, obra encomendada pelo imperador ao seu protegido, e que se dava por modelo da épica nacional, quando Gonçalves Dias já tornara públicos os seus cantos indianistas e o próprio Alencar redigia a epopeia em prosa que é *O guarani* (Bosi, 1975, p.108).

Imbuídos em criticar Alencar, os editores acabam por cometer injustiça em relação ao escritor ao dizer: "O povo não o conheceu". O povo desconhecia, talvez, o "seu natural altivo", já o literato, esse não apenas foi conhecido, como muito aplaudido pelo público (ou, pelo menos, o fora no passado), bastando lembrar o sucesso de *O guarani*, publicado em folhetim no *Diário do Rio de Janeiro*, em 1857, na lembrança do visconde de Taunay:

o Rio de Janeiro em peso, para assim dizer, lia o *Guarani* e seguia comovido e enlevado os amores tão puros e discretos de Ceci e Peri e com estremecida simpatia acompanhava, no meio dos perigos e ardis dos bugres selvagens, a sorte vária e periclitante dos principais personagens do cativante romance... (apud Sodré, 1966, p.220)

Se "os homens de letras" foram os que de fato "conheceram" José de Alencar, no sentido do reconhecimento de seus méritos literários, nem por isso a *Ilustração Brasileira* declina o nome de Joaquim Nabuco como sendo a única "exceção" a não fazer justiça "aos sumos esplendores do seu espírito", em referência à polêmica ocorrida entre aquele e Alencar, nas páginas de *O Globo*, em 1875, nem o de Franklin Távora, como um dos que "apontaram os defeitos de suas obras", como fizera nas *Cartas a Cincinato*. Não mencionar esses nomes, para além de gesto de discrição dos editores, particularmente compreensível em relação a Távora, colaborador do periódico, era uma forma de relegar ao esquecimento o autor de *O sertanejo*, apagados os vínculos que este manteve, de amizade ou oposição, com os seus pares.

O teor crítico, quase agressivo, do editorial da *Ilustração Brasileira* em comemoração ao falecimento de José de Alencar poderia ser justificado em razão de os editores, em particular Henrique Fleiuss, além de amigo, ser defensor incondicional de D. Pedro II. Nesse sentido, o único a fazer justiça a Alencar como escritor que mais contribuiu para a literatura nacional será Machado de Assis em crônica publicada na seção "História de Quinze Dias", assinada sob o pseudônimo de Manassés, a ser comentada mais à frente.

Haveria, no entanto, causa recente a explicar a atitude dos editores em relação ao autor de *O guarani*, que nos primeiros meses de 1877, lançou *O Protesto*,[45] periódico político e literário, com o propósito explícito de atacar o imperador. Naquela altura, não era bom o estado de saúde de Alencar, que viajara no ano anterior para a Europa em busca de recursos médicos que se revelaram infrutíferos. De volta ao Brasil, sabendo que não lhe restava muito tempo de vida e que não desfrutava o prestígio de outrora, o escritor funda *O Protesto*, onde aliás começa a publicar o folhetim *Exhomem*, que ficou inacabado, dado que a folha deixou de circular (Martins, 1977, v.III, p.540).

As crônicas que Alencar escreveu sob o título de "Beotices", em particular "Rei ou Roque", permitem entender o tom severo do editorial da *Ilustração Brasileira*. Entre outros assuntos, o escritor atacava o imperador, pela segunda vez em viagem ao exterior, por estar ausente do Brasil há mais de um ano, insinuando mesmo que o verdadeiro motivo da viagem era permitir os encontros amorosos

---

45 *O Protesto*, redigido e publicado por José de Alencar, circulou nos três primeiros meses de 1877. A parte referente ao periódico foi publicada, sob o título de "Um romance inacabado de Alencar", pela *Revista Brasileira de Cultura*, Rio de Janeiro, ano I, n.1, julho-setembro de 1969, e também pelo *Boletim Bibliográfico da Biblioteca Municipal Mário de Andrade*, São Paulo, novembro de 1969. A Biblioteca Municipal Mário de Andrade possui uma coleção completa dos cinco números publicados, em volume proveniente da livraria de Félix Pacheco (cf. Martins, 1977, v.III, p.529).

do monarca brasileiro com a condessa de Barral. Vale a pena transcrever essa passagem da crônica para entender o revide da *Ilustração Brasileira*:

> Que motivo poderoso obrigou o Sr. D. Pedro II a ausentar-se do império em época tão árdua para o povo que lhe tem dado as mais eloqüentes provas de seu amor e adesão?
>
> A moléstia da imperatriz?
>
> O conspícuo escritor não acredita nela; e estamos convencidos que só a mencionou para com a recordação das virtudes de nossa augusta soberana, avivar o amor ao trono e turbar o nosso espírito, comovendo-o.
>
> A verdade é que sendo nossa imperatriz uma esposa cheia de abnegação, não pode deixar de adoecer, quando sente que a viagem é necessária ao repouso do espírito daquele a que uniu seu destino.
>
> A moléstia, portanto, não é causa da viagem; é efeito prévio dela; tanto assim que depois de pequena demora em Gastein, a imperatriz foi encontrar-se com seu esposo e com ele vai arrastando as fadigas de jornadas penosas.
>
> Também não é argumento, o *suave refrigério* de que precisa uma inteligência ávida de saber, depois de tantos anos de assíduo reinado.
>
> Maior reinado e mais árduo foi o de Leopoldo I; e não menos longo é o da Rainha Vitória; mas nenhum destes soberanos constitucionais afastou-se jamais de seus Estados durante meses, e para lugar donde não pudesse voltar em poucos dias.
>
> Que mais suave refrigério para um soberano do que contemplar a prosperidade de seu povo, e glorificar-se de sua obra?
>
> Se porém o povo não é feliz, se o seu futuro depende de problemas arriscadíssimos a aflitivos; então o soberano não tem direito ao repouso, e o refrigério neste caso não seria suave, mas bem amargo.
>
> Teria o travo do remorso. (apud Martins, 1977, v.III, p.532-3, itálico no original)

Araripe Júnior é de opinião que o fim principal de Alencar ao fundar *O Protesto* era "congregar tardiamente em torno de si uma porção de rapazes escolhidos, que o ajudassem na grande luta e propagassem a fama do mestre" (apud Martins, 1977, v.III, p.530). A interpretação de Araripe, por sua vez, permite entender que os editais publicados pela *Ilustração Brasileira* a respeito do "centro", poucos meses depois da publicação da referida crônica, antecipar-se-iam a possível intenção de o escritor cearense lançar-se líder de uma agremiação literária (ideia que, como se viu, não era nova e devia pairar no ar), indicando o nome de Francisco Otaviano, por intermédio de Luís Francisco da Veiga. Há que dizer que, naquela altura, Otaviano era um dos desafetos de Alencar, que não perdoava ao amigo ter cruzado os braços, quando a sua candidatura ao senado não foi homologada por D. Pedro II, como vai se queixar na última crônica da série "Beotices" (Martins, 1977, v.III, p.534).

Se a hipótese de a candidatura de Otaviano fazer frente aos possíveis intentos de Alencar pode parecer pouco convincente, especialmente em decorrência do estado de saúde do escritor, que não tinha mais o vigor criativo de outrora, nem por isso deve ser minimizada a ascendência intelectual que desfrutava, mesmo entre aqueles que polemizaram com ele. O caso mais recente, a briga com Nabuco, aliás, de iniciativa desse, só vem comprovar que nos anos 1870 José Alencar não podia ser considerado carta fora do baralho, mesmo porque, na área da literatura, aquela foi sua década mais fértil de produção, tendo escrito um drama e doze romances, o décimo terceiro – *Encarnação* –, no ano em que morreu, foi publicado mais tarde –, em contraposição a sete obras, na década anterior.

Até o final da vida, José de Alencar, posto que vivesse isolado, como que esquecido pelos escritores da nova geração, será presença forte, "o chefe fecundo da literatura nacional", como vai dizer Machado de Assis, isto é, Manassés, na crônica em homenagem ao falecimento do escritor:[46]

> Quando começou a correr a voz de que o ilustre autor do *Guarani* sucumbira ao mal que de há muito o minava, todos recusavam dar-lhe crédito; tão impossível parecia que o criador de tantas e tão notáveis obras pudesse sucumbir ainda no pleno vigor de espírito. (n.36, p.197)

A sensação de incredulidade despertada pela morte – lugar-comum nos necrológios de homens célebres –, em Machado não correspondia ao encômio vazio, era o tributo sereno de um escritor, em fase de formação, a um outro escritor, mais velho, cujo desaparecimento vinha pôr à prova o sentido de permanência de sua obra. Para tanto, a nova geração, a do presente e a do futuro, devia aprender com o passado, não para cultuá-lo na repetição estéril, à qual Eliot (1962, p.24) chamou de "reconstituição arqueológica", mas para que o "passado seja alterado pelo presente, tanto quanto o presente é dirigido pelo passado", na lição de Eliot, precursor de Manassés:

---

46 "História de Quinze Dias". Manassés. *Ilustração Brasileira*, n.36, 15 de dezembro de 1877, p.196-7.

Que a geração que nasce e as que hão de vir, aprendam no modelo literário que acabamos de perder as regras de nossa arte nacional e o exemplo do esforço fecundo e de uma grande vida. A geração atual pode legar com orgulho aos vindouros a obra vasta e brilhante do engenho desse poeta da prosa, que soube todos os tons da escala, desde o mavioso até o épico. (n.36, p.197)

Enquanto Machado de Assis assumia Alencar como pai intelectual, outros de sua geração, a exemplo de Joaquim Nabuco e Franklin Távora, viviam o que Harold Bloom (1991) chamou de "angústia da influência", para designar a relação conflituosa e defensiva entre "o efebo", ou poeta novo, e seus precursores, aquele acabando por "matar" o poeta mais velho para existir como poeta. Não por acaso, mais tarde, Nabuco e Távora, "talentos individuais", ambos vão admitir a injustiça cometida contra o escritor cearense.

Por sua vez, é possível interpretar o sentido simbólico das polêmicas à volta de José Alencar como representação da ativa vida literária no Brasil, de uma tradição já consolidada no campo das letras nacionais, o que vinha confirmar a importância da proposta lançada pela *Ilustração Brasileira*: a criação do "centro". Esse clima de efervescência literária podia ser medido, ainda por intermédio das seções "Boletim Bibliográfico" e "Publicações da Quinzena" a noticiar os lançamentos no mercado de livros, de literatura e outras áreas, o que reforçava a imagem de país culturalmente desenvolvido, tal a intenção de os editores alemães apresentá-lo no estrangeiro.

Em colaboração com a criação dessa imagem de Brasil civilizado, a *Ilustração Brasileira* não apenas abria espaço para que Machado de Assis, no mesmo número em que Alencar – *persona non grata* nos domínios jornalísticos dos Fleiuss – era duramente criticado no editorial já comentado, prestasse homenagem ao seu mestre, mas também permitia que se noticiasse, na seção "Boletim Bibliográfico",[47] a publicação da segunda edição, feita em Paris, de *As minas de prata* que Saphir comenta ser "continuação do *Guarani*", subtítulo com o qual o romance foi publicado na *Biblioteca Brasileira*, fundada por Quintino Bocaiúva, em 1862,[48] mas retirado, assim como as notas, quando a obra foi publicada entre 1865 e 1866 (De Marco, 1993, p.98-9).

---

47 "Boletim Bibliográfico". Saphir. *Ilustração Brasileira*, n.26, 15 de julho de 1877, p.27.

48 "No prospecto, ponderando que 'a civilização do mundo, do progresso das nações não têm só exigências materiais', [Quintino] expõe que a motivação de sua iniciativa 'é uma idéia de progresso, um princípio civilizador, uma força moral'. Para tanto, a publicação deve combinar assuntos importantes, como história, filosofia, literatura, ciências práticas, a preço acessível" (De Marco, 1993, p.97).

O colunista do "Boletim Bibliográfico" – leitor talvez do romance ao tempo em que integrava a biblioteca de Bocaiúva, na referência ao antigo subtítulo – só tem elogios para *As minas de prata*, quer por ser "um dos mais belos trabalhos que possuímos sobre o viver colonial", quer pela "exuberância de imaginação", o que permite compará-lo com os melhores, escritos por Alexandre Dumas ou Eugène Sue. É de notar que Saphir, ao contrário de Franklin Távora no julgamento do romance *O gaúcho*, não vê contradição quanto ao fato de o romance histórico de Alencar apelar para a imaginação.

Mais do que isso, o colunista soube interpretar a segunda edição de *As minas de prata*, no que implicava releitura do romance, a condição mesma de constituição e permanência da obra clássica: "Lendo novamente as *Minas de Prata* sentimos tão grata emoção como se lêssemos pela primeira vez um romance de primeira ordem" (n.26, p.27).

Em comentário ao comentário de Saphir, bastaria lembrar uma das definições de clássico, sugerida por Ítalo Calvino (1991, p.11): "Toda releitura de um clássico é uma leitura de descoberta como a primeira".

Se a reedição de romances e as críticas favoráveis podem ser tomadas como expressão do processo de entrada da obra de José de Alencar para a história da literatura brasileira – muito embora o nome do autor não constasse do *Curso elementar de literatura nacional* (1862), de Fernandes Pinheiro, nem do *Curso de literatura portuguesa e brasileira* (1866-1873), de Sotero dos Reis (Boechat, 2003, p.13) –, papel semelhante, pode-se dizer, cumpriam os primeiros ensaios biográficos a respeito de Alencar, como aquele publicado no jornal ilustrado *O Contemporâneo*,[49] na informação das "Publicações da Quinzena",[50] da *Ilustração Brasileira*. O responsável pela seção achou importante fazer uma "retificação" em relação à biografia do conselheiro José de Alencar, para o que pedia "vênia ao biógrafo", que não é identificado. Diz o comentarista:

> Não foi a inveja o sentimento inspirador das cartas em que uma pena, certamente modesta e obscura, mas que bastante se preza para que descesse a ensopar-se nessa vaza vil do coração humano, fez com isenção e minucioso estudo a crítica de algumas obras do estimado romancista.

---

49 É possível que se trate do jornal *Arquivo Contemporâneo* (Rio, 1872-1873), e não de *O Contemporâneo*, já que este circulou na capital carioca entre 1882-1883.

50 "Publicações da Quinzena" [sem assinatura]. *Ilustração Brasileira*, n.36, 15 de dezembro de 1877, p.193.

Ninguém mais do que o autor destas cartas prestou a devida consideração e dotes surpreendentes do talento peregrino, cuja perda todos nós lamentamos desde o momento em que soubemos que ele voara da terra natal ao seio imenso de Deus.

Se o biógrafo conhecesse de perto o profundo sentimento de justiça, e a grandeza de coração, que distinguem o escritor para quem é tão injusto, sentimento e grandeza que se revelam em mais de uma passagem das ditas cartas, certamente acharia a natural explicação de tais escritos em qualidades pessoais, que estão muito longe de merecerem tão odiosa menção. (n.36, p.193)

Tal como no editorial de falecimento de Alencar, mais uma vez Joaquim Nabuco não é mencionado, posto que é ele o autor das cartas que endereçou a José de Alencar, motivo da polêmica travada entre os dois nas páginas de *O Globo*. Parece que no momento em que morria o ilustre romancista e tinha início a consagração da posteridade, aqueles que no passado polemizaram com ele agora faziam questão de não terem os nomes referidos, quando muito ressaltadas suas qualidades pessoais, o "profundo sentimento de justiça", a "grandeza de coração", atributos com os quais gostariam de ser lembrados no futuro pela história pátria.

A "formação da posteridade"[51]

Enquanto isso, no presente, escritores como Machado de Assis pleiteavam a sucessão de José de Alencar no trono das letras nacionais, em continuidade à tradição literária (re)construída pelo "talento individual" do autor de *As minas de prata*. Nesse sentido, vale lembrar que no ano seguinte à publicação de seu primeiro romance, *Ressurreição* (1872), Machado aparece ao lado do consagrado Alencar na capa do *Arquivo Contemporâneo*, periódico ilustrado de propriedade de A. A. de Carvalho, que começou a circular no Rio de Janeiro, em 1872.

Assumindo a reputação de crítico, consolidada ao longo dos anos de colaboração em jornais e revistas, Machado de Assis se vê na condição de defender certos pressupostos estético-literários em discordância com a sua época, por exemplo, a "poesia pessoal", como na crítica à segunda edição de *Estrelas errantes*, de Luís Quirino dos Santos, publicada na *Ilustração Brasileira*.[52] A primeira edição da obra, em 1864, teve prefácio de Pinheiro Chagas – "distinto

---

51 Cf. Werneck (1996, p.49).
52 *"Estrelas Errantes"*. M. A. *Ilustração Brasileira*, n.4, 15 de agosto de 1876, p.63.

literato português" –, epíteto irônico com o qual José de Alencar respondia às críticas de Chagas que o acusava de cometer incorreções no uso da língua.

Machado inicia o texto cumprimentando Quirino dos Santos por ter acrescentado poemas novos àqueles da primeira edição, "por modo que as *Estrelas Errantes* são ao mesmo tempo um livro conhecido e um livro novo" (n.4, p.63). Compreende-se que a observação, além de informação necessária, chame a atenção para o desempenho do crítico, leitor da primeira edição da obra, como o comentarista de *As minas de prata*, e que agora se pronunciava no ato de releitura – "Folguei de reler o que era antigo, e de ler o que é absolutamente de hoje" (n.4, p.63). Assim como a obra conhecida era na verdade obra nova, em razão dos acréscimos, o crítico também era um outro leitor, diferente daquele de onze anos atrás, quando tomou contato com o livro de Quirino dos Santos, que pela primeira vez vinha a público.

Leitor que acompanhava a trajetória das letras brasileiras, o crítico Machado de Assis aproveita a ocasião em que era reeditada a obra *Estrelas errantes* para defender ideias próprias a respeito de poesia, como elogiar a "poesia pessoal" praticada por Quirino dos Santos, vista como morta por alguns:

> E sua [de Quirino] poesia não deixou de ser pessoal, essencialmente lírica. Há quem acredite que essa poesia tem de morrer, se já não morreu. Eu creio que primeiro morrerão os vaticínios do que ela. Pessoal é ela, e por isso mesmo me comove; se contas as tuas dores ou alegrias de homem, eu, que sou homem, folgarei ou chorarei contigo. Esta solidariedade do coração faz com que a poesia chamada pessoal, venha a ser, ao cabo de tudo, a mais impessoal do mundo. (n.4, p.63)

A contradição entre "poesia pessoal" e impessoalidade, está claro, é somente aparente, pois que Machado identifica na "solidariedade do coração" promovida por aquela, condição de se tornar impessoal, ou por outras palavras, universal. A universalidade da "poesia pessoal" explicaria que um leitor como Machado de Assis pudesse se comover com a poesia de Quirino dos Santos, homem de ideias radicais no campo da política (certamente opostas às do crítico), filiado ao Clube Radical em São Paulo, fundado em 1868 por Luís da Gama, Américo de Campos, entre outros, núcleo inicial do Partido Republicano Paulista, criado em 1873.

Por sua vez, a crítica favorável de Machado de Assis ao livro *Estrelas errantes* mostrava que o escritor, ao contrário do que fizera no passado, assumia posição mais branda em relação ao romantismo, a prenunciar o que irá dizer em 1879 no ensaio "A nova geração" publicado na *Revista Brasileira*:

> A nova geração chasqueia às vezes do Romantismo. Não se pode exigir da extrema juventude a exata ponderação das coisas; não há impor a reflexão ao entusiasmo. De outra sorte, essa geração teria advertido que a extinção de um grande movimento literário não importa a condenação formal e absoluta de tudo o que ele afirmou; alguma coisa entra e fica no pecúlio do espírito humano. (Assis, 1985a, v.III, p.810)

Na fala do crítico de 1876, que se manifestava nas páginas da *Ilustração Brasileira,* aparece, não a defesa do romantismo, mas de um certo lirismo, a "poesia pessoal", representada pela musa de Garret ou de um Varela que, contra todos os prognósticos, ainda não morreu, como não deve morrer a verdadeira poesia, chame-se essa romântica e vista como ultrapassada pela nova geração:

> Não! a poesia pessoal não morreu; morrerão, é certo, os simples biógrafos, as [sic] que põem em verso todas as anedotas de seus dias vulgares. Que me importa que ela te desse uma flor em certa despedida? Uma despedida e uma flor são coisas ordinárias; mas canta–as com alma; pede à musa de Garrett ou de Varela o segredo da harmonia e a teu próprio coração a nota de sinceridade; e eu sentirei contigo essa dama que não conheço, beijarei mentalmente essa flor que nunca vi. (n.4, p.63)

A reação enfática de Machado de Assis contra a morte da "poesia pessoal" tinha por objetivo criticar aqueles poetas e críticos que se insurgindo contra o romantismo, inauguraram a poesia filosófico-científica, em suas variações, a poesia realista e a chamada poesia socialista. Um desses críticos, Sílvio Romero, que se arvorou também poeta, era de quem partiram as primeiras reações contra a poesia romântica, ao publicar o artigo "A poesia dos harpejos poéticos", publicado no jornal *Crença*, do Recife. Queria Sílvio que os poetas tivessem a intuição genérica da crítica do tempo, demonstrando conhecer os grandes princípios da filosofia geral e o espírito renovador da ciência do século XIX, embora não fosse partidário da poesia didática, conforme vai dizer no prefácio de *Cantos do fim do século* (1878):

> O poeta deve ter as grandes idéias que a ciência de hoje certifica em suas eminências; não para ensinar geografia ou lingüística, pré–histórica ou matemática,

mas para elevar o belo com os lampejos da verdade, para ter certeza dos problemas além das miragens da ilusão. (apud Ramos, 1986, v.4, p.92)

Ocorre que, quando Sílvio Romero tentou pôr em prática os próprios princípios, revelou-se não apenas mau poeta, como alinhado à escola de Victor Hugo, o que vai ocasionar desajuste entre forma e expressão, na observação sempre lúcida de Machado de Assis (1985a, v.III, p.828), ainda em "A Nova Geração":

> No livro do Sr. Romero [*Cantos do Fim do Século*] achamos essa luta entre o pensamento que busca romper do cérebro, e a forma que não lhe acode ou só lhe acode reversa e obscura; o que dá a impressão de um estrangeiro que apenas balbucia a língua nacional.

Na crítica de 1876 à obra *Estrelas errantes*, pode-se dizer que Machado de Assis se preparava para atuar como juiz implacável do livro de poesia de Sílvio Romero, três anos mais tarde, embora já ao tempo em que colaborava na *Ilustração Brasileira* discordasse da aproximação entre poesia, ciência e progresso, defendendo que o valor daquela estava em sua absoluta inutilidade:

> Versos são coisas de pouca monta; não é com eles que andam máquinas, nem eles influem por nenhum modo na alta e baixa dos fundos. Paciência! Há no interior do homem ouvido que não entende senão a língua das comoções puras, e para falá-la o melhor vocabulário é ainda o do padre Homero. (n.4, p.63)

Se o posicionamento de Machado de Assis na defesa da "poesia pessoal", em oposição à poesia científica então em moda, era expressão do grau de independência e prestígio de que desfrutava como crítico literário – a resenha do livro de Quirino dos Santos foi publicada em coluna à parte, num dos primeiros números do periódico de Fleiuss – o grande número de poemas românticos estampados pela *Ilustração Brasileira* vinha mostrar que a velha escola ainda encontrava adeptos entre poetas e público.[53] As seções "Boletim Bibliográfico"

---

53 Alguns exemplos: "Ignotae Deae", Téofilo Dias. *Ilustração* Brasileira, n.10, 15 de novembro de 1876, p.147; "O Proscrito", Dr. A. M. Muniz Maia, *Ilustração Brasileira*, n.4, 15 de janeiro de 1877, p.222-3; "Eras um Sono... uma Infantil Quimera". Dr. Antônio Muniz Maia, *Ilustração* Brasileira, n.17, 1º de março de 1877, p.258; "Canção". João Júlio dos Santos, 22, *Ilustração* Brasileira, n.15 de maio de 1877, p.342; "Renúncia de Afetos". Dr. Antônio de Melo Muniz Maia, *Ilustração Brasileira*, n.38, fevereiro de 1878, p.237; "A Terra". José Leão, *Ilustração Brasileira*, n.40, abril de 1878, p.275.

e "Publicações da Quinzena", da mesma forma, confirmavam a observação de Lúcia Miguel Pereira (1988, p.33), de que "José de Alencar, Macedo e Bernardo Guimarães eram ainda na década de setenta os mestres do romance no Brasil", enquanto era do Norte que vinham as novidades, na proposta regionalista de Franklin Távora e da poesia filosófico-científica de Sílvio Romero.

Por sua vez, a *Ilustração Brasileira* a abrir espaço para que vários escritores pertencentes à Escola de Recife trouxessem suas produções ao conhecimento do público da corte, não vai publicar um poema sequer da safra dos poetas sociais e/ou científicos. A principal razão, talvez, era o tom de exaltado republicanismo dessas produções, muitas delas agressivamente antimonárquicas e anticlericais. Não poucos poetas dessa escola – Lúcio de Mendonça, Matias Carvalho, Martins Júnior – agrediam o imperador e a Monarquia com surpreendente dureza, a exemplo do poema "A morte do czar", de Matias Carvalho, que ao celebrar o assassino de Alexandre II da Rússia não hesita na proposta do regicídio:

> É bom que estes velhacos,
> Estufados de orgulho e reis pelo terror,
> Vejam que custa pouco a reduzir a cacos
> Um grande imperador.
> (apud Candido, 1969, v.II, p.287)

Diante de versos como esse, é possível pensar que os editores da *Ilustração Brasileira* tenham manifestado o seu repúdio por intermédio da defesa da "poesia pessoal" por ninguém menos que Machado de Assis, reputado crítico que, na esteira de José de Alencar, vinha também frequentando o romance, tendo escrito *Ressurreição*, em 1872, e *A mão e a luva*, em 1874. É certo que a opção de Machado romancista de pôr em prática um projeto antirromântico, como forma de construir uma "literatura moderna", quando o gosto pela literatura sentimental e imaginosa dominava o ambiente literário brasileiro (Guimarães, 2004, p.125), encontrará resistência por parte da crítica. Aqueles que se pronunciaram a respeito dos dois romances machadianos foram unânimes em declarar sua decepção, reivindicando do escritor aproximação dos modelos vigentes, a exemplo das narrativas movimentadas e repletas de reviravoltas e lágrimas de Feuillet, um dos autores mais lidos e admirados na época (ibidem, p.147).

Já quando *Helena* veio a público na forma de livro, em 1876, tendo antes circulado como folhetim em *O Globo*, entre agosto e setembro do mesmo

BRASIL EM IMAGENS   281

ano, o livro foi objeto de resenhas elogiosas em vários periódicos, dentre eles, a *Ilustração Brasileira*, no comentário da seção "Boletim Bibliográfico".[54] O resenhista saúda a publicação como exemplo raro de bom romance, que se filia à tradição de Alencar, Macedo e Taunay, elencando o patrimônio até então construído por Machado de Assis na área do conto e do romance, dentre esses *Helena*, que lhe parece superior aos dois anteriores. Em seguida, o crítico expõe as razões de seu parecer:

> Imagine-se um estudo psicológico do melhor quilate, uma delicadíssima análise do coração humano, sem toques realistas e ao mesmo tempo sem sutilezas fora da verdade; imagine-se uma série de episódios que promovem a curiosidade, sem, entretanto, um único lance da escola inverossímil e das surpresas melodramáticas; imagine-se o mais espirituoso de todos os diálogos e as mais sentidas de todas as cenas apaixonadas, tudo isso em brilhante, colorido, cristalino estilo, e ter-se-á idéia do que seja o novo livro que nos dá o poderoso e fecundo engenho a quem já devemos tantas páginas de boa poesia e de excelente prosa.
>
> Não recomendaremos a bela, a formosa *Helena*, porque ela, como aquela que nos deu a prisca Grécia, saberá seduzir a todos quantos dela se aproximem.
>
> Demais, um livro assinado por Machado de Assis vem recomendado pela assinatura. (n.8, p.127)

Como se percebe, também o crítico reconhece em Machado de Assis posição de independência em relação ao contexto literário-cultural da época, na rejeição de modelos narrativos e dramáticos, que caíam no agrado do público: o realismo e o melodrama.[55] Além disso, a acolhida calorosa de *Helena* – "motivo de júbilo para as letras nacionais" – inaugurava uma série de comentários favoráveis ao romance, publicados em outros jornais da corte, a exemplo de *A Reforma* e a *Imprensa Industrial*, em oposição às referências depreciativas de Camilo Castelo Branco à literatura brasileira, em especial José de Alencar, numa de suas *Novelas do Minho*, intitulada *O cego de Landim*, ambientada no Brasil (Guimarães, 2004, p.154-8).

Ao contrário da recepção de *Helena*, o lançamento de *Iaiá Garcia*, que primeiramente circulou no formato de folhetim em *O Cruzeiro*, entre janeiro

---

54 "Boletim Bibliográfico" [sem assinatura]. *Ilustração Brasileira*, n.8, 15 de outubro de 1876, p.127.

55 Hélio de Seixas Guimarães (2004, p.150-4) faz uma leitura do romance *Helena* identificando o emprego de procedimentos próprios do melodrama.

e março de 1878, foi saudado pela imprensa carioca por meio de apenas dois artigos: o primeiro, favorável ao romance, saiu no *Cruzeiro*, sendo assinado por Rigoleto (pseudônimo); o segundo, desfavorável, foi publicado na *Revista da Sociedade Fênix Literária*, de autoria de Urbano Duarte (ibidem, p.170-1). Na *Ilustração Brasileira*,[56] Indoctus lança às "gerações futuras" a tarefa de emitir juízo acerca do quarto romance machadiano:

> *Iaiá Garcia*, por Machado de Assis, é um romance que durante mais de dois meses, dia por dia, levou ansiosos os leitores do *Cruzeiro*. O que podemos dizer deste livro? As futuras gerações hão de apreciá-lo ainda melhor do que nós não podemos fazê-lo.
> Como todos os escritos de Machado de Assis, essa obra marca, com cunho indelével, a nossa mais perfeita literatura atual, e por isso ficará como perene sinal no caminho percorrido pelo espírito brasileiro.
> Louvores, elogios, partindo da nossa obscura pena, ficariam decerto muito aquém do merecimento da obra e do gênio do autor. (n.40, p.277)

Para contrabalançar o clima morno com que *Iaiá Garcia* foi recebido pela crítica, no Rio de Janeiro, o anúncio publicado em *O Cruzeiro* – no qual ecoa a linguagem dos velhos pregões (Ramos, 1985, p.9) – procura despertar o interesse pela compra do "formoso romance, que tanta aceitação obteve dos leitores do 'Cruzeiro'", informando tratar-se de "um nítido volume de mais de 300 páginas", que poderia ser adquirido em várias livrarias da Rua do Ouvidor (Guimarães, 2004, p.162).

As críticas em torno de *Helena* e *Iaiá Garcia* permitem reiterar, em primeiro lugar, o clima de polêmica que marcava o ambiente jornalístico da época, o que compreendia não apenas a política, mas também a literatura. Em segundo lugar, que outros jornais da corte, além da *Ilustração Brasileira*, estavam igualmente empenhados em promover a ascensão de Machado de Assis como sucessor de José de Alencar, os romances machadianos afastando-se dos estereótipos por meio dos quais os estrangeiros, entre eles os portugueses, estavam acostumados a ver o Brasil e, por extensão, a literatura aqui produzida.

O fato de a revista de Fleiuss circular em Portugal – circulação investida de sentido simbólico, atestado de nossa independência político-cultural em relação à antiga metrópole – reforçava a proposta de dissociar o país das imagens do

---

56 "Bibliografia". Indoctus. *Ilustração Brasileira*, n.40, abril de 1878, p.277.

índio e da natureza, ao mostrar a pujança da moderna literatura brasileira, a do Norte, representada por Franklin Távora, a do Sul, por Machado de Assis. Há que lembrar que na mesma seção em que saía a crítica de *Helena*, também era comentado *O cabeleira*, a "estreia" de Franklin Távora: o encontro entre Norte e Sul, promovido pela *Ilustração Brasileira*, que não por acaso lançava a ideia do "centro".

O humor está de volta na *Ilustração Brasileira*

A recepção de *Helena* junto à imprensa carioca esteve cercada não somente por arrufos e polêmicas ácidas. Houve espaço também para o humor, na forma da caricatura de Rafael Bordalo Pinheiro, no jornal *O Mosquito*, em que a publicação do romance de Machado de Assis, em folhetins no jornal *O Globo*, era colocada entre as "alegrias da semana". Na caricatura, Machado aparecia esculpindo a estátua de uma mulher, enquanto em cima se lia em letras grossas – *O Globo* – e embaixo, em letras menores – *Folhetim*. A legenda que acompanhava o desenho não podia ser mais elogiosa: "Machado de Assis cinzelando primorosamente uma belíssima Helena no rodapé de '*O Globo*'" (Guimarães, 2004, p.104).

A irreverência de Bordalo irá brindar igualmente o romance *Iaiá Garcia* na caricatura que o artista português publica em *O Besouro*, na edição de 27 de abril de 1878, sob o título de "Literalogia – Casamento do Comendador Mota Coqueiro e de Iaiá Garcia", desenho de página inteira, no qual entre os convidados aparecia ninguém menos do que o Primo Basílio (ibidem, p.148).[57]

Uma vez que, em ambos os casos, as caricaturas se fazem acompanhar de legendas, reitera-se a subordinação do desenho ao discurso da palavra escrita, aspecto que corresponde à valorização do texto como suporte da imagem (Teixeira, 2001, p.20). Ainda assim, a imagem caricatural, como no caso dos romances machadianos, era responsável por uma leitura irreverente, que corria na contramão da crítica literária "oficial", plasmada pela seriedade e o lugar-comum. Por fim, as caricaturas de *Helena* e *Iaiá Garcia* remetem à página de humor da *Ilustração Brasileira*, a seção "Leitura Humorística",

---

57 Mota Coqueiro é personagem do romance *Mota Coqueiro ou A Pena de Morte*, de José do Patrocínio, que vinha sendo publicado na *Gazeta de Notícias*, simultaneamente à publicação de *Iaiá Garcia*, em *O Cruzeiro*, onde Machado de Assis irá escrever em 16 e 30 de abril de 1878 os dois famosos artigos em que criticava do romance *O primo Basílio*, de Eça de Queirós.

também chamada, "Parte Humorística",[58] a cargo de Luís Guimarães Júnior (1845-1898).

Poeta, dramaturgo, contista, biógrafo (de Carlos Gomes e Pedro Américo), jornalista e romancista, Guimarães Júnior veio para o Rio de Janeiro, em 1876, procedente de Londres, onde atuava como secretário de legação dos Negócios Estrangeiros, para cuidar do inventário do pai, morto em abril desse ano. Foi então convidado por Quintino Bocaiúva a colaborar no jornal *O Globo*, respondendo pela seção de crônicas, sob pseudônimo de Oscar d'Alba (Magalhães Júnior, 1981, v.2, p.203). É possível que a veia cômica de Guimarães Júnior demonstrada no conto, em *Curvas e zig-zags*, ambos livros de 1871, no teatro, em *Uma cena contemporânea* (1862) e *O caminho mais curto* (1863), no romance, em *A família Agulha* (1870), fossem credenciais que levaram Carlos e Henrique Fleiuss a encarregá-lo da parte humorística do periódico.

Apesar da opção pela seriedade como perfil editorial mais condizente com a proposta de a *Ilustração Brasileira* exportar imagem de Brasil civilizado, a exemplo dos grandes centros europeus, os editores não conseguiram se furtar de todo à demanda pela comicidade, na proliferação de revistas ilustradas com caricaturas, nos anos de 60-70 do século XIX, a exemplo de *O Mosquito*, "jornal caricato e crítico", publicado de 1869 a 1877; *Mefistófeles* (1874-1875); *O Mequetrefe* (1875-1893); a *Comédia Social* (1870-1871), de Pedro Américo e Aurélio Figueiredo; *Fígaro*, de 1876; *Diabrete* (1877); *O Mundo da Lua* (1871), "folha ilustrada, lunática, hiperbólica e satírica", de Pinheiro Guimarães e Luís Guimarães Júnior; a *Revista Ilustrada* (1876-1898), de Ângelo Agostini, dentre tantos outros.

A voga das caricaturas acabará por invadir a prosa de ficção brasileira dos anos 1860-1870, na leitura de Flora Süssekind (1990, p.245), e também a "crônica de rua", como poderiam ser chamados alguns textos humorísticos de Luís Guimarães Júnior publicados na *Ilustração Brasileira*, especialmente a galeria dos "Tipos das Ruas" (n.25, p.14). Esses tipos – "a elegante", "o janota", "o capitalista", "Castro Urso", o vendedor de bilhete, o jogador, "a menina pobre", o "maltrapilho", o "capoeira", as "Alcazarinas", o jornalista – desfilam pelas ruas do Rio de Janeiro, compondo a moderna cena urbana carioca.

---

58 "Leitura Humorística", *Ilustração* Brasileira, n.22, 15 de maio de 1877, p.342; n.23, 1º de junho de 1877, p.363; n.24, 15 de junho de 1877, p.382; "Parte Humorística", n.25, 1º de julho de 1877, p.14; n.31, 1º de outubro de 1877, p.111; n.33, 1º de novembro de 1877, p.143.

Se a rua é expressão da ascendência da esfera pública em relação à cidade (Velloso, 1996, p.15), é possível que os tipos humanos flagrados por Guimarães Júnior não frequentassem os mesmos espaços da corte, assim como não seriam atraídos a andar por eles pelos mesmos motivos. Assim, "a elegante" e "o janota", preocupados tão somente em estar na moda, seriam encontrados com quase toda a certeza na Rua do Ouvidor, a exibir o tédio e a elegância de suas vidas vazias. As "Alcazarinas", atrizes francesas do Teatro Alcazar Lírico, cortesãs, nas horas vagas, talvez andassem também por lá, desfrutando o dinheiro arrancado de respeitáveis pais de família. Já o "capitalista" circularia, de preferência, pela Praça da Constituição, onde poderia exercitar suas espertezas na arte de fazer fortuna, nos investimentos da Bolsa. Todos os demais, com exceção do jornalista – profissão que era o passaporte de livre acesso dos homens da imprensa por todo o Rio de Janeiro –, transitariam por outras ruas da cidade, ou então, naquelas mesmas, cada qual expondo uma faceta do drama da exclusão social: a moça pobre, o jogador, o vendedor de bilhetes, o mendigo, o capoeira.

O leitor poderia se perguntar, a partir da descrição dos "tipos das ruas" de Luís Guimarães Júnior, onde estaria o lado cômico dessas figuras, sobretudo dos excluídos do processo de modernização do Rio de Janeiro, em razão das reformas urbanísticas de 1875, ou antes, se a comicidade, aqui, é ponto de vista de quem se encontra do outro lado da rua. De qualquer forma, o traço ligeiro e preciso dos perfis urbanos – o *coupé* da "elegante", o par de luvas do "janota, a palidez do jogador, o topete do capoeira – denuncia a habilidade do "caricaturista da pena", no dizer de José de Alencar (1960, v.II, p.442-3), em relação a Cervantes, que consegue flagrar, captar e registrar, de forma concisa e rápida, a realidade contraditória daqueles tempos de mudanças.

Dentre os tipos captados pelo olhar do cronista-*flâneur*, merece reparo a inclusão do capoeira, caracterizado nestas poucas linhas: "Reparem bem no meu topete e vejam se eu sou homem para ter medo da polícia em peso! Tenho cá a minha faca e o meu diploma de votante!" (n.25, p.14).

Representante da cultura popular das ruas, o capoeira é homem de topete, tanto no arranjo do cabelo, a denunciar, talvez, a origem negra, quanto na coragem de enfrentar a perseguição dos policiais da Guarda Nacional, o que deu origem à proliferação de diversas maltas, grupos de vinte até cem capoeiras, durante o Segundo Império. A partir da década de 50 do século XIX, as habilidades da capoeiragem passaram a integrar o jogo político partidário:

instrumento de pressão no processo eleitoral – "Tenho cá a minha faca" –, o capoeira, em troca, era resgatado da vadiagem pelo "diploma de votante".

Que o capoeira faça parte da amostra de "tipos das ruas" de Guimarães Júnior, isso só reitera a habilidade do cronista em apreender a representatividade desse fenômeno urbano de resistência, ao mesmo tempo em que acentua o caráter de excepcionalidade que cerca a publicação da crônica "A morte de um capoeira",[59] na *Ilustração Brasileira*, que sempre se manteve afastada de um certo universo da cultura popular, sobretudo aquele representado pelo negro, muito embora a partir dos anos 1860 a capoeira deixasse de ser um fenômeno marcadamente escravo e negro para ser praticado também por imigrantes (Bretas, 1989, p.58).

A crônica não vem assinada (seria de Luís Guimarães Júnior?), o que não deixa de ser sintomático, dando a entender que haveria, talvez, um certo constrangimento entre os colaboradores do periódico de Fleiuss em assumir a autoria de um texto, em que se noticiava a morte de Bola de Pedra, célebre capoeira, cuja fama provinha das formidáveis cabeçadas que eram sua arma de defesa. Um dia, uma "tísica pulmonar", mais implacável do que a perseguição da política, derrubou o capoeira em pouco menos de um mês, motivo de alívio da vizinhança e de frustração para o valente. Não podendo fugir da morte como fizera da lei, Bola de Pedra queria ao menos deixar a vida da maneira como viveu – dando cabeçadas, no sentido literal da palavra –, último desejo desse herói das ruas, que a compaixão de um parente irá satisfazer. A cena, construída com habilidade e concisão, merece ser transcrita:

Chegou à janela; o povo aglomerava-se; Bola de Pedra inchou as narinas e pediu a Deus que não o matasse antes de realizar à sua vista uma mortandade qualquer.

No meio do povo sentiu-se grande movimento e as pauladas começaram a entrar em circulação elétrica.

Bola de Pedra, ofegante, trêmulo, iluminado pelo diadema mortuário de suas passadas façanhas, cambaleou, pedindo ao mesmo tempo que o deixassem sair à rua. Impediram-no.

– Uma cabeçada! exclamou ele agonizando, uma cabeçada ao menos! Deixem-me pelo amor de Deus!

Um parente do moribundo pôs-se em frente dele:

– Dê em mim a cabeçada, Antônio! satisfaz o teu desejo!

---

59 "A Morte de um Capoeira". [sem assinatura]. *Ilustração Brasileira*, n.22, 15 de maio de 1877, p.343.

Bola de Pedra recuou um passou, infunou a carapinha, bambeou o corpo e arremessou a cabeça ao peito do parente compassivo.

Quando o ergueram do chão estava morto, conservando ainda na boca o sorriso do último triunfo – perdão! – da última cabeçada! (n.22, p.343)

De volta aos flagrantes urbanos de Luís Guimarães Júnior, o cronista não poderia deixar de incluir outra importante personagem das ruas cariocas – os bondes –, que por andarem sempre lotados estão na origem de uma nova moléstia de que padecem os usuários – a "bondite", "proveniente dos apertões nos *bonds*" (n.24, p.282). Entrar num deles era façanha comparada às maiores vividas por Amadis de Gaula e Rolando, o furioso. O lado "positivo" de viver nesse aperto – a brecha cômica desta sátira social – era que um corcunda, por exemplo, se entrasse num bonde lotado, "daqui a pouco está chato e delgado como uma folha de papel paquete" (n.24, p.282).

O carioca daquela época mal punha os pés nas ruas, estava sujeito a todo tipo de contratempo, desde enfrentar bondes lotados, até cair nas malhas de tratantes, como aconteceu com aquele infeliz que, na esperança de um futuro melhor, é atraído pelo anúncio do *Jornal do Comércio*, em que uma tal "Madame Natalie Personne", "famosa nigromante, discípula de um dos discípulos de Cagliostro" (n.24, p.382), oferecia os seus serviços de cartomante. Pagos os cinco mil réis adiantados, tem início o diálogo entre o homem e a "feiticeira", segundo o velho esquema da chantagem: esta fazendo perguntas, aquele confirmando o que lhe era perguntado. Não demorou muito, a farsa desmorona: Madame Natalie Personne não acerta uma única pergunta, ou melhor, ela só acerta aquilo que o leitor ingênuo de anúncios de jornais acabou por constatar durante a "consulta": que tinha "morrido" em cinco mil réis.

A veia cômica de Luís Guimarães Júnior, a exemplo da anedota "A feiticeira", investe não apenas nos casos de logro e trapaça, bastante comuns no cotidiano do Rio de Janeiro, que passava por intenso processo de modernização urbana, na virada dos anos 1860-1870, mas também em outras esferas de sociabilidade, como as festas religiosas, onde igualmente era possível constatar as mudanças em curso na sociedade fluminense. É com um misto de saudade e nostalgia que o cronista recorda da procissão de Corpus Christi, que fazia as delícias de garotos como ele, "meninos de outro tempo", que punham roupa nova para ver passar "as tropas enfileiradas, coruscantes e altivas", que levavam o andor com a imagem de Cristo:

Era o dia de sair à rua o *bonet* novo de veludo azul, a jaquetinha de casimira com alamares, os botins de verniz e pano, a gravatinha cor-de-rosa, a bengala de junco!

– Lá vem um batalhão! É Santa Rita!

– Olha o balisa!

– Sai do sol, menino!

– Cazuza! não te debruces!

– Bravo! Como saiu S. José hoje! Farda nova! (n.23, p.303)

Hoje, os tempos mudaram, a procissão de São Jorge, que antigamente atraía uma multidão para as ruas, deu lugar a outro tipo de diversão, entre outras – "bailes e concertos no Cassino, Mozart e Filarmônica" –, na caricatura visual de *O Mosquito*, em 1876, publicada no mesmo número em que *Helena*, de Machado de Assis, era incluído entre as novidades da semana. Participante dos tempos modernos, o colunista da seção "Correios dos Teatros" da *Ilustração Brasileira* vai criticar o fechamento dos teatros fluminenses, durante a Semana Santa,[60] com o argumento que a medida era improcedente por duas razões: em primeiro lugar, os teatros não eram subvencionados pelo governo, de onde partia a ordem de fechamento; em segundo, o Rio de Janeiro não era cidade só de cristãos, mas também de turcos, israelitas, protestantes, que podiam "viver tranqüilos, sem a obrigação de adorar o deus consagrado pela religião do estado" (n.19, p.303).

Esse talvez o motivo, porque o catolicismo era "religião do estado", que levou a *Ilustração Brasileira* não apenas a comemorar a data – em que pese o envolvimento do periódico com o ideário cientificista representado pela geração de 1870 –, na escolha de uma cabeça de Cristo martirizado, acompanhada da legenda "ECCE HOMO",[61] que não identifica a procedência da xilogravura, para figurar na capa do respectivo número comemorativo, como também a interromper a publicação das inúmeras notícias e matérias a respeito da guerra da Turquia contra a Sérvia e da Rússia contra a Turquia.

Enquanto o colunista da seção "Correio dos Teatros" reclamava contra as medidas do governo imperial que obrigava os teatros da corte a fechar suas portas durante a Semana Santa, o cronista Luís Guimarães Júnior acabará por desmascarar a farsa da *Ilustração Brasileira*, na crônica "A comédia na Igreja",

---

60 "Correio dos Teatros" [sem assinatura]. *Ilustração Brasileira*, n.19, 1º de abril de 1877, p.303.

61 "ECCE HOMO". *Ilustração Brasileira*, n.19, 1º de abril de 1877, p.289; legenda sem assinatura, p.298.

mostrando que a sociedade carioca quando ia à igreja, como acontecia com "os elegantes, os *dandys*, os *leões* da moda", era para "dar o seu parecer sobre uma *toilette*, sobre um toucado, sobre uns cabelos negros, ocultos na transparente gaze...". "Quanta observação finíssima!", vai dizer o cronista com ironia, como se pode constatar pelo seguinte fragmento:

> – Conheceste?
> – Ora que dúvida! É a sobrinha do V... tem bonitas mãos, não nego, mas veste-se mal!
> – Dizem que é rica!
> – Qual! Vinte e três apólices!
> – Bravo! Como vem *chic* a Belu hoje! Sabes que este ladrão persegue-me constantemente?
> – E tu o que fazes?
> – Rio-me, *mon cher*, rio-me sempre! (n.23, p.303)

A habilidade do cronista na arte do diálogo revela a mão treinada em lidar com o teatro e o humor, áreas com as quais Guimarães Júnior tinha familiaridade, mesmo porque, como se disse, escreveu algumas comédias, além de ter sido diretor do jornal satírico *O Mundo da Lua*. Daí o repertório de anedotas que deve ter acumulado ao longo da atividade de jornalista e dramaturgo, e que vão fazer parte da seção "Parte Humorística", assinada pelo cronista.[62]

As anedotas exploram situações tanto ligadas ao cotidiano quanto extraídas da história, protagonizadas por personagens famosas. "Entre casados" – sátira mordaz à falta de diálogo entre os casais –, servirá para ilustrar o primeiro caso:

> – Ela (amuada) Com efeito! nunca vi bocejar assim!
> – Ele (indiferentemente) Que quer, minha cara? O marido e a mulher fazem uma só pessoa... e eu, a falar a verdade, quando estou só aborreço-me! (n.33, p.143)

O segundo caso, "Maria Dorval e o *Antony*", é outro exemplo de anedota que também se enquadra na categoria do "cômico significativo", segundo Baudelaire (1985, p.696), o cômico de imitação, marcado pela referencialidade e pela linguagem de fácil compreensão. A anedota gira em torno de um incidente

---

62 É possível que alguns dos textos publicados na seção procedessem do jornal *O Globo*, hipótese que poderá ser comprovada quando for consultado o jornal de Quintino Bocaiúva.

ocorrido numa das apresentações da peça, *Antony* (1831), de Alexandre Dumas, cujo papel feminino era representado pela atriz Maria Dorval. O melodrama, que explora o adultério, culmina quando Antony apunhala a amante para salvá-la da desonra. Nisso, chega o marido, e entre os dois homens trava-se famoso diálogo, com o qual termina a peça:

> – Que fizeste, desgraçado?!
> – Ela resistiu-me e... eu assassinei-a!

Certa noite, o cenógrafo deixa cair o pano, antes de o herói dizer a frase final, tão esperada pelo público, que se põe a bradar:

> – Queremos a frase!
> – Queremos o resto da peça!
> – Suba o pano!
> – Do contrário vai tudo a raso! A frase!...
> – A frase do Antony.

Nessa altura, continua o narrador do episódio, "a Dorval estava despenteada e quase a despir-se para voltar à casa". Antes, porém, coube à atriz satisfazer o público, isto é, trazer o desenlace cômico à história:

> A espirituosa atriz entra em cena arrastando pela mão o artista que fez de Antony, e mostrando-o ao povo disse com a maior seriedade:
> – Meus Senhores! Eu estava resistindo, e ele... assassinou-me! (n.25, p.14)

É possível pensar que histórias como essa alegrassem os serões das famílias brasileiras da época, enquanto os "Pensamentos", incluídos (não se sabe se pelos editores da *Ilustração Brasileira* ou pelo cronista) na "Parte Humorística", enfeitariam o álbum de algum amigo, parente ou ente querido. Tanto mais valorizados, porque as frases, sintéticas, profundas e sérias, eram de gente famosa, entre outras, Voltaire – "A dor é um século, e a morte um momento" –, Tales – "O sábio é sempre rico, mas é bem raro que o rico seja sábio" –, Cristina, da Suécia – "As grandezas são como os perfumes; quem as possui não as sente" (n.33, p.143).

A inclusão da comicidade na *Ilustração Brasileira* – em que pese o tratamento ambíguo, no exemplo mencionado da "Parte Humorística" –, além de responder à voga dos jornais de caricaturas, que circularam no Rio de Janeiro, durante os anos 1860-1870, seria reflexo igualmente do "reinado da opereta e da mágica" (Faria, 2001, p.145) que dominava no Alcazar Lírico. Ambos os gêneros, ainda segundo João Roberto Faria, eram expressão de "um novo tipo de espetáculo teatral, baseado na alegria, na música ligeira, na malícia e na beleza das mulheres, [que] começava a atrair um público cada vez menos interessado no teatro marcado pela preocupação literária e edificante" (ibidem). Tanto a opereta como a mágica, essa um tipo de peça que "apelava para os olhos e também para os ouvidos dos espectadores", por conta da riqueza dos cenários e dos figurinos, os números de dança e música, incluindo as personagens, fadas, gênios, diabos gnomos e outros seres sobrenaturais (ibidem, p.147-9), foram imitadas pelos autores brasileiros. Basta percorrer à seção "Correio dos Teatros", da *Ilustração Brasileira*, para constatar a hegemonia do teatro cômico e musicado, nos exemplos das mágicas, entre dezenas de outras, *A filha da Maria Angu*[63] – versão de *La fille de Mme. Angot*, texto de Siraudin, Clairville e Koning, música de Lecoq –, *A casadinha de fresco*[64] e *Abel, Helena*,[65] a partir, respectivamente, de *La petite mariée*, texto de Leterrier e Vanloo e música de Lecoq, e *La Belle Helène*, Meilhac e Halévy e música de Offenbach (ibidem, p.147), de autoria de Artur Azevedo, dramaturgo que vai se destacar nesse gênero de peça.

Enquanto os boletins do "Correio dos Teatros" noticiavam o sucesso alcançado pelas mágicas de Artur Azevedo no Teatro Alcazar, uma série de editoriais, publicados na *Ilustração Brasileira*, vai criticar a decadência da arte dramática no Brasil, conclamando a atuação mais eficaz do Conservatório Dramático,[66] além de abraçarem a ideia da necessidade de organização do "centro".

Histórias de um homem sério

Já em 1864, pode-se lembrar, Machado de Assis (1951, v.20, p.260), sob o pseudônimo de Dr. Semana, queixava-se na *Semana Ilustrada*, da imoralidade dos espetáculos do Alcazar Lírico. Incomodava-lhe ver o público afastar-se do Ginásio Dramático para deleitar-se num teatro, onde "todas as noites, por

---

63 "Correio dos Teatros" [sem assinatura]. *Ilustração Brasileira*, n.3, 1º de agosto de 1876, p.46.
64 "Correio dos Teatros" [sem assinatura]. *Ilustração Brasileira*, n.5, 1º de setembro de 1876, p.75.
65 "Correio dos Teatros" [sem assinatura]. *Ilustração Brasileira*, n.18, 15 de março de 1877, p.303.
66 "O Teatro Nacional" [sem assinatura]. *Ilustração Brasileira*, n.34, 15 de novembro de 1877, p.146; "O Conservatório Dramático" [sem assinatura], *Ilustração* Brasileira, n.35, 1º de dezembro de 1877, p.172; n.36, 15 de dezembro de 1877, p.200; n.37, 1º de janeiro de 1878, p.220.

entre baforadas de fumo e de álcool, se vê e se ouve aquilo que nossos pais nunca viram nem ouviram, embora se diga que é sinal de progresso e civilização".

O crítico, como se sabe, voltará a investir contra o teatro de entretenimento em outras ocasiões, como em "O teatro nacional", em 1866, e "Instinto de nacionalidade", de 1872.

Tão somente a defesa de um teatro nacional, sério e moralizador – para não falar na carreira de homem de letras, construída de maneira exemplar, nas páginas dos principais periódicos cariocas – já seria passaporte de entrada de Machado de Assis na Ilustração Brasileira, cujos editores estariam interessados em trazê-lo para o quadro de colaboradores. Naquela altura, Machado conseguira inscrever o seu nome entre os escritores de prestígio no meio literário brasileiro, assim como cultivar imagem de personalidade da vida pública, como aquela captada pelas lentes de Marc Ferrez, de 1879, compatível com o programa do periódico de exportar, por intermédio de nossos mais destacados escritores, retrato de Brasil moderno e civilizado. Na famosa fotografia de Ferrez,[67] o autor de Memórias póstumas de Brás Cubas aparece de pince-nez, barba e jaquetão – símbolos de seriedade dos homens do Império –, o olhar dirigido para o espectador, ou, se quiser, para o futuro, a espreitar a glória que se avizinhava.

Quando Machado de Assis chega na Ilustração Brasileira, encarregado de escrever as crônicas que irá chamar de "História de Quinze Dias", título depois mudado para "História de Trinta Dias",[68] quando o periódico de quinzenal

---

67 A fotografia de Marc Ferrez de Machado de Assis está na origem da xilogravura de José Martins Gomes Villas Boas (1857-1934) sobre o autor, assim como do desenho de Manuel Lopes Rodrigues, cf. Ferreira (1994, p.196).

68 "História de Quinze Dias". Manassés. Ilustração Brasileira, n.1, 1° de julho de 1876, p.10; n.2, 15 de julho de 1876, p.22-3; n.3, 1° de agosto de 1876, p.38-9; n.4, 15 de agosto de 1876, p.59; n.5, 1° de setembro de 1876, p.71; p.74; n.6, 15 de setembro de 1876, p.94; n.7, 1° de outubro de 1876, p.102-3; n.8, 15 de outubro de 1876, p.122-3; n.9, 1° de novembro de 1876, p.142; n.10, 15 de novembro de 1876, p.155; n.11, 1° de dezembro de 1876, p.166; n.12, 15 de dezembro de 1876, p.186; n.13, 1° de janeiro de 1877, p.216-17; n.14, 15 de janeiro de 1877, p.228; n.15, 1° de fevereiro de 1877, p.238; n.16, 15 de fevereiro de 1877, p.250; n.17, 1° de março de 1877, p.264; n.18, 15 de março de 1877, p.283; n.19, 1° de abril de 1877, p.299; n.20, 15 de abril de 1877, p.318-19; n.21, 1° de maio de 1877, p.331; n.22, 15 de maio de 1877, p.350; n.23, 1° de junho de 1877, p.362-3; n.24, 15 de junho de 1877, p.378; n.25, 1° de julho de 1877, p.15; n.26, 15 de julho de 1877, p.27; n.27, 1° de agosto de 1877, p.46-7; n,28, 15 de agosto de 1877, p.62; n.29, 1° de setembro de 1877, p.78; n.30, 15 de setembro de 1877, p.94-5; n.31, 1° de outubro de 1877, p.110-11; n.32, 15 de outubro de 1877, p.126; n.33, 1° de novembro de 1877, p.142-3; n.34, 15 de novembro de 1877, p.159; n.35, 1° de dezembro de 1877, p.185; n.36, 15 de dezembro de

passa a mensal, o escritor trazia consigo, além da fama de crítico e poeta, com atuação nas áreas do teatro, conto e romance, um pseudônimo. Esse pseudônimo – Manassés – foi usado por Machado ao tempo em que colaborou no jornal *A Época* (1875-1876), de Joaquim Nabuco, e com o qual assinou os contos "A chinela turca" e "O sainete", o primeiro publicado no n.1, de 11 de novembro de 1875, o segundo, no n.2, de 1º de dezembro de 1875 (Sousa, 1955, p.22).

A escolha do pseudônimo Manassés, nome de um chefe de tribo israelita, filho mais velho de José do Egito, e que, em hebraico, significa "o que faz esquecer" ou "votado ao esquecimento", revelaria a intenção do escritor de camuflar a sua participação em *A Época*, segundo Raimundo Magalhães Júnior, para não desgostar o mestre e amigo José de Alencar, que na ocasião travava cerrada polêmica com Joaquim Nabuco nas páginas de *O Globo*, de Quintino Bocaiúva (ibidem, 1984). Se o pretendido anonimato de Machado, em razão desse contexto, far-se-ia representar na escolha simbólica do pseudônimo, revelador igualmente do universo de erudição pelo qual trafegava, Manassés, na *Ilustração Brasileira*, seria empregado para traduzir o caráter volátil e efêmero das histórias que o cronista, dublê de leitor, colhia no jornal e comentava com os leitores do periódico.

A condição de leitor de jornal impede Manassés de sair às ruas, como talvez fizesse Luís Guimarães Júnior, à procura dos "tipos" mais representativos da cena urbana carioca, e permaneça na redação, à espera de que as notícias cheguem até ele, o que o transforma em "puro contador de histórias", como vai dizer na crônica de 15 de março de 1877:

> Mais dia menos dia demito-me deste lugar. Um historiador de quinzena, que passa os dias no fundo de um gabinete escuro e solitário, que não vai às touradas, às câmaras, à rua do Ouvidor, um historiador assim é um puro contador de histórias. (n.18, p.283)

Um "contador de histórias", prossegue o cronista, ao contrário do historiador – "inventado, por ti, homem letrado, humanista" –, foi "inventado pelo povo, que nunca leu Tito Lívio, e entende que contar o que se passou é só fantasiar" (n.18, p.283).

1877, p.196-7; n.37, 1º de janeiro de 1878, p.215-16; "História de Trinta Dias", n.38, fevereiro de 1878, p.231; p.234; n.39, março de 1878, p.255; n.40, abril de 1878, p.268-9.

Na verdade, as crônicas de Manassés na *Ilustração Brasileira* estão menos para a fantasia e mais para a realidade, o que se depreende, até mesmo, na própria organização dos textos, em geral curtos, divididos em partes, cada qual responsável pelo comentário de um assunto, indício do comportamento ordeiro e disciplinado do cronista. Ainda assim, esse sabia que a crônica – produto da modernização – satisfazia o gosto do leitor da época pelo texto ligeiro, para ser lido como o conto, "de uma assentada", para dizer com Edgar Allan Poe (1997, p.912), durante o trajeto de bonde.

Leitor de "coisas miúdas", olhar atento, tesoura na mão, Manassés era o cronista que selecionava e recortava as notícias dos jornais que lhe chamavam a atenção, para depois transcrevê-las em sua crônica, como foi o caso do "artiguinho" lido naquela semana:

> *Duas das mais grosseiras e desmoralizadas criaturas têm freqüentado os bailes, causando os mais desagradáveis episódios aos que têm tido a infelicidade de aproximar-se-lhes.*
> *Essas duas filhas de Eva acharam-se anteontem no Teatro D. Pedro II vestidas en femmes de la hâlle (filha da Madame Angot), e hoje também dizem que lá se acharão...*
> *Seria bom que o empresário tivesse algum fiscal encarregado de vigiá-las, para evitar incidentes tais como se deram no domingo passado.* (n.16, p.217, itálico no original)

O exemplo reitera o perfil de cronista de fundo de redação, permitindo reconhecer no comentário lacônico que acompanha a transcrição – "Ó isca! Ó tempos" Ó costumes!" – o crítico severo das mágicas de onde foi extraída a comparação em referência ao comportamento indecoroso das duas damas, freqüentadoras dos bailes do Teatro D. Pedro II.

O repertório de Manassés era alimentado não apenas de *faits divers*, mas também de notícias de vulto, nacionais e internacionais, que deviam tomar conta dos jornais da corte, entre outros, a queda do Império Otomano (n.1, p.10), a comemoração dos cem anos dos Estados Unidos no Rio de Janeiro (n.4, p.59), o primeiro recenseamento geral do Império (n.28, p.62), a revolução do Rio Grande do Sul (n.8, p.122), a seca no Ceará (n.23, p.362; n.27, p.47), os prêmios da Exposição Nacional e da Exposição de Filadélfia (n.40, p.269),

Em relação à guerra entre a Turquia e a Sérvia, depois, da Rússia com a Turquia, que vai culminar com a derrota desta, em 1878, nem era preciso sair da *Ilustração Brasileira*, que irá publicar várias matérias e ilustrações a respeito, para se constatar que as atenções naquele momento estavam voltadas para os conflitos sangrentos que se desenrolavam no Oriente, cujos informes chegavam

BRASIL EM IMAGENS **295**

com rapidez ao Brasil, quando o cabo telegráfico permitia, pois que andava sempre encrencado, como irá reclamar o cronista (n.15, p.238). Francamente favoráveis à entrada da Rússia na guerra contra os turcos, "desumanos" e "sanguinários", os editores do periódico brasileiro expressavam opinião geral, compartilhada, tanto pelo Brasil quanto pelas grandes potências europeias.

Sem advogar a causa dos turcos nem a dos russos do ponto de vista político, pelo menos explicitamente, a posição de Manassés será a de lamentar a perda da poesia, acarretada pela queda do "Oriente", conforme vai dizer na crônica de estreia, em 1º de junho de 1876:

> Dou começo à crônica no momento em que o Oriente se esboroa e a poesia parece expirar às mãos grossas do vulgacho. Pobre Oriente! Mísera poesia!
> Um profeta surgiu em uma tribo árabe, fundou uma religião, e lançou as bases de um império; império e religião têm uma só doutrina, uma só, mas forte como o granito, implacável como a cimitarra, infalível como o Alcorão. Passam os séculos, os homens, as repúblicas, as paixões; a história faz-se dia por dia, folha a folha; as obras humanas alteram-se, corrompem-se, modificam-se, transformam-se. Toda a superfície civilizada da terra é um vasto renascer de coisas e idéias. Só a idéia muçulmana estava de pé; a política do Alcorão vivia com os paxás, o harém, a cimitarra e o resto. (n.1, p.10)

Essa "ordem", secular e divina, se manteve até a chegada do século XIX, assim também as mudanças, entre elas o parlamentarismo, que, atingindo o "Oriente", acabaram com ele e a poesia:

> Só a abolição do serralho é uma das revoluções maiores do século. Aquele bazar de belezas de toda a casta e origem; umas baixinhas, outra altas, as louras ao pé das morenas, os olhos negros a conversar os olhos azuis, e os cetins, os damascos, as escumilhas, os narguilés, os eunucos... Oh! Sobretudo os eunucos! Tudo isso é poesia que o vento do parlamentarismo dissolveu em um minuto de cólera e num acesso de eloqüência. (n.1, p.10)

Esse "Oriente", a impregnar o imaginário do cronista, teve em Victor Hugo, autor das *Orientales*, um dos arquitetos que colaboraram no projeto de "orientalizar" o Oriente, no sentido de transfigurá-lo em lugar exótico, misterioso, profundo, seminal (Said, 1990, p.61). Era essa geografia poética que o mundo estava à beira de perder, se Istambul, "a odalisca do Bósforo", caísse na mão do russo, o que o cronista, por acompanhar o desenrolar da guerra pelo cabo telegráfico, sabia que iria acontecer muito em breve. A anunciar o final inexorável, a rima esdrúxula – Bósforo/fósforo – sinaliza, de forma irônica, o lado incandescente das batalhas, assim como a perda da aura que envolveu o Oriente, durante séculos:

Alá! Morrer como um fósforo.
Que acendeu vago taful,
A odalisca do Bósforo
A namorada Estambul. (n.22, p.350)

Enquanto a queda da Turquia fazia desmoronar a ideia de Oriente inventada pelo Ocidente – o tom nostálgico da perda atenuado pela irreverência de Manassés –, o primeiro recenseamento geral do Império, iniciado em 1º de agosto de 1872, e concluído quatro anos mais tarde, com ampla divulgação pela imprensa (Guimarães, 2004, p.88-96), vinha pôr em xeque a proposta de construção do "centro", encabeçada pela *Ilustração Brasileira*. Notícia embora incômoda, Manassés não poderia deixar de comentar o resultado do recenseamento (sendo ele o único a fazê-lo, no periódico de Fleiuss), para tanto escolhendo a linguagem dos algarismos:

publicou-se há dias o recenseamento do Império, do qual se colige que 70% da nossa população não sabem ler.
Gosto dos algarismos, porque não são de meias medidas, nem de metáforas. Eles dizem as coisas pelo seu nome, às vezes um nome feio, mas não havendo outro, não o escolhem. São sinceros, francos, ingênuos. As letras fizeram-se para frases; o algarismo não tem frases, nem retórica. (n.4, p.59)

O cronista irá explorar o sentido irônico da última observação, com direito a trocadilho – as letras fizeram-se paráfrases, os algarismos, para franquezas – no diálogo entre o político que, na tribuna, fala em "Constituição", "direito de voto", "opinião pública", "representação nacional", e o algarismo, a desmascarar o discurso vazio do outro:

– A nação não sabe ler. Há só 30% dos indivíduos residentes neste país que podem ler; desses, uns 9% não lêem letra de mão. 70% jazem em profunda ignorância [...] 70% votam do mesmo modo que respiram: sem saber porque nem o quê. Votam como vão à festa da Penha, – por divertimento. A Constituição é para eles uma coisa inteiramente desconhecida. Estão prontos para tudo: uma revolução ou um golpe de Estado. (n.4, p.59)

Não poderia ser mais apropriada a escolha das eleições como ângulo de comentário ao censo de 1872, uma vez que a reforma eleitoral era naquele momento tema polêmico a mobilizar os políticos e a opinião pública (bem entendido, aquela alfabetizada), tanto que o cronista voltará a ele em outras ocasiões, merecendo destaque a crônica em que considera, com a devida ironia, o fato de as eleições de Corumbá, em Mato Grosso, terem tido um único eleitor (n.11, p.166). Muito embora essas fossem notícias que Manassés colhia nos jornais, o que as tornava de conhecimento geral, em sendo trazidas para o espaço da *Ilustração Brasileira*, não deixavam de comprometer o projeto civilizador assumido pelo periódico dos irmãos Fleiuss.

Outro acontecimento na ordem do dia era o fundo de emancipação, instituído pela Lei do Ventre Livre, de 28 de setembro de 1871, destinado a promover anualmente, em cada província, a libertação dos escravos, mas que era combatido pelos adversários da lei que criticavam a interferência do governo em determinar as regras para a emancipação pelo fundo.[69] Manassés, está claro, não perderá a oportunidade de dizer o que pensa a respeito deste assunto, em crônica de 1º de outubro de 1876:

De interesse geral é o fundo de emancipação, pelo qual se acham libertados em alguns municípios 230 escravos. Só em alguns municípios!

Esperemos que o número será grande quando a libertação estiver feita em todo o império.

A lei de 28 de setembro fez agora cinco anos. Deus lhe dê vida e saúde! Esta lei foi um grande passo na nossa vida. Se tivesse vindo uns trinta anos antes, estávamos em outras condições.

Mas há 30 anos, não veio a lei, mas vinham ainda escravos, por contrabando, e vendiam-se às escâncaras no Valongo. Além da venda, havia o calabouço. Um homem do meu conhecimento suspira pelo azorrague.

– Hoje os escravos estão altanados, costuma ele dizer. Se a gente dá uma sova

---

69 "O fundo de emancipação seria constituído pela taxa dos escravos, impostos sobre transmissão da propriedade escrava, multas decorrentes da aplicação da lei, seis loterias anuais, recursos orçamentários e mais 'subscrições, doações e legados com esse destino'. O regulamento de 13 de novembro de 1872 estabeleceu os critérios para a classificação dos escravos a alforriar. Mandava priorizar famílias a indivíduos, cônjuges que fossem escravos de diferentes senhores, os que tivessem filhos nascidos livres em virtude da lei, e assim por diante" (Chalhoub, 2003, p.227).

num, há logo quem intervenha e até chame a polícia. Bons tempos os que lá vão! Eu ainda me lembro quando a gente via passar um preto escorrendo sangue, e dizia; "Anda, diabo, não estás assim pelo que eu fiz!" – Hoje...

E o homem solta um suspiro, tão de dentro, tão do coração... que faz cortar o dito. *La pauvre homme!* (n.7, p.103)

Embora Manassés se mostre um tanto indeciso quanto ao tom na abordagem à lei do fundo de emancipação – o texto oscila entre a seriedade e a ironia –, o número de escravos até então libertados pelo referido fundo – 230 – era a prova de que o cronista, tanto quanto na crônica do censo do Império, também aqui adotava a linguagem dos algarismos, porque esses "dizem as coisas pelos seus nomes".

Um ano mais tarde, ao tratar da alforria de escravos ditos "inválidos", Manassés dessa vez não hesitará em exercer os dotes de refinado ironista. O assunto é tratado no comentário ao ato de um benfeitor anônimo da Santa Casa de Misericórdia, que doara vinte contos de reis à instituição. A atitude surpreendente do benfeitor em permanecer incógnito, inspirou um amigo do cronista a praticar "um ato bonito", que Manassés não reluta em tornar público:

Tinha ele uma escrava de 65 anos, que já lhe havia dado a ganhar, sete ou oito vezes o custo. Fez anos e lembrou-se de libertar a escrava... de graça. De graça! Já isto é gentil. Ora, como só a mão direita soube do caso (a esquerda ignorou-o), travou da pena, molhou-a no tinteiro e escreveu uma notícia singela para os jornais, indicando o fato, o nome da preta, o seu nome, o motivo do benefício, e este único comentário: 'Ações desta merecem todo o louvor das almas bem formadas'.

Coisas da mão direita!

Vai senão quando, o *Jornal do Comércio* dá notícia do ato anônimo da Santa Casa da Misericórdia, de que foi único confidente o seu ilustre provedor. O meu amigo recuou; não mandou notícia às gazetas. Somente, a cada conhecido que encontra acha ocasião de dizer que já não tem Clarimunda.

– Morreu?

– Oh! Não!

– Libertaste-a?

– Falemos de outra coisa, interrompe ele vivamente, vais hoje ao teatro?

Exigir mais seria cruel. (n.24, p.378)

Se o exemplo tirado à escravidão na crônica visava, na leitura de Sidney Chalhoub (2003, p.237), criticar "o modo de ser da classe senhorial à época", que promovia a liberdade de escravos como Clarimunda, em vez de ampará-los na velhice, nem por isso Manassés deixava de frequentar, talvez na companhia do amigo, os teatros da corte, o que não poucas vezes levou-o a emitir opinião a respeito do movimento teatral carioca em suas crônicas. A proximidade da coluna de Manassés em relação à seção "Correio dos Teatros", assim também de outras, como "Boletim Bibliográfico", "Crônica Musical" e "O Jogo de Xadrez", que contavam com colaboradores especializados, permitiria explicar que o cronista "escorregasse" para essas áreas, em cujos comentários deixava transparecer o perfil de homem culto e refinado, no caso do teatro, formado em escola dramática, que não aquela que inspirava o atual teatro carioca, reprodução do movimento teatral parisiense, como vai dizer em crônica de 15 de novembro de 1877:

> Em matéria teatral, orçamos pela alfaiataria: é de Paris que nos chegam as modas. Paris teatral é como os seus grandes depósitos ou armazéns de roupas; tem de tudo, para todos os paladares, desde o mimoso até o sanguento, passando pela tramóia.
> Um homem que nasce, vive e morre no Rio de Janeiro, pode ter certeza de achar em cinco ou seis salas de teatro da cidade natal amostra do movimento teatral parisiense. (n.34, p.159)

Nem por estar informado a respeito das encenações cariocas Manassés era assíduo frequentador de teatros, dando a impressão de acompanhar pelos jornais a estreia de peças, nacionais e estrangeiras. De qualquer forma, foi como espectador de teatro que o cronista deve ter aprendido o manejo do diálogo, como se viu, empregado com frequência em várias crônicas, solução a contribuir para a leveza e concisão dos textos.

Era ainda pelos jornais que Manassés ficava sabendo, por exemplo, do fiasco que fora a execução de *O trovador*, de Giuseppe Verdi – compositor dos mais frequentes nos teatros do Rio de Janeiro – por um grupo de cantores líricos de segunda linha:

> Reuniram-se alguns artistas, que vivem há muito entre nós, e cantavam o *Trovador*; prometem cantar algumas óperas mais. São bons? Não sei, porque não os fui andar ouvir; mas das notícias benignas dos jornais concluo que – um *não cantou mal* – outro *interpretou bem algumas passagens*, o coro de mulheres *esteve fraquinho* e o dos homens *foi bem sofrível e não se achava mal encenado*. São as

próprias expressões de um dos mais competentes críticos. Que concluir depois, senão que o público fluminense, é uma das melhores criaturas do mundo? (n.1, p.10, itálico no original)

O público carioca era complacente não apenas em prestigiar cantores que em outras cidades – Roma, Milão, Paris – sequer teriam chance de subir ao palco, especialmente em se tratando da encenação de uma ópera de Verdi, como também em pagar preços exorbitantes para assistir à apresentação de celebridades líricas argentinas – "Só o tenor recebe por mês oito contos e oitocentos mil-réis!" (n.3, p.38) – para espanto do cronista, que prossegue em tom de ironia:

> Não sei que haja na crítica moderna melhor definição de um tenor do que esta dos oito contos, a não ser outra de dez ou quinze. Que me importa agora ouvir as explicações técnicas dos críticos para saber se o tenor tem grande voz e profundo estudo? Já sei, já o sabemos todos: ele tem uma voz de oito contos e oitocentos; devo aplaudi-lo com ambas as luvas, até arrebentá-las. (n.3, p.38)

O comentário do cronista a respeito da próxima chegada da companhia lírica do Rio da Prata deixa claro que não era sua intenção competir com o especialista da parte musical da revista, no caso o amigo Artur Napoleão, mas enfocar a notícia sob o ângulo de simples espectador, que reclamava contra o elevado cachê cobrado por alguns artistas estrangeiros que vinham se apresentar no Rio de Janeiro. Portanto, mais do que "se intrometer" em áreas que não eram de sua competência, o que Manassés fazia em suas crônicas era uma montagem de assuntos, aparentemente sem ligação, aproximados a partir do ponto de conexão que o cronista descobria entre eles.

Foi esse o caso da crônica de 15 de outubro de 1876, cujas partes iniciais tratam do levante ocorrido no Rio Grande do Sul, conhecido pelo nome de Revolução Farroupilha, que contou com a participação do general Manuel Luís Osório.[70] O cronista imprime ao texto o tom e o ritmo das notícias que corriam de boca em boca, desencontradas e contraditórias, a mudar de rumo quase de hora em hora: no dia 11 de outubro de 1876, logo de manhã, os cariocas ficam

---

70 Tendo ingressado no Partido Liberal, na corrente dos republicanos moderados, o general Osório abandonou a Revolução Farroupilha, e passou a lutar do lado do Império, quando o general Antônio de Sousa Neto proclamou a República Rio-Grandense, separada do Brasil (cf. Flores, 2001, p.442).

sabendo que no Rio Grande do Sul rebentara uma revolução, e que o general Osório era aclamado presidente da República; ao meio-dia, era derrotado; à 1 da tarde, a Rua do Ouvidor assistia à queda sucessiva de dois ministérios, até que às 5 horas, caía nova bomba, "a bomba das alianças": "a jovem república celebrara tratados com todas as irmãs do Prata e do Pacífico". Minutos mais tarde, a situação havia mudado inteiramente:

> Às cinco e três quartos deixara de existir a constituinte, dissolvida pelo presidente; às seis e vinte minutos caía o presidente, ante um voto da nova constituinte. Esta sucumbe depois de um quarto de hora de trabalho, deixando um presidente que igualmente sucumbe depois de minutos de vadiação. (n.8, p.122)

"Nisto" – momento de transição da crônica para outro assunto, em princípio, sem ligação com o levante sulista –, "ouvem-se as primeiras notas de *Aída*; rebuliço e silêncio". Uma outra revolução, essa no terreno da música, fazia esquecer a Revolução Farroupilha: era o duelo entre Etiópia e Egito, assunto da ópera de Verdi,[71] que os cariocas assistiam no Teatro São Pedro de Alcântara. Se alguém entre os espectadores se lembrou da revolução republicana do Sul, na noite de estreia de *Aída*, "esqueceu-se todo quando rompeu a ovação", enquanto os leitores, na manhã do dia 12, leem nos jornais que "não houve revolução nem coisa que se parecesse com isso" (n.8, p.122).

Por vezes, o cronista nem precisava dar tratos à bola na procura de pontos de conexão entre os fatos que acompanhava pelos jornais, na composição de suas crônicas, era o acontecimento ele mesmo que se encarregava de aproximar universos distantes, como foi o caso do sarau do Clube Politécnico, ao qual compareceu o general Osório. Acontece que, naquela noite, no andar de cima do mesmo edifício, reuniam-se os integrantes do Grêmio do Xadrez, motivo do comentário de Manassés: "Que barulho embaixo! E que silêncio em cima! Em cima os adversários, dois a dois, davam e recebiam pancada, cortesmente e até sorrindo, mas sempre silenciosos" (n.23, p.363).

Era provável que o cronista, assim como Machado de Assis, estivesse entre os frequentadores, naquela sexta-feira, do Grêmio de Xadrez, no caso daquele

---

71 A ópera *Aída*, cujo assunto fora sugerido pelo egiptólogo Mariette, com libreto de A. Ghislanzoni, foi composta por Verdi sob encomenda do quediva para a inauguração simultânea da Ópera do Cairo e do Canal de Suez (1869), mas a estreia da obra só aconteceu em dezembro de 1871, por causa da guerra de 1870.

último, hipótese tanto mais plausível porque o escritor, além de secretário e um dos presidentes da associação, era também assíduo colaborador da seção "O Jogo de Xadrez",[72] sob a responsabilidade de Artur Napoleão (1843-1925),[73] "diretor de sala" do grêmio.[74]

O universo de interesses de Manassés incluía, além do xadrez, a literatura, é claro, de preferência, a "alta literatura", representada por obras como D. Quixote, na edição ilustrada por Gustave Doré, impressa em Portugal, que Antônio Moutinho de Sousa (1834-1898), antigo ator e tradutor de peças teatrais,[75] vinha vender no Brasil. O cronista só tem elogios para a edição portuguesa da obra de Cervantes, em particular, o esmero da "Companhia Literária", "uma companhia que se organizou somente para editar obras", iniciativa que, já pelo nome, não deixa de surpreender o nosso cronista:

---

72 Soluções e problemas de xadrez enviados por Machado de Assis à seção "O Jogo de Xadrez", além da partida com Artur Napoleão, foram publicados nos seguintes números da *Ilustração Brasileira*: n.22, 15 de maio de 1877, p.351; n.24, 15 de junho de 1877, p.383; n.25, 1º de julho de 1877, p.15; n.28, 15 de agosto de 1877, p.63; n.29, 1º de setembro de 1877, p.79; n.30, 15 de setembro de 1877, p.95; n.40, abril de 1878, p.281.

73 Artur Napoleão dos Santos nasceu no Porto (Portugal) e faleceu em Portugal. Menino prodígio (seu primeiro recital de piano aconteceu aos sete anos), viajou pela Europa e também pela América, merecendo elogios de grandes personalidades musicais. Sua carreira não se limitou à de solista, sendo importante a atuação como camerista em duo com dois dos maiores violonistas de todos os tempos: Henri Vieuxtemps e Henryk Wieniawski. Depois de muitas viagens fixou-se definitivamente no Rio de Janeiro em 1866. Na capital do país torna-se comerciante de instrumentos e de partituras criando a famosa Casa Artur Napoleão que, no papel de editora, muito incentivou e propagou a música brasileira durante décadas. Fundou também em 1883 uma Sociedade de Concertos Clássicos no Rio de Janeiro. Obras principais: *Camões* (orquestra e banda), *L'Africaine* (piano e orquestra), *Hino do Acre*, *Hino do Espírito Santo*, *A Caprichosa* (piano), *Elvira* (piano), *A Fluminense* (piano), *Uma primeira Impressão do Brasil* (piano). Disponível em: <www.abmusica.org.br/patr18.htm>.

74 "Temos verdadeiro prazer em anunciar aos nossos leitores que se acha instalado no prédio do 'Clube Politécnico', associação *in partibus* ligado ao mesmo Clube, tendo por diretores interinos os Exmos. Srs: Barão de Piratininga, presidente; Machado de Assis, secretário; Artur Napoleão, diretor de sala. O 'Grêmio do Xadrez', bem que esteja aberto todas as noites para os seus sócios, tem determinado as sextas-feiras para as suas reuniões gerais. Todo aquele que desejar ser admitido como sócio do mesmo grêmio, deverá dirigir-se a um dos três diretores acima mencionados" ("O jogo de xadrez". Artur Napoleão. *Ilustração Brasileira*, n,20, 15 de abril de 1877, p.319).

75 Antônio Moutinho de Sousa nasceu e morreu no Porto, Foi casado com a atriz Ludovina de Sousa, tendo sido genro de Gabriela da Cunha. Entre suas peças destacam-se os dramas: *Amor e Honra* e *Pelaio ou A Vingança de uma Afronta*, ambas de 1856, *Fumo sem Fogo*, de 1861, e a comédia *Finalmente*, de 1861, aprovada por Machado de Assis, ao tempo em que foi censor do Conservatório Dramático, que a julgou, equivocadamente, uma tradução do francês (cf. Coutinho & Sousa, 2001, v.II, p.1527).

Companhia Literária! Veja o leitor que ligação de vocábulos. Companhia de seguros, de transportes, de estrada-de-ferro, de muitas coisas comerciais, industriais, e econômicas, essas são as que povoam o nosso globo; uma Companhia Literária é a primeira vez que os dois termos aparecem assim casadinhos de fresco, como uma opereta do Artur. (n.5, p.71)

Não apenas Manassés saudava a volta de Antônio Moutinho de Sousa ao Brasil, depois de trezes anos de ausência, trazendo tão preciosa bagagem. O jornal *O Mosquito* irá fazer o mesmo, aliás, no número em que Machado de Assis era homenageado pela publicação de *Helena,* na caricatura em que Moutinho aparece segurando D. Quixote numa mão e Sancho Pança, na outra, acompanhada da legenda: "D. Quixote de la Mancha, vestido luxuosamente, apresentado ao público por Antônio Moutinho. Duas grandes alegrias" (apud Guimarães, 2004, p.105).

O repertório das revistas consultadas por Manassés não era menos ilustre, entre elas constando a *Revue des Deux Mondes,* leitura preferida de D. Pedro II, como também de François Guizot.[76] A pista que levou o cronista até Guizot foi a marginália da coleção da *Revue des Deux Mondes,* anotada pelo ministro francês, tesouro depositado na biblioteca municipal da cidade de Valença, no Rio de Janeiro. Notícia tão surpreendente quanto importante, atiçaria a curiosidade do leitor em querer saber mais do que as parcas cinco linhas (talvez fosse esse o seu objetivo) da crônica de 15 de março de 1877, por exemplo: como Manassés tomou conhecimento desse fato? Como tinha certeza de que a marginália era de Guizot? Quais os caminhos percorridos pela coleção da revista, da França ao Brasil? Como a coleção veio parar na biblioteca de Valença?

Frequentador da "alta literatura" ocidental, Manassés faz questão de informar que não é leitor de folhetins, a exemplo do *Rocambole,* que certo dia leu no *Jornal do Comércio,* estar de volta ao Brasil, "a ele e mais as suas façanhas, pimpão, audaz, intrépido, prestes a mudar de cara e de roupa e de feitio, a matar, roubar, pular, voar e empalmar": "Certo é que nunca o vi mais gordo. Eu devo confessar este pecado a todos os ventos do horizonte; eu (cai-me a

---

76 François Guizot foi professor de História Moderna na Sorbonne (1812), secretário-geral do Ministério do Interior (1814), do Ministério da Justiça (1816), membro do grupo de doutrinários, mentor das medidas liberais empreendidas pelo gabinete Decazes, sendo demitido em 1820. Suas principais obras são: *Des Conspirations et de la Justice Politique* (1822), *Histoires de la Revolution d'Angleterre* (1826-1827), *Mémoires pour Servir à l'Histoire de Mon Ttemps* (1848) (cf. *Grande Ecniclopédia Larousse Cultural,* v.12, p.2881).

cara no chão), eu... nunca li *Rocambole*, estou virgem dessa *Ilíada* de realejo" (n.14, p.228).

O cronista esclarece que "a primeira e única vez que me foi dado apreciar cara a cara, o famoso protagonista", foi no teatro,[77] alguns anos atrás, num drama de Furtado Coelho, o que não quer dizer que não admire, nem respeite o *Rocambole*, "porque é a flor do seu e do meu século, é a representação do nosso Romantismo caduco, da nossa grave puerilidade" (n.14, p.228).

Se comentários como esses, a respeito da edição de *D. Quixote*, da *Revue des Deux Mondes* anotada e do *Rocambole*, reiteram a proximidade da coluna de Manassés com a seção "Boletim Bibliográfico", havia uma outra publicada na *Ilustração Brasileira*, em relação à qual o cronista se manteve mais afastado. Trata-se da seção "Modas", que como as crônicas de Manassés constou dos quarenta números do periódico. Nem por isso, o cronista parecia se sentir à vontade em invadir a seara do vestuário feminino, talvez porque essa fosse área incompatível com o perfil de homem sério e grave. Quando muito vai se limitar ao comentário de anúncios, como aquele a respeito de uns coletes, aperfeiçoados pela modista, Madame Escoffon:

> Mme. Escoffon anuncia uns aperfeiçoamentos que fez nos coletes modernos; uns aperfeiçoamentos, diz ela nos jornais, que vão além do IMPOSSÍVEL. Já me contentava que Mme. Escoffon chegasse ao impossível; era um passo largo; era a quadratura do círculo. Mme. Escoffon quer mais e galgou a raia: caiu no infinitíssimo, no eterníssimo, no absolutíssimo. (n.23, p.362, maiúsculas no original)

Como se percebe, não é exatamente o colete, ou os aperfeiçoamentos nele introduzidos pela modista francesa, que atraem a atenção do cronista, e sim os dizeres do anúncio, pelo visto, mal redigidos em português, ocasião para Manassés se apresentar como leitor atento às miudezas publicadas nos jornais.

Com isso também se esclarece que o responsável pela seção "História de Quinze Dias" não tinha prevenção contra as mulheres, pelo contrário, mostrava-se sempre receptivo aos seus atributos e feitos, quer fossem atrizes, cantoras, pianistas, escritoras, ginastas, como a célebre Maria Spelterini, que chegou ao

---

77 "o ano de 1867 marca uma espécie de triunfo para Ponson de Terrail, com a tradução simultânea de *A Desaparição de Rocambole, Regresso de Rocambole* e *As Últimas Proezas de Rocambole*, por Antônio José Fernandes dos Reis (1830-?). O sucesso foi tão grande que inspirou o ator Vasques a intitular uma das 'cenas cômicas' *Rocambole no Rio de Janeiro*" (Martins, 1977, p.270-1).

Brasil, em outubro de 1877, depois de passagem gloriosa pelos Estados Unidos, quando atravessou as cataratas do Niágara. No Rio de Janeiro, os retratos da "funâmbula" vão estar em toda parte, como vai se queixar Manassés:

> O retrato de Spelterini persegue-nos; vejo-o em todas as *vitrines*, nos *bonds*, na copa do chapéu, no fundo do prato, nas pontas das botas. Ontem, bebendo café, ao sorver a última gota, dei com a Spelterini no fundo da xícara. Quero assoar-me e acho a Spelterini dentro do lenço. Tento acender um fósforo e acendo um olhar da funâmbula. (n.29, p.78)[78]

As acrobacias da Spelterini deviam fazer o público carioca perder o fôlego, mas é pouco provável que Manassés tenha ido vê-la, conforme havia prometido na crônica anterior, talvez irritado pela invasão de retratos da ginasta, talvez porque aquele tipo de espetáculo não o interessasse, como se pode depreender do comentário breve e reticente: "Esta funâmbula bonita e ágil, mestre na arte de usar de maroma, tem abalado uma parte da população, que ainda admira os feitos ginásticos. Não sei se o *Tartufo* teria tanta concorrência. Talvez não; e daí... pode ser que sim... pode ser" (n.31, p.111).

O laconismo do cronista, a contrastar possivelmente com a profusão de notícias publicadas nos jornais cariocas a respeito da ginasta, entre eles a própria *Ilustração Brasileira*, teria outra explicação: a maior parte da crônica de 1° de outubro de 1877 foi dedicada à recepção dos imperadores, de volta ao Brasil, depois de dezoito meses de ausência. Há que observar que, mais uma vez, a revista de Fleiuss não publica nenhuma gravura, agora, em comemoração ao regresso do monarca brasileiro ao Brasil.

Identificado à diretriz monarquista da *Ilustração Brasileira*, Manassés interpreta os festejos públicos com os quais foram acolhidos os augustos soberanos como expressão dos "sentimentos monárquicos da população" e da "adesão especial à pessoa do imperante". O longo período em que D. Pedro II esteve afastado do governo é visto por Manassés, ao contrário dos opositores republicanos, como de ganho para o país, que se tornou conhecido lá fora como desenvolvido e civilizado, a partir da *perfomance* do monarca brasileiro:

---

78 Foi tamanha a repercussão da passagem de Maria Spelterini pelo Rio de Janeiro, que a acrobata será incluída, entre as figuras de destaque do ano de 1877, na revista do ano, *O Rio de Janeiro em 1877*, de Artur Azevedo (cf. Süssekind, 1986, p.176-9).

Os chefes de Estado o receberam em seus palácios, os sábios em seus gabinetes de estudo. Não saiu de França sem visitar um dos maiores poetas do século;[79] em Portugal, visitou ainda uma vez o Thierry da nossa língua.[80] Essa qualidade rara, que torna o Imperador brasileiro familiar com as regiões políticas do mesmo modo que com aquelas onde só dominam os interesses puramente intelectuais, essa qualidade, digo eu, já havia despertado a admiração da Europa, e é um dos melhores títulos de Sua Majestade ao nosso orgulho. (n.31, p.110)

Tal como "a vida é intercalada de risos e dores", assim também a crônica de 1º de outubro de 1877: os ecos das aclamações entusiásticas aos imperantes brasileiros vêm entremeados às notas de falecimento, em Portugal o escritor Alexandre Herculano, no Brasil o senador Tomás Pompeu. Na quinzena seguinte, era Francisco Pinheiro de Guimarães; em dezembro de 1877, José de Alencar. Mal convalescida da morte do autor de *O guarani*, a nação brasileira perdia, poucas semanas depois, em janeiro de 1878, o conselheiro Zacarias de Góis, e, em abril do mesmo ano, coincidindo com o encerramento da *Ilustração Brasileira*, José Tomás Nabuco de Araújo, pai de Joaquim Nabuco.

Todos recebem a homenagem do cronista: com a morte do autor de *Eurico, o presbítero*, "vão muitas das recordações da nossa adolescência" (n.31, p.110); já Tomás Pompeu é lembrado como liberal que amou a liberdade, "nem desvario nem frouxidão" (n.31, p.111); Pinheiro Guimarães, como autor de peças de sucesso, *História de uma moça rica* (1862) e *Punição* (1864), patriota que participou da Guerra do Paraguai, médico abnegado e parlamentar de destaque (n.32, p.126). José de Alencar, a quem é dedicada a crônica inteira de 15 de dezembro de 1877, mereceu respeitoso e comovido necrológio, sendo na de fevereiro de 1878 saudada com entusiasmo a ideia do jornal *O Monitor Sul-Mineiro* de levantar um monumento ao escritor no lugar em que repousam as suas cinzas (n.38, p.234). Quanto aos conselheiros Zacarias de Góis e Nabuco de Araújo,[81] que em 1862 estiveram juntos, para constituir o Partido Progressista, são reconhecidos como eminentes estadistas, o primeiro ministro

---

79 Victor Hugo.
80 Alexandre Herculano.
81 Além das crônicas de Manassés, os falecimentos de Zacarias de Góis e de Nabuco de Araújo serão lembrados pela *Ilustração Brasileira*, o primeiro no texto "O Conselheiro Zacarias de Góis" (Borges Carneiro, n.37, 1º de janeiro de 1878, p.215), o segundo no necrológio, "O Conselheiro José Tomás Nabuco de Araújo" (n.40, abril de 1878, p.280).

do Império por três vezes, "gênio da eloqüência" (n.37, p.216), o segundo, redator do código civil brasileiro (n.40, p.269).[82]

Cronista de jornal, Manassés não poderia deixar de dialogar com os redatores da *Ilustração Brasileira* quando saudavam o lançamento de novas folhas cariocas – por exemplo, *O Cruzeiro* – ou lamentavam o desaparecimento das mais antigas – o *Diário do Rio de Janeiro* – assim como de outras de vida mais curta – *O Globo*.

Decano da imprensa fluminense, o *Diário do Rio de Janeiro* gozou de grande popularidade ao seu tempo, tanto que ficou conhecido pela alcunha de *Diário do Vintém*, pelo preço, ou *Diário da Manteiga*, por anunciar o preço do laticínio que chegava à corte. Depois de circular por 57 anos, o jornal encerrava definitivamente suas portas, em 1878, tendo passado por várias direções, desde o fundador, o português Zeferino Vitor de Meireles, sucedido por Antônio Maria Jourdan, seguido por José de Alencar, até vir parar nas mãos de Saldanha Marinho, Henrique César Muzzio, Quintino Bocaiúva, Pinheiro Guimarães e Salvador de Mendonça, em 1860.[83] Esse foi o período mais profícuo da folha diária, até que, em 1867, com a ida de Saldanha Marinho para Minas Gerais e de Quintino Bocaiúva para os Estados Unidos, desfaz-se a redação do *Diário do Rio de Janeiro*.[84]

Embora lamente a saída de cena do "velho lidador", Manassés não fará nenhuma relação entre esse fato e a alterações na fisionomia política do país – a abolição da escravidão e a República, em particular – que começavam a avultar e manifestar-se na imprensa:

> Não me lembro sem saudade desse velho lidador. Não lhe tem valido talento nem perseverança, nem sacrifício. A morte vem lentamente infiltrar-se nele, até que um dia, uma manhã, quando ninguém espera, anuncia-se que o *Diário do Rio* deixa de existir. (n.38, p.234)

---

82 Machado de Assis, como se sabe, vai evocar a participação de Zacarias de Góis, Nabuco de Araújo, entre outros políticos, na crônica "O Velho Senado", incluída nos "Papéis Velhos", que irão integrar a coletânea *Páginas recolhidas*, publicada por Garnier, em 1899.

83 Anos mais tarde, na crônica "O Velho Senado" lembrará que foi no *Diário do Rio de Janeiro* que teve início a sua carreira de jornalista: "Na manhã seguinte, achei ali Bocaiúva, escrevendo um bilhete. Tratava-se do *Diário do Rio de Janeiro*, que ia reaparecer, sob a direção política de Saldanha Marinho. Vinha dar-me um lugar na redação com ele e Henrique César Múzio". Logo lhe coube a reportagem no Senado: "Assim, dizendo que no mesmo ano, abertas as câmaras, fui para o Senado, como redator do *Diário do Rio*, não posso esquecer que nesse e no outro ali estiveram comigo Bernardo Guimarães, representante do *Jornal do Comércio*, e Pedro Luís, por parte do *Correio Mercantil*, nem as boas horas que vivemos os três" (op. cit., p. 636-7).

84 Machado de Assis também abandona o jornal, onde colaborou de 1861 a 1867, passando a fazer parte do *Diário Oficial*, onde permanecerá até 1874.

Outro que deixava de existir, provavelmente pelo mesmo motivo que o *Diário*, era *O Globo*, que estreara em 1874, "prometendo vida longa", sob a direção de Quintino Bocaiúva, a quem o cronista da *Ilustração Brasileira*, em crônica de 15 de setembro de 1876, enviava "os meus emboras, não menos que ao seu folhetinista Oscar d'Alva,[85] cujo verdadeiro nome anda muita gente ansiosa para saber qual seja" (n.6, p.94).

Nem o prestígio de Machado de Assis, que publicara dois romances no jornal de Bocaiúva, *A mão e a luva*, em 1874, e *Helena*, em 1876, nem a polêmica entre Joaquim Nabuco e José de Alencar, em 1875, conseguiram prolongar a vida de *O Globo*. O jornal já enfrentava problemas financeiros ao tempo em que Machado, para atender ao pedido do redator, lá publicara o segundo folhetim, no propósito de aumentar as vendas. Por sua vez, os outros órgãos da imprensa consideravam *O Globo* um concorrente, alinhado à causa republicana, posto que quatro anos antes Quintino Bocaiúva fora signatário do Manifesto Republicano. Machado de Assis é que será prejudicado por ter publicado *A mão e a luva* na tipografia do jornal do amigo, posto que o romance receberá apenas breves registros bibliográficos em duas revistas, a *Revista Ilustrada* e *O Mequetrefe*. (Magalhães Jr., p.163).

O certo é que tão logo *O Globo* saía de circulação, *O Cruzeiro*, sob a direção de Henrique Corrêa Moreira – alcunhado Pato Tonto nas caricaturas de Ângelo Agostini na *Revista Ilustrada* (ibidem, p.215) –, vinha ocupar o lugar do outro. Dessa vez, Manassés, em saudação protocolar, será mais cauteloso ao desejar vida longa ao novo jornal: "Apareceu mais um campeão na imprensa diária: *O Cruzeiro*, jornal anunciado há algumas semanas. Desejamos vida longa ao nosso novo brilhante colega" (n.37, p.216).

Nesse caso, o cronista até poderia apresentar os seus votos sem perigo de errar, posto que o jornal de Henrique Corrêa irá circular durante sete anos, para tanto tendo buscado correspondentes e anunciantes nos Estados Unidos, missão da qual Machado de Assis servirá de intermediário,[86] além de colabo-

---

85 Luís Guimarães Júnior.

86 Na carta de 8 de outubro de 1877, enviada a Salvador de Mendonça, então cônsul geral do Brasil em Nova York, Machado de Assis dizia o seguinte: "Vai aparecer no dia 1º. do ano de 78 um novo jornal, *O Cruzeiro*, fundado com capitais de alguns comerciantes, uns brasileiros e outros portugueses. O diretor será o D. Henrique Corrêa Moreira, teu colega, que deves conhecer. / Incumbiu-me este de te propor o seguinte: 1o. – Escreveres duas correspondências mensais. 2º. – Remeteres cotações dos gêneros que interessa ao Brasil, principalmente banha, farinha de trigo, querosene e café, e mais, notícias do câmbio sobre Londres, Paris, etc., e ágio do outro.

BRASIL EM IMAGENS 309

rador, tendo publicado em folhetim o quarto romance, *Iaiá Garcia*, em 1878, assim como contos e artigos de crítica, esses a respeito do romance *O primo Basílio*, de Eça de Queirós, sob o pseudônimo de Eleazar.

Mas houve um jornal de São Paulo, que nasceu em 1877, sem pretensão de durar. Trata-se de *O Meteoro*,[87] título que é expressão dos tempos de mudanças e do espírito científico a permear também a imprensa brasileira da década de 1870. A simpatia do cronista em relação ao *Meteoro* parece decorrer não apenas do nome, quanto do programa do jornal paulistano:

> Se eu disser que a vida é um meteoro o leitor pensará que vou escrever uma coluna de filosofia, e eu vou apenas noticiar-lhe o *Meteoro*, um jornal de oito páginas, que inscreve no programa: "*O Meteoro* não tem pretensões à duração".
>
> Bastam essas quatro palavras para ver que é jornal de espírito e de senso. Geralmente, cada folha que aparece promete, pelo menos, três séculos de existência, e uma regularidade cronométrica. *O Meteoro* nem promete durar, nem aparecer em dias certos. Virá quando puder vir. (n.33, p.143)

Ironia do destino: empenhado em noticiar o movimento jornalístico da corte, em particular o incessante nascimento e morte das publicações, Manassés não percebeu que muito em breve iria ficar sem emprego, já que o jornal que o empregara, a *Ilustração Brasileira*, aonde vinha escrevendo suas crônicas desde 1º julho de 1876, com assiduidade e pontualidade, "não tardaria a baixar no cemitério do jornalismo" (Magalhães Jr., p.223). Se o cronista ficou sabendo por Henrique Fleiuss que o periódico não teria condições de prolongar por mais tempo a crise financeira que vinha enfrentando, foi discreto o bastante em não deixar nenhum vestígio na última crônica, a de número 40, que pudesse alertar o leitor de que o periódico encerrava as suas atividades naquele mês de abril de 1878. Espírito profissional, Manassés apresentava-se no número 40 da *Ilustração Brasileira* à maneira dos atores que sobem ao palco e entretêm o público, mesmo sabendo, momentos antes, que um ente querido acabava de morrer. Afinal, o show deve continuar...

3º. – Obteres anúncios de casa industriais e outras" (cf. Magalhães Jr., op. cit., p.215-16).

87 "*O Meteóro*, periódico com formato de 0,18 X 0,26, 'mordaz e satyrico', com 4 páginas, era impresso na Tipografia Liberal, dirigida por J. R. de Azevedo Marques, e tinha como redator o influente político Paulo antônio do Vale, historiador, teatrólogo, poeta, e lente do Curso Anexo, da Academia de Direito. / Adepto do Partido Liberal, andava sempre às turras com *O Clarim Saquarema*, órgão conservador..." (Santos, 2000, p.XXII).

Figuras 80 a 87 – Bacharel em direito pela Faculdade do Recife, Franklin Távora esteve empenhado na criação de uma obra identificada com tradições e valores regionais, que o escritor irá chamar de "literatura do Norte".

Figura 80 – Faculdade de Direito do Recife (1854-1927)

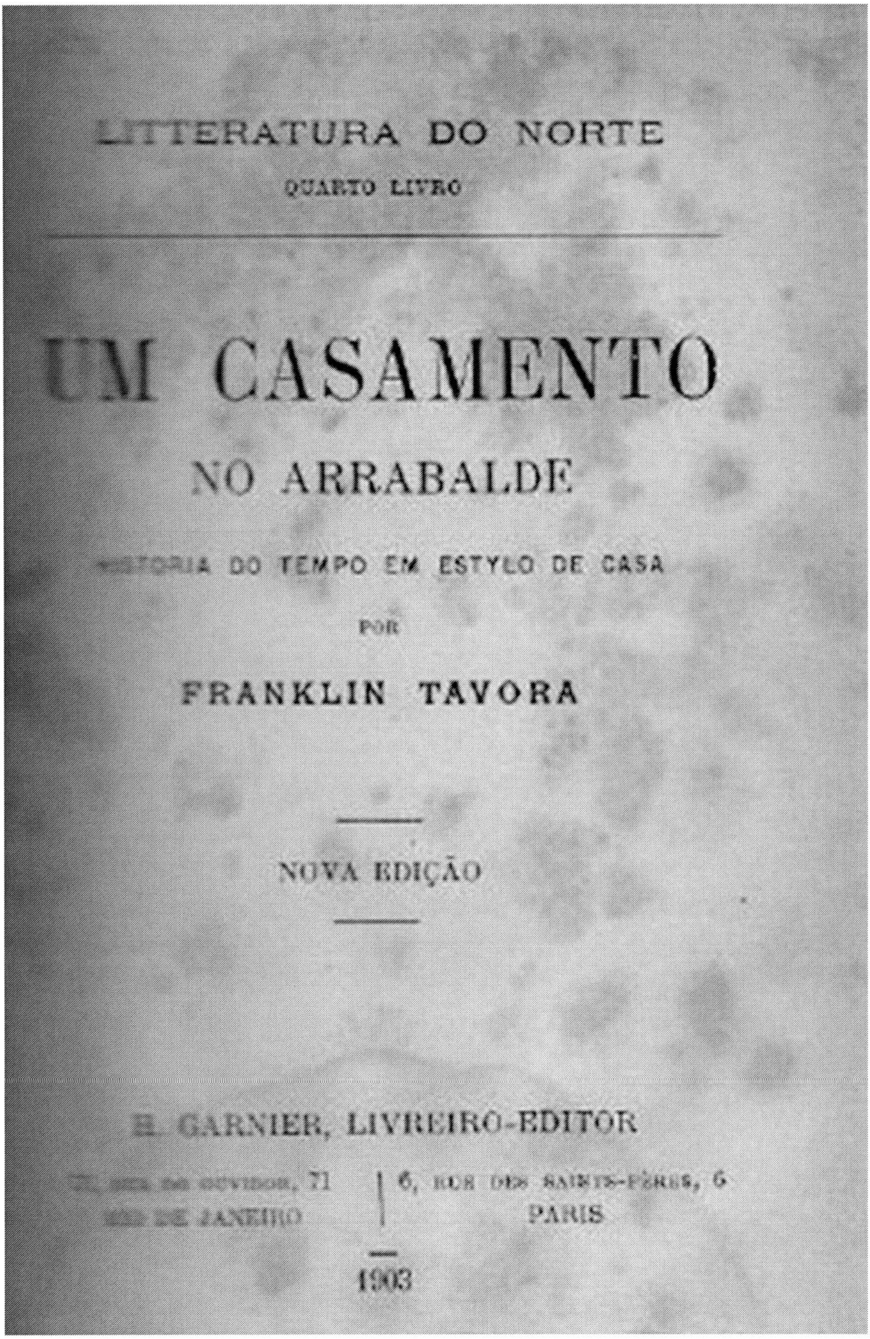
LITTERATURA DO NORTE

QUARTO LIVRO

UM CASAMENTO

NO ARRABALDE

HISTORIA DO TEMPO EM ESTYLO DE CASA

POR

FRANKLIN TAVORA

NOVA EDIÇÃO

H. GARNIER, LIVREIRO-EDITOR

71, RUA DO OUVIDOR, 71 | 6, RUE DES SAINTS-PÈRES, 6

RIO DE JANEIRO | PARIS

1903

Figura 81 – A chamada "literatura do Norte", preconizada por Franklin Távora, iniciou-se em 1869, com *Um casamento no arrabalde*, cuja 3ª. edição saiu pela prestigiosa editora Garnier, em 1903. Em Aguiar, 2005.

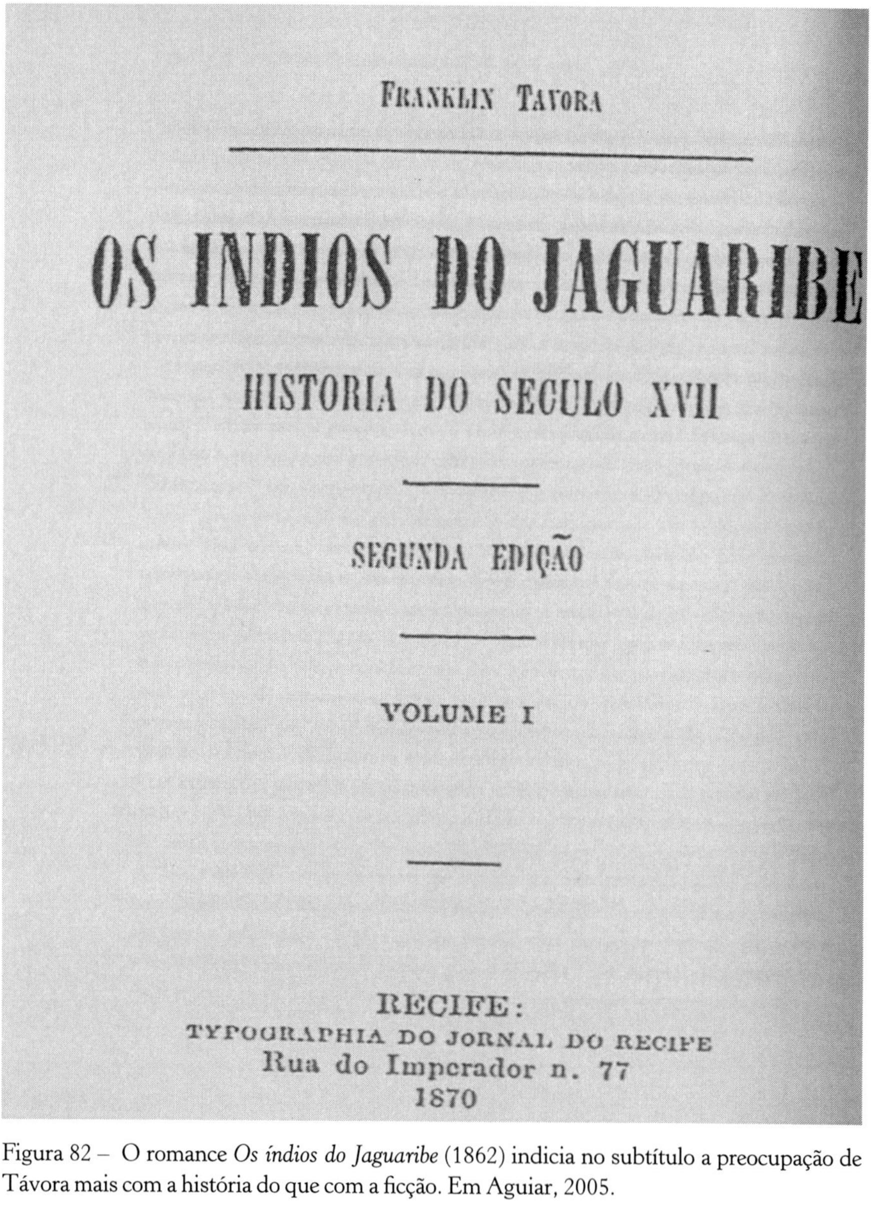

FRANKLIN TAVORA

OS INDIOS DO JAGUARIBE

HISTORIA DO SECULO XVII

SEGUNDA EDIÇÃO

VOLUME I

RECIFE:
TYPOGRAPHIA DO JORNAL DO RECIFE
Rua do Imperador n. 77
1870

Figura 82 – O romance *Os índios do Jaguaribe* (1862) indicia no subtítulo a preocupação de Távora mais com a história do que com a ficção. Em Aguiar, 2005.

Figura 83 – O "drama brasileiro" *Três lágrimas*, encenado no Teatro Santa Isabel, no Recife, em 1869, marca a volta de Franklin Távora aos palcos. Em Aguiar, 2005.

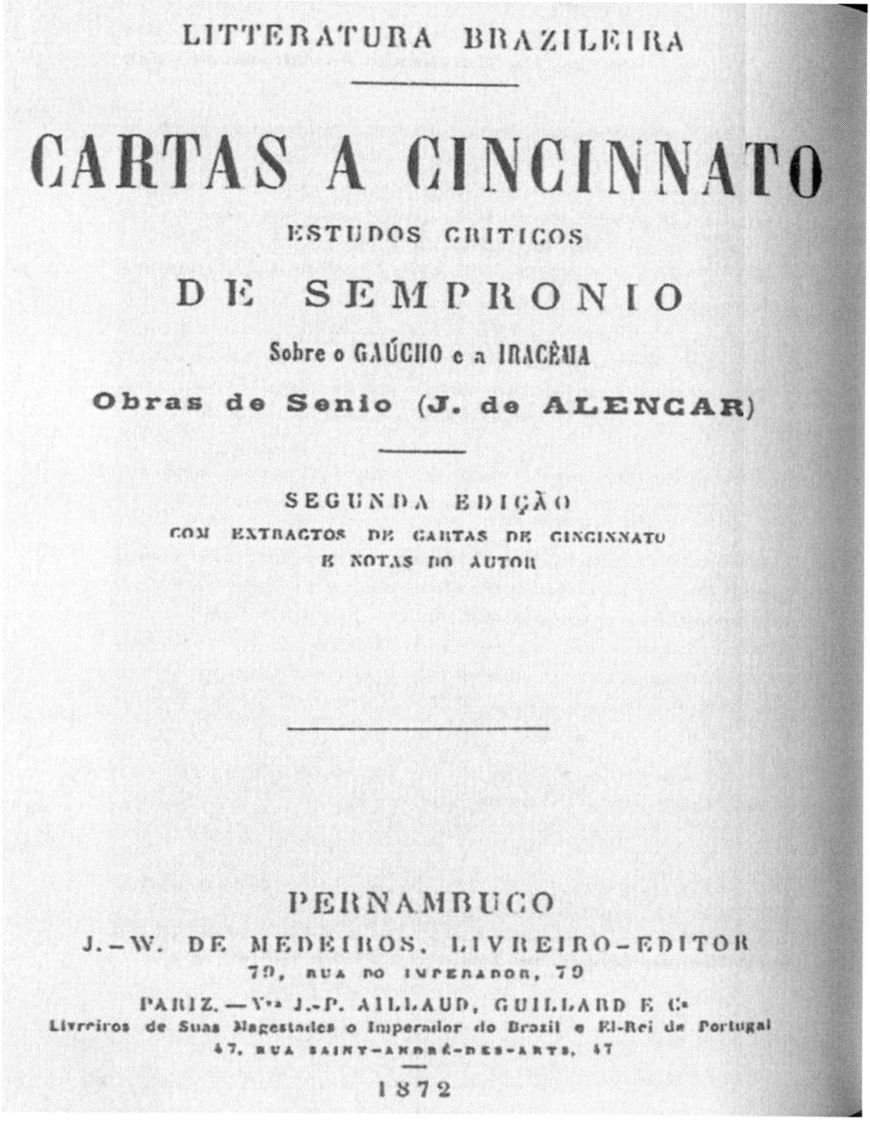

LITTERATURA BRAZILEIRA

CARTAS A CINCINNATO

ESTUDOS CRITICOS

DE SEMPRONIO

Sobre o GAÚCHO e a IRACÊMA

Obras de Senio (J. de ALENCAR)

SEGUNDA EDIÇÃO
COM EXTRACTOS DE CARTAS DE CINCINNATO
E NOTAS DO AUTOR

PERNAMBUCO
J.-W. DE MEDEIROS, LIVREIRO-EDITOR
79, RUA DO IMPERADOR, 79
PARIZ.— Vᵃ J.-P. AILLAUD, GUILLARD E Cᵃ
Livreiros de Suas Magestades o Imperador do Brazil e El-Rei de Portugal
47, RUA SAINT-ANDRÉ-DES-ARTS, 47

1872

Figura 84 – Inspiradas nas *Questões do dia*, querela que reuniu José Feliciano de Castilho e José de Alencar, as *Cartas a Cincinato* são a expressão do espírito de polêmica que animou a "geração de 1870". Em Aguiar, 2005.

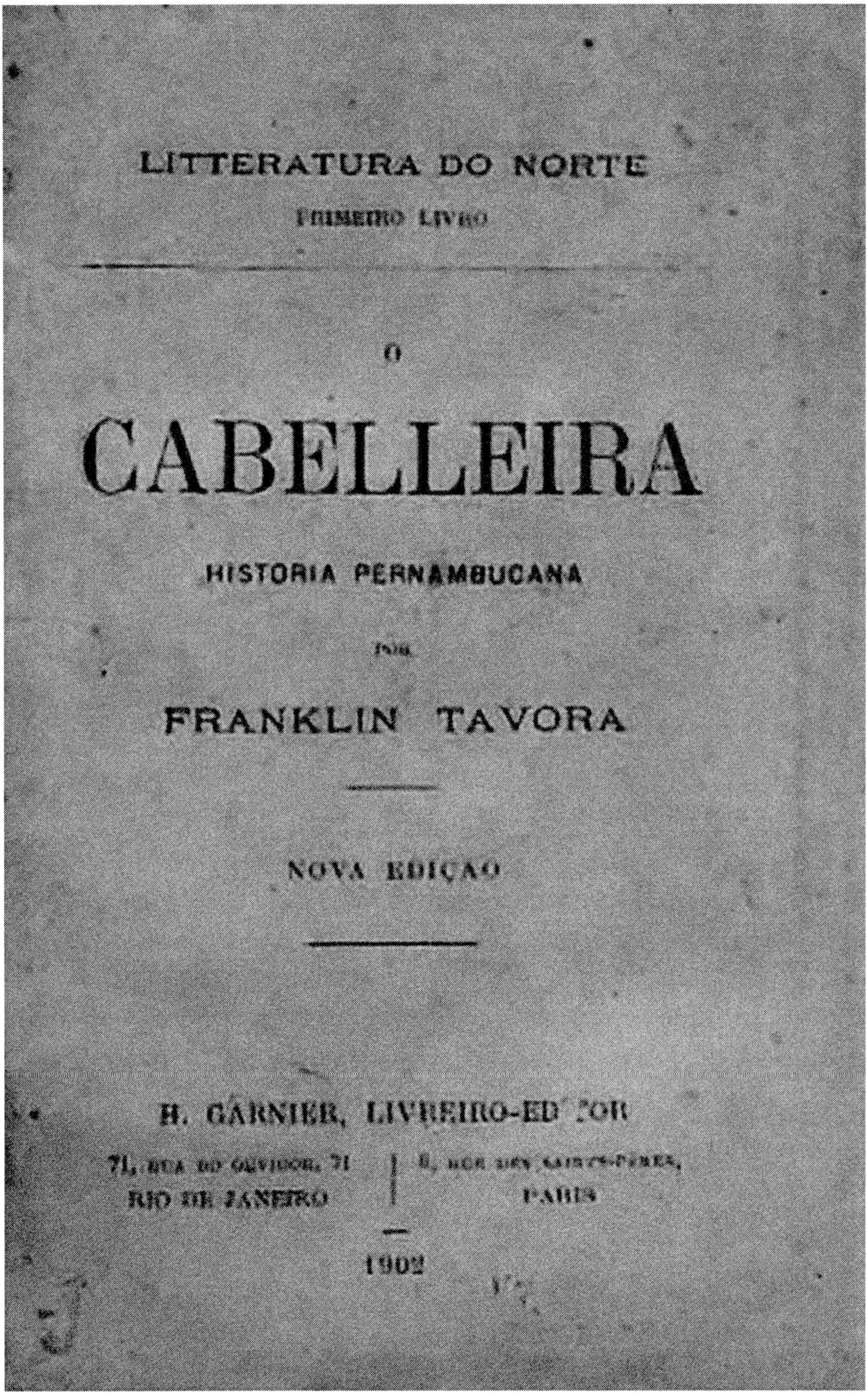

Figura 85 – Com a publicação de *O cabeleira*, em 1876, Franklin Távora estréia nos círculos literários da Corte e passa a colaborar na *Ilustração Brasileira*. Em Aguiar, 2005.

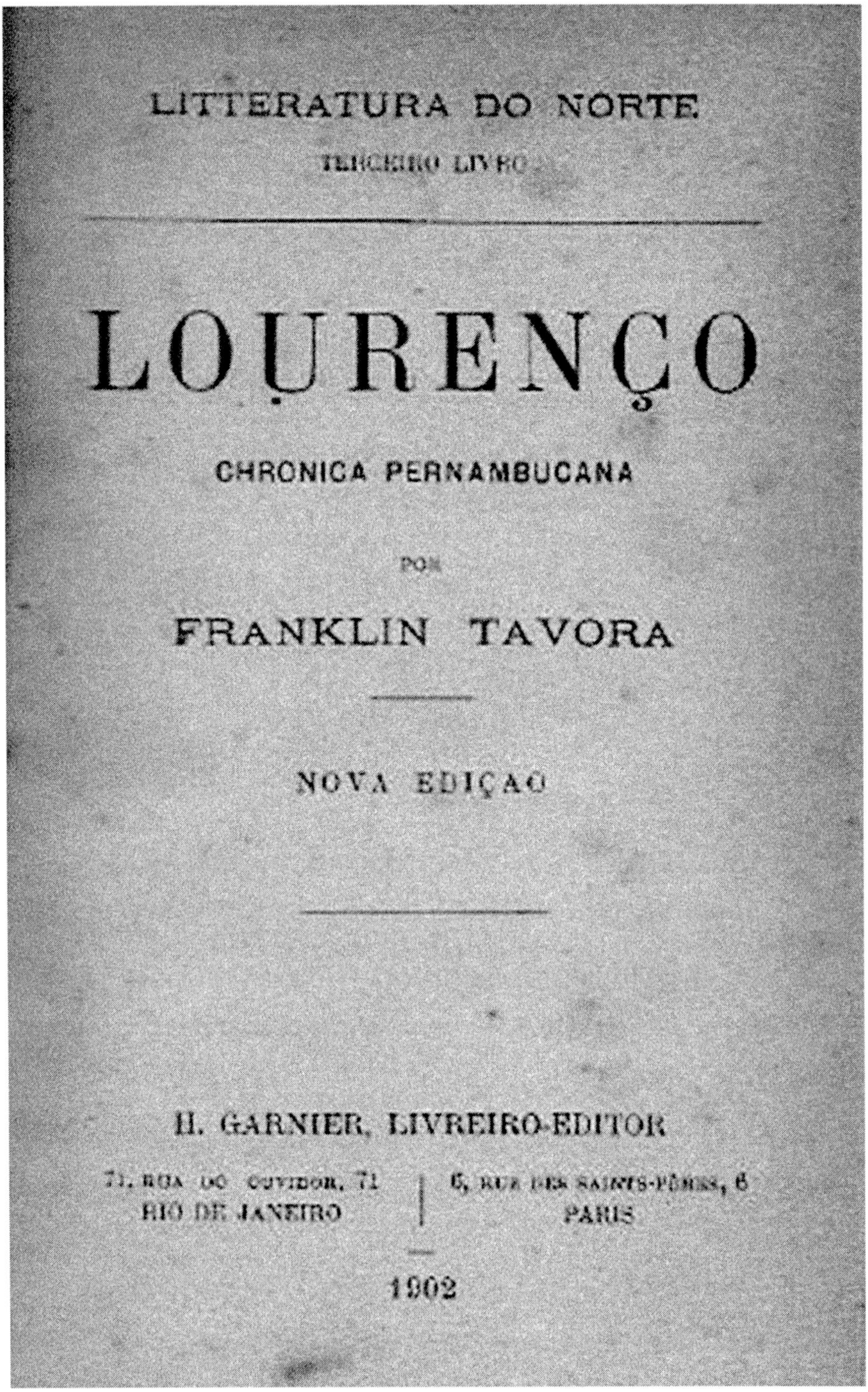

LITTERATURA DO NORTE

TERCEIRO LIVRO

LOURENÇO

CHRONICA PERNAMBUCANA

POR

FRANKLIN TAVORA

NOVA EDIÇÃO

H. GARNIER, LIVREIRO-EDITOR

71, RUA DO OUVIDOR, 71 | 6, RUE DES SAINTS-PÈRES, 6

RIO DE JANEIRO | PARIS

1902

Figura 86 – Publicado em 1881, na *Revista Brasileira*, o romance *Lourenço* foi inspirado na Guerra dos Mascates (1710-1711). Em Aguiar, 2005.

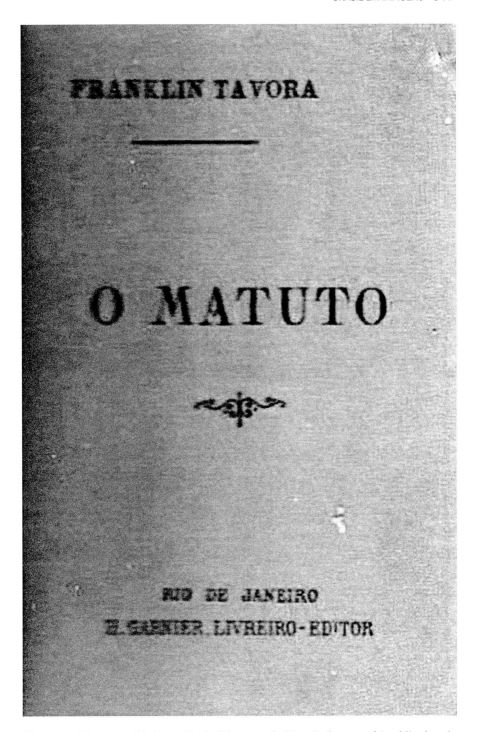

Figura 87 – Em continuidade ao ciclo da "literatura do Norte", *O matuto* foi publicado pela Tipografia Perseverança, do Rio de Janeiro, em 1878, arcando Franklin Távora os custos da edição do romance. Em Aguiar, 2005.

Figuras 88 e 89 – Publicadas na imprensa carioca, imagens de impacto da seca de 1878 denunciam o estado de abandono das províncias do Norte.

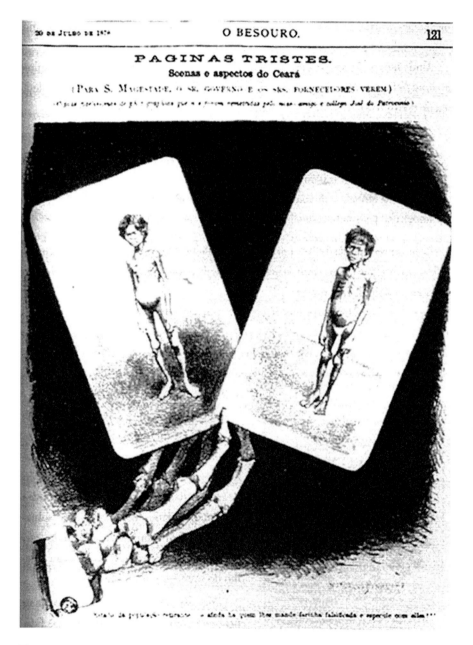

Figuras 88 – Páginas tristes – Scenas e aspectos do Ceará, ilustração litográfica de Bordalo Pinheiro, *O besouro*, 20 de julho de 1878. Em Andrade, 2004.

Figuras 89 – O formato *carte-de-visite* das fotografias dos flagelados do Ceará imprime um tom irônico às imagens da tragédia da seca. Em Andrade, 2004.

Figuras 90 e 91 – Depois de falecido, e convertido em símbolo das letras nacionais a imagem de José de Alencar estará associada à proposta de criação de associações literárias e da formação dos quadros da literatura brasileira.

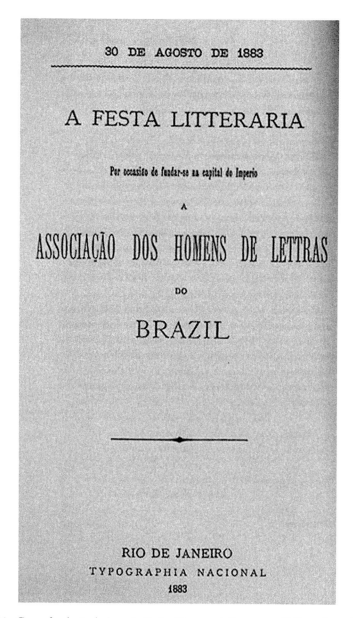

Figura 90 – Com a fundação da Associação dos Homens de Letras, em 1883, são lançados os primeiros germes para a criação da Academia Brasileira em Letras, em 1897. Em Aguiar, 2005.

Figura 91 – *Arquivo contemporâneo*, n.10, 1873.

Figuras 92 a 100 – A vida da Corte e notícias da guerra entre a Turquia e a Sérvia e da Rússia contra a Turquia, entre outros assuntos, vão repercutir nas crônicas de Machado de Assis.

Figura 92 – Fotografia de Machado de Assis por Marc Ferrez, 1890.

Figura 93 – *Ilustração Brasileira*, n.34, 1877.

Figura 94 – D. Quixote, de Antonio Moutinho, *O Globo*, 1876.

Figura 95 – *Ilustração Brasileira*, n.15, 1877.

Maria Spelterini

As nossas amaveis leitoras e os nossos benevolos assignantes hão de lembrar-se ainda do nosso numero 15, em que publicámos uma linda estampa representando a *heroina do ar* atravessando na corda bamba a cataracta do Niagara.

Maria Spelterini, a incomparavel funambula, acha-se entre nós e a sua fama cresceu ainda, si se póde dizer que cresce uma reputação que *anda nos annaes da fama* em todo o orbe civilisado. A execução de seus variados e intrepidos trabalhos e exercicios foi além de tudo o que se esperava

O publico, geralmente frio para este genero de espectaculos, mostrou-se tão avido de assistir ás representações de Spelterini que o theatro tem estado litteralmente cheio todas as noites.

Maria Spelterini é certamente sem rival pela firmeza, impassibilidade, ligeireza, e segurança de que deu mostras nos seus arriscados exercicios, executados com o maior desassombro e elegancia.

Ao espectador custa a crer que todos estes trabalhos sejão effectuados na corda teza, mesmo vendo o semblante calmo e sereno da graciosa equilibrista, a certeza de seus movimentos, e o *aplomb* de seu andar tão seguro como o de quem percorre um terreno largo e firme.

Figura 96 – *Ilustração Brasileira*, n.30, 1877.

Passagem na corda bamba

A CENTO E SESSENTA METROS EM CIMA DA CACHOEIRA DO NIAGARA, EXECUTADA PELA MLLE. SPELTERINI.

Varios acrobatas tem executada a passagem da cachoeira do Niagara, sobre a corda bamba, entre elles, o mais conhecido até agora, foi o celebre Blondin.

A sua gloria acha-se hoje eclipsada pela de Mlle Spelterini.

Esta joven equilibrista, que conta somente 23 annos de idade, foi, para bem dizer, acostumada, desde a mais tenra infancia, a viver sobre a corda; as grandes capitaes da Europa, Vienna, Berlim, tiveram occasião de applaudil-a nos seus mais arriscados exercicios; em Portugal, ella atravessou o Douro na corda tesa. Mas, o que lhe grangeou ultimamente uma fama universal foi a passagem da estrondosa cachoeira do Niagara, na corda bamba.

Ao dia marcado, as immensas archibancadas, que o genio emprehendedor dos americanos tinha edificada em ambas as margens da catadupa,—a margem americana e a canadiana,—estavam repletas de curiosos a espera do espectaculo annunciado, e apezar de um calor desmedido de mais de 40 centig., ondas de povo se apinhavam fóra dos recintos privilegiados.

Ao cahir da tarde, appareceu afinal Mlle. Spelterini, vindo do lado americano. Seu trajo verde, bem assento, sem porém apertar, fazia sobresahir o vigor do seu corpo. Levava uma marómba de 4 metros de comprido, chumbada ás duas extremidades e pesando 32 kilogrammos.

Logo que ella chegou á corda, vendaram-se-lhe os olhos e cubriram-lhe a cabeça com um espesso véo, em fórma de sacco, de modo que tornava-se-lhe impossivel ver o caminho que tinha de transpôr.

Do lado americano, a corda estava suspensa a 133 metros acima das aguas e do lado canadiano, a 160 metros; e pelo seu proprio peso formava uma curva pronunciada, de modo que precisava-se descer até o meio á subir depois para alcançar a outra extremidade.

Mlle. Spelterini principiou a andar com todo o socego, confiança e sangue-frio.

Ao quarto do caminho, parou com o fim de dar tempo aos photographos retratar a commovente scena. Conti-

nuou a avançar, mas, porém, com menos segurança apparente, porque, a cada passo, escorregavam-lhe os pés para frente. O espectaculo tornava-se terrifico, dezenas de milhares de peitos batiam anciosos, atemorisados:—um passo falso, a menor incerteza, e podia a moça ser precipitado do tanto altura nos incansaveis vortices dos redomoinhos da catadupa.

Balançava a corda, apezar das ancuras e dos enormes pesos com que se tinha procurado dar-lhe uma relativa fixidade. Chegou ao meio, principiou a subir, mas, desta vez escorregavam-lhe os pés por detraz; continuou com a mesma firmeza e finalmente a audaz equilibrista chegou ao fim da corda.

Um grito immenso escapou a um tempo de todos os opprimidos peitos; grito de angustia alliviada, grito de admiração e de triumpho.

Mlle. Spelterini tinha empregado 11 minutos para percorrer os 333 metros de corda.

Não satisfeita com este exercicio, a joven acrobata, por sua propria vontade, quiz voltar pelo mesmo caminho. Seus olhos então estavam desvendados mas de nada lhe serviram, porque a volta teve lugar para traz. Venceu este trabalho com a maxima facilidade, e não pohemos descrever o enthusiasmo com que ella foi acolhida pelos americanos. As senhoras cotisaram-se para lhe offerecer uma grande medalha de ouro, e toda a imprensa da União a proclamou a primeira das equilibristas.

Depois desta primeira representação, Mlle. Spelterini repetio por varias vezes na mesma semana, a passagem da cachoeira, e uma vez com bolas pesadas atadas nos pés.

A nossa gravura é representa no instante de uma desta passagens, e pôde dar aos leitores uma idea da difficuldade vencida, do sangue frio indispensavel em tão arriscado exercicio.

Figura 97 – *Ilustração Brasileira*, n.25, 1877.

Figura 98 – *Ilustração Brasileira*, n.11, 1876.

BRASIL EM IMAGENS 329

Figura 99 – *Ilustração Brasileira*, n.12, 1876.

Figura 100 – *Ilustração Brasileira*, n.20, 1877.

Considerações finais:
a ciranda dos jornais

Aparentemente, nada fazia prever que o n.40 da *Ilustração Brasileira* era o último, com o qual se encerravam as atividades da firma Carl & Henrique Fleiuss, inaugurada há exatos 22 meses. Tanto a disposição gráfico-editorial seguia o padrão proposto em 1º de julho de 1876 – gravuras entremeadas aos textos, aquelas encarregadas de abrir e fechar o respectivo número – quanto as seções fixas – no caso, "História de Trinta Dias", "Bibliografia", "Modas" e "O Jogo de Xadrez" – obedeciam à regularidade de sempre, ausentes apenas o "Correio dos Teatros" e a "Crônica Musical". Quanto aos colaboradores, os mais frequentes, que eram poucos, entre eles Machado de Assis e Franklin Távora, continuavam a cumprir com suas obrigações, assim também os avulsos, cujos textos publicados aos pedaços garantiam as dez páginas, estabelecidas pelos editores do periódico a partir de janeiro de 1878.[1]

Na verdade, os textos divididos em partes, ao final dos quais aparecia o indefectível aviso – "continua" –, eram os que mais davam a impressão de que as coisas iam às mil maravilhas na Chácara da Floresta, Rua da Ajuda, n.61, endereço do Instituto Imperial Artístico, onde era impressa a *Ilustração Brasileira*. Dentre os "fatiados" estava *O cego*,[2] "romance original" de Cons-

---

1 Há que lembrar que até janeiro de 1878 a *Ilustração Brasileira* tinha 16 páginas, oito de texto e oito de gravura; ao se tornar mensal, passou a conter vinte páginas, dez de texto e dez de gravuras.

2 "O Cego". Romance Original Escrito para a "Ilustração Brasileira" pelo Dr. Gomes de Sousa. *Ilustração Brasileira*, n.25, 1º de julho de 1877, p.2-3; n.26, 15 de julho de 1877, p.18-19; n.27, 1º de agosto de 1877, p.34-5; n.28, 15 de agosto de 1877, p.50-1; n.29, 1º de setembro de 1877, p.70; n.30, 15 de setembro de 1877, p.82-3; n.31, 1º de outubro de 1877, p.98-9, p.102; n.32, 15 de outubro de 1877, p.114-15; n.34, 15 de novembro de 1877, p.146-7; n.35,

tantino José Gomes de Sousa (1827-1877),[3] publicado desde 1º de julho de 1877 e que contava a trajetória dos irmãos Felisberto de Almeida e Epifânio Correia, que do Mato Grosso vieram para o Rio de Janeiro, cada qual por um motivo: o primeiro, para enriquecer no comércio, o que de fato aconteceu; o segundo, falido e cego, para reaver o dinheiro roubado por um judeu de nome Samuel, gancho para o próximo capítulo. A interrupção do romance deve ter sido duplamente frustrante para o leitor: em primeiro lugar, porque ficava sem saber como a história terminava; depois, porque havia confiado na promessa dos editores de continuar com a publicação de *O cego* até o final, mesmo depois da notícia do falecimento de Constantino Gomes de Sousa, em 2 de setembro de 1877,[4] o que fazia supor o romance já estivesse concluído.

Igual decepção deve ter experimentado o leitor do conto, *Uma mulher célebre*,[5] de Émile Souvestre (1806-1854),[6] história de Caroline Wueit – símbolo do Antigo Regime francês contra os desmandos da República –, que o narrador conheceu em três momentos de sua vida: "*criança célebre*, protegida por Maria Antonieta; *leoa do diretório*, compartilhando de todas as liberdades dessa regência republicana, e finalmente, *mulher de um coronel*, que partilhou da guerra do Império" (n.35, p.173; itálico no original). A história, que se inscrevia na fronteira entre ficção e história, tinha tudo para agradar, começando pela protagonista, espécie de dama das camélias do século XVIII, que, ao contrário da personagem de Alexandre Dumas Filho, parece ter se dado bem na vida.

1º de dezembro de 1877, p.173; n.36, 15 de dezembro de 1877, p.189, p.192; n.37, 1º de janeiro de 1878, p.205, p.208; n.38, fevereiro de 1878, p.224-5; n.39, março de 1878, p.248-9; n.40, abril de 1878, p.265, p.268.

3 Constantino José Gomes de Sousa é autor de várias peças: *O libertino* (1860), drama inédito; *A filha do salineiro* (1860); *Os ladrões titulares* (1860); *O enjeitado* (1861), drama original brasileiro em três atos; *Os três companheiros* (1861), drama em três atos; *Vingança por vingança*, drama em quatro atos, publicado em 1869, com prefácio de Melo Morais Filho; e de romances: *A filha sem mãe* (1873), *Desengano*, *O grumete*, *O cego* (1877).

4 "O Dr. Constantino Gomes de Sousa" [sem assinatura]. *Ilustração Brasileira*, n.30, 15 de setembro de 1877, p.94.

5 "Uma Mulher Célebre". Por Émile Souvestre". *Ilustração Brasileira*, n.35, 1º de dezembro de 1877, p.173, p.176; n.37, 1º de janeiro de 1878, p.209-10; n.40, abril de 1878, p.271, p.274-5.

6 Émile Souvestre nasceu em Morlaix, norte da Bretanha. Formado advogado, vai para Paris e passa a escrever para o teatro, sendo admitido na Comédie Française. De volta à Bretanha, Souvestre passa a escrever artigos sobre a região, publicados em revistas de Rennes e Nantes. Assume a direção de um jornal de Brest, *Le Finistère*. Retorna a Paris em 1835 e consagra-se inteiramente às letras. No ano da morte de Émile Souvestre, em 1854, a Academia Francesa concedeu à viúva o prêmio criado por Lambert em homenagem ao escritor. A obra de Souvestre é bastante vasta, compreendendo peças, romances, contos, diários, biografias.

BRASIL EM IMAGENS **333**

Depois, havia também a narrativa de viagem, "Do modo por que dei com Livingstone", do jornalista Henry Morton Stanley (1841-1904),[7] que há mais de um ano a *Ilustração Brasileira* vinha publicando.[8] Enviado pelo jornal *New York Herald* à procura do explorador David Livingstone (1813-1873),[9] dado como perdido na África, Stanley mandava reportagens que fizeram grande sucesso junto aos leitores e aumentaram a venda do jornal nova-iorquino, conforme o plano traçado por James Gordon Bennett Jr.

Tudo leva a crer que os Fleiuss quisessem repetir no Brasil o mesmo sucesso que as reportagens de Stanley obtiveram na Inglaterra e nos Estados Unidos. Mas, aqui, os editores alemães devem ter amargado enorme prejuízo, em vista do dinheiro gasto com a publicação da obra do repórter inglês, em torno da qual vários profissionais estiveram envolvidos, a começar por Henriette Loreau, que traduziu o livro *How I found Livingstone*, publicado em Nova Iorque, em 1874, para o francês, passando por J. Belin Launay, autor do resumo, a partir do qual foi vertido para o português "pela tradutora de *Flor de Aliza*",[10] tal como aparece na *Ilustração Brasileira*.

---

7 Depois de encontrar Livingstone na África, em 1872, Stanley foi à busca da nascente do Nilo, acabando por descobrir o Rio Congo (1874-1877). Posteriormente, colocou-se a serviço de Leopoldo II, estabelecendo, em proveito deste, postos na Bacia do Congo e entrando me choque com os franceses (Brazza). Criou o Estado Independente do Congo, colocado em 1885 sob a soberania do rei da Bélgica. Recuperou a nacionalidade britânica em 1892.

8 "H. Stanley. *Do modo por que dei com Livinstone*. Epítome que da viagem traduzida por Mme. H. Loreau fez J. Belin de Launay. Acompanha um mapa. Pela tradutora de *Flor de Aliza*." *Ilustração Brasileira*, n.17, 1º de março de 1877, p.271; n.18, 15 de março de 1877, p.302; n.19, 1º de abril de 1877, p.302; n.20, 15 de abril de 1877, p.314; n.21, 1º de maio de 1877, p.330; n.22, 15 de maio de 1877, p.338-9; n.23, 1º de junho de 1877, p.358-9; n.24, 15 de junho de 1877, p.374-5; n.25, 1º de julho de 1877, p.3; n.26, 15 de julho de 1877, p.26-7; n.27, 1º de agosto de 1877, p.43, p.46; n.28, 15 de agosto de 1877, p.54-5; n.29, 1º de setembro de 1877, p.74-5; n.30, 15 de setembro de 1877, p.87, p.90, p.92; n.31, 1º de outubro de 1877, p.103, p.106; n.32, 15 de outubro de 1877, p.119, p.122; n.33, 1º de novembro de 1877, p.139; n.34, 15 de novembro de 1877, p.151, p.154-5, p.158; n.35, 1º de dezembro de 1877, p.184; n.36, 15 de dezembro de 1877, p.196; n.37, 1º de janeiro de 1878, p.219-11; n.38, fevereiro de 1878, p.228-9; n.39, março de 1878, p.250-1; n.40, abril de 1878, p.269-70.

9 O missionário protestante David Livingstone empreendeu várias viagens à África à procura de novos centros de implantação para as missões. Descobriu o Lago Ngami (1849) e depois, ao atravessar a África central do oeste para o leste (1853-1856), as Quedas de Vitória (1855). A partir de 1859, estudou o planalto dos Grandes Lagos e dedicou-se a combater o comércio de escravos. Após seu encontro com Stanley (1872), exploraram juntos o norte da Tanzânia, sem chegar a descobrir as nascentes do Nilo. Foi sepultado na abadia de Westminster.

10 "Devemos à elegante pena da 'Jovem Brasileira' que tão brilhantemente estreou no mundo das letras com a nacionalização de 'Flor de Aliza' a tradução que hoje encetamos, do afamado livro de Belin de Launay, conhecido em todo o globo e trasladado para quase todas as línguas cultas.

Interrompido ficou também o texto de João Zeferino Rangel de S. Paio, *A ideia de Deus na humanidade*,[11] conferência que o amigo de Franklin Távora proferira no Teatro de Santo Antônio, no Recife, que se fazia acompanhar das manifestações de aplauso e "apoiados" do público presente. Aqui, o clima não era de aventura, mas de polêmica, posto que o conferencista carioca punha em xeque a ideia da criação divina do mundo, com o apoio de ciências modernas, como a Arqueologia, a Geologia e a Paleontologia, que apresentavam provas de que o homem teria existido, no Egito, por exemplo, muitos séculos antes do que acusa a cronologia hebraica, já então de posse de uma civilização relativamente adiantada.

Por fim, sem continuação permaneceu a série, *A Sé fluminense*,[12] assinada por "um temente a Deus". Não menos polêmicos do que a conferência de Rangel de S. Paio, estes textos, ainda que confirmassem a condição do Brasil enquanto país "profundamente católico" (n.39, p.258), questionavam os privilégios de que usufruíam os bispos, o envolvimento com questões políticas e a perseguição que moviam àqueles que, por frequentarem as igrejas maçônicas, eram ameaçados de serem banidos da Igreja. Como se percebe, repercutiam em 1878 os ecos da famosa "questão dos bispos", na qual esteve envolvido, pelo menos um dos colaboradores da *Ilustração Brasileira* – Franklin Távora –, quando ainda morava no Recife.

À vista dos textos interrompidos – atuais, interessantes, questionadores –, o último deles, aliás, prova de apoio do periódico às medidas tomadas por D. Pedro II em relação à prisão dos bispos dom Vital de Oliveira e dom Antônio Macedo Costa, líderes da acalorada questão religiosa, pode-se supor que, cada

---

/ É mais uma virente folha de louro na formosa coroa, que enrrama a fronte da distinta escritora. À Exma. Sra., que insistiu em ocultar seu nome e cuja modéstia só é igualada pelo seu raro talento e variada instrução, agradecemos a preferência com que honra o nosso periódico para publicar mais este mimoso fruto de suas lucubrações". [sem assinatura]. *Ilustração Brasileira*, n.17, 1º de março de 1877, p.271. Cláudio de Aguiar informa que a "jovem brasileira" era Tereza Pizarro, esposa de João Cardoso de Menezes de Sousa, Barão de Paranapiacaba, e que coube a Franklin Távora apresentá-la como tradutora de novela *Flor de Aliza*, de Lamartine (op. cit., p.229-30).

11 "A ideia de Deus na humanidade. Conferência feita no Teatro de Santo Antônio, da cidade do Recife, por J. Z. Rangel de S. Paio". *Ilustração Brasileira*, n.39, março de 1878, p.254-5; n.40, abril de 1878, p.275-6. Tratava-se da quarta conferência que Rangel de S. Paio apresentava no Teatro de Santo Antônio, em janeiro de 1878, tendo abordado o tema "A mulher e a maçonaria".

12 "A Sé Fluminense". Por um Temente a Deus. *Ilustração Brasileira*, n.38, fevereiro de 1878, p.239-41; n.39, março de 1878, p.258-9; n.40, abril de 1878, p.280-1.

qual a seu modo, despertasse o interesse do leitor, o que motivaria Henrique Fleiuss a continuar com a sua publicação ilustrada. Também a oficina de impressão da *Ilustração Brasileira*, o Imperial Instituto Artístico, parecia estar funcionando normalmente e produzindo xilogravuras que, expostas no jornal, funcionariam como propaganda para a empresa, caso das gravuras: "Relações Diplomáticas", "Relações Amigáveis".[13] Inseridas abaixo da seção "Modas", ao pé da página, as duas imagens parecem contar a história da relação amorosa entre dois jovens do século XVIII (na leitura de suas roupas), cuja aproximação contou com a participação de um terceiro. A ficção se completa com a legenda – "Do Álbum da Jovem D. Cândida" –, espaço de privacidade de onde as gravuras teriam sido "indiscretamente" retiradas e expostas no jornal.

Se essas matérias, textos e imagens, publicados no n.40 da *Ilustração Brasileira*, prestar-se-iam a ser interpretados como prova de vitalidade do periódico, por sua vez, o leitor do século XIX, habituado ao movimento incessante de abertura e fechamento das folhas do Rio de Janeiro (como também as de outras províncias do Brasil), passou certamente a desconfiar dos "continua" a acompanhar os textos "fatiados", ficando de sobreaviso quanto à possível suspensão do jornal, acontecendo muitas vezes de vir a saber por intermédio de outro que aquele que assinava tinha deixado de funcionar. Não raro, a direção sequer apresentava qualquer justificativa para o fechamento do periódico, embora, em muitos casos, a causa fosse uma só – a falta de recursos –, não devendo ser descartada a concorrência entre as folhas, várias circulando ao mesmo tempo.

Só no ano de lançamento da *Ilustração Brasileira*, em 1876, como se disse, três outros periódicos ilustrados passaram a circular no Rio de Janeiro: a *Revista Ilustrada*, a *Ilustração Popular* e a *Ilustração do Brasil*, esta concorrente mais direta da empresa de Fleiuss, a começar pelo título, tão parecido, que o editor alemão foi obrigado a esclarecer que se tratava de publicações distintas. Além do mais, houve ocasiões em que a revista de Charles de Vivaldi levou vantagem sobre a *Ilustração Brasileira*, como no caso da publicação de gravuras a respeito da estada de D. Pedro II nos Estados Unidos. A concorrência de Vivaldi incluía o direito de exclusividade na publicação de certas imagens, a exemplo das mencionadas, cujas matrizes eram pagas ao fornecedor estrangeiro. Perder nesse terreno para o concorrente significava perder assinantes,

---

13 "Relações Diplomáticas. Relações Amigáveis". Xilogravuras do Imperial Instituto Artístico. (Do álbum da jovem D. Cândida). *Ilustração Brasileira*, n.40, abril de 1878, p.279.

336 SÍLVIA MARIA AZEVEDO

cada vez mais ávidos pela informação visual, segundo tendência da imprensa ilustrada brasileira da segunda metade do século XIX, quer na forma da litografia, quer na da xilogravura.

Assim, quando Henrique Fleiuss, em nome do Imperial Instituto Artístico, dirige-se à "imprensa brasileira",[14] em 15 de março de 1877, para agradecer "as constantes provas de simpatia" com que "os nossos colegas da imprensa, das províncias e da corte" têm saudado cada número da *Ilustração Brasileira*, dirige-se também ao público, para que este continue a assinar o periódico, "indispensável coadjuvação" (n.18, p.272), tão importante quanto o incentivo de outros jornais, no sentido de a empresa dar prosseguimento à prestação de seus serviços.

Três meses mais tarde, às vésperas de completar o primeiro ano, os editores da *Ilustração Brasileira* vêm de novo a público, dessa vez falando diretamente aos leitores.[15] Tudo leva a crer que o número de assinantes continuasse baixo, motivo por que a direção resolve imprimir "nova senda" ao periódico, da qual iria se beneficiar "especialmente o povo, que em todos os países é quem mais precisa do alimento do espírito". Com essa mudança, a direção esperava que a *Ilustração Brasileira*, "que se pode considerar *uma necessidade voluntária das classes ilustradas do Brasil*", viesse "a merecer igual apreço das menos cultas" (n.23, p.353; grifo meu).

Sem especificar as mudanças a serem introduzidas, no sentido de o periódico estar mais próximo das classes "menos cultas", C. e H. Fleiuss acabam confirmando o perfil elitista da revista ilustrada que dirigiam. Ao mesmo tempo expunham a contradição implícita ao projeto de exportar imagem de Brasil civilizado: por um lado, as "classes ilustradas" do País – aquelas que encabeçariam a ideia do "centro" – alimentavam e viam-se representadas nessa imagem; por outro, elas não constituíam público em número suficiente para sustentar os gastos da empresa. Daí o apelo ao "povo", proposta também do *Diário Popular*,[16] posto em circulação em julho de 1877 e saudado pela *Ilustração Brasileira* como "novo órgão de publicidade e instrução" (n.26, p.31), mas sem informar a procedência da referida folha.[17] Há também que

---

14 "À Imprensa Brasileira". Imperial Instituto Artístico. *Ilustração Brasileira*, n.18, 15 de março de 1877, p.272.

15 "Aos Nossos Leitores". Os Editores. *Ilustração Brasileira*, n.23, 1º de junho de 1877, p.353.

16 "Ao *Diário Popular*". *Ilustração Brasileira*, n.26, 15 de julho de 1877, p.31.

17 Circulou em São Paulo um jornal de nome *Diário Popular*, sob a direção de José Maria Lisboa, mas a partir de 1884. Portanto, não é o mesmo ao qual se refere a direção da *Ilustração Brasileira*.

se lembrar que as classes "menos cultas" levaram Charles Vivaldi a lançar em 7 de outubro de 1876 a *Ilustração Popular* – a ser "hospedada na mansão do pobre" –, sob a direção da filha, Corina de Vivaldi, e que deixará de circular em 23 de setembro do ano seguinte.

Se, no caso de Vivaldi, os custos quanto à manutenção de dois periódicos podem ter sido motivo para o rápido fechamento de um deles, exatamente o de diretriz mais "popular", esse fato, por sua vez, vem confirmar a escassez de leitores entre as classes "menos elevadas", o que tem relação direta com o resultado do censo de 1872, na conhecida fala do algarismo, na crônica de Manassés, que vale a pena recuperar: "– A nação não sabe ler. Há só 30% dos indivíduos residentes neste país que podem ler, uns 9% não leem letra de mão. 70% jazem em profunda ignorância" (n.4, p.59).

Mas nem para todos os colaboradores do periódico de Henrique Fleuiss era clara a relação entre o fechamento dos jornais brasileiros e a escassez de leitor, tendo em vista o alto índice de analfabetos no País. Um deles, Ernesto Augusto de Sousa e Silva Rio, vai publicar um artigo no último número da *Ilustração Brasileira*, "Jornais e Jornalistas",[18] sob o pseudônimo de Junius, em razão do "falecimento" do jornal *O Globo*, de Quintino Bocaiúva. Para Junius, esse acontecimento é expressão de um fenômeno peculiar à imprensa brasileira, que é numerosa e espalhada em todas as províncias, mas sem influência junto ao público. Isso ocorre, na sua opinião, por dois motivos: em primeiro lugar, nas palavras do autor, "tendo-se estendido muito o domínio da vida literária, com as escolas secundárias ou superiores, e, sob o império de uma liberdade que, às vezes, ultrapassa a licença", multiplicou-se o número "dos que se julgam capazes de servir-se da pena", estabelecendo "a crença de que a arte tornou-se mais fácil e que temos maior número de escritores e jornalistas"; em segundo lugar, porque a imprensa brasileira, ainda segundo Junius, não "teve longas e penosas lutas a sustentar, não sofreu perseguição, não ganhou por si mesma, com esforços e sacrifícios, nem a aplicação de uma ideia justa, nem o voto de uma lei de interesse geral" (n.40, p.265).

Como se percebe, a análise de Ernesto Augusto de Sousa, calcada na perspectiva da elite letrada, compreende que o fechamento de jornais como *O Globo* devia-se antes à carência de bons escritores do que à de leitores. Escrevendo para si e seus pares, o leitor, para Junius, seria uma abstração. O argumento de que a escolaridade não era condição suficiente para formar bons jornalistas

---

18 "Jornais e Jornalistas". Junius. *Ilustração Brasileira*, n.40, abril de 1878, p.264-5.

parece esconder o temor de que o templo da "arte" seja invadido por aqueles que tenham acesso às escolas secundárias e superiores. Não é de estranhar, portanto, que o ensaísta não tenha se lembrado de apontar a alfabetização da população brasileira como "ideia justa" que, abraçada por algum jornal da corte, viesse a mover a opinião pública. Talvez porque Junius, como os editores da *Ilustração Brasileira*, julgasse que, em razão do contexto de desagregação da Monarquia, mais apropriada fosse a causa do "centro", condição para que a elite letrada continuasse a usufruir os seus privilégios.

A análise de Ernesto Augusto de Sousa é paradigma ainda do modo de pensar a questão jornal-leitor do ponto de vista dos donos de periódicos para os quais a introdução de algumas modificações – mantido, porém, o time de bons escritores-colaboradores – seriam suficientes para resolver o problema da carência de assinantes. Tal como fez Henrique Fleiuss, em janeiro de 1878,[19] ao anunciar que a *Ilustração Brasileira* passava de quinzenal a mensal, e o preço da assinatura anual baixava de 20$000 para 14$000. Com essas medidas, anuncia-das em tom de queixa, tendo em vista os grandes dispêndios de dinheiro "a que o público em geral parece não dar toda a importância devida" (n.37, p.204), o editor julgava que sobretudo as classes "menos elevadas" pudessem adquirir os "conhecimentos úteis e agradáveis" divulgados pela publicação.

Todos sabiam, porém, incluído o próprio Fleiuss, que as providências tomadas apenas retardavam o desenlace previsto. Comercialmente inviável, a *Ilustração Brasileira* fracassou, levando o arruinado editor alemão, após a morte do irmão Carl, a encerrar as atividades da empresa. Em obituário de Henrique Fleiuss na *Revista Ilustrada*, de novembro de 1882, diz-se que "teria sido feliz se não se tivesse envolvido em outros negócios estranhos à sua profissão e que muitos concorreram para alterar a sua saúde, já abalada com a morte de seu sócio e irmão". Quais teriam sido os "outros negócios"? Os do irmão e de Linde, segundo Orlando Ferreira (1994, p.193), ficaram conhecidos: em 1870 os dois obtiveram privilégio para o uso de uma "massa cúprea" de sua invenção, destinada a proteger o casco dos navios da oxidação e das incrustações marinhas (Decreto n.4.607, de 14 de outubro); e em 1874 Carlos Fleiuss obteve autorização para "construção, uso e gozo de uma linha de carris de ferro em diversas ruas desta cidade (Decr. n.5566, de 14 marc.)".

---

19 "ILUSTRAÇÃO BRASILEIRA". Os Editores C. e H. Fleiuss. *Ilustração Brasileira*, n.37, 1º de janeiro de 1878, p.204.

Por ocasião do centenário de Fleiuss, quando discursava a respeito do profundo amor do pai pela terra e pela gente brasileiras, Max Fleiuss declarou:

> Durante todo o largo tempo em que viveu no Rio de Janeiro, perto de um quarto de século – e aqui constituiu família e trabalhou sempre até morrer – amou tanto e tanto ilustrou este belo e hospitaleiro país dos trópicos, de tal forma se afeiçoou ao nosso meio, aos nossos costumes, instituições, tipos e coisas desta capital, imortalizados por seu lápis, com fino humorismo, que mais se dissera um carioca legítimo, pelo coração e pelo espírito, do que um genuíno germânico, de longa barba castanho-clara e pupila azul-cobalto. (apud Andrade, 2004, p.122)

Esse "carioca legítimo, pelo coração e pelo espírito", precursor das artes gráficas no Rio de Janeiro e um dos criadores da caricatura, da litografia, da xilografia e da imprensa ilustrada no Brasil, nem ao menos pôde contar com a ajuda de D. Pedro II no sentido de impedir o fechamento da *Ilustração Brasileira*, porta-voz da Monarquia. Prova de que não havia descaso do monarca brasileiro para com seu fiel servidor, ele também nada pudera fazer para impedir que os trabalhos da Comissão Geológica do Império, liderada por Charles Frederick Harrt, fossem suspensos.

O retorno de D. Pedro II ao Brasil em outubro de 1877, ao final de segunda viagem ao exterior, foi marcado, como se viu, pelo progressivo afastamento do monarca de suas funções de governante. Quase como espectador, observava o crescimento do Partido Republicano e do abolicionismo, a demissão do Gabinete Conservador e a subida dos liberais, afastados do poder fazia anos. Os graves problemas que assolavam o País, como o movimento sedicioso ocorrido nas províncias da Paraíba e de Pernambuco, em 1874, apelidado de Quebra-Quilos, ou a terrível seca de 1877 pareciam não afetá-lo.

Data também dessa época, conforme exposto, o aparecimento das primeiras caricaturas, que descreviam o imperador sob a alcunha de "Pedro Banana", "Pedro Caju", em razão da indiferença com que o governante brasileiro encarava os negócios do Estado, ou a atitude oscilante que começava a ostentar publicamente. Entre as revistas que ridicularizaram o imperador estava a *Revista Ilustrada*, que até o final do Império foi tão popular que vivia exclusivamente de assinaturas, ao mesmo tempo que se convertia em leitura obrigatória, ao menos nos círculos letrados da corte carioca.

É possível conjeturar que os leitores de que a *Ilustração Brasileira* carecia, mesmo os das classes "menos cultas", estivessem entre os assinantes da revista ilustrada de Ângelo Agostini, pois mesmo àqueles que não soubessem ler seria possível entender o sentido das caricaturas publicadas no periódico do editor italiano, dado o caráter referencial delas. O que não acontecia com as imagens "sérias" veiculadas no periódico de Fleiuss, a grande maioria de matrizes alemãs, falando de uma realidade desconhecida do leitor carioca, motivo por que se fariam acompanhar de legendas, em princípio com a finalidade de facilitar a "leitura" das gravuras.

Por sua vez, os textos ao lado das xilogravuras eram a evidência de que a natureza da linguagem visual não era compreendida, tal como hoje, em termos de suas especificidades e diferenças em relação à escrita. Por fim, os "letreiros" vinham reforçar o valor de denotação das estampas, a aparência de cópia, de simples reprodução natural do real, em particular aquelas provenientes da fotografia, mascarando o sentido construído da imagem. Com isso, o discurso icônico acabava por naturalizar as intenções da mensagem, no caso da *Ilustração Brasileira*, veicular imagem de um Brasil civilizado, na qual o negro escravo não se fazia representar, posto que a "linha negra", no já conhecido argumento do antiescravista Joaquim Nabuco em relação à peça *Demônio familiar*, de José de Alencar, "se ofende o estrangeiro, como não humilha o brasileiro!".

Em contraposição, a caricatura denunciaria o caráter teatral, postiço, dessa imagem de Brasil *made in* exportação, que a publicação de Henrique Fleiuss queria vender lá fora e também aqui dentro. A denúncia da caricatura estender-se-ia "à imagem segura e estável de uma monarquia civilizada e estável", nas versões fotográficas oficiais, "corrompendo" o cenário, "destacando as contradições que rondavam o governo e seu imperial representante" (Schwarcz, 1998a, p.424-5).

Somente quando já era tarde, Fleiuss vai se dar conta de que o clima jornalístico dos anos 1870, graças à proliferação de jornais de caricatura, estava mais para o humor do que para a seriedade. Foi quando, no esforço de reviver a sua saudosa *Semana Ilustrada*, lançou *A Nova Semana Ilustrada* em setembro de 1880 – por sinal, ano em que a *Ilustração do Brasil*, até então com periodicidade muito irregular, saía de circulação –, em cujo primeiro número se lia:

> Esta folha que hoje renasce, como a Fênix das suas cinzas, é pouco ilustrada; mas muito jocosa e na atualidade exclusivamente crítica; menos humorística do que já foi em outros tempos; mas como sempre verdadeira e imparcial; nada diz de nova o dá-se grátis aos assinantes que estiverem em dia com o caixa. (apud Andrade, 2004, p.122)

BRASIL EM IMAGENS 341

A iniciativa do editor alemão por uma revista menos dispendiosa não era inédita entre os donos de jornais que lançavam "novas" publicações, na tentativa de reviver o sucesso de uma outra, embora o esforço quase sempre estivesse fadado ao fracasso. *A Nova Semana Ilustrada* foi o último empreendimento jornalístico de Henrique Fleiuss, que morreu em 15 de setembro de 1882, pobre, doente e desiludido, sem que se saiba se o novo jornal deixou de circular em vista da morte do proprietário ou se o fechamento aconteceu antes, motivo de mais esse desgosto para o editor.[20]

E que rumo tomaram os colaboradores da *Ilustração Brasileira*, particularmente Machado de Assis e Franklin Távora? Ao primeiro não faltavam convites para trabalhar nos principais jornais do Rio de Janeiro. Há que lembrar que, ao tempo em que era cronista do periódico de Fleiuss, foi convidado para atuar como folhetinista da *Gazeta de Notícias*, por intermédio de Francisco Ramos Paz, com quem traduzira *O Brasil pitoresco*. Naquele momento, Machado de Assis não vai poder aceitar o convite, premido pelas obrigações – o escritor escrevia também para o *Jornal das Famílias* – e pela doença, conforme vai dizer em carta a Ramos Paz de 14 de dezembro de 1876.[21] Dois anos mais tarde, quando desapareciam o jornal de Garnier, esse em dezembro de 1878, e a *Ilustração Brasileira*, Machado vai poder ingressar na *Gazeta de Notícias*, indo se juntar a Joaquim Serra e José do Patrocínio. Mas já em fins de 1877, o escritor assumia compromisso com *O Cruzeiro*, onde irá publicar *Iaiá Garcia*, assim como novo pseudônimo, também esse de inspiração bíblica – Eleazar, em hebraico, "a quem Deus ajuda" ou "protegido de Deus" –, proteção de que todos precisavam, os jornalistas, para que não lhes faltasse emprego, os donos de jornais, para que suas empresas triunfassem.

Quanto a Franklin Távora, atolado em dívidas por conta da edição do romance *O matuto*, por sinal recebido com indiferença pela crítica carioca, nem

---

20 Nelson Werneck Sodré (1966, p.236) não oferece maiores informações a respeito de *A Nova Semana Ilustrada*, limitando-se a dizer que a revista "não triunfou".

21 "Meu caro Paz. / Faltei com a resposta no dia marcado. Um incômodo, que me durou quase quatro dias, e de que ainda tenho uns restos, sucessos diferentes e acréscimo de trabalho com que eu não contava, e que ainda hoje me prendem o dia inteiro em casa, tais foram os motivos do meu silêncio. / A resposta é a que eu receava dever dar-te. São tantos e tais os trabalhos que pesam sobre mim, que não me atrevo a tomar o folhetim da *Gazeta*. / Dize de minha parte ao Elysio [Mendes, um dos diretores do jornal] que me penaliza muito a resposta; tu e ele são dois amigos velhos, que sempre achei os mesmos e de quem só tenho agradáveis lembranças. / Crê no / teu do C. / Machado de Assis" (apud Raimundo Magalhães Júnior, op. cit., p.198).

por saber da falência da *Ilustração Brasileira*, abandonará o *front* jornalístico. Em maio de 1879, na companhia do amigo e colega, Nicolau Midosi (1838 e 1889), também funcionário da Secretaria do Império, Távora irá restaurar a *Revista Brasileira* que, em segunda fase, vai circular até dezembro de 1881. Nela, mais uma vez o Norte e o Sul do Brasil se encontrarão, nos exemplos – aquele, da publicação dos sete primeiros capítulos do livro *A poesia popular no Brasil*, de Sílvio Romero, este, do romance *Memórias póstumas de Brás Cubas*, de Machado de Assis.

Rememorando o desaparecimento da *Revista Brasileira* nessa segunda fase, Alfredo d'Escragnolle Taunay, ao proferir no *Instituto Histórico e Geográfico Brasileiro*, do Rio de Janeiro, o elogio fúnebre de Franklin Távora, observou que a carta-programa da revista, escrita por Távora, "era toda no sentido conciliatório e prometia a mais imparcial e plena hospitalidade a todos os escritores que para ela quisessem concorrer". No entanto, o redator-chefe, na opinião de Taunay, não exerceu a necessária liderança conciliatória:

> Franklin Távora, se não se colocou em pessoa à testa do movimento literário nortista contra os escritores do sul, ou como tais a todo preço considerados, por ele se deixou subordinar, e a folha que a todos prometera tão largo campo à liberdade de ação, foi gradualmente apertando o círculo dos seus colaboradores, caindo em poder de espíritos intransigentes e indisciplináveis, na frase de *Imitação de Cristo*, embora valentes nas crenças e agressivos no labutar; e assim, perdendo o interesse e o número de leitores pouco dispostos a acompanharem e darem alento a violentas e intermináveis polêmicas. (apud Aguiar, 1997, p.279)

Clóvis Beviláqua, por sua vez, preferiu atribuir a morte da *Revista Brasileira* à falta de leitor:

> Não me parece que seja esta a explicação (refere-se à de Taunay) do malogro da tentativa. A causa é mais profunda, mais geral, e por assim dizer orgânica. O número dos leitores permanentes ainda não é bastante para dar às revistas literárias as larguezas de que necessitam para viver com independência e sobranceria. (ibidem)

A causa invocada por Taunay – a rivalidade entre Norte e Sul – também poderia ter concorrido para o fechamento da *Ilustração Brasileira*. Se isso tivesse acontecido, isto é, se Fleiuss se tivesse deixado "subordinar" pelos "espíritos intransigentes e indisciplináveis" do Norte contra os escritores do Sul, caberia

BRASIL EM IMAGENS 343

a hipótese (não inteiramente descartada) de que o periódico de Fleiuss, tal como a *Revista Brasileira*, fora tragado pelas forças liberais e republicanas, partidárias da ideia de federação. Tanto melhor que a *Ilustração Brasileira* tenha deixado de circular pela falta de leitores. A ausência de leitores – causa "mais profunda", "mais geral" e "orgânica" – tem ainda a vantagem de manifestar-se concretamente, nos apelos quase dramáticos do editor por assinantes. Efeito suplementar, e não de menor importância, a causa invocada por Clóvis Beviláqua vinha engrandecer, duplamente, a atuação de Henrique Fleiuss: por um lado, o editor fechava a *Ilustração Brasileira*, não em razão da ascensão das forças republicanas, o que tornava inviável a existência de um periódico monarquista no Brasil da época, mas para manter-se fiel ao imperador; por outro, Fleiuss se transformava em herói, mais que isso, em mártir que sacrificara a própria vida pela causa do jornalismo brasileiro.

Figuras 101 a 102 – Apesar de contar com uma oficina de impressão de xilogravuras – o Imperial Instituto Artístico –, e das reformas introduzidas na *Ilustração Brasileira*, Henrique Fleiuss vai fechar a revista em abril de 1878, por falta de assinantes.

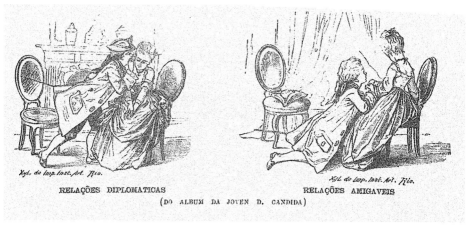

Figura 101 – *Ilustração Brasileira*, n.40, 1878.

204 ILLUSTRAÇÃO BRASILEIRA N. 37. — 1 DE JANEIRO DE 1878

ILLUSTRAÇÃO BRASILEIRA

Com o numero presente encetamos o IV volume deste periodico.

Agradecemos a todos os que durante o largo periodo vencido, nos prestaram sua coadjuvação, já sendo constantes em suas assignaturas, já concorrendo com escriptos de subido valor para o lustre della.

Não foi sem esforço que podemos chegar ao ponto em que nos achamos. Quem é que não póde aquilatar os sacrificios que exige entre nós qualquer publicação litteraria, quanto mais a de uma revista illustrada, em que disputam a primazia a nitidez da impressão, a belleza das gravuras, e a variedade e escolha do texto?

Não tanto pelos grandes despendios de dinheiro, como principalmente pelos de tempo e paciencia que absorveu nos volumes anteriores esta publicação, despendios a que o publico em geral parece não dar toda a importancia devida, mas que de facto em certos casos assumem taes proporções que assoberbam as maiores forças e os melhores desejos, assentamos dar d'ora por diante, em logar de dois numeros da ILLUSTRAÇÃO BRASILEIRA, um só por mez, a exemplo das mais conceituadas publicações deste genero.

E' prova de que os nossos assignantes não perdem com a alteração o numero presente.

Delle se vê que, fazendo pequena diminuição nas paginas que dois numeros juntos deviam dar, reduzimos consideravelmente a importancia da assignatura, vindo os assignantes a ter esta revista de artes, lettras, sciencias e modas pela quantia de 16$000 annuaes, em vez de 20$000, importancia das assignaturas nos annos anteriores.

Sendo um dos nossos principaes fins o de generalizar quanto possivel os conhecimentos uteis e agradaveis por todas as classes sociaes, principalmente pelas menos elevadas, que são as que mais precisam delles, parece-nos que com a sobredita alteração facilitamos a estas ultimas a acquisição desses conhecimentos, que, a juizo de competentes, nenhuma publicação da ordem desta, quer no velho, quer no novo mundo proporciona com mais largueza, nem mais selectamente.

O que desejamos e esperamos é que o publico, em geral, e essas classes em particular, aquilatando devidamente os nossos bons desejos, tenham para a nossa folha aquelle apoio efficaz, sem o qual emprezas como esta não podem preencher o fim que se propõem.

Os edictores

C. e H. FLEIUSS

O CONSERVATORIO DRAMATICO

Rio, 1º de janeiro de 1878.

Ha meios directos e meios indirectos de levantar as nossas lettras dramaticas.

Os meios directos são a creação do theatro normal com o respectivo pessoal artistico, o lyceu com seus professores, etc.; ou, emquanto se não organizar definitivamente este theatro, a concessão de favores possiveis á empreza ou companhia, que se propuzer dar nesta côrte representações escolhidas pelo conservatorio.

Os meios indirectos são todos aquelles que nos paizes largamente bafejados pelas auras da liberdade, se empregam na conquista e victoria dos bons principios. O principal destes meios é a agitação pacifica pela imprensa e pela tribuna.

Quando não existe um centro que, pela especialidade de suas attribuições, direitos e deveres, se ache mais ou menos directamente ligado com o principio ou a idéa cuja realisação ou triumpho se procura promover, a revolução pacifica póde ser iniciada, dirigida e mantida por quem quer que o possa e queira fazer. Cada um tem o direito de fundar uma folha, escrever um livro, fazer prellecções no interesse da idéa que lhe é sympathica; do principio que considera proveitoso para seu paiz.

Quando esse centro existe, e todos o vêm, e todos o apontam, e elle de facto exercita faculdades que descem do dominio da lei a praticar-se na vida social, póde-se affirmar que ninguem tem melhor direito ou mais rigoroso dever do que elle, de dar principio, vida e direcção ao movimento patriotico.

Si estas verdades podem ter, como nos parece, applicação ao assumpto de que estamos tratando, certo o conservatorio, alliado ao dever ou direito especial de licenciar as peças destinadas ás representações publicas, tem o de promover, *por todos os meios a seu alcance*, a grandeza, a gloria do nosso theatro.

Nem se nos diga que a lei não creou para o conservatorio semelhante attribuição, e que o conservatorio, exercitando-a, commetteria illegalidade.

Em todos os serviços da vida policiada, ha uma parte — a parte da administração — cujo desempenho a lei deixa ao bom arbitrio de quem está incumbido do serviço, pela razão muito natural de que o talento administrativo a lei não o dá, nem o tira; pertence áquelle que em dote o recebeu da natureza; regulal-o fôra talvez cerceal-o, embaraçar-lhe os passos ou os vôos, apoucal-o ou inutilizal-o por ventura. A lei estabelece a norma geral; a norma particular pertence a quem a faz cumprir, ou a quem a executa.

Assim, ninguem dirá que ao conservatorio dramatico é vedado publicar uma folha de critica dramatica e theatral, uma como *Revista* quinzenal ou mensal com o fim de dar a conhecer os progressos das artes nas terras estrangeiras, e de formar consoante esses progressos o nosso gosto.

Mas — perguntará talvez o leitor — quem fará as despezas dessa publicação?

Permitta-nos o leitor que a nossa resposta seja outra pergunta:

— O governo não concederá 500, 400 ou 300$ mensaes para estas despezas?

Si o governo que, sem autorisação legislativa, tem larguezas e generosidades para coisas differentes, recusar este pequeno auxilio ao preenchimento de um fim expresso na lei, que creou o conservatorio dramatico — o de restaurar as boas normas do nosso theatro, então estará tirada a ultima prova: o governo não quer o conservatorio, não obstante ter sido elle creado por um decreto legislativo, no qual se promettem mundos e fundos a bem da arte dramatica.

Si o conservatorio sem embargo desta ultima recusa, quizer prestar por si mesmo serviços a nossa litteratura dramatica, poderá empregar os seguintes meios indirectos:

A *publicação dos pareceres* dados sobre as composições que tem de ser representadas, pareceres que, destinando-se a dobrado fim — ajuizar da peça e encaminhar a revolução litteraria, devem ter mais desenvolvimento do que as simples licenças;

A *critica* do desempenho de qualquer composição nova, na qual se apontem os defeitos dos artistas, ou as suas grandes qualidades, a conveniente ou inconveniente distribuição dos papeis, a boa ou má ensecenação, emfim os variados incidentes artisticos que se ligam especialmente com o drama representado:

A *conferencia* ou *prellecção* feita por membros do conservatorio, ou por homens de lettras que queiram prestar este beneficio ao theatro de sua terra.

Temos ainda outros meios que de momento não será facil indicar, porque dependem mais de circumstancias occorrentes, do que de uma previsão tão estreita e incompetente como a do autor destas linhas.

Não ha duvida que está aqui o programma de uma revolução litteraria.

Mas quem melhor a poderá fazer do que o conservatorio, composto de talentos illustrados e progressivos?

Será utopia o que indicamos?

Não nos parece que seja. De outro modo não se desperta o interesse da opinião nas terras civilizadas.

O que não pode produzir nenhum bem, o que é inteiramente esteril, sinão ruinoso é o papel actual do conservatorio dramatico, papel que não traz nem gloria aos que tão desinteressadamente delle se incumbiram, nem proveito, antes traz males á nossa litteratura.

Cumpre ao conservatorio sahir desta situação ao mesmo tempo ingloria e difficil; ou dar passos para diante ou desapparecer.

Continuar a viver como viveu até hoje importa o mesmo que sanccionar com seu concurso a queda do theatro, que ninguem mais do que o proprio conservatorio quereria ver grande, forte e glorioso. Fazemos-lhe esta justiça.

O leitor certamente nos desculpará que acrescentemos ainda algumas palavras em conclusão.

Tem infelizmente descido tanto entre nós o senso moral, que não se acredita faça alguem a critica de uma obra, de um autor, de uma instituição sem ser levado a isso por interesse inconfessavel. Além de provar esta presumpção rebaixamento do nosso nivel moral, dá testemunho de que a critica entre nós tem andado mais pelos extremos do que pelo meio termo, caminho da justiça; ou então que está ainda por ser creada sobre os solidos fundamentos, fóra dos quaes ou não passa de louvaminha frivola, ou de censura de zoilo.

A penna que escreve estas linhas no conceito de alguns, a quem não podemos deixar de considerar nossos desaffectos gratuitos, é penna invejosa. A razão é porque teve occasião de estudar, antes por instancias de um amigo que ahi está vivo e são, e é capaz de dar testemunho desta verdade, do que por impulso de vontade propria, obras de um autor tão geralmente respeitado e querido que se considerava, em tudo e por tudo, acima da critica.

Para que não pareça aos que tão mal julgam dos alheios sentimentos ou não digam os que são faceis em aceitar como sentença passada em julgado qualquer versão hostil a outrem, que a inveja nossa devem ser attribuidos os toscos artigos publicados nesta folha sobre o conservatorio dramatico, julgamos conveniente declarar peremptoriamente:

Que somos amigo de alguns, e respeitador e admirador de todos os membros do conservatorio, em cada um dos quaes reconhecemos talento natural e illustração mais que bastante para o cabal desempenho do lugar que ali têm;

Que nem pelo pensamento nos passou nunca a phantazia de pertencermos a tão illustre como respeitavel associação;

Figura 102 – *Ilustração Brasileira*, n.37, 1878.

REFERÊNCIAS BIBLIOGRÁFICAS

AGUIAR, F. de. *Franklin Távora e o seu tempo*. São Paulo: Ateliê Editorial, 1997.

ALENCAR, J. de. As minas de prata. In: _____. *Obra completa*. Rio de Janeiro: Aguilar, 1960. v.2.

_____. *O nosso cancioneiro*. Estabelecimento do texto e apresentação de Maria Eurides Pitombeira de Freitas. Campinas: Pontes, 1993.

ALENCASTRO, L. F.; RENAUX, M. L. Caras e modos dos migrantes e imigrantes. In: ALENCASTRO, L. F. (Org.) *História da vida privada no Brasil*. São Paulo: Cia. das Letras, 1997. p.291-335. v.2: Império: a Corte e a Modernidade.

ALMEIDA, J. M. de. *A tradição regionalista no romance brasileiro*. Rio de Janeiro: Achiamé, 1980.

ANDRADE, J. M, F, de. *História da fotorreportagem no Brasil*: a fotografia na imprensa do Rio de Janeiro de 1839 a 1900. Rio de Janeiro: Elsevier, 2004.

ASSIS, M. de. *Crônicas*. Rio de Janeiro: Jackson, 1951. v.20.

_____. A nova geração. In: _____. *Obra completa*. Rio de Janeiro: Nova Aguilar, 1985a. v.III.

_____. O velho senado. In: _____. *Obras completas*. Rio de Janeiro: Nova Aguilar, 1985b. v.2, p.636-44.

AZEVEDO, S. M. *Entre a ficção e a história. O rei dos jagunços de Manuel Benício*. São Paulo: Edusp, 2003.

BARBUY, H. *A Exposição Universal de 1889 em Paris*: visão e representações na sociedade visual. São Paulo: Loyola, 1999.

BARTHES, R. *O Óbvio e o obtuso*. Trad. Isabel Pascoal. Rio de Janeiro: Nova Fronteira, 1990.

_____. *O grau zero da escritura*.

BAUDELAIRE, C. De l'essence du rire. In: _____. *Oeuvres complètes*. Paris: Editions Robert Laffond, 1985. p.680-690.

BELUZZO, A. M. *O Brasil dos viajantes*. São Paulo: Metalivros, 1994. 3v.

BENJAMIN, W. A obra de arte na época de sua reprodutibilidade técnica. In: _____. *Magia e técnica, arte e política. Ensaios sobre literatura e história da cultura*. Obras escolhidas. Trad. Sérgio Paulo Rouanet. Prefácio Jeanne Marie Gagnebin. 3.ed. São Paulo: Brasiliense, 1987. v.I, p.165-96.

BESOUCHET, L. *D. Pedro II e o século XIX*. 2.ed. revi. e ampl. Rio de Janeiro: Nova Fronteira, 1993.

BLAKE, A. V. A. S.. *Diccionario Bibliographico Brazileiro*. Rio de Janeiro: Imprensa Nacional, 1899. v.16, p.77.

BLOOM, H. *A angústia da influência*: uma teoria da poesia. Trad. e apres. Arthur Nestrovski. Rio de Janeiro: Imago, 1991.

BOECHAT, M. C. *Paraísos artificiais*: o romantismo de José de Alencar e sua recepção crítica. Belo Horizonte: Editora UFMG; Pós-Lit.-Programa de Pós-Graduação em Letras, Estudos Literários – Fale/UFMG, 2003.

BORDALO, R. *Apontamentos sobre a picaresca viagem do imperador do Rasilb na Europa*. Edição fac-similar. São Paulo: Pinacoteca do Estado de São Paulo, 1996.

BOSI, A. *História concisa da literatura brasileira*. São Paulo: Cultrix, 1975.

BRETAS, M. L. Navalhas e capoeiras: uma outra queda. *Ciência Hoje*, Rio de Janeiro, v.10, n.59, p.56-64, 1989.

BROCA, B. Pela Província de São Paulo. In: _____. *Horas de leitura*. Primeira e segunda séries. Coord. Alexandre Eulálio. Campinas: Editora da Unicamp, 1992. p.167-73.

_____. Um amigo de Machado de Assis: Augusto Emílio Zaluar. In: _____. *Escrita e vivência*. Coord. Alexandre Eulálio. Campinas: Editora da Unicamp, 1993. p.148-56.

BURGI, S.; KOHL, F. A. O fotógrafo e seus contemporâneos: influências e confluências. In: TURAZZI, M. I. et al. *O Brasil de Marc Ferrez*. São Paulo: Instituto Moreira Salles, 2005. p.56-71.

CABRIÃO – *Semanário Humorístico Editado por Ângelo Agostini, Américo de Campos e Antônio Manoel dos Reis*: 1866-1867. 2. ed. rev. e ampliada. São Paulo: Editora Unesp; Imprensa Oficial do Estado, 2000.

CALASANS, J. *No tempo do conselheiro*: figuras e fatos da Campanha de Canudos. Salvador: Livraria Progresso, 1959.

CALDAS AULETE, F. J. *Dicionário contemporâneo da língua portuguesa*. 2.ed. Rio de Janeiro: Delta, 1970. 5v.

CALMON, P. *Rei filósofo*. Vida de D. Pedro II. Edição Ilustrada. São Paulo; Rio de Janeiro; Recife; Porto Alegre: Cia. Editora Nacional, 1938.

_____. *História do Brasil na poesia do povo*. Rio de Janeiro: Bloch, 1973.

CALVINO, I. *Por que ler os clássicos*. Trad. Nilson Moulin. São Paulo: Cia. das Letras, 1991.

CAMPEDELLI, S. *Herói do mal*. O cabeleira de Franklin Távora. 5.ed. São Paulo: Ática, 1997. p.5-6.

CAMPOS, A. de; CAMPOS, H. de. *Re visão de Sousândrade*. Textos inéditos, antologia, glossário, bibliografia; com a colaboração especial de Diléia Zanotto Manfig, Erthos A. de Souza, Luiz Costa Lima e Roberto E. Brown. 3.ed. rev. e aum. São Paulo: Perspectiva, 2002.

CAMPOS, P. M. Imagens do Brasil no Velho Mundo. In: HOLANDA, S. B. de. (Org.) *História geral da civilização brasileira*. São Paulo: Difel, 1985. t.II: O Brasil monárquico, v.1: O processo de emancipação.

CÂNDIDO, A. *Formação da literatura brasileira*: momentos decisivos. 3.ed. São Paulo: Martins Fontes, 1969. 2v.

_____. *O método crítico de Sílvio Romero*. São Paulo: Editora da Universidade de São Paulo, 1988.

_____. *O romantismo no Brasil*. São Paulo: Humanitas, 2002.

CARVALHO, J. M. de. *A construção da ordem*: a elite política imperial. Rio de Janeiro: Civilização Brasileira, 2003.

CASCUDO, L. da C. *Flor dos romances trágicos*. Natal: EDUFRN, 1999.

_____. *Dicionário do folclore brasileiro*. 10.ed. il. São Paulo: Global, 2001.

CHALHOUB, S. *Machado de Assis, historiador*. São Paulo: Cia. das Letras, 2003.

CORBAIN, A. *O território do vazio*. A praia no imaginário ocidental. Trad. Paulo Neves. São Paulo: Cia. das Letras, 1989.

COUTINHO, A. (Org.) *A polêmica Alencar-Nabuco*. Rio de Janeiro: Edições Tempo Brasileiro, 1965.

_____. *Euclides, Capistrano e Araripe*. Rio de Janeiro: Edições de Ouro, 1967.

COUTINHO, A.; SOUSA, J. G. de. *Enciclopédia da literatura brasileira*. 2.ed. rev., ampl., atual. e il. sob a coordenação de Graça Coutinho e Rita Moutinho. São Paulo: Global/Academia Brasileira de Letras; MEC; Fundação Biblioteca Nacional, 2001. 2v.

COUTINHO, J. M. S. *Exposição centenária da Filadélfia, Estados Unidos, em 1876*. Relatório da Comissão Brasileira. Rio de Janeiro: Tip. Nacional, 1879.

DAIBERT JÚNIOR, R. *Isabel, a "Redentora" dos escravos entre olhares negros e brancos (1846-1988)*. Bauru: Edusc, 2004.

DE FRANCESCHI, A. F. Entre a fotografia e a pintura. In: TURAZZI, M. I. et al. *O Brasil de Marc Ferrez*. São Paulo: Instituto Moreira Salles, 2005. p.96-107.

DE MARCO, V. *A perda das ilusões*: o romance histórico de José de Alencar. Campinas: Editora da Unicamp, 1993.

DIAS, G. *Cantos*. Introd., org. e fixação de texto Cilaine Alves Cunha. São Paulo: Martins Fontes, 2001.

DOM PEDRO II. *Viagens pelo Brasil: Bahia, Sergipe, Alagoas, 1850-1860*. Prefácio e notas Lourenço Lacombe; apres. Renato Lemos. 2.ed. Rio de Janeiro: Bom Texto; Letras & Expressões, 2003.

DUARTE, R. H. *Notícia sobre os selvagens do Mucuri*. Belo Horizonte: Editora UFMG, 2002.

EL FAR, A. *A encenação da imortalidade*: uma análise da Academia Brasileira de Letras nos primeiros anos da República (1897-1924). Rio de Janeiro: Editora da FGV; Fapesp, 2000.

ELIOT, T. S. A tradição e o talento individual. In: *Ensaios de doutrina crítica*. Trad. com a colaboração de Fernando de Melo Moser; prefácio, seleção e notas de J. Monteiro-Grillo. Lisboa: Guimarães Editores, 1962. p.19-35.

FABRIS, A. A invenção da fotografia: repercussões sociais. In: _____. (Org.) *Fotografia:* usos e funções no século XIX. São Paulo: Edusp, 1991a. p.11-37.

_____. A fotografia e o sistema das artes plásticas. In: _____. (Org.) *Fotografia:* usos e funções no século XIX. São Paulo: Edusp, 1991b. p.173-98.

FARIA, J. R. *Ideias de teatro*: o século XIX no Brasil. São Paulo: Perspectiva; Fapesp, 2001.

FAUSTO, B. (Org.) *Fazer a América*. São Paulo: Edusp, 2000.

FERREIRA, A. C. *A epopeia bandeirante*: letrados, instituições, invenção histórica (1870-1940). São Paulo: Editora Unesp, 2002.

FERREIRA, M. R. *A ferrovia do diabo*. 2.ed. São Paulo: Melhoramentos, 2005.

FERREIRA, O. da C. *Imagem e letra*. Introdução à bibliografia brasileira: a imagem gravada. 2.ed. São Paulo: Edusp, 1994.

FLEIUSS, M. Centenário de Henrique Fleiuss. In: _____. *Páginas de história*. 2.ed. Rio de Janeiro: Imprensa Nacional, 1930. p.351-69.

_____. Meu pai. In: _____. *Recordando... Casos e perfis*. Rio de Janeiro: Imprensa Nacional, 1941. v.1.

FLORES, M. *Dicionário de história do Brasil*. 2.ed. rev. ampl. Porto Alegre: EDIPUCRS, 2001.

FREITAS, M. V. *Hartt: Expedições pelo Brasil Imperial:* 1865-1878. Prefácio de Lucas Mendes. Textos adicionais de Sérgio Burg (Instituto Moreira Salles) e Vera Maria Fonseca (Museu Nacional). São Paulo: Metalivros, 2001.

_____. *Charles Fredrick Hartt, um naturalista no Império de Pedro II*. Belo Horizonte: Editora UFMG, 2002.

GERSON, B. *História das ruas do Rio*. 5.ed. remodelada e definitiva. Fixação do texto, introdução e notas Alexei Bueno. Rio de Janeiro: Lacerda, 2000.

GRANDE ENCICLOPÉDIA LAROUSSE CULTURAL. São Paulo: Nova Cultural, 1995. 24v.

GUIMARÃES, A. *D. Pedro II nos Estados Unidos (As reportagens de James O'Kelly e o Diário do Imperador)*. Rio de Janeiro: Editora Civilização Brasileira, 1961.

GUIMARÃES, H. de S. *Os leitores de Machado de Assis*: o romance machadiano e o público de literatura no século 19. São Paulo: Nankin Editorial; Edusp, 2004.

GUIMARÃES, L. M. P. Henrique Fleiuss: vida e obra de um artista prussiano na Corte. *Art/Cultura*, UFU, v.8, p.85-96, 2006.

HALLEWELL, L. *O livro no Brasil (Sua história)*. Trad. Maria da Penha Villalobos e Lólio Lourenço de Oliveira. Ed. revista e atualizada pelo autor. São Paulo: T. A. Queiroz; Edusp, 1985.

HANSEN, J. A. *Alegoria*: construção e interpretação da metáfora. São Paulo: Atual, 1986.

HARTMAN, F. F. *Trem fantasma*: a modernidade na selva. São Paulo: Cia. das Letras, 1998.

HARTMANN, T. *A contribuição da iconografia para o conhecimento de índios brasileiros no século XIX*. São Paulo: Edição do Fundo de Pesquisas do Museu Paulista da Universidade de São Paulo, 1975. Série Etnologia, v.1.

HOBSBAWM, E. *A era dos impérios (1875-1914)*. Trad. Sieni Maria Campos e Yolanda Sdeidel de Toledo. Revisão técnica Maria Celia Paoli. Rio de Janeiro: Paz e Terra, 1988.

KELLER, F. *The Amazonas and Madeira rivers*. Sketches and Descriptions From the Note-Book of an Explorer by [...]. New Edition with Sixty-Eight Illustrations on Wood. Philapelphia: J. B. Lippimcott and Co., 1875.

KELLER-LEUZINGER, F. Voyage d'Exploration sur l'Amazone and Madeira. Texte et Dessins par [...], traduit de l'allemand par J. Gourdault. *Le Tour du Monde*, v.28, p.369-416, 2me semestre de 1874.

KOSSOY, B. A construção do nacional na fotografia brasileira: o espelho europeu. In: *Realidades e ficções na trama fotográfica*. 3.ed. São Paulo: Ateliê Editorial, 2000.

_____. *Fotografia & história*. 2.ed. rev. São Paulo: Ateliê Editorial, 2001.

_____. *Dicionário histórico-fotográfico brasileiro*: fotógrafos e ofício da fotografia no Brasil (1833-1910). São Paulo: Instituto Moreira Salles, 2002a.

_____. *Realidades e ficções na trama fotográfica*. 3.ed. São Paulo: Ateliê Editorial, 2002b.

LAMBERT, J. *Os dois Brasis*. Rio de Janeiro: INEP/MEC, 1959.

LEITE, M. M. *Livros de viagem (1803/1900)*. Rio de Janeiro: Editora da UFRJ, 1997.

LIMA, H. *História da caricatura no Brasil*. Rio de Janeiro: José Olympio, 1963. v.1.

LUCA, T. R. de. *A Revista do Brasil*: um diagnóstico para a (N)ação. São Paulo: Editora Unesp, 1999.

LYRA, H. *História de Dom Pedro II. 1825-1891*. São Paulo; Rio de Janeiro; Recife; Porto Alegre: Cia. Editora Nacional, 1939. v.II.

MACEDO, J. M. de. *Labirinto*. Org., apres. e notas Jefferson Cano. Campinas: Mercado de Letras, Cecult; São Paulo: Fapesp, 2004.

MACHADO NETO, A. L. *Estrutura social da República das Letras*: sociologia da vida intelectual brasileira, 1870-1930. São Paulo: Grijalbo; Edusp, 1973.

MARC FERREZ. *Coleções do Quai d'Orsay*. Texto e comentários de Pedro Corrêa do Lago. Rio de Janeiro: Marco d'Água Livraria e Editora, 2001.

MARTINS, A. L. *Revista em revista; Imprensa e práticas culturais em tempos de República, São Paulo, 1890-1922*. São Paulo: Edusp; Fapesp; Imprensa Oficial, 2001.

MARTINS, W. *História da inteligência brasileira*. São Paulo: Cultrix; Edusp, 1977. v.III (1855-1877), v.IV (1878-).

MENESES, R. de. *Dicionário literário brasileiro*. 2.ed. rev., aum. e atual. Prefácio Antônio Cândido. Apresentação à 2.ed. José Aderaldo Castello. Rio de Janeiro: Livros Técnicos e Científicos, 1978.

MUHLESTEIN, A. *Retrato da rainha como moça triste, esposa satisfeita, soberana triunfante, mãe castradora, viúva lastimosa, velha dama misantropa e avó da Europa.* Trad. Maria Lúcia Machado. São Paulo: Cia. das Letras, 1999.

NABUCO, J. *Um estadista do Império*. São Paulo: Cia. Editora Nacional, 1936.

NOVAES, A. (Org.) *Muito além do espetáculo*. São Paulo: Senac, 2005.

OLIVEIRA, L. L. *O Brasil dos imigrantes*. 2.ed. Rio de Janeiro: Zahar, 2002.

OTONI, T. *Notícia sobre os selvagens do Mucuri*. Org. Regina Horta Duarte. Belo Horizonte: Editora da UFMG, 2002.

PASONI, C. A. N. (Org.) *Gonçalves Dias:* melhores poemas. São Paulo: Núcleo, 1998.

PEREIRA, L. M. *História da literatura brasileira*: prosa de ficção; de 1870 a 1920. Belo Horizonte: Itatiaia; São Paulo: Editora da Universidade de São Paulo, 1988.

PESAVENTO, S. J. *Exposições universais*: espetáculos da Modernidade do século XIX. São Paulo: Hucitec, 1997.

PIZA, D. *Academia Brasileira de Letras:* histórias e revelações. São Paulo: Dezembro Editorial; Portugal Telecom, 2003.

POE, E. A. A filosofia da composição. In: _____. *Ficção completa, poesia & ensaios.* Org., trad. e anot. Oscar Mendes, com a col. de Milton Amado. Rio de Janeiro: Nova Aguilar, 1997. p.911-20.

PORTO ALEGRE, M. S. Imagem e representação do índio no século XIX. In: GRUPIONI, L. D. B. (Org.) *Índios no Brasil*. Brasília: Ministério da Educação e do Desporto, 1994. p.59-72.

_____. Reflexões sobre iconografia etnográfica: por uma hermenêutica visual. In: FELDMAN-BIANCO, B.; LEITE, M. L. M. (Orgs.) *Desafios da imagem*: fotografia, iconografia e vídeo nas ciências sociais. 3.ed. Campinas: Papirus, 1998. p.75-112.

RAMOS, P. E. da S. A renovação parnasiana na poesia. In: COUTINHO, A. (Dir.) *A literatura no Brasil*. 3.ed., rev. e atual. Rio de Janeiro: José Olympio; Niterói: Universidade Federal Fluminense, 1986. v.IV, p.91-149.

RAMOS, R. *Do reclame à comunicação*: pequena história da propaganda no Brasil. 3.ed. rev. e atual. São Paulo: Atual, 1985.

REIS, A. S. *Pseudônimos brasileiros*: pequenos verbetes para um dicionário. 1ª a 5ª séries. Rio de Janeiro: Zélio Valverde, 1941-1942.

RELATÓRIO DA COMISSÃO BRASILEIRA [apresentado] por J. M. da Silva Coutinho, Secretário da Comissão. Rio de Janeiro: Typographia Nacional, 1878.

RICUPERO, B. *O romantismo e a ideia de Nação no Brasil (1830-1870)*. São Paulo: Martins Fontes, 2004.

ROMERO, S. A prioridade de Pernambuco no Movimento Espiritual Brasileiro. *Revista Brasileira*, Rio de Janeiro, 2ª fase, ano I, t.II, 1879.

BRASIL EM IMAGENS **353**

_____. *Cantos populares do Brasil*. Lisboa: Nova Livraria Internacional, 1883. 2v.

_____. Explicações indispensáveis. Prefácio. In: BARRETO, T. *Vários escritos*. Sergipe: Editora do Estado de Sergipe, 1926.

_____. *Cantos populares do Brasil*. Edição anotada por Luís da Câmara Cascudo e ilustrada por Santa Rosa. Rio de Janeiro: Livraria José Olympio Editora, 1954. 2v.

SACRAMENTO BLAKE, A. V. A. *Dicionário bibliographico brazileiro*. Rio de Janeiro: Imprensa Nacional, 1899. 7v.

SADILVA, O. *A arte maior da gravura*. Participação gráfica de Marcelo Grassmann. São Paulo: Espade, 1976.

SAID, E. *Orientalismo:* o Oriente como invenção do Ocidente. Trad. Tomás Rosa Bueno. São Paulo: Cia. das Letras, 1990.

SALGUEIRO, H. A. (Org.) *A comédia urbana*: de Daumier a Porto-Alegre. São Paulo: Fundação Armando Álvares Penteado, 2003.

SANTOS, D. F. dos. Primórdios da imprensa caricata paulistana: *Cabrião*. In: *Cabrião*. Edição fac-similar. 2.ed. rev. e ampl. São Paulo: Editora Unesp; Imprensa Oficial, 2000, p.XI-XLIV.

SCHWARCZ, L. M. *O espetáculo das raças*: cientistas, instituições e questão racial no Brasil – 1870-1930. São Paulo: Cia. das Letras, 1993.

_____. O olho do rei. As construções iconográficas e simbólicas em torno de um monarca tropical: o imperador D. Pedro II. In: FELDMAN-BIANCO, B.; LEITE, M. L. M. (Orgs.) *Desafios da imagem*: fotografia, iconografia e vídeo nas ciências sociais. 3.ed. Campinas: Papirus, 1998a. p.113-40.

_____. *As barbas do imperador*. São Paulo: Cia. das Letras, 1998b.

SERRA, T. *Joaquim Manuel de Macedo ou os dois Macedos*. A luneta mágica do II Reinado. 2.ed. rev. e atual. Brasília: Editora da UnB, 2004.

SILVA, J. N. de S. *Romances e novelas*. Org., apres. e notas Sílvia Maria Azevedo. São Paulo: Landy, 2002.

SILVA, L. O. Propaganda e realidade: a imagem do Império do Brasil nas publicações francesas do século XIX. *Theomai. Estudios sobre Sociedad, Naturaleza y Desarollo*. Buenos Aires, n.3, 2001.

SIQUEIRA, V. B. Estranhamento e artifício: imagem do Brasil na arte dos viajantes do século XIX. *Brasiliana da Biblioteca Nacional. Guia das Fontes do Brasil*. Obra preparada em comemoração aos 500 anos do Brasil e aos 190 da Biblioteca Nacional. Org. Paulo Roberto Pereira. Rio de Janeiro: Fundação Biblioteca Nacional, 2001.

SODRÉ, N. W. *História da imprensa no Brasil*. Rio de Janeiro: Civilização Brasileira, 1966.

SOUSA, I. de (Luiz Dolzani). *O cacaulista* (Cenas da vida do Amazonas). 2.ed. Il. Rudolf Riehl. Pará: Editora da Universidade Federal do Pará, 1973.

SOUSA, J. G. de. *Bibliografia de Machado de Assis*. Rio de Janeiro: Instituto Nacional do Livro, 1955.

SOUZA, K. F. R. de. *As cores do traço*: paternalismo, raça e identidade nacional na *Semana Ilustrada* (1860-1876). Campinas, 2007. Dissertação (Mestrado) – Instituto de Filosofia e Ciências Humanas, Universidade Estadual de Campinas, 2007.

SOUZA, S. C. M. de. *Ideias encenadas*: uma interpretação de *O demônio familiar* de José de Alencar. Campinas, 1996. Dissertação (Mestrado) – Instituto de Filosofia e Ciências Humanas, Universidade Estadual de Campinas.

SÜSSEKIND, F. *Tal Brasil, qual romance?* Uma ideologia estética e sua história: o naturalismo. Rio de Janeiro: Achiamé, 1984.

_____. *As revistas do ano e a invenção do Rio de Janeiro*. Rio de Janeiro: Nova Fronteira; Fundação Casa de Rui Barbosa, 1986.

_____. *O Brasil não é longe daqui*: o narrador, a viagem. São Paulo: Cia. das Letras, 1990.

TAUNAY, A. d'E. Duas palavras. In: ZALUAR, A. E. *Peregrinação pela província de São Paulo:* 1860. Prefácio de Mário Guimarães Ferri. São Paulo: Itatiaia; Editora da Universidade de São Paulo, 1975. p.5-9.

TÁVORA, A. D. *Pedro II e a caricatura*. São Paulo: Bloch, 1975.

TÁVORA, F. *O Cabeleira*. 5.ed. São Paulo: Ática, 1988.

TEIXEIRA, L. G. S. *O traço como texto*: a história da charge no Rio de Janeiro de 1860 a 1930. Rio de Janeiro: Casa de Cultura Rui Barbosa, 2001.

TEÓFILO, R. *História da seca no Ceará, 1878-1880*. Fortaleza: Gualter R. Silva, 1884.

_____. *A fome:* cenas da seca do Ceará. Porto: s. n., 1890.

_____. *O coronel Sangrado* (Cenas da vida do Amazonas). 2.ed. Pará: Editora da Universidade Federal do Pará, 1968.

TOSI, R. *Dicionário de sentenças latinas e gregas*. Trad. Ivone Castilho Benedetti. São Paulo: Martins Fontes, 2000.

TURAZZI, M. I. *Poses e trejeitos*: a fotografia e as exposições na era do espetáculo (1839-1889). Rio de Janeiro: Rocco, 1995.

_____. *Marc Ferrez*. São Paulo: Cosac & Naif, 2002.

TURAZZI, M. I. et al. *O Brasil de Marc Ferrez*. São Paulo: Instituto Moreira Salles, 2005a.

_____. A vontade panorâmica. In: TURAZZI, M. I. et al. *O Brasil de Marc Ferrez*. São Paulo: Instituto Moreira Salles, 2005b. p.14-55.

VASQUEZ, P. *Dom Pedro II e a fotografia no Brasil*. Rio de Janeiro: Fundação Roberto Marinho, 1985.

_____. *O Brasil na fotografia oitocentista*. São Paulo: Metalivros, 2003.

VELLOSO, M. P. *Modernismo no Rio de Janeiro*: Turunas e Quixotes. Rio de Janeiro: Editora FGV, 1996.

VENTURA, R. *Estilo tropical; História cultural e polêmicas literárias no Brasil, 1870-1914*. São Paulo: Cia. das Letras, 1991.

VERÍSSIMO, J. Franklin Távora e a literatura do Norte. In: _____. *Estudos de literatura brasileira*. Rio de Janeiro; Paris: Garnier, 1905. 5ª série.

_____. *História da literatura brasileira*: de Bento Teixeira (1601) a Machado de Assis (1908). Org., rev. de textos e notas de Luiz Roberto S. S. Malta. São Paulo: Letras & Letras, 1998.

WEID, E. von Der. *A trajetória do bonde no Rio de Janeiro dentro da perspectiva empresarial*. Rio de Janeiro: Fundação Casa de Rui Barbosa, 1994.

WERNECK, M. H. *Machado de Assis na escrita das biografias*. Rio de Janeiro: Eduerj, 1996.

WOLFF, F. Por trás do espetáculo: o poder das imagens. In: NOVAES, A. (Org.) *Além do espetáculo*. São Paulo: Senac, 2005. p.17-45.

ZALUAR, A. E. *Peregrinação pela província de São Paulo*: 1860; prefácio de Mário Guimarães Ferri. São Paulo: Itatiaia; Editora da Universidade de São Paulo, 1975.

_____. *O Dr. Benignus*. Prefácio José Murilo de Carvalho; posfácio Alba Zaluar. 2.ed. preparada por Helena Cavalcanti e Ivette Savalli S. Rio de Janeiro: Editora da UFRJ, 1994.

Periódicos consultados

O Cruzeiro, Rio de Janeiro, 1876.
A Época. Revista da Quinzena, Rio de Janeiro, 1875.
Ilustração do Brasil, Rio de Janeiro, 1876-1880.
Ilustração Popular, Rio de Janeiro, 1876-1877.
Revista Ilustrada, Rio de Janeiro, 1876-1898.
Semana Ilustrada, Rio de Janeiro, 1860-1876.

SOBRE O LIVRO

Formato: 16 x 23 cm
Mancha: 27,7 x 44,9 paicas
Tipologia: Horley Old Style 11/15
Papel: Offset 75 g/m² (miolo)
Cartão Supremo 250 g/m² (capa)
1ª edição: 2010

EQUIPE DE REALIZAÇÃO
Coordenação Geral
Marcos Keith Takahashi

Impressão e acabamento